云南德宏州景颇族语言使用现状及其演变

The *Status Quo* and Evolution of Language Use of the Jingpo Nationality in Dehong Prefecture, Yunnan Province

戴庆厦　主编

Editor in Chief

Dai Qingxia

作者　戴庆厦　余成林　朱艳华　范丽君　王跟国

李春风　陆黛丽　黄　平　何勒腊（景颇族）

Authors　Dai Qingxia　Yu Chenglin　Zhu Yanhua
Fan Lijun　Wang Genguo　Li Chunfeng
Lu Daili　Huang Ping　He Lela（Jingpo）

商务印书馆

The Commercial Press

2011 年 · 北京

图书在版编目(CIP)数据

云南德宏州景颇族语言使用现状及其演变/戴庆厦主编.
—北京:商务印书馆,2011
(新时期中国少数民族语言使用情况研究丛书)
ISBN 978-7-100-08276-1

Ⅰ.①云… Ⅱ.①戴… Ⅲ.①景颇语—语言调查—调
查研究—德宏傣族景颇族自治州 Ⅳ.①H259

中国版本图书馆 CIP 数据核字(2011)第 062881 号

YÚNNÁN DÉHÓNGZHŌU JǏNGPŌZÚ YǓYÁN SHǏYÒNG XIÀNZHUÀNG JÍQÍ YǍNBIÀN
云南德宏州景颇族语言使用现状及其演变
戴庆厦 主编

商 务 印 书 馆 出 版
(北京王府井大街36号 邮政编码 100710)
商 务 印 书 馆 发 行
北京瑞古冠中印刷厂印刷
ISBN 978-7-100-08276-1

2011 年 10 月第 1 版　　　　　开本 787×1092 1/16
2011 年 10 月北京第 1 次印刷　　　印张 21⅝ 插页 1
定价: 50.00 元

课题组成员在芒市合影

从左到右：范丽君、何勒腊、黄平、陆黛丽、戴庆厦、余成林、王跟国、朱艳华、李春风

目　　录

Contents

第一章 绪 论

本章旨在为全书的主题提供一些必要的背景知识,帮助读者了解全书所要论述的问题。包括开题缘由和调查设计。

第一节 开题缘由

语言是民族的最重要特征之一,它不仅是人们交流思想的重要工具,而且也是承载一个民族传统文化的载体。语言使用与发展的状况如何,与民族的发展息息相关。做好民族语文工作,使语言文字能很好地顺应历史潮流演变并为人们的实际需要服务,是民族工作的重要组成部分。

要做好民族工作必须了解语言的国情,包括各种具体的语言在社会中的使用情况和实际功能,才有可能为民族语文工作制定合理的政策提供依据。特别是在现代化迅速发展的今天,由于语言的使用随社会的变化而变化,因此,对语言国情的调查研究已成为亟待解决的课题。

中央民族大学"985工程"根据当前理论和实际的需要,设立了"中国少数民族语言国情调查"系列课题,旨在通过今后多年的田野调查,进一步认识中国少数民族语言使用的现状及其演变规律,为国家制定少数民族语言政策提供参考信息,并为语言学、民族学、社会学的学科建设输送新鲜血液。"景颇族语言使用现状及其演变"课题,是中央民族大学"985工程""中国少数民族语言国情调查"系列课题之一。

研究景颇族语言的使用状况具有重要的意义。在中国,景颇族主要分布在西南边疆地区,是人口较少的一个民族。人口少的民族,在现代化进程中容易在强势语言的影响下出现衰退趋势。景颇族的语言又是怎样的呢?景颇族又是一个跨境民族,在缅甸、印度、泰国等国家都有分布。跨境语言的发展问题是一个新的理论问题,需要研究。景颇族语言在与境外的同族语言相处的过程中会出现哪些新的特点?景颇族还是一个支系语言丰富的民族,虽然人口不多,但分别使用着景颇、载瓦、勒期、浪峨、波拉等不同的支系语言,支系语言兼用的情况十分复杂。景颇族各支系语言的关系如何,其发展趋势是什么?人口少、跨境而居、支系语言多这三个特点,强烈地吸引着我们去做第一线的田野调查。

过去,语言学界关注的重点是景颇族各支系语言的本体结构研究。迄今发表的专著主要有:《景颇语语法纲要》(1959年)、《汉景词典》(1981年)、《景汉词典》(1983年)、《载汉词典》

(1992年)、《景颇语语法》(1992年)、《景颇语词汇学》(1995年)、《浪速语研究》(2005年)、《载瓦语简志》(1984年)、《波拉语研究》(2007年)、《勒期语研究》(2007年)等,还有一批研究论文。但对景颇族各支系语言的使用情况则研究得很少。我们知道,语言特点是由语言本体结构和语言使用状况构成的。二者相互影响,互为条件。所以,语言研究中这两方面内容都必不可少。我们这一课题的实施,对景颇族语言的研究具有补缺的意义,必将推动景颇族语言的研究。

2010年1月我们正式启动这一课题,组织了由10人参加的课题组。在北京做了先期准备后,2010年7月17日学校一放暑假,我们就起程赴云南省德宏傣族景颇族自治州,开始了为期一个月的田野调查。在当地景颇族干部、群众的大力支持下,获得了大量的第一手材料,并形成了对景颇族语言使用现状及其历史演变的一些认识。本书主要反映这次田野调查所获得的新材料、新认识。

第二节 调查设计

本节主要介绍这次调查的总体设计,包括调查方法、语言能力划分标准、年龄段的划定以及调查阶段安排等几个问题。

一、关于调查方法

这次调查,我们主要采取了以下几个方法。

(一) 选择有典型价值的代表点作为调查重点

景颇族虽然人口不多,但分布广泛,在全州4个县都有分布。我们不可能跑遍全州调查所有的分布点,只能选取有典型价值的代表点作为调查重点,并兼顾面上的情况。这样做便于深入,容易在既定的有限时间内获取所需要的知识。

景颇族的分布,不同民族、不同支系呈"大杂居、小聚居"的局面。所谓"大杂居",是指不同民族、不同支系分寨而居;"小聚居"是指一个寨主要由单一民族或单一支系构成。

我们的选点原则是:1.聚居与杂居并举,以聚居为主。这里所说的"聚居"、"杂居"既指景颇族和其他民族的分布,又指景颇族内部不同支系的分布。2.农村和城镇并举,以农村为主。3.寨子大小兼顾。根据这个原则,我们选了以下12个点:

1. 景颇族单一支系聚居的:

(1) 瑞丽市弄岛镇等嘎村五陆央淘宝村(景颇支系聚居)

(2) 盈江县卡场镇吾帕村丁林寨(景颇支系聚居)

(3) 盈江县卡场镇吾帕村迈东组(景颇支系聚居)

（4）芒市①五岔路乡弯丹村拱母组（载瓦支系聚居）

（5）芒市五岔路乡五岔路村遮旦组景社（载瓦支系聚居）

（6）芒市三台山乡允欠村拱岭组（载瓦支系聚居）

2. 景颇族不同支系杂居的：

（7）芒市五岔路乡弯丹村白岩组（景颇族不同支系杂居）

（8）芒市三台山乡邦外村拱别组（景颇族不同支系杂居）

3. 景颇族与其他民族杂居的：

（9）盈江县卡场镇草坝村盆都组（景颇族和傈僳族杂居）

（10）芒市五岔路乡弯丹村勐广组汉寨（景颇族和汉族杂居）

4. 不同民族、不同支系杂居的：

（11）芒市芒市镇

（12）芒市三台山乡允欠村三组

（二）坚持穷尽式的个案调查

所谓"穷尽式"，是指对所要调查的个案尽量做到微观细致的分析描写。包括：对所要调查的村寨的居民必须一个不落地调查；对问题、对象要问得细些、深入些，从中提取、归纳规律和认识。为此，课题组成员都亲自到村寨，面对面地与村民交谈，逐户进行语言使用情况的调查。所调查的材料都逐一输入电脑，然后进行数据统计。只有掌握具体的数据，才能够显示出调查对象的语言使用状况。这样做，虽然工作量很大，但却能取得真实可靠的认识。

景颇族有多种支系语言，在由不同支系组成的家庭里支系语言使用状况复杂。使用什么支系语言，要根据对话者是什么关系而定。例外是有的，但也有其成因和规律。所以，家庭内部的语言使用情况调查，我们都坚持一个个地耐心询问，避免只问个"大概"。

（三）核心词汇测试法

为了能在较短时间内有效地掌握景颇人不同年龄段的语言使用能力，课题组根据景颇族语言的特点，从基本词汇中筛选出 400 个词来，设计了"景颇族语言能力 400 词测试表"（以下简称"400 词表"），作为语言能力的测试范本。通过这 400 词的测试，能够看出被测者的实际语言能力。测试表包括各支系的语种。每个词条都用国际音标标音，汉语对照，所选用的词汇具有代表性，有难有易，能够通过这些少量的词测出其具有的语言能力。"400 词表"挑选的标准是：

1. 景颇族大多数人都会说出的基本词汇。如：自然现象类的"天、地、月亮、星星、云、风、雨、火"等；动物类的"马、牛、猪、狗、鸡、鸭、鱼、绵羊、山羊"等；身体部位类的"眼睛、鼻子、耳朵、

---

① "芒市"先后使用过"潞西县、潞西市"等名称。2010 年 12 月 29 日，经国务院批准，原潞西市正式更名为芒市。本书在叙述更名前的历史情况时仍使用原名。

肩膀、手、脚、腿、肚子"等;人物称谓类的"男人、女人、姑娘、孩子、父亲、母亲、女儿、媳妇、岳父、女婿"等;工具类的"锄头、梯子、绳子、臼、杵"等;动词类的"看、听、咬、吃、说、笑、哭、踩、做(梦)"等,形容词类的"高、低、圆、轻、重、多、少"等。

2. 不收现代的外来借词,即使是在日常生活中已普遍使用的。如:"电视、电话、手机、汽车、公路"等。因为这些词测不出景颇族掌握景颇语的实际能力。

3. 不收有歧义的词。如:不收"霹雳",因为景颇族有的青少年分不清它与"雷"、"电"的区别,认为"打霹雳"跟"打雷"是一样的。

4. 不收在现代生活中已逐渐不用的词。如:"妾、麻风病"等。

词的掌握能力分为四级:A、B、C、D。能脱口而出的为 A 级;需想一想才说出的为 B 级;经测试人提示后才想起的为 C 级;虽经提示但仍不知道的为 D 级。

400 词测试综合评分的标准是:(1)A 级和 B 级相加的词达到 350 个以上的定为"优秀"级,即能较好地掌握景颇语。(2)A 级和 B 级相加的词在 280—349 之间的定为"良好"级,即基本掌握景颇语。(3)A 级和 B 级相加的词在 240—279 之间的定为"一般"级,即景颇语的使用能力出现轻度衰退。(4)A 级和 B 级相加的词在 240 以下的定为"差"级,即景颇语的使用能力出现严重衰退。

对一个人做 400 词测试,大约需要两至三小时。母语能力较强或认识汉字的会顺利一些,一般在一个小时内就能完成。通过测试,能够看到不同年龄段的景颇族人母语能力的差异。我们这次的测试结果,也证实了这一点。

(四) 多学科综合法

本项目虽然主要以语言学的研究方法为主,但在对个案进行综合分析时,还重视吸取民族学、人类学、文化学、统计学的有关知识和方法,力图在综合分析的基础上,得出科学的结论。所以我们在调查中还广泛调查了与语言有关的情况。如:家庭婚姻状况、宗教信仰情况、人口流动状况、传统文化保存状况等。量的统计是语言国情调查中所必不可少的。

(五) 专人访谈法

访谈法是进行语言国情调查的一个好方法,对有代表性的人物进行面对面的访谈,能够在较短时间内获得真实的、能够反映客观实际的信息。被访者进入我们设计的角色后,都会尽力把自己的观点、看法说给我们听,都会努力去提取"亮点"。所以我们这次调查,都重视专人访谈。只要发现了合适人选,我们就派人去访谈。

采访任何一个人,首先要重视的就是必须取得对方的信任和好感。特别是要调查语言关系,做不到这一点,你就很难采访到真实的、有价值的材料。因此在采访的时候,调查组成员必须像知心朋友似的,与采访对象交谈,尊重他、理解他。

采访中,每一句问话的意思,都应当是非常明确的,让对方容易理解。在问卷的设计上,要使被访者一下就明白你问的是什么。态度要热情,使两个人的交流自由放松。要多问一些具体的事情,并记录典型的事例,这样,采访内容就比较实在。

(六) 细心观察法

语言产生于群众之中,使用于群众之中,所以要真正了解语言的使用情况和各民族语言和谐的特点,就必须深入到使用语言的人群中去观察、采集第一手鲜活的语料。特别是语言活力,总是在使用现场中才得到真实的反映。所以,我们调查组一直强调要深入群众的语言生活,细心观察语言和谐的表现。为此,我们把大量的时间放在田野调查上,课题组成员深入到景颇山寨与各民族父老兄弟接触。除了访问、聊天外,还要观察他们具体的语言生活。因为语言关系总是在他们的日常生活中体现。在有人交谈的地方,我们尽可能靠近,仔细观察他们是如何使用语言的。

在田野调查中,对语料的收集应当具有高度的敏锐性。不要不经意地错过一个个鲜活的语言现象。比如,我们细心观察景颇不同支系的人在一起时,发现他们多是坚持用自己的支系语言,反映了他们对自己支系的忠诚。他们也会兼用别的支系语言,但受着传统规则的制约。我们每到一村,都要与不同支系、不同年龄段的人接触,细心观察他们的语言使用特点。

(七) "摸着石头过河"法

像景颇族语言使用如此复杂的语言生活,我们以前并没有系统做过,前人没有为我们提供经验。要把这种复杂的语言使用现象摸清,需要我们细心摸索。所以,我们只能边调查边总结经验,逐步形成自己的调查方法和工作规范。

为了使工作更有成效、更有针对性,课题组几乎每天都要花一些时间坐下来交流经验、研究问题。实践是获得真知的重要途径,我们强调从实践中进行理论思考,获取更多的理性认识。我们虽然强调理论的重要性,但我们坚持在语言事实的基础上进行理论概括。

在调查设计上,我们重视一个"新"字,即在成果上多反映一些前人没有调查过的或没有说过的话,也就是说要有原创性。景颇语语言使用特点和使用规律,国内外都还没有人研究过,没有现成的结果,只能靠自己来摸索。我们决心要公布一批由我们亲自调查得来的新语料。再则是要求一个"实"字,就是要实实在在地调查,实实在在地记录、归纳新语料。细致描写、细心统计是我们对自己的要求。三是一个"准"字,就是所公布的语料要能基本上做到准确无误,防止似是而非的、错误的材料进入本书。

课题组成员分工负责,每人都要明确自己的职责,按要求完成任务。

我们规定调查材料和初稿要在调查实地全部完成,不留尾巴。

二、关于语言使用等级的划分

语言使用等级的调查,除了母语外还有兼用语——第二语言、第三语言、第四语言。本调查根据调查对象的听、说能力,将其语言能力分为三个等级:熟练、略懂、不懂。三个等级的划定标准为:1.熟练:听、说能力俱佳;日常生活中能够自如地运用该语言进行交际。2.略懂:听、说能力均为一般或较差,或听的能力较强,说的能力较差;日常生活中以兼用语为主。3.不懂:听、说能力均较为低下或完全不懂;已转用兼用语。

由于景颇族的文字是拼音文字,容易学,只要学会字母和拼读法就能认读。因此,我们将文字掌握情况分"会"和"不会"两种情况。

三、关于年龄段的划分

根据景颇族的特点和实际情况,本书对年龄段的划分提供一个标准供大家在实际调查中参考。标准是:1.少年段(6—19岁);2.青壮年段(20—39岁);3.中年段(40—59岁);4.老年段(60岁以上)。

由于6岁以下儿童(0—5岁)的语言能力不甚稳定,所以本书将统计对象的年龄划定在6岁以上(含6岁)。

四、关于调查阶段的划分

此次调查大致可分为3个阶段:

1.材料准备阶段(2010.1—2010.6)。收集课题相关的资料,制订相应的调查计划,设计调查问卷和调查表。

2.赴云南省德宏傣族景颇族自治州景颇族地区做田野调查(7.17—8.15)。深入德宏州农村、城镇、机关、学校做调查,记录第一手材料,包括社会文化、语言使用方面的材料。边收集边完成初稿。

3.修改成书阶段(8.16—9.15)。对全文的构架进行"微调",润色文字。最终定稿,送交出版社。

第二章 德宏州景颇族概况[①]

第一节 人口及地理分布

景颇族是一个跨境民族,位于印度支那半岛西北部,中缅两国交界的边境上。大致是东起东经98°40′(耿马、孟定则超过东经99°),西至东经96°,南自北纬23°,北至北纬27°25′,即东起高黎贡山、怒江,西至更底宛河及印度阿萨姆边境,北起喜马拉雅山麓的坎底、岔角江,南至腊戍、摩哥克山区一带。南北直线约700公里,北部宽处东西直线约200—300公里。其中密支那以北,东起高黎贡山西麓与恩梅开江北段山上,北至贡山与西藏的察隅地区边境,西越胡康河谷至印度阿萨姆边缘,这一广大地区,为景颇族主要聚居区,约有7万平方公里。

在中国,景颇族主要分布在云南省德宏傣族景颇族自治州的芒市、陇川、瑞丽、盈江、梁河等县(市)的亚热带山区,在怒江傈僳族自治州泸水县的片马镇、临沧市的耿马傣族佤族自治县以及思茅市的澜沧县等地,也有少数景颇族散居。根据2000年第五次全国人口普查统计,景颇族人口数为132143人。主要使用汉藏语系藏缅语族景颇语支的景颇语和缅语支的载瓦语、勒期语、浪峨语、波拉语。有以拉丁字母为基础的拼音文字——景颇文和载瓦文。国外的景颇族(又称克钦"Kachin")主要分布在缅甸的亲敦江和伊洛瓦底江上游的克钦邦,少数散居于南北掸邦及缅中、缅印边境山区。据《世界民族常识》记载,缅甸景颇族共有116万人。此外,在印度,主要分布在阿萨姆邦、阿鲁拉察尔和西孟加拉邦内,被称为"新福",人口有5万多。另外,在泰国和尼泊尔也有少量分布。

景颇族自称为"景颇"(tʃiŋ³¹pho³¹),既是景颇支系的名称,也是包括"景颇、载瓦、勒期、浪峨、波拉"等支系在内的整个民族的总称。景颇族用本民族语言作为民族内部交流的工具。在德宏,景颇族有景颇语、载瓦语广播和电视节目;有《德宏团结报》景颇文版、载瓦文版;有文艺刊物《文蚌》景颇文版等。

景颇族聚居的山区大部分气候温和,霜期很短,一年仅1—2个月,年平均气温在8℃—24℃之间。雨量充沛,气候明显分为雨季和旱季,年降雨量为1500毫米左右。该地区土壤肥沃,有丰富的森林资源。植物种类繁多,植被面积大。景颇山区有丰富的经济林木资源,如砂

---

① 本章的写作除文中标注的引用文献外,主要参考了《景颇族》(2006),龚佩华、陈克进、戴庆厦,民族出版社;《景颇族简史》(2008),景颇族简史编写组,民族出版社。特此致谢。

仁、团花、肉桂、玉京、黄连、黄山药、史君子、金鸡纳；有八角、草果、香茅、野香橼等香料资源；有树棉、龙舌兰、竹类等植物资源；还有茶叶、小粒咖啡、紫胶、油桐、核桃等经济果木以及铁、铝、煤、云母、水晶、金、银等矿产资源。山林中有大象、熊、麂子、马、鹿、野猪、孔雀、猴子等野生动物。

　　与景颇族相邻的民族有傣族、傈僳族、阿昌族、德昂族、佤族和汉族等。傣族、阿昌族、汉族大多分布在坝区，景颇族、傈僳族、德昂族和佤族分布在山区。在景颇族的一些山寨，还有少数汉人与他们居住在一起。不同民族长期友好相邻，在社会、经济、文化各个方面互相影响、互相学习，形成团结、友爱、互助的民族关系。

　　景颇族虽然是一个人口比较少的民族，但其内部却有着不同支系的区分。他们对其他民族，都以"景颇族"自称，而在本民族内部，则以不同的支系名称自称。人们对自己以及自己的亲属属于什么支系都十分清楚，就连十来岁的孩子也都知道自己属于哪个支系。支系的差别在景颇族人们的意识中相当牢固，成为一种"无形的"民族特征，对景颇族的语言、婚姻、家庭以及其他特征的发展变化都有着一定的影响。

　　景颇族的支系主要有五个：景颇、载瓦、勒期、波拉、浪峨。各个支系不仅有对自己支系的称法，还有对别的支系的称法。比如：景颇支系称自己是"景颇 tʃiŋ³¹ pho³¹"，称载瓦支系为"阿即 a³¹tsi⁵⁵"，称勒期支系为"勒西 lă³¹ʃi⁵⁵"，称浪峨支系为"墨人 mă³¹ʒu³¹"，称波拉支系为"波罗 po³¹lo³¹"。又如：载瓦支系称自己是"载瓦 tsai²¹va⁵¹"，称景颇支系为"石东 ʃi⁵⁵tuŋ⁵⁵"，称勒期支系为"勒期 lă²¹tʃi⁵⁵"，称浪峨支系为"勒浪 lă²¹laŋ⁵¹"，称波拉支系为"布罗 pă²¹lo²¹"。在国内这五个支系中，以载瓦支系的人口最多，其次是景颇支系，勒期、浪峨、波拉三个支系的人口较少。

　　景颇族居民以村寨为单位跟汉、傣、阿昌、傈僳等民族杂居在一起。当地汉族称景颇支系为"大山"，称载瓦支系为"小山"，称浪峨支系为"浪速"，称勒期支系为"茶山"。傣族称他们为"亢"或"老亢"；怒族称他们为"阿普巴"；傈僳族称他们为"阿普帕"或"措帕"。

　　不同支系人口在我国的分布大致是：景颇支系约 38900 人，主要分布在盈江县的铜壁关、卡场、太平、平原、姐帽、芒允、昔马、那邦、莲花山、弄璋、新城、油松岭等乡镇；瑞丽市的弄岛、勐秀、姐勒、户育、畹町等乡镇；陇川县的清平、护国、弄巴、王子树、景坎、城子、章风、户撒等乡镇；芒市的芒海镇；临沧市耿马县的贺派、孟定、耿马等乡镇。载瓦支系约 76500 人，主要分布在陇川县的城子、勐约、清平、弄巴、王子树、章风、景坎等乡镇；盈江县的支那、盏西、新城、莲花山、岗勐等乡镇；潞西市的西山、东山、五岔路、中山、芒海、遮放、三台山等乡镇及城郊镇的桦桃林等地；瑞丽市的户育、勐秀、弄岛等乡镇及畹町经济开发区；梁河县的芒东、勐养等乡镇以及西双版纳州勐海县勐海乡，思茅地区的澜沧县、孟连县等。勒期支系约 10700 人，主要分布在盈江县的盏西、麻刀、喇哧董、大云坡等山区；陇川县的护国等地；芒市的西山、中山、东山、三台山、邦各、别弄、营盘和石板等地；瑞丽市的勐力、南京里、梁河县的勐养、芒东等乡镇以及怒江州的泸水县片马镇也有分布。浪峨支系约 5600 人，主要分布在芒市的营盘、勐广、允欠、弄龙、党扫、拱卡及中山部分地区；梁河县的邦外、红场一带；陇川县的护国、拱瓦、垒良等部分地区；瑞丽市的南京里、勐秀、户兰等地;盈江县的盏西、铜壁关的部分地区。波拉支系约450人,是景颇族中人数最少的一个支系,主要分布在芒市三台山乡的允欠村和五岔路乡的勐广村、弄龙村、项丘、西山乡板栽二组、城郊的桦树林,梁河县的邦外,陇川县的双窝铺、王子树、帕浪弄村等地。

　　不同支系的分布,总体是交错杂居的局面。载瓦和景颇两个支系,各自有几块较大的聚居区。如:芒市的西山区、盈江县的盏西区、陇川县的邦瓦区是载瓦支系的聚居区;盈江县的铜壁乡、瑞丽市弄岛乡的等嘎是景颇支系的聚居区;勒期、浪峨、波拉三个支系,多与别的支系杂居。单一支系的聚居区都以村寨为单位,就多数地区而言,都是不同支系杂居在一起的。许多村寨都居住着两个或两个以上的支系,只有少数村寨是单一支系的。在几个支系杂居的村寨,多数是以一个支系为主,并夹杂一些别的支系。如芒市三台山乡允欠村就是一个典型的多支系杂居的地区,这个乡的各个村寨都有几个不同的支系,但在不同的支系中,则有一个支系人口较多。如邦外村以载瓦支系为主,允欠村以浪峨支系为主,广林寨以勒期支系为主,孔家寨以波拉支系为主。也有一些村寨是由人数大致相等的不同支系组成的。不同支系共居组成的村寨,许多家庭也是由不同支系的成员结合一起的,即这个家庭的男户主是一个支系,女主人是另一个支系。家庭的支系归属一般随男户主,子女的支系归属一般随父,即父亲是什么支系,子女也属什么支系。

　　景颇族的不同支系,不仅在分布上存在着不可分割的联系,而且在民族的一些特征上(除语言外),诸如经济制度、生产方式、婚丧喜庆、服饰衣着、宗教信仰、风俗习惯、心理素质等方面,也大致相同。尽管这些不同的支系在历史传说中各有自己的迁徙路线和发展过程,民族文化也有一些独具风格的特征,但经过长期的历史发展,他们的特点越来越接近,已经融合为一个密不可分的整体,发展成为一个统一的民族。如今,不管哪个支系的人,都会认为他们是一个统一的景颇族,其他民族的人,从外表上很难看出他们之间还存在支系的差别。

　　在德宏州,截至2007年年底,共有景颇族人口13.54万人,占全州人口的11.5%,主要分布在全州三县两市的39个乡镇145个行政村638个村民小组。按景颇族人口占20%以上行政村统计,景颇族主要分布在三县两市的33个乡镇129个行政村,总人口119480人。各县市分布情况详见下表:

景颇族人口分布

分布地区	主要分布乡镇	村委会数	人口数
合计	33	129	119480
芒市	8	29	25512
梁河县	2	2	1853
盈江县	10	38	36725
陇川县	8	47	44485
瑞丽市	5	13	10905

(注:景颇族人口达不到20%的行政村还有16个,有1.6万人未列入上表)

第二节　历史源流

　　景颇族的族源与古代氐羌人密切相关。据史书记载,古代的西北甘、青高原上,是氐羌部落的主要游牧聚居区。氐羌部落的人们,曾不断地流动于中原和西南之间,过着迁徙不定的游牧生活。周武王伐纣时,羌族人曾加入周武王伐纣的队伍。公元前 7 世纪以后,秦国发动大规模的兼并战争,居住在甘肃、青海一带的氐羌部落"畏秦之威",有的向西南迁徙,有的迁至青海以西乃至西藏地区,有的则迁至今四川西南的西昌至云南一带。因此,《史记·西南夷列传》记载公元前 2 世纪云南境内的族群时说:"皆氐类也。"而氐羌是同一部落,在文献中,有时并称,有时分称。根据记载,约在东汉时期及西晋南北朝时期,因政局动荡,又有大批羌人南迁至西南地区的氐羌部落,后来演变为汉藏语系藏缅语族各民族的祖先。

　　传说景颇族的祖先在甘、青高原的木拽省腊崩(mă³¹ tʃoi³¹ ʃiŋ³¹ ʒa³¹ pum³¹)居住了较长的时间,大概在宁贯瓦时代开始南迁,迁到卡库戛(khaʔ³¹ khu⁵⁵ ka⁵⁵)以北的藏东南、川西北及滇北交界处,即金沙江、澜沧江和怒江上游地区。以后,他们又逐渐迁徙到滇西地区。景颇支早期曾活动到怒江及澜沧江一带,以后迁至恩梅开江和迈立开江流域及以西的广大地区。恩梅开江与迈立开江的名称就是以景颇语命名的。浪峨支则一直活动到金沙江边。在迁徙过程中,景颇族分成了东、西两大支。其中西支——景颇支,大概是从德钦一带西渡澜沧江和怒江,然后南下西走,向四周扩散。东支——主要是浪峨支,曾活动到金沙江一带,尔后便沿着澜沧江东岸南下,来到云龙县以北的地区。由于在这一带居住的时间长,分布广,历史上称为"古浪峨地"。后来从浪峨支中分出勒期(茶山)支,分住小江流域,再后来又从勒期支中分出载瓦支。载瓦支继续南迁,来到恩梅开江以东地区。由于浪峨、勒期、载瓦、波拉 4 支分化较晚,所以他们在语言、服饰、风俗等方面都比较接近。如 4 支都行父子连名制,直到景颇支的拉排姓贵族来统治后,载瓦支才废除父子连名制;4 个支系都自称来自"古浪峨地";在 4 个支系中,前几代祖先的名字都是相同的。

　　秦汉时期的西南地区,至三国、两晋、南北朝时期(约公元 3 世纪初—6 世纪末)称为南中地区。当时聚居在平坝地区的氐羌族群有滇僰、叟、爨,居住在山区的氐羌部落有"昆明诸种",其中包括与之相近的寯、邛等族部落。当时居住在这一带的一些部落,社会发展不平衡,有一些部落首领据地称雄,称为地方"大姓"、"夷帅"。诸葛亮平定南中后,把大郡划分为小郡,限制"大姓"、"夷帅"的兼并扩张,但仍然委任他们继续管理属于他们管辖的地方,给他们颁发"瑞锦铁券",在承认他们的基础上改设郡县,同时派遣内地官吏任副职,促使少数民族上层人士服从于蜀汉官吏。诸葛亮在南中采取"和抚"政策,深受云南各民族的欢迎。直到今天,在云南各民族中还流传着许多关于诸葛亮的故事。如"七擒孟获"的故事,十分生动地说明了"南抚夷越"的策略,而据民间传说,孟获就是景颇族浪峨人的酋长。"孟获"浪峨语意为"老大",其弟有"孟约"、"孟吉"、"孟岛"等。

唐代，景颇族的先民被称为"寻传蛮"。《蛮书》卷四说："寻传蛮，阁罗凤所讨定也。"《南诏德化碑》又说："西开寻传，禄腺出丽水之金。"丽水即今天的伊洛瓦底江，禄腺乃丽水的支流，即当今泸水县境外的小江。小江自今片马、岗房、古浪边境西北流入伊洛瓦底江上游的恩梅开江。当时恩梅开江东西两岸皆有"寻传蛮"，又从"寻传蛮"居住之地往南即至骠国，所以《蛮书》卷三说阁罗凤"西开寻传，南通骠国"。骠国在今缅甸曼德勒地区。《南诏德化碑》还说："爰有寻传，畴壤沃饶，人物殷凑，南通渤海，西近大秦。"渤海当为印度洋孟加拉湾，"大秦"一般认为在印度的南部，即"达亲"。显然，这里的"寻传"是在澜沧江以西至缅甸克钦邦境内伊洛瓦底江上游的恩梅开江和迈立开江流域一带。《蛮书》卷四说："裸形蛮，在寻传城西三百里，为巢穴，谓之为野蛮。阁罗凤既定寻传，而令野蛮散居山谷。其蛮不战自调伏集，战即招之。其男女漫山遍野，亦无君长。"《蛮书》卷六说："丽水渡西南至祁鲜山（今伊洛瓦底江西岸的甘高山），山西有神龙河删，祁鲜以西即裸形蛮也。管摩零都督城，置腹心，理寻传……"据此，丽水渡的西南是祁鲜山，祁鲜山的西面是裸形蛮，而阁罗凤"西开寻传"是自东到西，"祁鲜望风而至"则祁鲜更在寻传之西，可见"寻传蛮"只能在祁鲜山之东。在景颇族的传说中把当年阁罗凤的开拓战争称为"民家穆战"（景颇族称古代的白族人为"民家"，"穆战"景颇语意为"战争"）。相传南诏王来到景颇地区，封木立、恩迈山官为大官，当是《蛮书》卷六里说的摩零山的城镇官。

元代时期，史籍上景颇族又称为"峨昌"、"莪昌"、"蛾昌"等。《元史·地理志》金齿等处宣抚司载："其地在大理西南，澜沧江界其东，与缅地接。其西土蛮凡人种，曰金齿、曰白夷、曰斡、曰峨昌……"《元混一方舆胜览》载："麓川江（今陇川江）出莩昌（按，即蛾昌）经越赕（今腾冲）傍高黎贡山，由茫施（今芒市）、孟乃甸入缅中。"麓川江发源于今泸水县西部，元明时期属云龙州，往西南经腾冲、潞西至缅甸，这大片地区均有"峨昌"。《滇略》卷九载："茶山在腾冲西北五百里，距高黎贡山，地瘴土寒，不生五谷。其人强狞好斗，土酋早姓，旧属孟养。永乐二年，孟养叛，茶山不从，自诣阙下，授长官司。其他僻远，偿为野人杀虏，今奔入内地阿幸（今腾冲北部）栖在。""里麻与茶山接壤，旧亦属孟养，土酋刀姓亦以拒贼功授官，所辖皆峨昌夷。近其地亦为野人所夺，奔入内地赤石坪栖在。"从上述记载可知，茶山、里麻二长官司地的景颇族一直臣属于中国中央皇朝，土酋早姓、刀姓（均为景颇族）均因"拒贼功"受封官职；茶山、里麻二长官司地（小江流域至江心坡一带）所辖皆"峨昌夷"，这一带是唐时的"寻传蛮"地区。当时他们分为许多部落，散布在澜沧江上游以西到伊洛瓦底江上游地区。被南诏征服后，他们仍然保持原来的政治制度与经济结构。

明景泰《云南图经志书》卷五龙州说："境内多蛾昌蛮，即寻传蛮，似蒲而别种，散居山壑间，男子顶髻戴竹兜鍪，以毛熊皮饰之，上以猪牙、鸡尾羽为顶饰，其衣无领袖，兵不离身，以孳畜佃种为生，好食蛇。"其风俗与《蛮书》卷四所载全同，聚居的地区也是一致的。而"蛾昌"是浪峨支，载瓦支原来的族称因为"蛾昌"与"阿昌"声韵母均相似，而今傣族仍然称浪峨支及载瓦支为"蛾昌"、"阿昌"。另外，今天景颇族举行盛大节庆——"目瑙节"期间，领舞者

"瑙双"必须头戴兜鍪,用孔雀羽毛为顶饰,此风俗沿袭至今,证明了原云龙州境内的"蛾昌蛮"是"寻传蛮"。

从传说中看,景颇族最早的分支是景颇支和浪峨支(蛾昌),具体分化年代尚待考证。后来从浪峨支中分出勒期(茶山)支,而后才从中分出载瓦支。至于从哪一支中分出,则有两种说法:一说是从景颇支中分出,因和阿昌族杂居,与阿昌语混合而成载瓦语。而绝大多数载瓦人以及勒期、浪峨人都认为他们和景颇支同是宁贯瓦的后代,以后经历了分化和融合的过程。载瓦支的梅何姓被公认为是最初的载瓦人,从他们的世系家谱可追溯出三十一代,其中第四代与景颇支有亲戚关系,第八代与勒期支有亲戚关系,第十六代与浪峨支有亲戚关系,到第二十代时景颇支的奥拉当到载瓦地区当官,成了载瓦支所有排姓山官的祖先。而景颇支中的"木如 mă³¹ ʒu³¹"姓(景颇支称浪峨支为"木如 mă³¹ ʒu³¹"),是因为与浪峨支通婚融合而成的。近代景颇族中的景颇支与载瓦支、浪峨支、勒期支、波拉支原先就是同一族体的不同部落,在历史发展过程中分成 5 支,各支也一致认为有着共同的祖先,以后又逐渐融合,特别是在各支系的结合部,融合的现象更明显。随着各部落间通婚、交往的进一步加强,氏族部落内部的血缘关系被地域关系取代了,在元代时期逐步形成了具有共同地域、共同经济生活及表现于共同文化上的稳定的心理素质的人们共同体。

元、明时期,景颇族的五大贵族山官争夺势力范围,发生大规模的战争,社会动荡,民不聊生。有的小山官无力抵抗强者的进攻便带领属民南逃,很多未当权的贵族因想当官而离故地向南迁徙,还有一些古老的氏族大姓因势力增大而强迫别的氏族向其呈贡,而"不愿受气者"就往南迁徙。为此便出现了景颇族历史上的第二次大迁徙,迁徙到腾越、德宏一带。其迁徙路线:一是一部分由小江、之非河一带南下,越过尖高山、狼牙山进入盏西,或经腾冲、古永进入盏西;二是一部分由之非河流域沿恩梅开江西南,下至昔董,再入盈江一带,后又迁到陇川、瑞丽及潞西一带;三是一部分由西董向西南迁至八莫附近,再转入陇川、瑞丽和潞西;四是一部分由卡库戛(kha²³¹ khu⁵⁵ ka⁵⁵)北部或中部南下,越过恩梅开江到达盈江一带,再向南迁到瑞丽、潞西一带。另外,散居在临沧、思茅、西双版纳的景颇族则是由德宏迁去的。

在 20 世纪 50 年代以前,景颇族已进入封建社会初期,出现了地主、富农,过去的山官已经逐步演变为封建领主。但各地区还保留了不同程度的原始公社制残余。在历史上,景颇族人民为维护祖国统一进行过英勇斗争,并做出了重要贡献。1875 年在马嘉里案中,景颇族人民杀了窃取中国情报的英帝国主义特务 A. R. 马嘉里,狙击了英国军官 H. A. 柏郎(布朗)率领的侵略军,打击了侵略者的气焰。1898 年中英两国勘定陇川边界时,景颇族山官早乐东在人民群众的支持下,据理抗争,粉碎了英帝国主义者进一步侵占中国领土的野心。在抗日战争时期,景颇族人民积极参加游击队,用长刀、斧子等打击侵略者,为保卫祖国神圣领土立下了功劳。新中国成立后,景颇族迎来了新生,在各个方面发生了巨大的变化。1953 年,成立了德宏傣族景颇族自治州,景颇族代表参加了各级人民代表大会,景颇族干部参加了自治州领导工作。各地区还建立了发电、灌溉、榨油、磨面等中小型工厂企业为日常生活服务,并有了自己的第一代工人、技术员和大学生。教育、卫生等各个领域都有了长足的发展,使贫穷落后的山区有了兴旺发达的景象。

第三节　社会经济形态

在中华民族的社会历史发展中,景颇族是一个极具历史传奇色彩的民族。远古的西北游牧民族几经迁徙,最后扎根在伊洛瓦底江、怒江上下游流域广袤的土地上,成为农耕山地民族。新中国成立前,景颇族社会处在一种带有部落痕迹的封建领主社会经济形态,新中国成立后,经过几十年的发展,景颇族的社会面貌、生产生活发生了深刻的变化,但总体上仍处于贫困落后状态,特别是在整个中华民族总体达到小康社会,进一步迈向全面建设小康社会进程中,如何加快发展,跟上时代步伐,适应社会主义市场经济发展的要求,已经成为景颇族急需解决的问题。

景颇族虽有文字,但历史还不长,因此没有用本民族文字记载的古代史。但景颇族有较为完整的口传创世纪史诗《目瑙斋瓦》($mǎ^{31}$ nau^{31} $tʃai^{31}$ wa^{31})和历史故事《勒保冒迷》($lǎ^{31}$ pau^{55} mau^{31} mi^{31})等,以及大量的口头传说,这些是研究景颇族历史的重要材料。

相传景颇族自木拽省腊崩南下,在恩梅开江的源头名叫“彭弄央”的地方住了很长一段时间,传说当时人们以兽皮、羊皮为衣,靠采集、渔猎为生。后来在宁贯瓦的率领下又往南迁徙,来到卡库夏($kha^{ʔ31}$ khu^{55} ka^{55})一带建村邑。当时使用的工具非常简陋,大部分是竹木、石制工具,如石斧、石锅、石三脚架、竹碗、竹刀、竹瓢、竹筷、竹水筒等等,使用称“格先”的草秆做标枪,射杀野兽。樊绰《蛮书》卷四载:“寻传蛮,阁罗凤所讨定也,俗无丝绵布帛,披波罗皮,足可以践履榛棘。持弓挟矢,射豪猪,生食其肉,取其两牙双插髻旁为饰,又条猪皮以系腰,每战斗即以笼子笼头如兜鍪状。”李京《云南志略》载:“野蛮在寻传以西,散居岩谷,无衣服,以树木蔽体,形丑恶,男少女多,一夫有十多妻,持弓以御侵略,不事农牧,入山林采草木及动物而食,食无器皿,以芭蕉叶笈之。”这些记载与景颇族的传说大体一致,与传说中原始社会的经济发展情况是相同的。

大约距今一两千年前,景颇族先民已自青藏高原南迁,进入恩梅开江和迈立开江两江流域一带,以及江心坡地区。民间传说,当时人们以树皮为衣,不会种庄稼,采集野果充饥,用木棍、石块打野兽生吃。后来有个名叫腊都的人,发明了以竹片摩擦取火,才开始了食熟食。

随后景颇族的先民们又从渔猎、采集的经济形态逐渐转向农业生产。他们首先学会了种芋头和稻谷,在景颇语里排在首位的农作物是芋头,其次是山地旱谷。今天景颇族举行重大的节庆“目瑙”时,要在“目瑙示栋”($mǎ^{31}$ nau^{31} $ʃǎ^{31}$ $tuŋ^{31}$)牌上画芋头、旱谷,纪念其祖先栽芋头、旱谷的功绩。后来,景颇族先民们种植的农作物种类逐渐增多,除了芋、谷外,还有豆、玉米等。

大约元代以后才出现刀耕火种的农业。如《滇略》卷九记载:阿昌,又名峨昌(当时对部分景颇族先民和阿昌族先民的统称),怕热不怕冷,喜欢干燥不喜欢潮湿,住高山上,进行刀耕火种。妇女用红藤缠在腰间作为装饰。嗜好饮酒,行路不挑担,全靠背负。另外,采集野葛制作衣服。没有酋长管束。属隶土司,为土司服役。

景颇族历史上长期从事采集、狩猎,直至解放初仍然可以看到这种痕迹,特别在青黄不接时,更是如此。芋,是采集的主要植物块根,也是富有营养的食物。至今一些古老的姓氏和种芋有关,比如,"梅何"姓含义是"栽芋","梅普"姓含义是"犁芋","梅掌"姓含义为"整理芋墒"。在景颇族祭献亡魂时要用芋,在坟上要画芋的图形,反映了从采集到人工栽培的艰辛过程。后来,学会了点种旱谷、玉米、荞等作物。他们使用木棒挖穴点种,用竹帚扫土覆盖。这些点种覆土用的原始工具在今天的景颇族宗教仪式中仍然可以看到。由于生产力低下,必须共同劳动才能开垦大片荒地;同时也必须实行平均分配,才能维持每个成员的生命,因此当时实行的是原始共产主义的经济。

自公元 8 世纪至 14 世纪的 600 多年中,分布在不同地区的景颇族先民,由于各自所处的地理、历史条件不同,社会经济发展已呈现出不平衡状态。15 世纪后,内地汉族移民大量涌向德宏及其周围地区,与此同时,景颇族则不断南迁,与汉、傣等族比邻而居,汉、傣等族的先进生产技术,对景颇族社会的发展起到积极的促进作用。居住在河谷地区特别是相邻汉、白、傣等先进民族地区的景颇族社会发展尤其迅速,一些部落的锄耕农业已开始向犁耕农业过渡,种植稻谷、薏米、瓜类等多种农作物。他们饲养家畜、淘金、挖琥珀,同时编织竹器、藤器、木棉布等手工业也有相应发展,个别地区甚至还能煅铁,制造武器。滇摊关与小茶山一带出产的团茶、麂皮,以及黄蜡、白蜡、栗蜡等产品,已在附近市场上与汉、傣等族商人进行交易,为当地市场的繁荣增色。但居住在偏僻山区的景颇族则仍以狩猎、采集为主,家畜饲养和原始刀耕火种农业有所发展。

大约在明代初年,部分景颇族的农业生产已有较大发展,农产品有明显增加,人们生活得到改善。《滇略》卷九描述了与景颇族有关的"遮些"的情况,认为当时"遮些"男女喜欢华彩的衣饰,耳戴大环,饮食比较精美清洁。在农业与手工业发展的同时,产生了商品交换,通过商品交换,发展了私有财产。男子成为私有财产的主要拥有者,确立了男子在家庭中的领导地位。由此,母权制正式让位给父权制,血统开始按父系计算,一些部落出现了父子连名制,实行一夫一妻制婚姻。

在父权制时代,几个父系氏族组成为部落。随着生产力的提高,财富的增加,部落首领逐渐侵吞部落的牛羊,成为富裕者。同时,为了获得更多的财富和劳动力,部落首领经常对外发动战争,把俘虏作为奴隶,把掠夺战争看作一件荣耀的事情。传说景颇族的部落首领同时还收容氏族部落内贫困者家庭的孩子或孤儿,最初作为养子,后来把他们变成奴隶。部落首领为了进一步巩固自己的政治、经济地位,又把首领的公职变为世袭,于是社会分裂成三大等级:官种(贵族)、百姓和奴隶。

　　传说在瓦切娃的儿子勒排娃·腊章时期,各部落产生了山官。据推测,勒排娃·腊章就是明史所载的早章,"早 tsau^{31}"即"官"(或"山官"),"章"是该山官的名字。如果勒排娃·腊章就是早章的话,那么有明史为证的山官和山官制度至少产生在明代永乐年间。山官出现后为了掠夺财富,常常挑起战争,各山官辖区间经常处于紧张的军事戒备状态。这时期可称军事民主主义时期,景颇族的军事民主制一直延续到近代。频繁的军事行动在明、清有关史书及地方志上都有大量记载。这就是在南迁德宏前以及迁入德宏初期的景颇族社会情况。

　　由于战争、迁徙、私有制的发展,小家庭从大家庭中分裂出来,使原先以血缘联系为主的集团逐渐为地域联系所代替,农村公社的社会组织开始成为景颇族社会的基本单位。在实行山官制的地区,每一个农村公社也就是一个山官统治的辖区。每个辖区包括一个、几个乃至十几个村寨,每个村寨又包括若干个不同姓氏的个体家庭。甚至还有其他民族,包括汉、傈僳、德昂等不同民族的居民。这种以地域联系为基础组成的山官辖区(或部落),一开始就具有农村公社的性质。农村公社是一种两重性质的社会组织,即私有制和公有制同时并存。近百年来随着水田农业的出现,水田逐渐变为私人所有。在景颇族农村公社中,随着生产力逐步发展,特别是水田农业的确立,私有制逐渐战胜公有制,原始公社开始瓦解,向阶级社会迈进。

　　总的看来,景颇族的奴隶制未能得到充分发展,农村公社逐渐向封建关系转化。随着水田农业的发展,私有化程度加深,典当、抵押、租佃、雇工等封建剥削关系发展起来了,这个过程一直延续到新中国成立之前。

　　新中国成立之初,根据当时景颇族社会的经济社会发展状况和生产关系,没有经过土地改革,直接过渡到社会主义社会,史称景颇族地区为"直过区",人们也习惯将景颇族称为"直过"民族。由于特殊地域条件,经济社会发展受到种种历史及社会因素制约,当前景颇族的发展状况仍以"社会发育程度低、经济底子薄、基础设施差、教育资源贫乏、医疗卫生条件差"等为主要特征。目前德宏景颇族的经济发展水平整体低于全州平均水平,产业结构单一,粗放的农耕经济加上一定比例的原始采集经济在其经济结构中占绝对比重,第二产业比例很小,第三产业处于初发育状态。而且农业生产中以原始粗放的耕作方式为主,科技含量低,经济效益低,粮食不能自给的情形仍较普遍。经济、生产水平的低下导致"直过区"人口贫困面大,贫困程度深。

　　景颇族聚集区大多处于自然条件恶劣的山区、半山区,坡度大,缺少水资源,一些地区还有山体滑坡、泥石流等自然灾害发生,影响着人们的生产生活。交通的不便使得人们无论劳动、出行都困难重重。群众居住地和生产地相距较远,每天大量的时间都用于路途中,增加了劳动成本;同时因生产基地多位于山洼及山坡上,不利于机耕作业,生产主要依靠畜力及人工劳力,使劳动生产率低下。改革开放以来,又受到境外毒品的危害,在一些地区毒品危害制约着当地经济社会的发展,加剧了群众的贫困程度。

第四节 文化、习俗及宗教

节日[①]"目瑙纵歌 $m\tilde{a}^{31}nau^{31}tsum^{31}ko^{55}$"节是景颇族的盛大传统节日,又是一种群众性的歌舞活动,源于创世英雄宁贯瓦的故事。景颇支系叫"目瑙 $m\tilde{a}^{31}nau^{33}$",载瓦、浪峨、勒期等支系叫"纵歌 $tsum^{31}ko^{55}$"。庆祝胜利,五谷丰登,迎接贵宾,纪念重要节日或嫁娶喜事等都举行目瑙纵歌,盛大的目瑙纵歌一般都选定在农历正月中旬。为便于组织节日活动,经德宏傣族景颇族自治州人大常委会 1983 年 4 月决定,每年正月十五、十六为景颇族目瑙纵歌节。节日里,景颇族男女老少穿上最美丽的盛装,一早就结队汇集到目瑙纵歌广场,进行欢庆。广场中心竖立着高约 20 米的两块木板制成的目瑙牌,板上画着跳目瑙的线路,以表示景颇族祖先由青藏高原南迁的曲折过程。两块目瑙牌中间交叉着两把大刀。两旁还有两块高 8 米左右的木板,其右边木板上,画着蕨菜;左边木板上画着四方形等分成四个三角形的图案,每个三角形用一种颜色,象征子孙兴旺和对富裕生活的追求。上方横匾画着喜马拉雅山脉,下方横匾画着农作物和家禽。在其两旁搭起两个高台,周围挂着直径约一米的八个铓锣,两个大皮鼓以及其他一些乐器。广场围着篱笆,开两道门。上午 10 时许,目瑙纵歌典礼开始,敲铓打鼓,鸣枪放炮,笙管齐奏,在一派欢乐声中,由两位德高望重的老人,头戴美丽的孔雀羽翎帽,手中挥动闪亮的景颇长刀,领着目瑙纵歌舞队,踏着鼓点,吹响"桑比 $sam^{33}pji^{33}$",边歌边舞。参加者达数百乃至两三千人。男人边舞边挥长刀,英姿飒爽;女人抖动着彩帕,身上装饰的银泡、银链刷刷响,闪闪亮,气势壮观。从早到晚,一连跳两个通宵。

新米节,又称"尝新节 $mam^{33}n^{31}nan^{33}\int a^{55}$",是在谷物成熟时,正式收割前举行的庆典。日期不求一致。旧时的规矩,要过节的前一天,主人家背着插满鲜花的篮子到田里或地里,将糯谷收回来,放在竹楼下的鬼门边,然后通知各家第二天来做客。翌日早饭后,大家应邀来到,妇女帮助主人炒谷子,舂扁米、粑粑,或上山找野菜,男子下河抓鱼。这天,不兴宰猪杀鸡招待客人。过节的食品准备好后,主人先摆好用新米舂成的粑粑和扁米、水酒以及干鱼等,请董萨祷告,求鬼神保佑风调雨顺,人畜平安,感谢神祇赏赐的丰收。祭祀之后,老人讲述种稻谷的历史:传说在很久远的年代,景颇人种的谷子,谷魂回到天上去了,地上的稻谷长不好,人没有吃的,狗饿得望着天叫,最后是狗把谷魂呼叫回来,谷子才又长好了。为此,景颇人对狗很感激,尝新时,先给狗吃。如今,新米节人们不再祭鬼,主人请客人一起尝新,交流生产经验和技术,漫谈生活的变化。

乐器 景颇族的乐器有吹奏乐器、弹拨乐器、打击乐器。吹奏乐器有勒绒(用一尺多长的竹根制成,竹根上穿 5 个小孔,人吹气竹管就发音,用手指来控制和调节音调)、洞巴 $tum^{31}pa^{33}$

---

① 云南省潞西县志编纂委员会编《潞西县志》第 429—430 页,云南教育出版社,1993 年。

（用牛角制成，有一节用木穿孔并有 5 个小孔）、吐仁 thu³¹ʒen³³（用小竹制成）、文蚌桑比 wun³¹ poŋ³³ sum³³pji³³（竹笛）、毕蔓 pji³³ man³¹、毕托 pji³³ thot⁵⁵ 等；打击乐器有大、中、小锗，锣，大木鼓，象脚鼓等。木鼓是景颇族的古老乐器，象脚鼓、锗、锣均由傣、汉族传入。

　　音乐[①]　景颇族能歌善舞，凡婚丧嫁娶都要唱歌。他们唱歌不仅是抒发感情，还可传播生产技能、生活常识、道德规范和民间习俗。如《生产歌》、《丰收歌》、《贺新房》等等。景颇族民歌形式多样，内容丰富。主要有山歌、舞蹈歌、叙事歌、劳动歌、催眠歌等。

　　山歌，景颇族载瓦支系称之为"直 tʃi³¹"（景颇支系称之为"恩准 n³³ tʃun³³"），调子高亢，自由奔放。曲首有衬词，主题歌词为两句结构，每句多为七字、九字或十一字，上下句要对称一致，两句之间的第一个字、末尾一个字和中间的某一个字一般都押韵。情歌不能在家中唱，同姓人之间也不能对唱。

　　舞蹈歌，主要有"整歌 tsiŋ³¹ ko⁵⁵"（新房歌）、"奔央 pun³¹jaŋ³¹"（丧葬调）和"窝日阿 wo⁵⁵ ʒa³¹"等。"窝日阿"由衬词有较多的"窝日阿"而得名，是"目瑙纵歌"盛会中演唱的歌曲。情绪热烈欢快，男女老少随歌起舞。贺新房歌是景颇族新房落成时唱的庆贺性民歌，由一人领唱，众人复唱，边唱边舞。领唱与复唱词同曲不同。曲调分为上下句结构，是五声音阶羽调式。丧葬调，为五声音阶商调式，曲调结构简单，基本只是一句的变化重复。

　　叙事歌，有成套的唱词，如《开天辟地》、《搬迁史》、《目瑙纵歌的传说》、《盖新房》等。也唱一些短小的结婚贺词，盖新房贺词等。曲首是一句衬词，后两句是对称的上下句。讲头韵、腰韵、尾韵。景颇族各支系唱的曲调不尽相同，景颇支系为五声音阶商调式，载瓦支系为徵调式，浪峨支系为角调式。

　　劳动歌，主要有舂米歌，是妇女在劳动中唱的歌。每日清晨，妇女用手碓舂米，一边舂一边唱，此起彼伏，节奏明快。为上下句结构，前后一般有"哟"、"哟洒"等衬词。景颇支系唱的曲调为五声音阶商调式，载瓦支系为徵调式。

　　催眠歌，是妇女哄孩子睡眠的歌。歌词为上下句结构，有时也有衬词，押韵同山歌，但不十分严谨。景颇族各支系唱的催眠曲不同，景颇支系为徵调式，载瓦支系为羽调式，浪峨支系为宫调式，而且句子长短不固定。

　　舞蹈[②]　景颇族民间舞蹈丰富多彩，保持了传统的民族风格，舞姿朴实、和谐庄重。景颇族凡节日、祭祀、丧葬、喜庆都要跳舞。如"目瑙纵歌"舞、象脚鼓舞、丧礼舞、长矛舞、盾牌舞、刀舞等。

　　"目瑙纵歌 mã³¹nau⁵⁵ tsum³¹ko⁵⁵"，意为"大伙跳舞"。新中国成立前，"目瑙纵歌"分"祭祀舞"、"胜利舞"、"出征舞"、"结婚舞"、"丧葬舞"、"友谊舞"等十多种。

　　象脚鼓舞是为庆贺新房落成而举行的一种自娱性的群体舞蹈。进新房的夜晚，亲朋好友

---

①　云南省潞西县志编纂委员会编《潞西县志》第 375 页，云南教育出版社，1993 年。
②　云南省潞西县志编纂委员会编《潞西县志》第 378 页，云南教育出版社，1993 年。

纷纷前来祝贺,宾主围着火塘欢歌起舞,用舞蹈动作来表示建新房的主要工序,如平地基、抬木料、栽柱子、架屋梁等。众人边歌边舞,表达喜悦的心情。

丧礼舞是一种风俗性的舞蹈。每当寨子的老人去世后,亲邻都带着物品到死者家悼念,天黑以后,人们聚集在正堂内,绕着房间跳丧礼舞。舞时众人围成圆圈,反时针方向转动。舞者双手持约 0.3 米长的竹片或木棍做道具,跳着象征砍地、开荒、播种、收割的舞蹈动作,以赞扬死者勤劳的一生。全部舞蹈动作有 40 多种套路,一般要通宵达旦连跳 3 个夜晚。若是德高望重、头人富户的老人病故,还要跳长矛舞、盾牌舞和"金寨寨"舞。

长矛舞,是舞者手持长矛,于早晨和傍晚在死者室内或室外跳的舞。盾牌舞,是舞者右手持长刀,左手持牛皮制成的盾牌,挥刀起舞,意在驱鬼开路,护送死者的灵魂到先祖坟地跳的舞。"金寨寨"是古老的民间舞蹈,舞者裸身文面,装束原始,动作粗犷,双手各持一短木棍,对着木鼓打击起舞。近几十年已不跳了。除此之外,景颇族还喜爱跳刀舞(一种男性民间舞蹈)、琴舞(一种自娱性集体舞蹈)。

美术 景颇族的美术有绘画、雕刻、织物图案、刺绣等。景颇族妇女都会织筒裙和筒帕,甚至个别男人也会织筒裙和筒帕。有些妇女还会做篾活,如编制坦笆(用粗竹篾编的像席子的东西,用来晾晒粮食等)、簸箕、箩等。服饰和棉毛织物等图案花纹相当精美。绘画大多与原始宗教信仰相结合,采用单线回纹和单线直仿画法,在寨门、鬼桩、横梁等公共祭献设施上,形象地画出人们日常生活、生产中熟悉的日、月、河和其他动物图案。雕刻有简单粗糙的圆雕和竹木刻、木鸟和木鬼,佩刀刀鞘、斧、镰刀、弓箭、枪锤等和织布的木梭上刻画的图案线条很细。筒裙、筒帕、护腿、腰带上都织有各式各样的图案。如:图案花纹有虎脚印、毛虫脚、南瓜子、树叶、蜂巢等实物造型。刺绣品主要是手巾和护腿,尤以手巾为多,作为姑娘们送给情人的信物。在男子的裤腿上、包头布两端,姑娘和儿童上衣袖口、衣领上也有刺绣作为装饰。

体育 景颇族的民间体育活动有摔跤、赛跑、跳高、推扁担、比臂力、爬杆、打陀螺、射弹弓、射弩、拔河等。

建筑 景颇族村寨多建在山顶或者依着山顶的斜坡,也有的村寨是依着山梁子而建的。村寨里一栋栋的房屋,呈一个方向平行并列。村寨的出入口有农尚 num^{31} ʃaŋ^{31}(官庙)、神林。农尚附近神林内的树木,不许任何人砍伐。而且这些地方禁止鸣枪、玩弹弓乃至大小便等。景颇族认为这些行为都会触怒农尚(官庙)和神林的鬼,从而使老虎、豹子、野猪、豺狼进入村寨,危害人畜。很显然,在景颇族心目中,"农尚"与神林除了是公共祭祀的场所外,它还有保护村寨的意思。

过去,景颇族的住房分平房和掌楼房,都是干栏式,草顶木柱蔑笆墙。房屋的建筑材料是竹子、木料和茅草。房屋的柱子是木质的,地板、椽子、墙壁均为竹质,屋脊上的竹椽不是钉的,而是用竹篾绑的,屋顶盖以茅草排。屋的两端各开一门,经常出入的为正门,又叫前门,有楼梯。景颇族的房屋与其他民族的房屋最大的区别在于景颇族的房屋门是顺山墙开而不是侧边开。

现在,随着生活水平的提高和政府资助力度的加大,景颇族地区盖起了不少用水泥和砖瓦为主要原料的新房。我们在瑞丽市弄岛镇等嘎村伍陆央淘宝村看到近几年新建的四排新式楼房,宽敞明亮、整洁舒适。

服饰　景颇族的穿着,男子一般为黑色对襟短上衣,裤腿短而宽。老年人缠黑布包头,青年人喜欢缠已加工有红色花絮的白布包头。妇女一般穿黑色对襟上衣或斜襟衣,黑布包头,自织的棉毛筒裙和护腿。上衣饰有用银币制作的大圆形纽扣,前后佩以数排银片、银泡及各种银饰,手戴银手镯,耳戴银耳环。景颇族的盛装服饰华贵美观,银饰间围着几个刻有各种花纹图案的红、绿、黑色竹圈或藤圈。年轻姑娘喜欢在上衣和筒裙衔接处系一红色腰带,颈上戴一串或几串红色项珠。姑娘不包头,一般都留短发,前及眉,周及颈,婚后包头,这点就可以区分未婚和已婚妇女。已包头的女子就是已婚的妇女,但男人没有明显的标志是否已婚。但现代男女穿着有很多变化,以舒适、美观、符合时代潮流为选择标准。

历史上,长刀是景颇族战争和狩猎的主要武器,也是生产劳动的工具。景颇男子年满 10岁,父亲就送他一把刀,开始玩刀习武,现在仍然保留着这一传统。景颇族长刀一般长 60—65厘米,宽约 4.5 厘米,刀刃极锋利,刀柄由铜制成,刻有花纹;木制刀鞘上每隔三四厘米箍有一道金属片。其背带用线编织,并坠有数十个彩色小绒球,通常由母亲、妻子或情人制作。景颇男子出门,必须佩带长刀,既可在密林中披荆斩棘,又可作防身的武器,也显景颇人英姿威武,景颇族至今还流传着一句话:"不会耍刀的男子,不算真正的男子。"因此 15 岁以上的男子都会耍几套刀术。"耍刀"景颇语称之为"闪黑",有单刀和双刀,分格斗刀术和娱乐刀术。格斗刀术以三步为一套路,刀法有劈、砍、斩、扫、撩、缠头裹脑等动作。①

景颇男子爱枪、爱刀,以前男子外出枪不离身、刀不离手,肩上必须挎长刀、铜炮枪,斜挎筒帕(毛质的有花挎包)。现在,男子出外一般不带刀枪,但佩戴筒帕,带手机、手表,骑摩托车。只有下地劳动时,有的还佩长刀作为劳动工具。

饮食　景颇族主要种植谷子和苞谷,以大米为主食,玉米次之。家家户户房前屋后都有园子,园里种植豆和薯类,多数时间采集野菜、野果当菜或副食品。

景颇族到野外,不用备锅灶,可用竹筒烧饭,把米装进竹筒后,再装一些水,并用叶子塞紧口,放在大火上烧即可。竹筒烧菜,把肉、鱼、禽切成块剁碎,拌上佐料、盐,装进新鲜的大竹筒里,再用叶子塞紧口子,放到大火上不断翻转烧烤,直到竹筒烧焦,剖开竹筒,香味飘溢,烧出的肉原汁原味再加竹子清香,食用时软而不烂,味道鲜美独特,竹筒烧菜可在家进行,是一道招待贵宾的菜肴。

婚姻　景颇族的家庭是父系父权的一夫一妻个体家庭。成年男子婚后即与父母分居。幼子是父母养老送终的直接负担者。因此,大家对幼子都比较重视和尊敬。

景颇族家庭通行单方姑舅表婚,即姑家男子必须娶舅家女子,但舅家男子不能娶姑家女子,形成这种婚姻关系,是建立在同姓不婚原则基础上的。不同姓氏一经建立婚姻关系,女方

---

①　云南省潞西县志编纂委员会编《潞西县志》第 413 页,云南教育出版社,1993 年。

姓氏即成男方姓氏的丈人种,相对的男方姓氏即成姑爷种;凡属男方姓氏的男子就有权利娶女方姓氏任何一家的姑娘。但彼此已经确认为"丈人种 $ma^{33}ju^{231}$"和"姑爷种 $ta^{31}ma^{255}$"的,不能把姑娘嫁给"丈人种"。正因为这样,这种通婚关系非有三个以上的集团(姓氏)组成不可。事实上景颇族的通婚关系很广泛,一个姓氏同时可以和几个姓氏建立"丈人种"、"姑爷种"的关系。严格遵守"丈人种"或"姑爷种"的关系是景颇族的通婚原则。

子女命名①　景颇和载瓦都依子女出生先后固定排行取名。男子老大为"干 kam^{35}"或"双 $\int o\eta^{33}$",老二为"诺 no^{33}"(载瓦支叫"弄 $no\eta^{35}$"),老三为"腊 la^{231}",老四为"堵 tu^{55}",老五为"当 $ta\eta^{33}$",老六为"用 $jo\eta^{33}$",老七为"卡 kha^{55}",老八为"锐 $3oi^{33}$",老九为"云 jun^{31}",老十为"金 $kji\eta^{33}$"。女子老大叫"果 ko^{255}",老二叫"鲁 lu^{255}",老三叫"锐 $3oi^{33}$",老四叫"途 thu^{231}",老五叫"盖 kai^{33}",老六叫"冬 kha^{55}",老七叫"比 pri^{55}",老八叫"云 jun^{31}",老九叫"金 $kji\eta^{33}$",老十叫"汤 $tha\eta^{55}$"。超出十个,一般则重复命名。姓与名连用时,将冠的字省略,如载瓦李家的大姑娘称"梅普果",而不叫"梅普木果"。名字相同的较多,同村中有同姓同名的。区分的方法:用本人的职业、年龄、体形或屋前房后的地理特征来区别,如门口长着龙竹的那家的大儿子,就称之为龙竹老大。勒期和浪峨子女的命名,没有固定的形式,实行父子联名制,以父亲名字的最后一个字,作为子女名字的第一个字,男女都一样。

新中国成立后,景颇族儿童都进学校学习,有不少人除了有本族名外,还取了汉语名字。

诗歌②　景颇族最主要的诗歌种类是史诗、叙事长诗、风俗歌、民歌情歌等。其中史诗以"目瑙斋瓦"(历史的歌)有近万行,影响最深,流传最广,内容是歌唱天地的出现,人类的诞生,景颇族勇敢、聪明的祖先怎样改造自然和大地。通常在举行重大庆典时演唱。

长篇叙事诗有《凯诺和凯刚》、《腊必毛垂与羌退必被》、《恩戈弄与洛培马扎堆》、《丁冬拉玛石布朗与桑章盆楠》、《鱼扎英》、《在古老的卡枯地方》、《董生别里和弄里列里》、《朵斑姑娘》等,这些长诗反映人与自然、善与恶的斗争,反映青年男女婚姻不能自主和追求美好爱情的故事。

风俗歌有庆丰收时演唱的《穆占》,有结婚时演唱的《孔然斋瓦》(即结婚歌),有为死人"送魂"时演唱的《丧葬歌》等,从各个方面记述了景颇族的社会生活。

民歌情歌,景颇族男女老少都会唱,人们常常即兴创作,看见什么唱什么,遇到什么唱什么,内容极为广泛。如,春插时,就唱起《种谷调》;秋收时,就唱起《秋收歌》。

景颇族的社会风貌、风土人情,在民歌里都有反映。旧社会,孤儿的生活悲惨,人们便纷纷用歌曲来诉说自己的种种不平,孤儿歌特别多。不过,在民歌中,数量最多、最具民族特色的还是情歌。景颇族青年男女把学唱情歌当作生活中的一门学问。

新中国成立以来,景颇族的诗歌得到了很大的发展。主要表现在四个方面:一是宝贵的史诗、叙事长诗得到进一步发掘整理;二是丰富多彩的风俗歌在继承传统的基础上,不断注入新

---

①　云南省潞西县志编纂委员会编《潞西县志》第427页,云南教育出版社,1993年。

②　云南省潞西县志编纂委员会编《潞西县志》第366页,云南教育出版社,1993年。

的思想和内容;三是新的民歌不断地大量涌现,特别是歌唱新人新事的叙事长诗不断出现;四是一批文学新人不断成长。

神话传说和历史故事①　景颇山流传着许多美丽动人的神话传说和历史故事。神话传说有《驾驶太阳的母亲》、《人类始祖的传说》、《宁贯瓦》、《天下第一个》、《人类从哪里来》,历史故事有《智斗》,风物传说有《"目瑙纵歌"的传说》、《目瑙领舞人冠上的羽毛》、《卡苦包头》,物产传说有《找药酒的故事》,植物传说有《闷葫芦》、《分不开的大树》、《芒果树为什么是弯的》,机智人物故事有《南八的故事》,动物传说有《骡和马的故事》、《狮子求救黄蚂蚁》、《知了为何不吃食》、《咕嘟鸟》、《科科鸟》,社会生活故事有《弯和直》、《一元钱》、《景颇人学种谷子》、《神奇的石头》、《两个骗子》、《瞎子偷铓》、《三钱娃》、《聪明勇敢的孤儿》、《木屯的故事》,寓言故事有《斑鸠与蚂蚁》、《马鹿与乌鸦》、《鱼鹰、花鹿和乌龟》、《摘木坚叶》、《懒汉的火气》、《忘恩负义的老虎》等等。内容丰富,形式多样。景颇族人民以其丰富惊人的想象,创造出许许多多与当时社会生产力、社会生活相适应的神话、传说和历史故事。在景颇山寨,无论花草树木、鱼虫鸟兽,还是社会习俗、劳动生活,都可讲出生动有趣的传说故事。

禁忌②　景颇族是有礼貌的民族。客人都脱鞋进屋,进屋后不久站,立即盘腿坐下。青年人忌跷二郎腿。不得在房内吹口哨或在长辈面前开玩笑、做怪动作、翻弄包头。如果不辞而别,人家会说你不懂道德,缺教养,是欺主人。男子随身带的长刀和筒帕,不能翻挂在墙上,刀柄也不得向大门外。烤火时,不能抽刀从火苗上拿过去做事或转递给他人。不许跨越家中的火塘。严禁摸别人佩挂的长刀或枪,否则,会被认为是有谋害他人的企图。景颇人喜欢用采来的阔叶作碗碟,在饮食中,叶子千万不能反用,否则会被当作仇人来看待。严禁在老人和家人、众人面前说脏话。递给别人长刀时,不能将刀刃对着对方。

宗教　景颇族大都信仰原始宗教。认为地上的万物都有魂灵,都有神鬼之分。信仰的神鬼种类较多,各姓氏信仰的神鬼是不同的,尤其是家神野鬼。景颇族为了求得神灵的保佑,每年都有两次祭祀活动,即在播种前和秋收后,对自家信仰的神灵进行祭献。播种前祭献就是求家人不生病,种下谷物获得丰收。秋收后祭献就是得到神的保佑,获得丰收。无论哪种祭祀献神,是杀牛、杀猪,还是杀鸡献糖果神才满意,要由"董萨 tum³¹ sa³³"占卦决定。景颇族自家祭献的基本上都是自家祖先神,整个寨子还共同祭献寨神。近期,景颇族信仰基督教的人数在逐渐增多,有的村寨还建立了教堂。

第五节　教育的发展和变迁

景颇族的早期教育主要是家庭教育。父母通过说教和示范,教给子女做人的道理和各种

---

① 云南省潞西县志编纂委员会编《潞西县志》第 370 页,云南教育出版社,1993 年。
② 云南省潞西县志编纂委员会编《潞西县志》第 430 页,云南教育出版社,1993 年。

生产知识、生产技能。现代教育是 20 世纪初西方传教士引入的教会教育。

但真正意义上的文化教育是新中国成立后开始的。过去，景颇族群众唱着一首民歌："天上的星星能照着景颇人的心，山箐里的泉水能流进景颇族的田，穿不起鞋子的景颇人啊，何时能踏进学校的门？"诉说着他们享受不到教育的心情。[①] 1953 年在潞西县（今芒市）西山乡弄丙村开办了景颇族地区第一所小学，当时为省立潞西第二小学，体现人民政府对民族教育的重视。学生入学年龄不限，年龄大的编入速成班，三年学完小学课程，年龄小的按部就班。国家对学生给予特殊照顾，伙食全包，每年发给一套制服，并发给被褥。

发展至今，景颇族聚居区的各级各类学校已达 200 所，九年义务教育普及率均已达标。但从总体上看，教育发展水平还很低，制约教育发展的问题还很多。2000 年全国第五次人口普查资料显示，景颇族人口中，大学以上文化程度的只有 686 人，占 6 岁及 6 岁以上当年景颇族总人口的 0.62%，中专（高中）文化程度的有 5326 人，占景颇族总人口的 4.79%，初中文化程度的有 21964 人，占景颇族总人口的 19.73%，小学毕业的有 63796 人，占景颇族总人口的 57.31%。九年义务教育中，由于基础设施建设落后，教师流动性大，特别是具有汉、景（载）双语教学能力的教师不断减少，学生的汉语言障碍尤为突出，学生厌学，教师的数量不足以及办学条件差是制约景颇族聚居地区教育发展的重要因素。

先进文化的传播，需要有传播的内容、渠道和场所（或阵地），必须具备人才、资金、技术设备等方面的软硬件条件，否则，将难以达到预期目的和效果。目前，景颇族聚居区普遍建有乡、村文化活动场所，有电视机、有线广播等，但技术设备相对落后，活动内容贫乏，没有足够的文化宣传工作经费，有些乡村的文化活动室很少开展甚至开展不起活动。近几年，实施"西新工程"、"村村通"工程以来，景颇族聚居区文化宣传的硬件设施条件有了一定程度的改善，但景颇族优秀传统文化的挖掘、整理和传承，民族传统文化资源与旅游资源的整合从而开辟文化产业市场等方面还处于滞后境况，形成了有资源无市场的尴尬局面。

在景颇族文化活动中，景颇族的传统节日"目瑙纵歌"节已为世人皆知，前几年，德宏州陇川县政府将"目瑙纵歌"节推行市场化运作，并获得成功，打造出了陇川县"目瑙纵歌之乡"的文化品牌，在全省、全国都获得了很好的推介效果，有效地塑造和宣传了德宏形象，提高了德宏的知名度。近几年，景颇族人口占全乡总人口 87% 的芒市西山乡又成功申报注册了景颇族文化品牌"文邦圣亚"，主要是把民族文化和自然风光有机结合，使其形成民族文化风情旅游业，目前已着手开展规划和招商引资工作，由于各方面原因，进展缓慢。另外，景颇族聚居区的铜壁关乡国家级自然保护区，章凤、那邦、卡场等边境口岸都可开发建设成旅游景区景点，吸引当地景颇族群众共同参与第三产业的开发，走出一条以旅游产业发展带动景颇族经济社会发展的路子。

---

① 云南省潞西县志编纂委员会编《潞西县志》第 330 页，云南教育出版社，1993 年。

附:访谈录

访谈一:云南德宏州党委原州委常委、宣传部长 李向前访谈录

访谈对象:李向前,景颇族
访谈时间:2010 年 7 月 19 日
访谈地点:芒市长江宾馆 403 室
访 谈 者:余成林、范丽君、王跟国、李春风
整 理 者:王跟国

问:李部长,您是德宏州的高层领导,今天很荣幸来访问您。请您先简单介绍一下您的个人情况。

答:我 1950 年 10 月 7 日出生于盈江县铜壁关乡和平村委会新刀弄村。小学就读于铜壁关中心小学,后来读耕读学校。1965 年到芒市读农校,1969 年 2 月参军。回来后在云南大学读书,后又到云南省委党校读书。1973 年回来后在德宏州报社工作。1983 年任报社第一副社长、副总编。1987 年至 1989 年 9 月任德宏州人民政府办公室副主任。1989 年调回报社任社长、总编。1993 年任德宏州委常委、宣传部长、州委党校第一副校长。2001 年到 2006 年任德宏州委专职常委并兼任州总工会主席。2006 年 7 月任德宏州政府巡视员,负责民族文化资源的调研收集整理工作。

个人的语言情况是,上小学后开始学汉语,但没有学会多少。上了德宏州农校后才较多地接触汉语,逐步克服了语言障碍。但真正掌握汉语是在部队期间。妻子能讲载瓦语、景颇语,两个儿子和大儿媳妇都会说景颇语。小孙子和小孙女会说两种语言。小孙女对他妈讲汉语,对他爸讲景颇语。去年景颇协会考景颇文,小孙子考了 99.5 分。

问:请您谈谈教育方面的情况。

答:在景颇族村寨里,小学阶段入学率较高,7 岁以上的孩子大部分能就近入学。但学生的基础较差,学习积极性不高。有些学生能够读到初中,真正能考取高中的很少,能考入大学的更是寥寥无几。

景颇族学生辍学率高的原因,有经济方面的,但主要是学生的语言基础问题。孩子们入学前一直生活在村寨里,听、说的都是景颇语,到 7 岁时入学,突然听老师用汉语讲课,多数内容听不懂,这不是因为老师讲得不好,而是语言上过不了关。语言上的障碍导致他们的语文、数学都跟不上,所以能够坚持读下去的学生不多。

双语教学虽然解决了一些问题,但没能够解决根本问题。而且双语教学没有搞下去。现

在进行双语教学的学校,仅剩下少数几所。双语教育面临的主要问题是缺乏双语教师,其根本原因是对民族教育的重视程度不够。

村村办学,保证了学龄儿童就近上学。但师资缺乏、投入不足,影响了当地的教育水平。一校一师,老师生病的时候就得被迫停课,复课后要利用其他时间补课。再就是村寨里办学条件不好,生活条件相对也差,有水平的老师不愿意待,授课时间、授课质量保证不了,教育水平难以提高。

针对以上情况我认为政府应该增加投入,实行集中办学,大力兴办寄宿制学校。村寨里办个学前班,主要任务就是解决语言问题。乡一级的地方办好中心小学就可以了。初中、高中都应该在县城办寄宿制学校。否则,一下课就是景颇语,缺乏学习汉语的环境,根本学不好。再就是提高师资质量、加强学生的交流,比如在昆明等地的重点高中办几个民族班等,激发学生的竞争意识、增强学生的竞争力。

问:您认为目前景颇文面临着什么问题?

答:景颇文字的推广和使用面临着巨大挑战,原来中央民族学院、云南民族学院有景颇班,现在没有了。早年的民族教师都退休了,没有及时补充新的师资,所以想学景颇文字的人要到教会举办的培训班去学习,甚至跑到缅甸去学习。

问:您多年来在德宏州从事宣传工作,现在又负责民族文化的收集、整理工作,您对景颇文化贡献很大。您所做的《解密景颇族》在中央电视台的《走遍中国》栏目播出并产生了巨大反响。请您谈谈对保护文化资源重要性的认识。

答:中国是一个多民族的国家,各民族都曾在长期的历史发展中创造出灿烂多彩的文化,成为中华文化不可缺少的一部分。优秀的民族文化仍是今天建设社会主义新文化不可缺少的元素,对今天的经济建设、社会发展、民族振兴仍然会发挥巨大的作用。比如,通过打造德宏民族文化风情州,发展德宏的旅游业。目瑙纵歌节,正在申报世界民族文化遗产。不同的民族节日已成为各民族的共同节日,大家一起欢度。这不仅丰富了人们的文化生活,繁荣了旅游业,也为促进边疆的团结稳定、凝聚人心等做出了重要的贡献。

我曾于20世纪70年代收集了景颇族的两部创世纪史诗《目瑙斋瓦》和《孔然斋瓦》,填补了景颇族的历史空白。2002年开始景颇族的寻根调研,走访了云南、西藏、四川、甘肃、青海、陕西、河北、内蒙古等地,获得了许多有价值的史料。从习俗、地名、文化、考古、语言等多方面考证景颇族的来源,发现景颇文化和半坡文化、红山文化、三星堆文化一脉相承,具有渊源关系,证明景颇族是炎黄子孙,特别是炎帝的一部分。而且景颇族在4000年以前,已经到了四川一带。这个观点引起了许多人的兴趣。缅甸、印度、美国、日本、泰国等国外的景颇族都非常赞同,缅甸、美国、日本、印度等国的景颇族学者纷纷来信和我交流,并邀请我给他们做讲座。许多景颇人包括国外的景颇人,他们觉得自己的根在中国,心向中国。

问:面临现代化的挑战,您认为景颇族应该怎么走?

答:第一是教育。在政府的帮助下,这些年德宏州在经济、文化各方面均有了较大的发展,这是有目共睹的。但是光靠政府在经济方面的帮助只能解决眼前的问题。现代化建设最终要靠人才，只有努力提高教育水平，培养出有知识、有文化、有创新能力的人才，才能从根本上带动德宏州经济、文化的发展，创造出富裕、幸福的生活。

第二是要改变生存的环境。过去的景颇族村寨，地处大山深处，生产条件落后，人们过着刀耕火种的生活。这些地方公路不通、信息不灵，生存环境很恶劣，地理环境决定了其经济发展滞后。要想提高这里人们的生活水平，进行现代化的建设，必须通过村子搬迁改变生存环境。

第三是发展经济。生活贫困、缺乏法律意识带来很多的社会问题乃至国际问题。出去打工的女孩子多，本地男孩子找不到老婆，只能到缅甸去找。贫穷落后山区的男孩，读了初中以后，不会什么，又是抽烟，又是喝酒，甚至吸毒，媳妇不愿意和他们在一起，有的把孩子丢下就跑掉了。有的因为替毒贩背毒品、吸毒被抓去枪毙或劳改，有的因为艾滋病死掉。导致景颇族人口这几年是负增长。

因此必须采取有力措施，改变这里的生存环境，提高人们的文化素质。

访谈二：德宏州民语委主任跑承梅何腊访谈录

访谈对象：跑承梅何腊，景颇族载瓦支系
访谈时间：2010 年 7 月 19 日
访谈地点：德宏州民族语言文字工作指导委员会办公室
访 谈 者：朱艳华、陆黛丽、黄平
整 理 者：朱艳华

问：您好，跑承主任，请您先做一下简单的自我介绍。
答：我是农村出来的，我的家乡在芒市五岔路乡五岔路村景颇寨，也叫遮旦寨。这个寨子全都是景颇族载瓦支系。我 1956 年出生，今年 54 岁。我在 1976 年上了云南民族大学，学景颇语专业。毕业后在三台山乡政府搞行政工作。后来也搞过电影翻译，用景颇语和载瓦语翻译汉语电影。我们翻译了二百多部电影，像《垂帘听政》、《景颇姑娘》、《李双双》、《白毛女》等，战争片、故事片都有。放给农村景颇族看，很受欢迎。1989 年我开始在州文化局文物管理所搞民族文物工作。从事民族语言文字工作是从 1999 年开始的，至今已有 10 年多。

问：您的语言情况怎样？你们家庭语言使用情况怎样？
答：我的母语是载瓦语，汉语是在 10 岁上小学后才开始接触的。当时我们的老师都是汉族，但是景颇语水平很好。那个时候双语教学搞得很好，对提高汉语作用很大。上了大学后，我的汉语水平才有了很大的提高，能够用汉语流畅地交流。但是我觉得我的汉语水平还是不

够好,我在说汉语时,往往是先用载瓦语思维,然后转换成汉语思维,最后才能用汉语表达出来。我的景颇语也不错。景颇语是在上云南民族大学期间开始学习的,我那时读的专业就是景颇语专业。刚开始学的时候觉得很难,因为景颇语与载瓦语是不同的语支,差异很大。后来在工作中我学会了勒期语、浪峨语、波拉语,这几种语言和载瓦语比较接近,好学。傣语也学会了一点。

我的家庭里面,我爱人是浪峨支系,但是她不会浪峨语。她们寨子是杂居,载瓦人比浪峨人多,她只学会载瓦语和汉语。我的两个女儿第一语言都是载瓦语,上幼儿园后才说汉语。我们一家人在家都说载瓦语,出去才说汉语。因为我担心我们民族的语言失传,所以要求她们经常说载瓦语。我的侄孙女现在 7 岁,上小学二年级。她懂三种语言:汉语、浪峨语、载瓦语,这三种语言都说得很好。因为她奶奶是景颇族浪峨支系,妈妈是汉族,爸爸是景颇族载瓦支系。

我的老家五岔路村景颇寨的人基本上都会载瓦语和汉语,只会载瓦语不会汉语的人不多。我母亲 70 多岁时去世,她去世前就已经能用汉语方言交流。这主要是因为我们寨子离汉族寨子很近。以前两个寨子不通婚,大概 1986 年开始通婚了,两个寨子来往就很密切。我们两个民族之间没有什么民族隔阂,男女婚恋比较自由,互相合得来就在一起,不会去考虑对方是什么民族。

问:德宏州是一个以傣族、景颇族为主的多民族地区,这里的语言使用情况怎样?

答:我们这里使用人口比较多的语言主要还是汉语、傣语、景颇语、载瓦语。傈僳语、德昂语、阿昌语使用人口比较少,主要是在民族聚居区使用。

使用什么语言,一是看在什么民族聚居区,二是看说话对象的语言条件。在农村给农民宣讲国家政策,就要用民族语。我们国家干部到农村基层工作,必须学会当地的民族语言,这样对开展工作比较方便。如果是在城镇,一般就用汉语。

问:作为德宏州民语委主任,您认为应该怎样处理好民族语和汉语,强势语言和非强势语言的关系?

答:在不同的地域,强势语言和弱势语言不一样。从整个德宏州的情况来看,强势语言是汉语,民族语是弱势语言;但是在少数民族聚居的村寨,强势语言是民族语,汉语是弱势语言。

处理好语言关系是一件很难的事情。我认为首先要相互学习、了解。这些年来,我们通过广播、电视、报纸的宣传,促进社会对民族语言文字的认识、了解。我当民语委主任之后,极力主张广播电台要有载瓦语节目。因为德宏州有 10 万载瓦人,没有载瓦语广播,就有 10 万人听不到党的声音。其次,对于弱势语言,特别是有文字的语言,如景颇语、载瓦语,我们要利用民族文字去记录语言、翻译文献,使民族语言能够一代代传承下去。

为了加强民族语言文字的使用功能,使其在少数民族的发展中起到积极的作用,我们采取了一些措施。比如:在民族聚居区的中小学校开展双语教学;开办民族文字培训班,用民族文字扫盲。我们也没有经费,扫盲是群众自发的,开展得很好。景颇族中,景颇文已经脱盲的有

3万。

问：景颇族使用景颇、载瓦、勒期、波拉、浪峨五种支系语言，您认为各支系的语言应该如何发展？

答：语言的发展一是要靠本语支的人去传承；二是要靠文字记载、使用；三是语言要分类。载瓦、勒期、波拉、浪峨应当归为载瓦语支。因为这四种语言比较接近，用载瓦文记录很容易，用景颇文记录不行。以前存在一些争议，有人认为一个民族不应该有两种文字，应该统一。但是不行，不符合语言规律，不符合语言的特点，即使统一了也推广不下去。现在大家都默认了，各支系用各支系的语言，文字则使用景颇文和载瓦文。

问：景颇文和载瓦文这两种文字的推行情况如何？

答：在我们国内是载瓦文推广得比较好，我们的报纸发行量最大的是载瓦文。在国外是景颇文推广得比较好。我们这里有专门的景颇文杂志《文蚌》。到大街上你可以看到，路牌、建筑物、行政部门的门牌一般都有三种文字：傣文、景颇文、汉文。一些门店、商铺、广告牌也都用这三种文字。

载瓦文我们用的是新的文字方案，我认为是最科学的。目前我们全州在开展"唱响德宏、感恩思进"活动，需要把国歌翻译成阿昌语、德昂语。我就召集阿昌族、德昂族的人来翻译。他们用汉字去记录，但是读出来很不像。后来我用载瓦文去记录，结果读出来不走样，这两个民族的人都听得懂。

文字要得到推广，必须要规范。我们从2001年开始，年年都搞新词术语的规范，每年大概要做一两百条。随着科技的发展、社会的进步，新词术语一天比一天多，怎样用我们的语言去表达，这需要统一、规范。比如"电视机"，应该怎么说，怎么拼写，如果不规范，可能会有很多版本。规范还要看老百姓接受不接受。规范之后，我们发放给相关部门，比如出版社、电台、电视台，在实际工作中使用。

问：这两种文字从创制以来，对景颇族的发展起到了哪些作用？

答：一是对学生入学、参加工作有利；二是可以了解党的方针政策；三是启发民族精神；四是用本民族文字收集、整理、记录自己的历史文化。

问：景颇文、载瓦文的推行还存在哪些问题需要解决？

答：还存在四个方面的问题：一、对民族语言文字重要性的认识还有待加强。有些领导干部认为民族文字没多大用，在执行语言文字政策时就不积极，有很多好的政策落实不到位。比如，州委、州政府规定德宏州的路牌、永久性建筑物、行政部门的门牌、印章必须有三种文字：傣文、景颇文、汉文，但是有的单位没有照章执行。今年，这种局面才得到扭转，基本落实到位了。二、开办民族文字培训班的资金、人手还不够。群众是很愿意学的，但是我们现在的条件没办法满足老百姓的需求。三、景颇文、载瓦文的读物太少。以前我们开设景颇文、载瓦文培训班，很多人都脱盲了，但是后来又复盲了。原因一是学校不教民族文字；二是大家都搞经济建设，不重视文化建设，民族文字的出版物很少，学了景颇文、载瓦文没地方用，慢慢地又忘记了。景颇文的杂志现在有一本《文蚌》,载瓦文的杂志还没有。我们正在向新闻出版部门申请,希望能有一本载瓦文的文学杂志。四、缺乏精通汉语的景颇族人才,景颇族的传统故事无法收集、翻译。我们景颇族的传说、故事很多,但是因为汉语水平不够,很少有人能去从事收集、整理工作。应该说用民族文字去记录是很好的。我在做这种抢救工作,但是时间不够,等退休了要好好做一下。

问:您认为景颇文和载瓦文的发展前景怎样?

答:景颇文和载瓦文在自治州内起到了很好的作用,发展前景还是好的。但是如果我们不能很好地宣传、掌握,就会消亡。我们应该用自己的文字去记录健康的、适宜于自己民族发展的东西。民族文字应该一代代传承下去。

景颇文和载瓦文的发展首先需要得到政府的重视和支持。如果没有政策就很难说了。载瓦文新中国成立后才创制,但有好几年没有用,没有普及。这几年州里的领导很重视民族语文工作,2009年开展学习科学发展观活动的时候,州里提出"五用":用民族干部宣传科学发展观,用民族语言讲解科学发展观,用民族文字阐述科学发展观,用民族文化发展科学发展观,用民族节庆展示科学发展观。宣传效果很好,省里还对我们州提出了表扬。"五用"的提出对民族语言文字的宣传起到了很大的作用。

问:景颇孩子的民族语水平跟成年人比起来怎么样? 担心过景颇族孩子民族语会出现衰退吗?

答:我认为是大大下降了。特别是在城镇工作的景颇族子女,他们天天接触的都是汉语。我相当担心景颇族的语言失传。所以我让我的两个女儿都说载瓦语。异国他乡的人都来学,不懂的人都来学,我们自己怎么能放弃呢? 爱我民族,从我做起,我始终都使用我的载瓦名"跑承梅何腊",就是要时时刻刻记得我的民族、我的语言。

去年我们利用暑假和寒假开办了两期景颇语、载瓦语培训班。主要是一些景颇族的中学生、大学生来学,也有汉族的学生来学。有些家长希望孩子不要忘记自己的民族语。我们也经常宣传,说语言是一种工具,多懂一种语言就多一种思维方式。但是随着社会的发展,小语言衰退的趋势是不可阻挡的。但我们不能在这个结果到来之前就主动放弃。当然我一个人担心,力量始终是不够的。

载瓦支系的传说故事很多,内容与景颇支系大体一致,但细节有所不同。我任民语委主任后,增设了民族文化研究所,主要工作是抢救民族传说、故事等文化遗产。

问:景颇族孩子是怎么学会汉语的? 您对少数民族掌握汉语是怎么看的?

答:学校教育是最主要的渠道。广播、电视在农村还没有全面普及,还不能算是主要渠道。

少数民族掌握汉语很重要。汉语是国家通用语,汉民族文化是我们国家的主流文化,不掌握主流文化怎么能在这个环境里生存呢? 现在小孩子从小学就开始学习英语,这也是现实的需要。自己民族的语言、文字也只能在自己的语言区里有生命力。我认为,最好的情况是民族语不丢,汉语也掌握。我们本身的东西不能丢,没有的东西则要去学习。

问：德宏的双语教学情况怎样？有哪些经验和教训？

答：双语教学以前只要是民族聚居区都有，1987 年以后很多被撤销了，群众意见很大。民族聚居区的孩子上学之前都不会汉语，没有双语教学就没办法教，基本上是读"天书"。被取消的还包括师范，以前有傣语、景颇语、载瓦语三个民族语班，后来没有了。小学也不教民族文字了。现在还在开展双语教学的学校只有瑞丽等嘎村小学、盈江铜壁关卡场小学等学校开设的景、汉双语教学，潞西西山营盘村小学和畹町弄龙村小学的载、汉双语教学。双语教学取消之后民族生上高中、中专的少了，上大学的也少了。以前云南民族大学有景颇语班，但是因为我们基层没有培养景颇语的，所以他们基本上招不到学生。这些都是教训。

2000 年以来，我们要求在师范学校开设民族语班：有景颇语、载瓦语、傣语三个班。2008年，政府出台政策，学生可以选修少数民族语课。这批学生明年就要毕业了，到时候我们要考核，合格的颁发证书，还有 1000 元奖金。

问：德宏州少数民族语言的使用还有哪些问题需要解决？

答：一是平台。师范学校三种语言的班要办下去。二是在乡镇少数民族聚居区要开展双语双文的教学。三是资金。民族语文课本现在不免费，要家长掏钱。当然，更重要的是领导干部的认识问题要解决。领导认识得清楚，我们工作就比较好开展。

问：景颇族语言是跨境语言，应该怎么处理与境外景颇族语言的关系？

答：两边要互相了解，加强来往。跟境外景颇族没有联系的时候，不知道他们的写法。改革开放以后中缅两国景颇族来往频繁了。他们那边的语言主要是宗教语言多一点，但是他们的文字不规范。两边还是有差异的。我们如果不加强联系，那差别就会越来越大。现在两国景颇族在文化上、感情上的交流很频繁。我们州"景颇族学会"和他们的"和平发展促进委员会"，每年目瑙纵歌节的时候两边都互相来往。两国景颇族是"同饮一口井，同赶一条街"，平时也来往。这样下去，语言的使用、文字的使用就会逐渐接近。缅甸景颇族觉得他们没有一个专门的机构来从事景颇语言文字的研究事业，所以希望我们这边能多出力。我们现在争取每年召开一次两国景颇族语言文字学术会议。

问：您认为在处理民族语言关系问题政策上要把握哪些原则？

答：主要靠政府的政策、规定，并且用好这些政策，对各民族的语言文字要尊重、重视、爱护、帮助。

总之，民族语言文字关系到边疆稳定、民族团结、社会和谐，必须重视。你们这次到我们这里搞景颇语文调查，是对我们民族语言工作的最大支持。我们希望你们也向党中央、国务院呼吁，希望党中央、国务院从立法的角度重视少数民族语言文字工作，尽早出台《民族语言文字法》。

访谈三：德宏州政策研究室主任何春嵘访谈录

访谈对象：何春嵘，景颇族
访谈时间：2010 年 7 月 18 日
访谈地点：德宏州州委政策研究室主任办公室
访 谈 者：余成林、朱艳华、范丽君、王跟国、黄平、陆黛丽、李春风
整 理 者：余成林

问：何主任，您长期研究德宏州的民族政策，对这里的民族情况很熟悉。今天向您请教，很荣幸。请先介绍一下您的个人情况。

答：我 1985 年毕业于云南民族大学，被分到州政府办公室工作，任办公室秘书，主要分管农业。1997 年调到州委办公室任副主任、副秘书长，2001 年任州委政策研究室副主任，2005 年任主任。政策研究室就像是州委的参谋，主要工作有：一是州委有什么大的决策，我们先去调研，然后提出实施方案；二是上级有什么决定、决议，由我们帮助起草文件，形成下一步的工作思路；三是针对中央、省级单位的政策和部署，由我们提出实施措施。

问：德宏州近些年社会、经济的发展情况如何？有哪些大的变化？

答：德宏 1953 年正式建州，当时是傣族土司社会，坝区主要是农业经济，种植粮食作物；山区是刀耕火种，老百姓没有其他的牧业；汉族地区相对来说较好，但也没有什么经济。50 多年来，经济、社会状况变化很大。首先是农业经济，除开垦了大量的土地，开辟了橡胶园，种植香蕉、茶叶，引进了新的生产技术，带动了地区经济的发展。山区主要改变了耕作方式，固定耕地，发展茶叶经济，同时帮助老百姓发展畜牧业；教育上实行耕读，大量扫盲，教他们会计、分配以及新生产等等方面的技术。一大部分农村干部得到培养。1953 年到 1966 年间，生产技术得到很大改变。1966 年到 1973 年因为"文化大革命"停顿了一段时间。

1978 年，农村生产责任制开始，改变耕作方式，大量发展农业生产，特别是农业技术方面，推广杂交稻。改变以前农田在旱季基本空闲的局面，实行小麦下田。在发展模式上，"长短结合"，山区主要是经济作物，种植林果；坝区主要是农业，种植粮食和甘蔗。从 1978 年到 1990 年的 13 年，粮食、经济连年增长。1985 年以后，德宏进入开放搞活时期，内地是短缺经济，很多东西买不到，但在德宏可以从边境买到（因为离缅甸较近）。德宏以前比较封闭，从内地来德宏很困难，要办通行证，开各种证明。胡耀邦总书记 1985 年到德宏视察工作撤销了全部关卡，实行全方位开放，各种边境贸易蓬勃发展，经济突飞猛进。工业方面，主要是糖业。甘蔗的生产、加工比内地发达，质量高，是云南省最大的糖料基地，每年生产 500 多万吨甘蔗、300 多万吨白糖、3 万吨酒精。德宏州今年的生产总值突破 100 个亿，财政总收入 17 个亿，农民纯收入

达到 2800 元,城镇居民收入达到 1 万元,老百姓比较宽裕,吃穿住基本得到解决。由于工业少,贸易波动对财政收入影响较大。

问:您认为德宏州的民族关系怎样?

答:德宏州的民族关系非常好,在全国是比较典型的,各个民族团结、和谐。长期以来,各民族之间没有发生任何矛盾,一是党的政策好,在农业、水利等方面对边疆的发展有政策倾斜;二是两个主体民族的特点,傣族信仰佛教,讲究自善其身。景颇族是比较开放、包容的民族,历史文化包袱少,容易接受新鲜事物以及其他民族的先进文化思想。从历史上来看,景颇族生产技术比较落后,他们会接受其他地方或其他民族的先进技术,尤其是向汉族学习做犁头、犁田的技术,还专门请来汉族的泥土匠、工匠等,让他们独立成寨,这些请来的汉族不仅和景颇族关系融洽,有的后来还成了景颇族。两个主体民族的文化促成了团结、和谐的良好局面,我们不仅和汉族关系融洽,和人口较少的德昂族、阿昌族也和睦相处。民族关系融洽还表现在景颇族的音乐文化方面,不仅有本民族的,也有傣族的,还有西洋乐器。

问:您认为德宏州的语言关系怎样?

答:在德宏不存在语言歧视现象,不管是大民族还是小民族,强势语言还是弱势语言,都是平等一致的。过去干部下乡,语言不通很普遍,他们会主动向当地民族学习他们的语言,现在不是那么积极,因为都普遍兼用汉语了。过去一个人可以讲四五种语言,现在会多语的人很少了。

问:景颇族在现代化进程中遇到了哪些问题?存在哪些"瓶颈"?你们是如何解决的?

答:经济方面,现在的问题主要有两个方面:一是发展过程当中,投入不足,发展滞后,很多资源没有得到很好的开发利用;二是基础设施建设滞后,景颇族大部分住山上,又居住分散,比较偏远,水利、农田建设落后,尤其是公路建设,规定要求"十一五"期间村村通公路,现在是95%的村通沙路,村子里还是毛路,旱季还通,雨季就不通了,生产、生活用品进出困难,农副产品运输困难,制约了经济发展。

教育方面,九年义务教育完成了,但实际上还存在比较多的问题。普及教育方面,小学入学率可以保证,到了初中辍学比较多,一是生活困难,二是初中住宿费、生活费也较多。即便读完了能够升入高一级学校的就更少了。升高中的比例在 20%—30%。上大学的就更少了。云南民族大学 1979 年开设景颇语班,到 2004 年就办不下去了,出现了很大的危机,到其他大学的就更少,每年有五六个。2007 年州委与云南民族大学签订协议办一个民族语委培班,为培养景颇族人才奠定了基础。通过数量达到质量的提高。教育上不去,整个民族的素质就上不去。我们要求每个部门都要有一两个民族干部,有些部门配不上去,民族干部出现断层。

我们认为,义务教育要提升到高中阶段。所有的景颇族,除了能考上普通中学的外,考不上去的全部送到职业学校培养。大学要搞助学金制度,不要搞奖学金制度。

公路建设上,国家每公里拿 15 万元就可以解决 3000 多公里的道路建设。最终实现乡乡通油路,村村通沙路。这些问题如果解决了,景颇族肯定能得到更好的发展。

吸毒问题也是个比较突出的问题,德宏州边境线 503.8 公里,有 24 个乡镇,600 个村庄与缅甸交界,大部分是景颇族,有少量傣族。一方面是社会的原因,缅甸毒品猖獗,屡禁不止,进来比较容易。另一个方面是教育的问题。景颇族的小孩很愿意读书,对外面的世界感到新鲜,一部分孩子从小学升到初中,来到县城,受到城市文化的冲击,看到外边的花花世界,又不能适应,没有读完初中或者读完初中考不上高中的,回到了他们原来的地方,感到很迷茫。他们在农村没有什么事做,更没有什么赚钱门路,有的遇到毒贩子让他们去带毒品,变成受害者。

问:景颇族各支系的关系如何?

答:不同支系之间没什么大的问题。文化、文字方面的争论是有一点。比如载瓦文的使用问题有过讨论。国内 90％的景颇族是载瓦支系,由于载瓦语和景颇语差别大,大部分人学不会景颇文,资源浪费。这几年已经不争论了,用什么文字,用到什么程度,由历史做出结论。

问:在坚持民族平等、语言平等的原则中,德宏州有哪些经验?遇到了哪些问题?

答:我们的经验就是:民族和谐、语言和谐。20 世纪 80 年代以来,每年都搞各民族的座谈会、联欢会,互相交流各民族的先进经验,形成一个良性发展的社会环境。

傣族、景颇族、德昂族、阿昌族都有自己的节日,这些节日现在都属于法定节日,在不同民族的节日里,所有民族都放假,一起欢庆。相互尊重、相互推动。

在电台、报社有专门的民族语节目、民族语专栏,只要各民族有这个条件、有这个要求,政府都大力支持。

我们建议高等学校要鼓励开民族语选修课,互相学习。

第三章　景颇族语言使用情况个案调查

第一节　芒市五岔路乡弯丹村拱母组语言
使用个案调查

一、五岔路乡弯丹村拱母组概况

五岔路乡位于芒市西部,距芒市44公里,面积202平方公里。平均海拔1820米。夏无酷暑,冬无严寒,气候宜人,属亚热带山地气候。下辖芒蚌、梁子街、五岔路、新寨、石板、弯丹等6个村民委员会,共63个村民小组。总人口17900人(2009年),以汉族、景颇族、德昂族为主。汉族11540人,占全乡总人口的64.47%;景颇族5403人,占全乡总人口的30.18%;德昂族957人,占全乡总人口的5.35%。全乡耕地面积63000亩,以种植水稻、玉米、竹子、核桃等作物为主,人均年收入2592元。

弯丹村民委员会位于五岔路乡的西南部。东邻石板村民委员会,北接五岔路村民委员会,西与拢川县接壤,南与西山乡隔山相望。下辖10个村民小组,总人口2986人,以景颇族、汉族为主。景颇族主要是载瓦、勒期、浪峨、波拉等支系,景颇支系较少。村民的生育观念较以前有了较大改变,全村有60户是独生子女家庭,即便只生了女儿,也愿意办独生子女证。弯丹村最出名的农产品是弯丹牛肉,肉质细嫩、不粘黏,是德宏州的名牌产品。

拱母村民小组位于五岔路乡政府的西南部,距离乡政府约20公里。路况较差,多为沙土路,晴天一身灰,雨天一身泥。天气晴朗时,步行需三个小时,骑摩托车也要一个多小时。雨天时,道路泥泞、湿滑,村民出行较为困难。

拱母组共61户,245人。除外地嫁进来的一个汉族媳妇以及个别浪峨、勒期支系外,其余均为载瓦支系,是一个载瓦支系高度聚居的村寨。

拱母组的经济模式是传统的小农经济,村民的收入来源主要是种植水稻、甘蔗、茶叶等农作物,以及养殖猪、牛、鸡等家畜、家禽。人均口粮仅七八百斤,人均年收入1000元左右。摩托车、电视几乎家家都有,手机也基本普及,其他电器则很少有人家使用。

拱母村民受教育程度普遍偏低。50岁以上的多为文盲,30—50岁之间的大多只有小学文化程度。近年来,随着国家九年义务教育的落实,年轻一代大多能读到初中毕业,高中以上学历的极少。现在村里的孩子上小学要到离寨五六公里的弯丹村明德小学,路途遥远,只能住读。

拱母载瓦人的婚恋观较为开放、科学。他们的婚嫁对象一般不是本村人,因为他们知道本村人亲缘关系近,不宜通婚。他们大多与周边村寨通婚,也有在外地打工找上配偶的,还有几人娶了缅甸边境的媳妇。他们不分民族,只要两个人相爱,就能在一起。

拱母多山林,房屋分散建在山地上,参差错落。传统的草顶木柱篾笆墙的干栏式建筑已很少见,多为砖瓦房或墙体为篾笆墙、屋顶为瓦片的瓦房。房子一般都是载瓦人自己动手建盖的。屋内的陈设有的还保持了传统习俗,灶房一侧设有火塘,火塘上方悬挂有两层炕笆,将蘑菇、玉米、猪肉等食物放在上面熏烤。火塘里烧的是山上砍下来的整段树木,一点点燃烧。火上架三脚架,用来煮水、做饭。用搪瓷缸煨茶,称之为"煮茶",是景颇族最爱喝的茶水。

拱母载瓦人的传统文化习俗保留较好。婚丧嫁娶的习俗,如结婚时"过草桥"、送葬时请董萨(tum^{22}sa^{55},巫师),都是必须遵循的仪式。传统的手工制作工艺也保留了下来,如制作犁、铜炮枪、打刀,编织竹篮、竹背篓、酒筒,以及纺线、织锦等。绘制目瑙示栋、制作牛皮鼓,现在仍有一定数量的传承人。制作牛皮鼓是最有名的工艺,寨子里目前有十余人会制作。为庆祝今年4月份的目瑙纵歌节,牛皮鼓制作工艺传承人排勒翁等人用一根直径约1米的大树桩和一整张牛皮制作了一个牛皮鼓。这是目前国内景颇族中最大的牛皮鼓。

服饰方面改变很多,村民日常穿着已与汉族没有太大区别。中青年基本上看不到穿民族服装的,只在节日或有重大活动时才穿民族服装。年纪大的妇女有的还穿筒裙,包头帕。景颇族的挎包也几乎人人都有,外出时一般都会背上。

村寨里通行的语言是载瓦语,人人都能讲一口流利的载瓦语。会汉语的约有50%,主要是通过学校教育学会的。村民都喜欢看德宏电视台民语频道的载瓦语节目。

二、五岔路乡弯丹村拱母组语言使用现状

为了解五岔路乡弯丹村拱母组的语言使用现状,我们对全组61户共245人进行了穷尽式的入户调查。除去语言能力还不成熟的6岁以下儿童24人外,共调查统计了221人的语言使用现状。在这221人中,除1人为汉族外,其余均为景颇族。其中,载瓦支系211人,占统计人口的95.5%;浪峨支系8人,勒期支系1人。以下是对这221人的语言使用现状的统计、分析。

(一) 母语使用现状

1. 载瓦支系的母语使用现状

载瓦支系是拱母组的主体,全组载瓦人均以载瓦语为第一语言,且100%熟练。具体统计数据见表1。

表 1

年龄段 (岁)	调查人数	熟练		略懂		不懂	
		人数	百分比(%)	人数	百分比(%)	人数	百分比(%)
6—19	50	50	100	0	0	0	0

20—39	89	89	100	0	0	0	0
40—59	49	49	100	0	0	0	0
60 及以上	23	23	100	0	0	0	0
合计	211	211	100	0	0	0	0

上表数据显示，载瓦支系无论年龄大小，均能熟练使用载瓦语。不同年龄段的载瓦人，其母语水平没有出现代际差异，由此可见该地载瓦语的传承没有出现断层的迹象。

通过对拱母组村民语言生活的观察，我们明显地感到载瓦语在这里具有极强的语言活力。村民无论是聊天，还是商量事情，或是买卖东西，全都使用载瓦语交流。在村里，我们还注意到，村民最喜欢看的电视节目是德宏电视台民语频道的载瓦语节目。晚上，大人、小孩都聚在屋子里看德宏电视台用载瓦语译制的电视剧。村民小组开会也全部使用载瓦语。

对载瓦人所做的语言能力测试也显示了这一特征。我们按不同年龄段随机测试了几位村民，测试结果显示不同年龄段的载瓦语水平没有出现明显的差异，都在"优秀"等级。表2是6位不同年龄段载瓦人的测试结果统计。

表 2

姓名	年龄	A 级	B 级	C 级	D 级	A+B	等级
何麻六	15	373	5	14	8	378	优秀
何勒南	17	357	20	29	14	377	优秀
何用	29	379	14	6	1	393	优秀
排木兰	29	379	5	13	3	384	优秀
何鲁	55	396	1	2	1	397	优秀
何当	74	396	0	4	0	396	优秀

根据上述调查结果，我们将拱母组载瓦支系的母语使用现状定性为"全民稳定使用母语型"。拱母组载瓦支系能够如此完好地保留母语，原因主要有以下三个方面：

（1）高度聚居是载瓦语得以完好保留的客观条件。拱母组共 61 户 245 人，95% 以上是载瓦支系，村子周边也都是载瓦支系，形成载瓦支系高度聚居分布的局面。村民在家庭和村寨中所交往的都是本支系的人，载瓦语必然成为他们沟通感情、传递信息的唯一交际工具。这一客观条件对于载瓦语的使用与传承极为有利。

（2）居地封闭、交通不便制约了其他语言的进入。拱母组地处偏远，距离五岔路乡政府约20公里，路况较差，村民出行不便，外面的人进去也不容易。村中人与外界交流很少，有些人甚至从来没有出过村寨。外来的语言、文化难以进入这一片土地，对母语的冲击较小。

（3）对母语感情深厚是载瓦语得以完好保存的情感基础。拱母载瓦人对自己的母语有深厚的感情，他们知道语言是一个民族的身份与象征，是本族人沟通的桥梁，是老祖宗传下来的瑰宝。所以，他们都觉得在家里和村寨里都应该使用自己的母语，如果同支系的人之间说汉语就会觉得怪怪的，好像双方的距离一下子就拉开了。我们抽样调查了8名拱母组载瓦人的语言观念与语言态度。在回答"你家孩子学说话时,你最先教他什么语言"这一问题时,所有人都选择教孩子"本族母语"。在回答"如果家里人不肯说母语,你的态度是什么"这一问题时,所有人都选择"反对"。在回答"如果有人在外地学习或工作几年后回到家乡,不再说母语,你如何看待"这一问题时,有 6 人选择"反感",2 人选择"无所谓"。在调查中我们还了解到,家庭成员即使都能熟练使用汉语,他们之间也只说母语,不说汉语。如林勒定、何木准夫妻,两人一个初中文化程度,一个小学文化程度,汉语都熟练,但是在家里和村寨中都不使用汉语,只使用自己的母语载瓦语。

2. 浪峨支系的母语使用现状

拱母组有 8 名浪峨支系,都是从别的村寨嫁过来的。她们的浪峨语使用现状见表3。

表 3

年龄段（岁）	调查人数	熟练		略懂		不懂	
		人数	百分比(%)	人数	百分比(%)	人数	百分比(%)
6—19	0	0	0	0	0	0	0
20—39	7	5	71.4	0	0	2	28.6
40—59	1	1	100	0	0	0	0
60 及以上	0	0	0	0	0	0	0
合计	8	6	75	0	0	2	25

表 3 数据显示,8 名浪峨人中,能熟练使用自己母语的有 6 人,有两名浪峨人已不会自己的母语。她们的第一语言已转为载瓦语。这两名浪峨人的具体情况见表4。

表 4

编号	家庭关系	姓名	民族（支系）	年龄	文化程度	第一语言及水平	第二语言及水平	其他语言及水平	文字
20	妻子	孔木龙	景颇（浪峨）	35	小学	载瓦语,熟练	汉语,略懂	—	—
29	妻子	孔木央	景颇（浪峨）	30	小学	载瓦语,熟练	汉语,熟练	—	—

孔木龙和孔木央都是从西山乡板栽村嫁过来的。板栽村是一个以载瓦支系为主的村寨,她们从小就学载瓦语,在村子里也都说载瓦语,嫁到拱母之后,由于拱母也是载瓦支系高度聚居的村寨,所以她们在这里生活完全没有语言障碍。

3. 勒期支系的母语使用现状

拱母村的勒期支系只有 1 人,叫赵英乱,32 岁,小学文化程度。是从缅甸嫁过来的。嫁到拱母组之前一直在缅甸生活,第一语言就是自己的母语勒期语。但是来到拱母组之后,很少说勒期语,基本上说载瓦语了。

4. 汉族的母语使用现状

拱母组只有一个汉族人,她叫园祥英,35 岁,小学文化程度。她是瑞丽市畹町经济开发区的汉族。嫁到拱母之后,平时很少说汉语,只说载瓦语了,生活习惯也与载瓦人一样了。

（二）兼用语使用现状

兼用语是拱母村民与外界、外族交流的重要交际工具。拱母村的兼用语有两类，一类是通用语汉语，一类是同民族其他的支系语言。下面分民族、支系分析拱母组的兼用语使用现状。

1. 载瓦支系的兼用语使用现状

（1）兼用汉语的现状

拱母组的载瓦支系在兼用汉语方面存在以下特点：

1）多数能够熟练兼用汉语

穷尽式的入户调查显示，211 名载瓦支系中有 128 人能够熟练兼用汉语，占 60.7%；汉语水平为"略懂"的有 67 人，占 31.8%。只有 16 人不会汉语，占 7.6%。

2）兼用汉语的比例存在代际差异

从不同年龄段的汉语使用情况来看，60 岁及以上能够兼用汉语的比例最低，"熟练"和"略懂"的合计为 15 人，占这一年龄段总人口的 65.2%；其次是 40—59 岁年龄段的，"熟练"和"略懂"的合计为 43 人，占这一年龄段总人口的 87.7%；再次是 20—39 岁年龄段的，"熟练"和"略懂"的合计为 87 人，占这一年龄段总人口的 97.7%；最高的是 6—19 岁的青少年，50 人中全部都能不同程度地兼用汉语。

拱母载瓦支系兼用汉语的比例呈现出随年龄增大而递减的规律。即：6—19 岁＞20—39 岁＞40—59 岁＞60 及岁以上，代际差异明显。具体统计数据见表 5。

表 5

年龄段（岁）	调查人数	熟练		略懂		不懂	
		人数	百分比（%）	人数	百分比（%）	人数	百分比（%）
6—19	50	34	68	16	32	0	0
20—39	89	65	73	22	24.7	2	2.3
40—59	49	25	51	18	36.7	6	12.3
60 及以上	23	4	17.4	11	47.8	8	34.8
合计	211	128	60.6	67	31.8	16	7.6

在拱母组，我们观察到一群载瓦支系的小孩子在一起玩游戏时的语言使用情况。他们大概六七岁。他们在一起用流利的汉语普通话念儿歌："我们都是木头人，一不许动，二不许笑，谁动谁笑就打谁。"但是他们交谈的时候用的却全是载瓦语。

3）兼用汉语的比例存在文化程度的差异

从不同文化程度的人兼用汉语的情况来看，文化程度与兼用汉语的比例和水平有密切的关系。文化程度越高，兼用汉语的比例和水平越高。高中及以上文化程度的有 3 人，全都能熟练兼用汉语。初中文化程度的有 45 人，也是全部熟练兼用汉语。小学文化程度的有 130 人，能熟练兼用汉语的为 71 人，占 54.6%；略懂汉语的为 54 人，占 41.5%；不会的有 5 人，占

3.9%。没上过学的兼用汉语的比例和水平最低,33人中能熟练使用汉语的仅9人,占27.3%;略懂的为13人,占39.4%;不会汉语的比例较大,有33.3%。具体统计数据见表6。

表6

文化程度	调查人数	熟练		略懂		不懂	
		人数	百分比(%)	人数	百分比(%)	人数	百分比(%)
文盲	33	9	27.3	13	39.4	11	33.3
小学	130	71	54.6	54	41.5	5	3.9
初中	45	45	100	0	0	0	0
高中及以上	3	3	100	0	0	0	0
合计	211	128	60.7	67	31.7	16	7.6

我们在一户人家做调查时,看到7个小孩在看德宏电视台民族频道用载瓦语译制的电视剧《斗牛》。我们趁机了解了他们的汉语掌握情况。这7个孩子,3个还没上学,1个上二年级,1个上三年级,还有2个上五年级。据他们说,没上学的3个听不懂汉语节目,只能看图像;上二、三年级的能听懂一点;上五年级的2人都能完全听懂汉语节目。这也从一个侧面说明,接受学校教育的时间越长,汉语水平就越高。

(2)载瓦支系兼用其他语言的现状

由于景颇族各个支系在拱母组周边都有一定数量的分布,这里的载瓦人除了兼用汉语之外,还有一部分载瓦人能够兼用其他语言。他们兼用其他语言具有以下两个特点:

1)兼用人数最多的语言是浪峨语,最少的是景颇语。具体统计数据见表7。

表7

掌握程度	浪峨语		勒期语		波拉语		景颇语		缅语	
	人数	百分比(%)	人数	百分比(%)	人数	百分比(%)	人数	百分比(%)	人数	百分比(%)
熟练	20	9.5	1	0.5	0	0	1	0.5	2	0.9
略懂	51	24.2	29	13.7	29	13.7	0	0	0	0
不懂	140	66.3	181	85.8	182	86.3	210	99.5	209	99.1

拱母组附近没有景颇支系分布,能兼用景颇语的是一个从缅甸嫁过来的媳妇,她叫电木松,25岁,景颇族载瓦支系。她在缅甸生活的那个寨子有景颇族和缅族。她与家人之间主要说景颇语。我们课题组成员能够与她用景颇语流畅地交流。能兼用缅语的2个人,都是从缅甸嫁过来的。除了电木松之外,还有一个叫赵木九,25岁,她的第一语言是载瓦语,第二语言是缅语,嫁过来之前经常使用缅语。

2)6—19岁青少年兼用其他语言的比例明显少于其余几个年龄段。说明青少年的语言掌握情况趋向单一,除了使用自己的母语和兼用汉语外,其他语言基本都不会。不同年龄段兼用其他语言的统计数据见表8—表12。

表 8 载瓦支系兼用浪峨语情况

年龄段（岁）	调查人数	熟练		略懂		不懂	
		人数	百分比（%）	人数	百分比（%）	人数	百分比（%）
6—19	50	1	2	6	12	43	86
20—39	89	6	6.7	21	23.6	62	69.7
40—59	49	9	18.4	18	36.7	22	44.9
60 及以上	23	4	17.4	6	26.1	13	56.5
合计	211	20	9.5	51	24.2	140	66.3

表 9 载瓦支系兼用勒期语情况

年龄段（岁）	调查人数	熟练		略懂		不懂	
		人数	百分比（%）	人数	百分比（%）	人数	百分比（%）
6—19	50	0	0	0	0	50	100
20—39	89	0	0	5	5.6	84	94.4
40—59	49	1	2.1	18	36.7	30	61.2
60 及以上	23	0	0	6	26.1	17	73.9
合计	211	1	0.5	29	13.7	181	85.8

表 10 载瓦支系兼用波拉语情况

年龄段（岁）	调查人数	熟练		略懂		不懂	
		人数	百分比（%）	人数	百分比（%）	人数	百分比（%）
6—19	50	0	0	0	0	50	100
20—39	89	0	0	5	5.6	84	94.4
40—59	49	0	0	18	36.7	31	63.3
60 及以上	23	0	0	6	26.1	17	73.9
合计	211	0	0	29	13.7	182	86.3

表 11 载瓦支系兼用景颇语情况

年龄段（岁）	调查人数	熟练		略懂		不懂	
		人数	百分比（%）	人数	百分比（%）	人数	百分比（%）
6—19	50	0	0	0	0	50	100
20—39	89	1	1.1	0	0	88	98.9
40—59	49	0	0	0	0	49	100
60 及以上	23	0	0	0	0	23	100
合计	211	1	0.5	0	0	210	99.5

表 12　载瓦支系兼用缅语情况

年龄段（岁）	调查人数	熟练		略懂		不懂	
		人数	百分比（%）	人数	百分比（%）	人数	百分比（%）
6—19	50	0	0	0	0	50	100
20—39	89	2	2.2	0	0	87	97.8
40—59	49	0	0	0	0	49	100
60 及以上	23	0	0	0	0	23	100
合计	211	2	0.9	0	0	209	99.1

表 8—表 12 的统计数据显示,6—19 岁年龄段能兼用其他语言的人数仅 7 人,且都只是浪峨语。浪峨语使用达到"熟练"等级的仅 1 人。她叫何麻六,15 岁,初二在读。父亲是载瓦支系,母亲是浪峨支系,父母都能熟练使用浪峨语。她也跟着学会了浪峨语。她的家庭语言使用情况见表 13。

表 13

编号	家庭关系	姓名	民族（支系）	年龄	文化程度	第一语言及水平	第二语言及水平	其他语言及水平	文字
13	户主	何勒干作	景颇（载瓦）	46	小学	载瓦语,熟练	浪峨语,熟练	汉语,略懂	—
	妻子	孔况色	景颇（浪峨）	42	小学	浪峨语,熟练	载瓦语,熟练	汉语,熟练	—
	弟弟	何勒准	景颇（载瓦）	42	小学	载瓦语,熟练	浪峨语,熟练	汉语,熟练	载瓦文
	长女	何麻六	景颇（载瓦）	15	初二在读	载瓦语,熟练	浪峨语,熟练	汉语,熟练	—
	次女	何伴刀	景颇（载瓦）	5	—	—	—	—	—

2. 浪峨支系使用兼用语的现状

8 名浪峨支系中,孔木龙、孔木央二人的第一语言已转为载瓦语,使用熟练。孔木央还能熟练兼用汉语,孔木龙略懂汉语。其余 6 人的第一语言都是自己的母语浪峨语,并能不同程度地兼用汉语。8 人中,汉语达到"熟练"级的有 5 人,"略懂"级的有 3 人。全部能熟练地兼用载瓦语。这 8 名浪峨支系的语言使用情况见表 14。

表 14

编号	家庭关系	姓名	民族（支系）	年龄	文化程度	第一语言及水平	第二语言及水平	其他语言及水平	文字
1	妻子	杨自诺	景颇（浪峨）	25	小学	浪峨语,熟练	载瓦语,熟练	汉语,熟练	—
4	妻子	杨道业	景颇（浪峨）	32	小学	浪峨语,熟练	载瓦语,熟练	汉语,略懂	—
13	妻子	孔况色	景颇（浪峨）	42	小学	浪峨语,熟练	载瓦语,熟练	汉语,熟练	—
15	妻子	保选卖	景颇（浪峨）	28	小学	浪峨语,熟练	载瓦语,熟练	汉语,略懂	—
20	妻子	孔木龙	景颇（浪峨）	35	小学	载瓦语,熟练	汉语,略懂	—	—
29	妻子	孔木央	景颇（浪峨）	30	小学	载瓦语,熟练	汉语,熟练	—	—
44	次子媳	张况央	景颇（浪峨）	20	小学	浪峨语,熟练	载瓦语,熟练	汉语,熟练	—
59	长子媳	保况姐	景颇（浪峨）	22	初中	浪峨语,熟练	载瓦语,熟练	汉语,熟练	—

3. 勒期支系使用兼用语的现状

拱母组勒期支系的只有赵英乱1人。她的第一语言是自己的母语勒期语，使用熟练。此外，她还能不同程度地兼用景颇语、载瓦语、缅语、汉语等语言。她的语言使用情况见表15。

表 15

编号	家庭关系	姓名	民族（支系）	年龄	文化程度	第一语言及水平	第二语言及水平	其他语言及水平	文字
39	次子媳	赵英乱	景颇（勒期）	32	小学	勒期语，熟练	景颇语，熟练	载瓦语，熟练；缅语，略懂；汉语，略懂	—

4. 汉族使用兼用语的现状

拱母组的汉族只有园祥英1人，她嫁到拱母组已经有十多年，已经能够熟练使用载瓦语，日常生活中基本上只说载瓦语了。

表 16

编号	家庭关系	姓名	民族（支系）	年龄	文化程度	第一语言及水平	第二语言及水平	其他语言及水平	文字
27	妻子	园祥英	汉	35	小学	汉语，熟练	载瓦语，熟练	—	—

（三）景颇文、载瓦文使用现状

拱母组有26人能够不同程度地使用载瓦文。据了解，他们都是跟一位叫何腊跑的教师学的。上世纪80年代的时候，何腊跑任村小的教师，那时民族聚居区的学校都采用双语、双文授课。何腊跑能熟练使用载瓦文。他利用自己的一技之长，自发在村寨里开设载瓦文培训班，当时很多人都积极地来参加学习。但是学会之后由于缺乏载瓦文读物，缺少使用载瓦文的机会，很多人又对载瓦文生疏了。表17是拱母组掌握载瓦文的统计表。

表 17

编号	姓名	民族（支系）	年龄	载瓦文掌握程度
6	雷木南	景颇（载瓦）	20	略懂
6	祁木三	景颇（载瓦）	32	略懂
7	何勒旺	景颇（载瓦）	28	略懂
7	排木南	景颇（载瓦）	36	略懂
7	何么皮	景颇（载瓦）	39	略懂
8	何勒栽	景颇（载瓦）	38	略懂
9	何木苗	景颇（载瓦）	25	略懂
9	排南门	景颇（载瓦）	26	略懂
9	何勒准	景颇（载瓦）	33	略懂
10	何鲁	景颇（载瓦）	32	略懂

10	排南文	景颇（载瓦）	33	略懂
11	谭木子	景颇（载瓦）	33	略懂
11	何勒南	景颇（载瓦）	39	略懂
12	排南扎	景颇（载瓦）	36	略懂
12	何腊	景颇（载瓦）	39	略懂
13	何勒准	景颇（载瓦）	42	略懂
14	何木准	景颇（载瓦）	36	略懂
14	林弄	景颇（载瓦）	43	略懂
18	雷木半	景颇（载瓦）	27	略懂
18	何用	景颇（载瓦）	28	略懂
25	雷木旺	景颇（载瓦）	57	熟练
41	何勒门	景颇（载瓦）	50	熟练
43	何么	景颇（载瓦）	42	熟练
48	何鲁	景颇（载瓦）	34	略懂
49	何干么	景颇（载瓦）	61	熟练
51	何勒苗	景颇（载瓦）	41	熟练

上表显示，拱母村民掌握载瓦文具有以下特点：

（1）能够掌握载瓦文的都是载瓦支系。

（2）能熟练掌握载瓦文的人很少，仅5人，且年龄均在40岁以上。

（3）掌握文字跟家庭环境有一定关系。一个家庭中如果有一个人会载瓦文，会带动另外的家庭成员学习、使用载瓦文。上表中，家庭编号为6、7、9、10、11、12、14、18的8个家庭，都不止一人懂载瓦文。

三、五岔路乡弯丹村拱母组语言使用情况总表

编号	家庭关系	姓名	民族（支系）	年龄	文化程度	第一语言及水平	第二语言及水平	其他语言及水平	文字
1	户主	何干短	景颇（载瓦）	27	小学	载瓦语，熟练	汉语，略懂	—	—
	妻子	杨自诺	景颇（浪峨）	25	小学	浪峨语，熟练	载瓦语，熟练	汉语，熟练	—
	母亲	赵南图	景颇（载瓦）	51	文盲	载瓦语，熟练	汉语，熟练	—	—
	弟弟	何勒南	景颇（载瓦）	21	初中	载瓦语，熟练	汉语，熟练	—	—
	长女	何门	景颇（载瓦）	4					
2	户主	何勒干作	景颇（载瓦）	62	文盲	载瓦语，熟练	浪峨语，熟练	—	—
	妻子	雷滚锐	景颇（载瓦）	64	文盲	载瓦语，熟练	汉语，略懂	—	—
	次子	何弄	景颇（载瓦）	36	小学	载瓦语，熟练	汉语，略懂	—	—
	次子媳	电木松	景颇（载瓦）缅甸	25	文盲	载瓦语，熟练	缅甸语，熟练	汉语，熟练；景颇语，熟练	—
	次长孙女	何青	景颇（载瓦）	3					

3	户主	何勒朋	景颇（载瓦）	43	小学	载瓦语，熟练	汉语，熟练	浪峨语，熟练	—
	长女	何木成	景颇（载瓦）	14	初三在读	载瓦语，熟练	汉语，熟练	浪峨语，略懂	—
	次女	何该汤	景颇（载瓦）	8	小二在读	载瓦语，熟练	汉语，略懂	浪峨语，略懂	—
4	户主	何勒三	景颇（载瓦）	33	小学	载瓦语，熟练	浪峨语，熟练	汉语，略懂	
	妻子	杨道业	景颇（浪峨）	32	小学	浪峨语，熟练	载瓦语，熟练	汉语，略懂	
	长子	何勒团	景颇（载瓦）	9	小一在读	载瓦语，熟练	浪峨语，略懂	汉语，略懂	
	长女	何木伴	景颇（载瓦）	3					
5	户主	何　弄	景颇（载瓦）	48	小学	载瓦语，熟练	浪峨语，熟练	汉语，略懂	
	妻子	雷水云	景颇（载瓦）	45	小学	载瓦语，熟练	浪峨语，熟练	汉语，略懂	
	长子	何勒干	景颇（载瓦）	25	初中	载瓦语，熟练	浪峨语，熟练	汉语，熟练	
	长子媳	赵木九	景颇（载瓦）	25	小学	载瓦语，熟练	缅甸语，熟练	汉语，略懂	
	长孙女	何木成	景颇（载瓦）	1					
6	户主	何　么	景颇（载瓦）	78	文盲	载瓦语，熟练	浪峨语，熟练	汉语，略懂	—
	妻子	雷滚果	景颇（载瓦）	72	文盲	载瓦语，熟练	浪峨语，熟练	汉语，略懂	
	三子	何腊跑	景颇（载瓦）	39	小学	载瓦语，熟练	浪峨语，熟练	汉语，略懂	
	三子媳	祁木三	景颇（载瓦）	32	小学	载瓦语，熟练	浪峨语，略懂	汉语，略懂	载瓦文
	三女	何木锐	景颇（载瓦）	31	初中	载瓦语，熟练	浪峨语，略懂	汉语，熟练	
	四子	何　龙	景颇（载瓦）	30	小学	载瓦语，熟练	浪峨语，略懂	汉语，略懂	
	四子媳	雷木南	景颇（载瓦）	20	初中	载瓦语，熟练	汉语，熟练	浪峨语，略懂	载瓦文
	三长孙女	何半门	景颇（载瓦）	12	小五在读	载瓦语，熟练	汉语，略懂	—	—
	三长孙	何干么	景颇（载瓦）	10	小三在读	载瓦语，熟练	汉语，略懂	—	—
7	户主	排木写（女）	景颇（载瓦）	68	小学	载瓦语，熟练	浪峨语，熟练	汉语，略懂	—
	长子	何么皮	景颇（载瓦）	39	初中	载瓦语，熟练	汉语，熟练	浪峨语，略懂	载瓦文
	长子媳	排木南	景颇（载瓦）	36	小学	载瓦语，熟练	汉语，熟练	浪峨语，略懂	载瓦文
	次子	何勒旺	景颇（载瓦）	28	小学	载瓦语，熟练	浪峨语，略懂	汉语，略懂	载瓦文
	长孙女	何木退	景颇（载瓦）	8	小一在读	载瓦语，熟练	汉语，略懂	—	—
	长孙子	何干么	景颇（载瓦）	1					
8	户主	何勒栽	景颇（载瓦）	38	小学	载瓦语，熟练	浪峨语，熟练	汉语，略懂	载瓦文
	妻子	排木介	景颇（载瓦）	34	小学	载瓦语，熟练	浪峨语，略懂	汉语，略懂	—
	长女	何木写	景颇（载瓦）	10	小五在读	载瓦语，熟练	汉语，熟练	浪峨语，略懂	
9	户主	何勒定	景颇（载瓦）	54	文盲	载瓦语，熟练	浪峨语，熟练	汉语，略懂	
	长子	何勒准	景颇（载瓦）	33	小学	载瓦语，熟练	浪峨语，熟练	汉语，熟练	载瓦文
	长子媳	排南门	景颇（载瓦）	26	小学	载瓦语，熟练	汉语，熟练	浪峨语，略懂	载瓦文
	次女	何木苗	景颇（载瓦）	25	初中	载瓦语，熟练	汉语，熟练	浪峨语，略懂	载瓦文
	长孙子	何干翁	景颇（载瓦）	5					

序号	关系	姓名	民族	年龄	文化程度				文字
10	户主	何 鲁	景颇(载瓦)	32	小学	载瓦语,熟练	汉语,熟练	浪峨语,略懂	载瓦文
	妻子	排南文	景颇(载瓦)	33	小学	载瓦语,熟练	汉语,熟练	浪峨语,略懂	载瓦文
	长女	何 芳	景颇(载瓦)	11	小五在读	载瓦语,熟练	汉语,熟练	浪峨语,略懂	—
	次女	何芹兰	景颇(载瓦)	5					
11	户主	何勒南	景颇(载瓦)	39	小学	载瓦语,熟练	汉语,熟练	浪峨语,略懂	载瓦文
	妻子	谭木子	景颇(载瓦)	33	小学	载瓦语,熟练	汉语,熟练	浪峨语,略懂	载瓦文
	长女	何木半	景颇(载瓦)	11	小四在读	载瓦语,熟练	汉语,熟练	—	
	长子	何干么	景颇(载瓦)	4					
12	户主	何 腊	景颇(载瓦)	39	小学	载瓦语,熟练	汉语,熟练	浪峨语,略懂	载瓦文
	妻子	排南扎	景颇(载瓦)	36	小学	载瓦语,熟练	汉语,熟练	浪峨语,略懂	载瓦文
	长女	何果变	景颇(载瓦)	11	小四在读	载瓦语,熟练	汉语,熟练		
	次女	何成芳	景颇(载瓦)	4					
13	户主	何勒干作	景颇(载瓦)	46	小学	载瓦语,熟练	浪峨语,熟练	汉语,略懂	—
	妻子	孔况色	景颇(浪峨)	42	小学	浪峨语,熟练	载瓦语,熟练	汉语,熟练	—
	弟弟	何勒准	景颇(载瓦)	42	小学	载瓦语,熟练	浪峨语,熟练	汉语,熟练	载瓦文
	长女	何麻六	景颇(载瓦)	15	初二在读	载瓦语,熟练	浪峨语,熟练	汉语,熟练	
	次女	何伴刀	景颇(载瓦)	5					
14	户主	林 弄	景颇(载瓦)	43	小学	载瓦语,熟练	汉语,熟练	浪峨语,熟练	载瓦文
	妻子	何木准	景颇(载瓦)	36	小学	载瓦语,熟练	汉语,熟练	浪峨语,熟练	载瓦文
	长子	林 跑	景颇(载瓦)	16	初中	载瓦语,熟练	汉语,熟练	浪峨语,略懂	—
	长女	林木便	景颇(载瓦)	8	小一在读	载瓦语,熟练	汉语,略懂		
15	户主	何勒弄	景颇(载瓦)	36	初中	载瓦语,熟练	汉语,熟练	—	—
	妻子	保选卖	景颇(浪峨)	28	小学	浪峨语,熟练	载瓦语,熟练	汉语,略懂	—
	长子	何德贵	景颇(载瓦)	3					
16	户主	何腊跑	景颇(载瓦)	35	小学	载瓦语,熟练	汉语,略懂	—	—
	妻子	董木比	景颇(载瓦)	37	初中	载瓦语,熟练	汉语,熟练		
	长女	何木成	景颇(载瓦)	12	小五在读	载瓦语,熟练	汉语,熟练		
	次女	何成兰	景颇(载瓦)	6	小一在读	载瓦语,熟练	汉语,略懂		
17	户主	何 龙	景颇(载瓦)	32	小学	载瓦语,熟练	汉语,略懂	—	—
	妻子	林木暖	景颇(载瓦)	32	小学	载瓦语,熟练	汉语,略懂		
	长子	何跑崩	景颇(载瓦)	11	小五在读	载瓦语,熟练	汉语,熟练		
	长女	何果伞	景颇(载瓦)	5					
18	户主	何 用	景颇(载瓦)	28	初中	载瓦语,熟练	汉语,熟练	—	载瓦文
	妻子	雷木半	景颇(载瓦)	27	初中	载瓦语,熟练	汉语,熟练		载瓦文
	母亲	排木兰	景颇(载瓦)	58	文盲	载瓦语,熟练	汉语,略懂	—	—
	长子	何宝云	景颇(载瓦)	3					
	侄女	何木努	景颇(载瓦)	8	小二在读	载瓦语,熟练	汉语,略懂	—	—

19	户主	何腊苗	景颇（载瓦）	61	文盲	载瓦语,熟练	—	—	—	
	妻子	赵木女	景颇（载瓦）	56	文盲	载瓦语,熟练	汉语,略懂			
	次子	何　弄	景颇（载瓦）	33	小学	载瓦语,熟练	汉语,略懂	—	—	
	次子媳	排木兰	景颇（载瓦）	32	初中	载瓦语,熟练	汉语,熟练	—	—	
	长孙女	何木变	景颇（载瓦）	11	小四在读	载瓦语,熟练	汉语,熟练	—	—	
	次孙女	何木男	景颇（载瓦）	5						
20	户主	排勒翁	景颇（载瓦）	41	小学	载瓦语,熟练	汉语,熟练	—	—	
	妻子	孔木龙	景颇（浪峨）	35	小学	载瓦语,熟练	汉语,略懂	—	—	
	长子	排早扎	景颇（载瓦）	9	小二在读	载瓦语,熟练	汉语,略懂			
	长女	排男宏	景颇（载瓦）	3						
21	户主	排勒腊	景颇（载瓦）	36	小学	载瓦语,熟练	汉语,略懂	—	—	
	妻子	何木拽	景颇（载瓦）	30	小学	载瓦语,熟练	汉语,略懂	—	—	
	长女	排南先	景颇（载瓦）	9	小二在读	载瓦语,熟练	汉语,略懂			
	次女	排南棒	景颇（载瓦）	2						
22	户主	林勒定	景颇（载瓦）	30	初中	载瓦语,熟练	汉语,熟练	—	—	
	妻子	何木准	景颇（载瓦）	26	小学	载瓦语,熟练	汉语,熟练	—	—	
	长女	林木果	景颇（载瓦）	6	小一在读	载瓦语,熟练	汉语,略懂	—	—	
	长子	林廷锋	景颇（载瓦）	3个月						
23	户主	刀木果（女）	景颇（载瓦）	54	文盲	载瓦语,熟练	汉语,熟练	—	—	
	长子	林干先	景颇（载瓦）	34	小学	载瓦语,熟练	汉语,熟练	—	—	
	长子媳	何木介	景颇（载瓦）	39	小学	载瓦语,熟练	汉语,略懂	—	—	
	长孙子	林先宝	景颇（载瓦）	10	小三在读	载瓦语,熟练	汉语,熟练	—	—	
	次孙子	林阿锋	景颇（载瓦）	2						
24	户主	何干么	景颇（载瓦）	30	初中	载瓦语,熟练	汉语,熟练	—	—	
	妻子	祁木兰	景颇（载瓦）	29	初中	载瓦语,熟练	汉语,熟练	—	—	
	长女	何木果	景颇（载瓦）	1						
25	户主	雷木旺（女）	景颇（载瓦）	57	文盲	载瓦语,熟练	汉语,略懂	—	—	
	长子	何干药	景颇（载瓦）	31	小学	载瓦语,熟练	汉语,熟练	—	—	
	长子媳	雷麻兰	景颇（载瓦）	32	小学	载瓦语,熟练	汉语,熟练	—	—	
	长孙女	何木果	景颇（载瓦）	8	小二在读	载瓦语,熟练	汉语,略懂	—	—	
	次孙女	何木兰	景颇（载瓦）	1						
26	户主	何　跑	景颇（载瓦）	79	文盲	载瓦语,熟练	—	—	—	
	长子媳	李伴用	景颇（载瓦）	30	初中	载瓦语,熟练	汉语,熟练	—	—	
	长孙子	何干么	景颇（载瓦）	7	小一在读	载瓦语,熟练	汉语,熟练	—	—	

27	户主	何勒腊	景颇（载瓦）	34	小学	载瓦语，熟练	汉语，熟练	—	—
	妻子	园祥英	汉	35	小学	汉语，熟练	载瓦语，熟练		
	长子	何干么	景颇（载瓦）	12	小五在读	载瓦语，熟练	汉语，熟练	—	—
	长女	何伴写	景颇（载瓦）	6	小一在读	载瓦语，熟练	汉语，略懂	—	—
28	户主	何木便（女）	景颇（载瓦）	27	初中	载瓦语，熟练	汉语，熟练	—	—
	丈夫	谭勒弄	景颇（载瓦）	32	小学	载瓦语，熟练	汉语，略懂		
	长女	谭木果	景颇（载瓦）	6	小一在读	载瓦语，熟练	汉语，略懂	—	—
29	户主	何腊栽	景颇（载瓦）	31	初中	载瓦语，熟练	汉语，熟练		
	妻子	孔木央	景颇（浪峨）	30	小学	载瓦语，熟练	汉语，熟练		
	长子	何成明	景颇（载瓦）	7	小一在读	载瓦语，熟练	汉语，略懂		
	长女	何木男	景颇（载瓦）	3					
30	户主	何约	景颇（载瓦）	81	文盲	载瓦语，熟练	—	—	—
31	户主	何鲁	景颇（载瓦）	53	小学	载瓦语，熟练	汉语，熟练		
	妻子	黄木东	景颇（载瓦）	54	小学	载瓦语，熟练	汉语，熟练		
	长子	何干门	景颇（载瓦）	25	初中	载瓦语，熟练	汉语，熟练		
	次子	何弄兰	景颇（载瓦）	23	职中在读	载瓦语，熟练	汉语，熟练		
32	户主	何勒门	景颇（载瓦）	39	小学	载瓦语，熟练	汉语，略懂	—	—
	妻子	雷木锐	景颇（载瓦）	40	小学	载瓦语，熟练	汉语，略懂	—	—
	长子	何干么	景颇（载瓦）	18	初中	载瓦语，熟练	汉语，熟练		
	长女	何果先	景颇（载瓦）	14	小六在读	载瓦语，熟练	汉语，熟练		
33	户主	何腊	景颇（载瓦）	41	小学	载瓦语，熟练	汉语，熟练		
	妻子	祁木业	景颇（载瓦）	38	小学	载瓦语，熟练	汉语，略懂		
	长子	何成翁	景颇（载瓦）	16	初中	载瓦语，熟练	汉语，熟练		
	长女	何木努	景颇（载瓦）	13	小五在读	载瓦语，熟练	汉语，熟练		
34	户主	何鲁	景颇（载瓦）	45	小学	载瓦语，熟练	汉语，略懂	—	—
	妻子	排木果	景颇（载瓦）	46	小学	载瓦语，熟练	汉语，略懂	—	—
	长子	何么	景颇（载瓦）	23	初中	载瓦语，熟练	汉语，熟练		
	次子	何弄兰	景颇（载瓦）	21	高二在读	载瓦语，熟练	汉语，熟练		
35	户主	何都	景颇（载瓦）	40	小学	载瓦语，熟练	汉语，略懂	—	—
	五弟	何滚	景颇（载瓦）	38	小学	载瓦语，熟练	汉语，熟练	—	—
	六弟	何用	景颇（载瓦）	36	小学	载瓦语，熟练	汉语，熟练	—	—
36	户主	何勒干	景颇（载瓦）	32	小学	载瓦语，熟练	汉语，熟练	—	—
	妻子	雷木便	景颇（载瓦）	34	初中	载瓦语，熟练	汉语，熟练	—	—
	长子	何坤作	景颇（载瓦）	18	初中	载瓦语，熟练	汉语，熟练		
	次子	何南	景颇（载瓦）	12	小三在读	载瓦语，熟练	汉语，熟练	—	—

37	户主	来马门	景颇（载瓦）	66	文盲	载瓦语，熟练	汉语，略懂	—	—
	妻子	林木果	景颇（载瓦）	65	文盲	载瓦语，熟练	汉语，略懂	—	—
	长子	来马朋	景颇（载瓦）	31	小学	载瓦语，熟练	汉语，熟练	—	—
	次子	来马弄	景颇（载瓦）	29	小学	载瓦语，熟练	汉语，熟练	—	—
	三子	来马腊	景颇（载瓦）	24	小学	载瓦语，熟练	汉语，熟练	—	—
38	户主	张木果	景颇（载瓦）	79	小学	载瓦语，熟练	汉语，略懂	—	—
	孙媳	保木孟	景颇（载瓦）	40	小学	载瓦语，熟练	汉语，略懂	—	—
39	户主	排木果	景颇（载瓦）	61	文盲	载瓦语，熟练	汉语，略懂	—	—
	次子	何勒定	景颇（载瓦）	41	小学	载瓦语，熟练	汉语，熟练	—	—
	次子媳	赵英乱	景颇（勒期）	32	小学	勒期语，熟练；	景颇语，熟练	载瓦语，熟练；缅语、汉语，略懂	—
	长孙女	何云涛	景颇（载瓦）	3月					
40	户主	何弄芒	景颇（载瓦）	95	文盲	载瓦语，熟练	—	—	—
	妻子	雷滚兰	景颇（载瓦）	98	文盲	载瓦语，熟练	—	—	—
	四子	何云	景颇（载瓦）	39	初中	载瓦语，熟练	汉语，熟练	—	—
41	户主	何勒门	景颇（载瓦）	50	小学	载瓦语，熟练	汉语，熟练	—	载瓦文
	妻子	雷木锐	景颇（载瓦）	51	小学	载瓦语，熟练	汉语，略懂	—	—
	长子	何勒定	景颇（载瓦）	25	初中	载瓦语，熟练	汉语，熟练	—	—
	次子	何勒遍	景颇（载瓦）	23	大三在读	载瓦语，熟练	汉语，熟练	—	—
42	户主	何唯芒	景颇（载瓦）	100	文盲	载瓦语，熟练			
	次孙子	何弄	景颇（载瓦）	42	小学	载瓦语，熟练	汉语，略懂	—	—
	四孙子	何勒旺	景颇（载瓦）	37	小学	载瓦语，熟练	汉语，略懂	—	—
	六孙子	何勒东	景颇（载瓦）	26	小学	载瓦语，熟练	汉语，熟练	—	—
	长孙女	何木准	景颇（载瓦）	31	小学	载瓦语，熟练	汉语，熟练	—	—
43	户主	何么	景颇（载瓦）	42	小学	载瓦语，熟练	汉语，略懂	—	载瓦文
	妻子	赵办苗	景颇（载瓦）	39	小学	载瓦语，熟练	汉语，略懂	—	—
	长女	何木嫩	景颇（载瓦）	18	小学	载瓦语，熟练	汉语，熟练	—	—
	次女	何木便	景颇（载瓦）	14	小六在读	载瓦语，熟练	汉语，熟练	—	—
44	户主	何勒门	景颇（载瓦）	54	小学	载瓦语，熟练	—	—	—
	妻子	赵南先	景颇（载瓦）	57	小学	载瓦语，熟练	汉语，熟练	—	—
	次子	何弄养	景颇（载瓦）	28	小学	载瓦语，熟练	汉语，熟练	—	—
	次子媳	张况央	景颇（浪峨）	20	小学	浪峨语，熟练	载瓦语，熟练	汉语，熟练	—
45	户主	何朋	景颇（载瓦）	70	小学	载瓦语，熟练	汉语，略懂	—	—
	妻子	林半退	景颇（载瓦）	62	小学	载瓦语，熟练		—	—
	四子	何龙	景颇（载瓦）	31	小学	载瓦语，熟练	汉语，熟练	—	—
	五子	何当	景颇（载瓦）	29	小学	载瓦语，熟练	汉语，熟练	—	—

46	户主	林 腊	景颇（载瓦）	41	小学	载瓦语，熟练	汉语，熟练	浪峨语、勒期语、波拉语，略懂	—
	妻子	何木半	景颇（载瓦）	40	小学	载瓦语，熟练	汉语，熟练	浪峨语、勒期语、波拉语，略懂	—
	长女	林宽双	景颇（载瓦）	18	初中	载瓦语，熟练	汉语，熟练	—	—
	长子	林成干	景颇（载瓦）	16	初三在读	载瓦语，熟练	汉语，熟练	—	—
47	户主	林 卷	景颇（载瓦）	67	文盲	载瓦语，熟练	汉语，略懂	浪峨语、勒期语、波拉语，略懂	—
	妻子	何木南	景颇（载瓦）	66	文盲	载瓦语，熟练	汉语，略懂	浪峨语、勒期语、波拉语，略懂	—
48	户主	何 鲁	景颇（载瓦）	34	小学	载瓦语，熟练	汉语，熟练	浪峨语、勒期语、波拉语，略懂	载瓦文
	妻子	排南门	景颇（载瓦）	34	小学	载瓦语，熟练	汉语，熟练	浪峨语、勒期语、波拉语，略懂	—
	长子	何永强	景颇（载瓦）	11	小学	载瓦语，熟练	汉语，熟练	—	—
49	户主	何干么	景颇（载瓦）	61	文盲	载瓦语，熟练	汉语，熟练	浪峨语、勒期语、波拉语，略懂	载瓦文
	妻子	祁木锐	景颇（载瓦）	58	文盲	载瓦语，熟练	汉语，熟练	浪峨语、勒期语、波拉语，略懂	—
	次子	何 弄	景颇（载瓦）	30	小学	载瓦语，熟练	汉语，熟练	浪峨语、勒期语、波拉语，略懂	—
	次子媳	目木兰	景颇（载瓦）	21	小学	载瓦语，熟练	汉语，熟练	—	—
	长孙女	何果双	景颇（载瓦）	1					
50	户主	何 鲁	景颇（载瓦）	66	文盲	载瓦语，熟练	汉语，熟练	浪峨语、勒期语、波拉语，略懂	—
51	户主	何勒苗	景颇（载瓦）	41	小学	载瓦语，熟练	汉语，熟练	浪峨语、勒期语、波拉语，略懂	载瓦文
	妻子	雷木三	景颇（载瓦）	42	小学	载瓦语，熟练	汉语，熟练	浪峨语、勒期语、波拉语，略懂	—
	长女	何木办	景颇（载瓦）	19	初中	载瓦语，熟练	汉语，熟练	—	—
	长子	何 坤	景颇（载瓦）	16	初二在读	载瓦语，熟练	汉语，熟练	—	—

52	户主	何弄兰	景颇（载瓦）	41	小学	载瓦语，熟练	汉语，熟练	浪峨语、勒期语、波拉语，略懂	—
	妻子	排南锐	景颇（载瓦）	42	小学	载瓦语，熟练	汉语，熟练	浪峨语、勒期语、波拉语，略懂	—
	长子	何干门	景颇（载瓦）	20	初中	载瓦语，熟练	汉语，熟练	—	—
	次子	何勒南	景颇（载瓦）	18	初中	载瓦语，熟练	汉语，熟练		—
53	户主	排早山	景颇（载瓦）	67	文盲	载瓦语，熟练	汉语，熟练	浪峨语、勒期语、波拉语，略懂	—
	妻子	赵南写	景颇（载瓦）	63	文盲	载瓦语，熟练	汉语，熟练	浪峨语、勒期语，略懂	—
	次子	排勒弄	景颇（载瓦）	39	小学	载瓦语，熟练	汉语，熟练	浪峨语、勒期语、波拉语，略懂	—
	五子	排勒当	景颇（载瓦）	30	小学	载瓦语，熟练	汉语，熟练	浪峨语、勒期语、波拉语，略懂	—
54	户主	林都	景颇（载瓦）	44	小学	载瓦语，熟练	浪峨语，略懂	勒期语、波拉语，略懂	—
	妻子	何木东	景颇（载瓦）	45	小学	载瓦语，熟练	浪峨语，略懂	勒期语、波拉语，略懂	—
	长子	林朋	景颇（载瓦）	19	初中	载瓦语，熟练	汉语，熟练	—	—
	次子	林弄卷	景颇（载瓦）	16	初中	载瓦语，熟练	汉语，熟练	—	—
55	户主	林腊	景颇（载瓦）	49	小学	载瓦语，熟练	汉语，熟练	浪峨语、勒期语、波拉语，略懂	—
	妻子	来马咪瓦	景颇（载瓦）	47	小学	载瓦语，熟练	汉语，熟练	浪峨语、勒期语、波拉语，略懂	—
	长子	林南作	景颇（载瓦）	22	文盲	载瓦语，熟练	—	—	—
	次子	林弄兰	景颇（载瓦）	19	初中	载瓦语，熟练	汉语，熟练	—	—
56	户主	何勒旺	景颇（载瓦）	44	文盲	载瓦语，熟练	汉语，略懂	浪峨语、勒期语、波拉语，略懂	—
	妻子	雷木写	景颇（载瓦）	46	文盲	载瓦语，熟练	浪峨语，略懂	勒期语、波拉语，略懂	—
	三子	何勒成	景颇（载瓦）	22	初中	载瓦语，熟练	汉语，熟练	—	—
	长女	何木双	景颇（载瓦）	20	初中	载瓦语，熟练	汉语，熟练	—	—

57	户主	何勒定	景颇(载瓦)	25	文盲	载瓦语,熟练	—	—	—
	妻子	雷木南	景颇(载瓦)	21	初中	载瓦语,熟练	汉语,熟练	—	—
	长子	何勒干	景颇(载瓦)	半岁					
58	户主	何勒滚	景颇(载瓦)	50	文盲	载瓦语,熟练	—	—	—
	妻子	祁木果	景颇(载瓦)	46	文盲	载瓦语,熟练	汉语,熟练	浪峨语、勒期语、波拉语,略懂	—
	长子	何　朋	景颇(载瓦)	20	初中	载瓦语,熟练	汉语,熟练	—	—
	长女	何木门	景颇(载瓦)	18	初中	载瓦语,熟练	汉语,熟练	—	—
59	户主	林　约	景颇(载瓦)	46	小学	载瓦语,熟练	汉语,熟练	浪峨语、勒期语、波拉语,略懂	—
	妻子	黄木刀	景颇(载瓦)	44	小学	载瓦语,熟练	勒期语,熟练	汉语、浪峨语,熟练	—
	次女	林木南	景颇(载瓦)	23	初中	载瓦语,熟练	汉语,熟练	—	—
	长子	林干么	景颇(载瓦)	21	小学	载瓦语,熟练	汉语,熟练	—	—
	长子媳	保况姐	景颇(浪峨)	22	初中	浪峨语,熟练	载瓦语,熟练	汉语,熟练	—
60	户主	何勒东	景颇(载瓦)	44	小学	载瓦语,熟练	浪峨语,略懂	勒期语、波拉语,略懂	—
	妻子	雷木金	景颇(载瓦)	42	小学	载瓦语,熟练	汉语,略懂	浪峨语、勒期语、波拉语,略懂	—
	长子	何勒朋	景颇(载瓦)	19	小学	载瓦语,熟练	汉语,略懂	—	—
	次子	何弄兰	景颇(载瓦)	14	初中	载瓦语,熟练	汉语,熟练	—	—
61	户主	何　弄	景颇(载瓦)	42	小学	载瓦语,熟练	汉语,略懂	浪峨语、勒期语、波拉语,略懂	—
	妻子	排木丁	景颇(载瓦)	42	小学	载瓦语,熟练	浪峨语,熟练	汉语,熟练	—
	长女	何木果	景颇(载瓦)	13	初一在读	载瓦语,熟练	汉语,熟练	—	—
	次女	何木兰	景颇(载瓦)	11	小四在读	载瓦语,熟练	汉语,熟练	—	—

附:访谈录

访谈一：拱母村民小组组长何弄兰、支书何勒弄访谈录

访谈对象:何弄兰,景颇族载瓦支系

何勒弄,景颇族载瓦支系

访谈时间:2010 年 7 月 26 日

访谈地点:拱母村民小组党员活动室

访谈、整理者:朱艳华

问:你们好!请你们做一下自我介绍。

答:我叫何弄兰,1969 年出生,景颇族载瓦支系,在拱母组土生土长。1998 年当选为拱母村民小组组长。第一语言是载瓦语,汉语是上学以后才学会。在村子里都说载瓦语,在外面说汉语或者载瓦语。

我叫何勒弄,今年 36 岁,1974 年出生。今年当选为拱母村民小组支部书记。我初中毕业后,1995 年报名参军。在四川空军后勤部队服役,当了 4 年兵,1999 年退役。我也是拱母土生土长的,当兵之前没离开过村子。我的第一语言是载瓦语。汉语是上学后才学的,上学之前一点也没接触过。上学时是载瓦语和汉语双语教学。刚开始听课有点困难,上到三、四年级就基本没有什么问题了。后来在四川当兵,汉语水平就提高了很多。现在回村子了,在村子里都说载瓦语,出去了就说汉语或者载瓦语。

问:何组长,请您介绍一下家庭的语言使用情况。

答:我家里有 4 口人,家里还有妻子和两个儿子。我妻子也是载瓦支系,只会载瓦语,别的语言不会。大儿子 20 岁,会讲汉语和载瓦语。他最初学会的语言是载瓦语,汉语是上小学的时候开始学的。他那时在寨子里上小学,老师用载瓦语和汉语讲课。中学在五岔路中学上的,老师用汉语讲课。听课基本上没有什么问题。读到初中毕业,考不上高中就不读了。小儿子今年 17 岁。在五岔路中学上学,今年初中毕业,打算去读师范。他最初学会的也是载瓦语,汉语是上小学后才开始学的。两个儿子汉语都说得很熟练。在家里我们全家人都说载瓦语,出去了碰到载瓦人就说载瓦语,碰到不懂载瓦语的人就说汉语。

问:何支书,也请您介绍一下家庭的语言使用情况。

答:我家有 4 口人,家里还有父亲、妻子和儿子。我父亲是载瓦人,平时都说载瓦语,汉语只会说一点点。妻子是缅甸勐古的景颇族载瓦支系,2007 年嫁过来。我去她们家跟她见了一面,沟通了一下,互相都满意了,父母也同意了。然后就给她们家送了两万元彩礼,就跟我回来了。她的国籍现在还是缅甸的。孩子 3 岁,是中国国籍,已经落户了。她还不会汉语,我们在家都说载瓦语。我们寨离缅甸勐古大概只有三四个小时的车程。

问:你们村子里缅甸嫁过来的媳妇多吗?

答:我们村子里的缅甸媳妇有 4 个,都是载瓦支系的。她们和我们这边说话一样,没有什么差异,我们跟缅甸媳妇之间没有语言上的障碍。她们觉得缅甸总是打仗,国家形势不稳定。在中国生活过得好一点,不用像在缅甸那样提心吊胆。

问:现在请你们介绍一下村子里的情况。

答：我们村距离乡政府有 20 公里，步行要 3 个小时，骑摩托车要一个多小时。全村有 248 人，全部是载瓦支系。村子周边也都是载瓦支系。村里主要种植水稻、甘蔗、茶叶，还养鸡、养猪、养牛，但是规模都不大。村民人均年收入大概有 1000 元。人均口粮大概七八百斤，不大够吃。村里人家拥有的电器只有电视机，基本上家家都有，交通工具主要是摩托车，差不多每家都有。通信工具是手机，差不多每家有一部。别的电器基本上没有。

问：村子的教育情况怎样？

答：现在国家搞普九，村里的教育情况比过去要好一些了。小孩子一般都能读到初中毕业，但是能读到高中以上的很少。村里现在有一个在芒市中学读高中；另外还有一个在德宏州中等职业学校上学。去年还考上了一个本科生，在云南警官学校上学，是定向招录的少数民族学生。以前读过高中或中专的还有两个，一个上过卫校，但是早就嫁出去了；还有一个上过高中，现在在明德小学教书。村里的孩子上学要到明德小学去上。明德小学是 2007 年修建的，是一个叫陈明德的台湾人出资修建的。学校离家远，孩子上学都是住读，一个星期才回来一次。学校老师都是用普通话上课，孩子们刚开始有点困难，慢慢地就习惯了。

问：村里懂载瓦文的人多吗？

答：以前有很多。那时村里有一个懂载瓦文的老师，叫何腊跑，他自发开办夜校，晚上教大家载瓦文。当时学的人很多，上课的时候，屋子里都差不多挤满了。但是现在没有用载瓦文的机会，没怎么用，有些人都忘了。年轻一代就没几个懂载瓦文了。

问：村子里的通婚情况怎样？

答：我们都在外面找，因为我们这个寨子都是一个祖宗，有血缘关系的，这种情况不能通婚。一般都到周边村子里找，也有到外面打工，找别的地方的。女的嫁出去的多，男的找外地媳妇的少。我们找对象不看什么民族，只要两个人相爱就可以了。

问：村子里的语言使用情况怎样？

答：在村里都说载瓦语，有些人会说汉语，但是在村里也不说。会汉语的大概有 50%。他们的汉语都是上学后在学校学会的。以前没上过学的、读书读得少的，汉语就困难一些。

问：村里通广播、电视吗？

答：电视通了，德宏台、云南台、中央一台都看得到。我们一般会看德宏台的载瓦语节目，还有一些汉语节目。我（何勒弄）喜欢看中央电视台的新闻节目。广播只有村里的广播，一般都是有什么事情就用广播通知一下，全都用载瓦语广播。

问：村里开展景颇族的传统活动吗？

答：开展得少。只有一些重大的节日，像目瑙纵歌节，我们会排练节目、表演。结婚时要跳象脚鼓舞，结婚仪式上跳的和进新房跳的不一样。结婚的时候一定要"过草桥"，如果不搞"过草桥"的仪式，就好像不承认已经结婚了，不承认媳妇的身份。丧葬也很讲究传统的习俗，要请念经。如果不请念经，家里人心里就过不去，觉得对不住去世的亲人。

问：村民还有别的什么宗教信仰吗？

答：没有。

问：平常有哪些文化活动？

答：很少有文化活动，村里没有文化娱乐场所。大家白天一般都在地里干活，晚上就看看电视。有朋友来就打打牌，但是不赌博。也没有吸毒的。

问：村里的小孩子现在很小就能看到电视，那他们上学之前都会汉语了吧？

答：不会，看电视也就是看看图像。不上学是不会汉语的。现在学校不用民族语教学了，孩子听课还是有些困难，学习成绩多数比较差。我们村里的人读书读得不高，主要原因就是语言障碍。我们都很希望学校能够用载瓦语和汉语两种语言教学。

问：现在的小孩子接触汉语的机会比较多，你们担心孩子不会说载瓦语，载瓦语失传吗？

答：不担心。我们希望孩子们都能掌握汉语。载瓦语是不会失传的，他们要跟父母、跟寨子里的人交流，不可能失传。

访谈二：弯丹村拱母村民小组民间艺人排勒翁访谈录

访谈对象：排勒翁，景颇族载瓦支系，牛皮鼓制作工艺传承人
访谈时间：2010 年 7 月 25 日
访谈地点：五岔路乡弯丹村拱母村民小组活动室
访谈、整理者：黄平、朱艳华

问：您好，能介绍一下您的个人情况吗？

答：可以。我叫排勒翁，是载瓦支系。家里四口人，还有妻子和两个娃娃，都是载瓦支系。大娃娃是男孩，10 岁；小娃娃是女孩，3 岁。我们在家里只讲载瓦语，不讲汉语。家庭收入主要靠种甘蔗和水稻。玉米、茶和木材也会有点收入，但很少。

问：听说您家里祖传牛皮鼓制作手艺，您能谈谈您是如何将这门手艺传承下来的吗？

答：以前寨子里的老人基本都会做牛皮鼓，他们做的时候我就在旁边看，慢慢就学会了。

问：现在寨子里会做牛皮鼓的还有几个人？

答：附近景颇族寨子都没有会做牛皮鼓的了，我们这个寨子里有十几个人会。为了庆祝今年 4 月份的目瑙纵歌节，我们用一根直径约 1 米的大树桩和一整张牛皮，制作了国内景颇族最大的牛皮鼓。

问：你们现在经常做牛皮鼓么？

答：不经常，只在有需要的时候，别人让我们做，我们才做。以前也是这样，在需要的时候

我们才做。现在做的鼓比以前数量多了,因为需求量大。别的地区需要使用牛皮鼓,也来我们这定做,因为很多寨子里制作牛皮鼓的手艺都失传了,只有我们还会。我除了会做牛皮鼓,还会做目瑙示栋、三弦乐器、笛子等。

问:从人数上看,掌握这门手艺的年轻人比以前少了许多,您认为是什么原因造成的呢?

答:首先,外面的世界发展得太快,我们民族地区比较落后,所以这些年全村人的主要注意力都集中在经济建设上。每家都要种甘蔗、水稻等好几种作物,白天种地很累,晚上回到家里看看电视就睡了,就没有时间搞文化。还有很多人在农闲时,到外地去打工。其次,"文化大革命"之后,我们的文化活动明显减少了,祭祀活动不像以前那么频繁,每年只有重大节日的时候搞几次。使用牛皮鼓的场合不多,牛皮鼓的需求量减少,学习制作牛皮鼓的人也就少了。还有一个原因,我觉得国家对保护边疆地区民族传统文化的投入还不够。我们边疆地区经济很落后,农民以种地为生,每年的收成能填饱肚子就很好了,根本没有钱投在文化活动中。村委会的资金也很少,除了投资经济建设,基本上没有什么钱了。

问:现在一般在什么场合使用牛皮鼓?

答:现在只在目瑙纵歌节,还有老人去世的时候用。

问:您觉得这个手艺在将来会失传么?

答:我觉得不会,一定不会,现在寨子里有好多人想学这门手艺呢。在我的带领下,会做牛皮鼓的人一定会越来越多的。

问:目前,寨子里还保存着哪些传统文化?

答:三弦舞、董萨祭祀、丧葬舞等。董萨祭祀是口头传承的历史文化,是景颇族的瑰宝。此外,我们还保留着制作生产生活工具的传统,如:制犁、铜炮枪、打刀、织锦、纺线、做竹篮、竹背篓等,还有盖房子。我们景颇族的房子都是自己动手盖的,虽然现在很多屋顶不再用茅草了,但是房子的主体结构、空间布局什么的,都还是传统的景颇族风格。

访谈三:五岔路乡计划生育办公室宣传员董勒定访谈录

访谈对象:董勒定,景颇族载瓦支系
访谈时间:2010 年 7 月 26 日
访谈地点:五岔路乡弯丹村拱母村民小组组长何弄兰家
访谈、整理者:朱艳华

问:您好,请介绍一下您的个人情况。

答:我是五岔路乡弯丹村坝育村民小组人。毕业于芒市中学,正在上昆明理工大学的函授专科,读的是法律专业。我现在的主要工作是宣传计划生育政策。

问:请介绍一下您的家庭语言使用情况。

答:我是在坝育村出生、长大的。从学说话开始,我说的就是载瓦语。因为我母亲是浪峨支系,所以我同时也学会了浪峨语。由于浪峨语不经常说,现在不太会说了。汉语是上小学后才学会的。现在我日常生活、工作中使用的主要交际用语是载瓦语和汉语。

我母亲是勐广张寨人。他们寨子主要是载瓦支系,也有一小部分浪峨支系。她从小说的就是浪峨语,载瓦语也会。张寨紧挨着汉寨,与汉寨仅隔一条路,所以她从小就学会了汉语。现在,寨子里的浪峨小孩大多都不会浪峨语了。母亲还是坚持说浪峨语,汉语也熟练。父亲是坝育村人,这个村是一个载瓦支系聚居的村寨。父亲是载瓦支系,会载瓦语、汉语,汉语很熟练。父亲的汉语主要是赶集、做小生意时学会的。父母亲之间各说各的话,母亲说浪峨语,父亲说载瓦语,互相都听得懂。我跟父母亲都说载瓦语。母亲也学会了载瓦语,但是她不怎么说,只跟寨子里听不懂浪峨语的人说载瓦语。跟我和父亲都说浪峨语。

问:您在宣传计生政策时,用什么语言?

答:在载瓦支系聚居的地方用载瓦语,到汉族的地方就用汉语。在民族聚居区用民族语宣传比用汉语效果好,因为有些少数民族听不懂汉语。特别是从缅甸嫁过来的那些人一般听不懂汉语,又不认识汉字。跟本民族的人讲汉语总觉得别扭,会觉得双方的距离拉得比较远。

问:缅甸嫁过来的媳妇多不多?

答:大概是从 2005、2006 年才多起来的。主要是这里的很多女孩子都嫁到内地去了,男孩子找不到对象,就从缅甸找。这几年很多缅甸女孩子到我们这里来找活做,比如砍甘蔗、栽秧,包吃包住,一天还给 30 元。她们在缅甸做活,一天只能赚 5 元。她们跟我们这里的男孩子在劳动中认识、了解、自由恋爱。觉得我们这边生活条件比他们那边好,国家也安定,就愿意嫁过来。

问:缅甸嫁过来的媳妇也遵守我们这边的计划生育政策吧?

答:对,必须遵守。嫁给农业户口的,一对夫妻可以生两个;嫁给城镇户口的,可以生一个。

问:这里的村民有违反计划生育政策的吗?

答:这个寨子没有违反的。有 12 户双女户,但是都没有违反政策。像别的寨子,如果是双女户,有些人就会违反政策超生,要生个男孩才满意。

问:您到景颇族地区工作,一般怎么做宣传工作?

答:我一般会跟他们聊天,在聊天中培养感情,然后再谈这些计划生育政策。跟他们讲民族语是一个重要的有利因素,能拉近跟村民的感情,村民更容易接受。语言是一种感情的纽带,感情上认同了,工作起来就比较顺了。

问:您接触过的那些缅甸媳妇,她们的语言使用情况怎样?

答:她们嫁过来之前有些会载瓦语,有些不会,在缅甸时主要说景颇语。嫁过来后都学会载瓦语了,跟大家都说载瓦语。还有一些学会了一点汉语,日常交际用语会说一点。

问:拱母载瓦人语言上存在哪些问题?

答：本民族的语言传承不存在什么问题，都会说。要说问题，就是汉语了。30 岁以上的汉语通话有点困难，30 岁以下的都还可以。

问：您小时候读书老师用什么语言？

答：我们那时候是双语教学，有本民族老师，五年级以下用双语教学，五年级以上以汉语为主。我们那时候上课没有什么语言障碍，因为老师会讲民族语和汉语。

问：现在的学校教学情况怎样？

答：现在的村小是明德小学，是台湾人投资兴建的。学校有 5 个载瓦支系老师，还有汉族、傣族老师，总共有 12 名教师。低年级，包括学前班都由载瓦老师教，到高年级就由汉族、傣族老师教。低年级是双语教学，会在汉语中夹杂一些民族语，只是没有民族文字课本。

问：明德小学的学生升到初中后还有没有语言障碍？

答：基本没有了。老师讲课都听得懂了。

问：拱母村的文化活动有哪些？

答：拱母村人过汉族的节日和景颇族的节日，像三八妇女节、春节、国庆节，还有景颇族的目瑙纵歌节。去年过目瑙纵歌节，大家在弯丹村集市上一起跳舞、唱歌。几乎整个弯丹村的人都去了，拱母村也去了很多人，总共有 4000 多人，非常热闹。

问：您觉得拱母村的民风、民俗保持得怎样？

答：拱母村本民族的风俗都保留得很好。民风淳朴，基本没有什么纠纷。比如：弟兄分家也都是几个人商量一下就可以了，不做协议，也不闹纠纷。如果父母在，就听父母的意见，父母怎么说就怎么分，大家很尊重老人。村里没有打架、偷盗的。陋习也改掉了很多，以前有两三个吸毒的，从戒毒所回来后就不吸了。在这个寨子里面，工作还是比较好做的。

问：他们的生活存在什么困难？

答：总体上说来，这个寨子生活条件比较艰苦。交通不方便，这是客观条件。以前的一些旧观念对生产、生活还有一些阻碍。比如种田，他们就按以前传统的方式去种，农作物的管理方式也比较落后。管理要看季节，种迟了或种早了，收成就不好，他们的季节性不强。施肥，施少了、施多了都影响收成。他们也不用人粪、猪粪，只用牛粪。在他们的观念里面，觉得猪粪、人粪脏。

第二节　芒市五岔路乡弯丹村白岩组语言使用个案调查

一、五岔路乡弯丹村白岩组概况

白岩组是弯丹村所辖的 10 个村民小组中景颇族人口比例最大的一个小组。全组共有居民 62 户，245 人，除 1 个汉族外，其余全部是景颇族。景颇族人口中载瓦支系大概占 52%，勒期支系占 36%,其余是浪峨和波拉支系。

白岩组距五岔路乡政府 10 公里,距弯丹村委会不到 1 公里。白岩组东边是石板村民委员会;南边是弯丹村民小组,汉族、景颇族各占一半;西边是弯丹村弄龙村民小组,全是景颇族载瓦支系;北边是张寨,绝大部分是浪峨支系。弄龙与白岩以前是一个组,现在分开了。

白岩的耕地以山地为主,总面积 918.5 亩。经济收入主要靠种植甘蔗、茶叶、核桃、竹子、水稻、玉米等,还有养牛、养猪。年人均收入约 1200 元左右。电视机、手机已经普及,摩托车有40 辆,汽车一辆。水、电、路都通了。1994 年通电,2008 年通水,路很早就通了,但由于土路的路况不好,每年都需要维修。

"普九"之后,白岩组的孩子都能读到初中毕业,读到高中的也比较多,有六七个考上了大学。弯丹明德小学是附近村子中规模最大、师资最强、基础设施最完备的小学。村里孩子都到这里读小学。明德小学的学生中约 70%是景颇族,30%是汉族,德昂族有 3 个。学前班和一年级学生由景颇族老师教,主要用汉语授课,也夹杂一些民族语。二年级开始全部使用汉语授课。刚接触汉语授课的景颇族学生,学习有些吃力,但很快就能适应。

白岩组景颇族各支系的传统文化、民族习俗基本一致,如服饰、饮食习惯、婚丧嫁娶等。如勒期和载瓦的服装在历史上是有区别的,勒期男人穿长衫,载瓦男人穿短衫。现在两个支系的服装几乎没有区别。各支系对外均自称"景颇族",但彼此都知道对方属于哪个支系,主要依据是语言和姓氏。载瓦支系大多姓"排"、"何"、"祁"、"来"、"孙";而浪峨支系姓"孔"、"张"、"雷";波拉支系都是"孔"姓;"永"和"电"是勒期支系的姓氏。白岩组的景颇族大多与本地其他寨子的景颇族通婚,不考虑支系因素。白岩组的景颇族家庭多数由不同支系构成,家庭内部语言使用情况复杂。

二、五岔路乡弯丹村白岩组语言使用现状

为了解五岔路乡弯丹村白岩组的语言使用现状,我们对全组 62 户共 245 人进行了穷尽式的入户调查。在这 245 人中,除 1 人为汉族外,其余均为景颇族。其中,载瓦支系 128 人,占总人口的52.2%;勒期支系 89 人,占总人口的 36.3%;浪峨支系 24 人,占总人口的 9.8%;波拉支系 2 人,占总人口的 0.8%;景颇支系 1 人,占总人口的 0.4%。除去语言能力还不成熟的 6 岁以下儿童 19人外,共调查统计了 226 人的语言使用现状。以下是对这 226 人的语言使用现状的统计、分析。

(一)母语使用现状

1. 载瓦支系的母语使用现状

载瓦支系是白岩组的主要支系之一。全组 6 岁以上语言能力正常的载瓦支系有 116 人。除 2 人的第一语言转为勒期语外,均以载瓦语为第一语言,且 100%熟练。第一语言转用为勒期语的这 2 人,载瓦语仍是"熟练"程度。具体统计数据见表 1。

表 1

年龄段 （岁）	调查 人数	熟练		略懂		不懂	
		人数	百分比（%）	人数	百分比（%）	人数	百分比（%）
6—19	23	23	100	0	0	0	0
20—39	52	52	100	0	0	0	0
40—59	27	27	100	0	0	0	0
60 及以上	14	14	100	0	0	0	0
合计	116	116	100	0	0	0	0

上表统计数据表明，载瓦支系无论年龄大小，均能熟练使用载瓦语。4 个不同年龄段的载瓦人，其母语水平没有出现代际差异。由此可见该地载瓦语的传承没有出现断层迹象。

第一语言转为勒期语的 2 人，她们的语言使用情况见表 2。

表 2

编号	家庭关系	姓名	民族（支系）	年龄	文化程度	第一语言及水平	第二语言及水平	其他语言及水平	景颇文、载瓦文掌握情况
23	长女	排南漠	景颇（载瓦）	7	小二在读	勒期语，熟练	载瓦语，熟练	汉语，熟练	
54	次女	排南锐	景颇（载瓦）	24	大专在读	勒期语，熟练	载瓦语，熟练	汉语，熟练；浪峨语，略懂	载瓦文

排南漠的父亲是载瓦支系，但是因为其母亲和妻子都是勒期支系，已完全转用勒期语，无论与家庭内部成员还是与村寨中的其他村民交谈，使用的都是勒期语。即使是碰到载瓦支系的人也不说载瓦语，而说勒期语。排南漠成长在一个勒期语的家庭环境中，因此第一语言已转为勒期语。

排南锐的父亲排早同是载瓦支系，母亲永毕木是勒期支系。家庭用语为勒期语，所以排南锐的第一语言也是勒期语。但他们家所有人的载瓦语水平都达到了熟练程度，在村寨中遇到不会说勒期语的，他们还是会说载瓦语。

2. 勒期支系的母语使用现状

勒期支系是白岩组一个较大的支系。全组 6 岁以上具有正常语言能力的勒期支系有 82 人。有 15 人的第一语言已转为载瓦语，其余均以勒期语为第一语言，且 100% 熟练。第一语言转用的这 15 人，勒期语都是"熟练"程度。具体统计数据见表 3。

表 3

年龄段 （岁）	调查 人数	熟练		略懂		不懂	
		人数	百分比（%）	人数	百分比（%）	人数	百分比（%）
6—19	25	25	100	0	0	0	0
20—39	32	32	100	0	0	0	0

40—59	21	21	100	0	0	0	0
60 及以上	4	4	100	0	0	0	0
合计	82	82	100	0	0	0	0

上表统计数据表明,勒期支系无论年龄大小,均能熟练使用自已的母语勒期语。4 个不同年龄段的勒期人,其母语水平没有出现代际差异,由此可见该地勒期支系的母语传承没有出现断层迹象。

第一语言已转成载瓦语的这 15 人的语言使用情况见下表 4。

表 4

编号	家庭关系	姓名	民族(支系)	年龄	文化程度	第一语言及水平	第二语言及水平	其他语言及水平	文字
2	次子	排早诺	景颇(勒期)	20	初中	载瓦语,熟练	勒期语,熟练	浪峨语,略懂;汉语,熟练	
8	长女	永木成	景颇(勒期)	11	小三在读	载瓦语,熟练	勒期语,熟练	汉语,熟练	
8	长子	永汤崩	景颇(勒期)	6	学前	载瓦语,熟练	勒期语,熟练	汉语,略懂	
13	长女	永科南	景颇(勒期)	9	小二在读	载瓦语,熟练	勒期语,熟练	汉语,熟练	
18	长女	永英南	景颇(勒期)	10	小二在读	载瓦语,熟练	勒期语,熟练	浪峨语,略懂;汉语,熟练	
42	长子	永勒吨	景颇(勒期)	44	小学	载瓦语,熟练	勒期语,熟练	浪峨语,熟练;汉语,熟练	载瓦文
46	长子	永科崩	景颇(勒期)	18	小学	载瓦语,熟练	勒期语,熟练	汉语,熟练	
47	五女	永木累	景颇(勒期)	17	小学	载瓦语,熟练	勒期语,熟练	浪峨语,略懂;汉语,熟练	
50	长女	永木南	景颇(勒期)	30	初中	载瓦语,熟练	勒期语,熟练	汉语,熟练;浪峨语,略懂	载瓦文
50	次子	永勒英	景颇(勒期)	26	小学	载瓦语,熟练	勒期语,熟练	汉语,熟练;浪峨语,略懂	载瓦文
50	三子	永勒约	景颇(勒期)	24	小学	载瓦语,熟练	勒期语,熟练	汉语,熟练;浪峨语,略懂	载瓦文
50	次子媳	祁木果	景颇(载瓦)	21	小学	载瓦语,熟练	浪峨语,熟练	勒期语,略懂;汉语,熟练	
51	长子	永拽砍	景颇(勒期)	24	小学	载瓦语,熟练	勒期语,熟练	汉语,熟练;浪峨语,略懂	载瓦文
53	长子	永丁崩	景颇(勒期)	20	初中	载瓦语,熟练	勒期语,熟练	浪峨语,熟练;汉语,熟练	载瓦文
53	四女	永丁累	景颇(勒期)	23	初中	载瓦语,熟练	勒期语,熟练	浪峨语,熟练;汉语,熟练	载瓦文

第一语言转用的勒期支系存在以下两个共性:

(1) 从年龄来看,多在 30 岁以下。除永勒吨是 44 岁外,其余 14 人的年龄都在 30 岁以下。

（2）从家庭成员的支系归属来看，一般是父亲为勒期支系，母亲为载瓦支系。上述 15 人中，除排早诺的父亲排勒盏是载瓦支系，母亲永木苗是勒期支系外，其余 14 人的都是载瓦支系，父亲都是勒期支系。说明这 14 人在语言习得的最初阶段，受母亲语言的影响较大。

3. 浪峨支系的母语使用现状

浪峨支系是白岩组一个较小的支系。全组 6 岁以上具有正常语言能力的浪峨支系有 24 人。4 人的第一语言转为别的语言。其中，1 人转为汉语，1 人转为载瓦语，2 人转为勒期语。其余均以浪峨语为第一语言。这 24 名浪峨支系母语使用情况的统计数据见表 5。

表 5

年龄段（岁）	调查人数	熟练		略懂		不懂	
		人数	百分比（%）	人数	百分比（%）	人数	百分比（%）
6—19	4	1	25	1	25	2	50
20—39	5	5	100	0	0	0	0
40—59	10	10	100	0	0	0	0
60 及以上	5	5	100	0	0	0	0
合计	24	21	87.5	1	4.2	2	8.3

上表显示，浪峨支系能熟练使用浪峨语的有 21 人，占 87.5%；"略懂"的有 1 人，占 4.2%；"不懂"的有 2 人，占 8.3%。这说明浪峨语仍在浪峨支系中广泛使用。但是值得注意的是，6—19 岁的 4 名青少年中，能熟练使用浪峨语的仅有 1 人，还有 1 人为"略懂"，有 2 人不懂自己的母语，占这一年龄段总人口的 50%。这说明浪峨语的传承出现了断层。可以预见，浪峨语在今后的几十年中很可能会从白岩组消失。

第一语言已转用的 4 名浪峨支系的语言使用情况见表 6。

表 6

编号	家庭关系	姓名	民族（支系）	年龄	文化程度	第一语言及水平	第二语言及水平	其他语言及水平	文字
4	妻子	全木南	景颇（浪峨）	38	初中	载瓦语，熟练	浪峨语，熟练	勒期语、波拉语，略懂；汉语，熟练	载瓦文
19	长子	孔志况	景颇（浪峨）	12	小五在读	勒期语，熟练	载瓦语，熟练	浪峨语，略懂；汉语，熟练	
19	次子	孔坤	景颇（浪峨）	6	学前	勒期语，熟练	载瓦语，熟练	汉语，熟练	
20	长女	李远美	景颇（浪峨）	10	小三在读	汉语，熟练	载瓦语，略懂	勒期语，略懂	

全木南是从西山嫁过来的。她的母亲是载瓦支系，在语言习得的最初阶段，她受母亲语言的影响较大，以载瓦语为第一语言。

孔志况和孔坤两兄弟，他们的父亲孔志恩是浪峨支系，亲生母亲是勒期支系。父母亲于前年离婚。孔志恩在家里与家人都说勒期语，出去了则遇到什么人就说什么话。孔志况和孔坤从小生活在一个以勒期语为家庭交际用语的环境中,所以勒期语成了他们的第一语言。

李远美的母亲叫孔志诺,浪峨支系;父亲是四川的汉族,户口还在四川。李远美在芒市出生、长大,他们一家人现在都在芒市生活。所以,李远美的第一语言已转为汉语。

4. 波拉支系的母语使用现状

白岩组有2名波拉支系,都能熟练使用自己的母语。一个叫孔木咱,90岁,文盲;一个叫孔志木,18岁,小学文化程度,二人都是勐广中寨人。中寨是一个波拉、浪峨、载瓦、汉族杂居的寨子。现在,孔木咱一直坚持说自己的母语波拉语,家里人能听懂她的语言,但是只用载瓦语回答她。她与家人都是各说一种语言,但是交流没有任何障碍。孔志木因家人都不懂波拉语,她的日常交际用语基本以载瓦语为主。表7是这两人家庭语言使用情况统计表。

表 7

编号	家庭关系	姓名	民族(支系)	年龄	文化程度	第一语言及水平	第二语言及水平	其他语言及水平	文字
37	户主	祁　壮	景颇(载瓦)	71	小学	载瓦语,熟练	勒期语,熟练	汉语,熟练;浪峨语,略懂	
	妻子	永木龙	景颇(载瓦)	60	初中	载瓦语,熟练	勒期语,略懂	汉语,熟练;浪峨语,略懂	
	次子	祁弄兰	景颇(载瓦)	35	初中	载瓦语,熟练	勒期语,熟练	汉语,熟练;浪峨语,略懂	载瓦文
	三子	祁腊便	景颇(载瓦)	32	小学	载瓦语,熟练	勒期语,熟练	汉语,熟练;浪峨语,略懂	载瓦文
	三子媳	孔志木	景颇(波拉)	18	小学	波拉语,熟练	载瓦语,熟练	浪峨语、汉语,熟练;勒期语,略懂	
	四子	祁勒龙	景颇(载瓦)	24	初中	载瓦语,熟练	勒期语,熟练	汉语,熟练;浪峨语,略懂	载瓦文
3	户主	石况栽	景颇(浪峨)	54	初中	浪峨语,熟练	载瓦语,熟练	波拉语、勒期语、汉语,熟练	
	母亲	孔木咱	景颇(波拉)	90	文盲	波拉语,熟练	浪峨语,熟练	载瓦语,熟练;勒期语、汉语,略懂	
	长子	祁跑文	景颇(载瓦)	32	小学	载瓦语,熟练	勒期语,熟练	浪峨语、波拉语、汉语,熟练	
	长子媳	何木丁	景颇(载瓦)	31	初中	载瓦语,熟练	勒期语,略懂	浪峨语,熟练;波拉语、汉语,熟练	
	长孙女	祁木半	景颇(载瓦)	9	小二在读	载瓦语,熟练	勒期语,略懂	浪峨语,熟练;波拉语,略懂;汉语,熟练	
	长孙子	祁勒先	景颇(载瓦)	3					

5. 景颇支系的母语使用现状

白岩组的景颇支系有 1 人。她叫李宽东,25 岁,文盲,是去年才从缅甸嫁给孔志恩的。景颇语是她的第一语言,也是她在缅甸生活时使用最多的语言,此外,她还能熟练使用缅语。嫁到白岩后,因家人都不懂景颇语和缅语,她慢慢学习使用勒期语,现在跟家里人都能用勒期语交谈。景颇语是她与婆婆排木比之间的交际用语。排木比是几十年前从缅甸嫁过来的,是载瓦支系,在缅甸时就会景颇语。现在她只跟儿媳妇李宽东说景颇语,跟家里其他成员都说勒期语。

6. 汉族的母语使用现状

白岩组只有 1 个汉族,她叫唐焕,48 岁,小学文化程度,从勐广汉寨嫁过来。由于这个寨子是汉族聚居的村寨,汉语是她的第一语言。嫁到白岩后,因家人和村里人一般都会汉语,所以她的日常交际用语仍以汉语为主。

(二) 兼用语使用现状

1. 载瓦支系兼用语使用现状

(1) 载瓦支系兼用汉语的现状

载瓦支系在兼用汉语方面存在以下特点:

1) 载瓦支系全民不同程度地兼用汉语。穷尽式的调查显示,116 名载瓦支系中有 103 人能够熟练兼用汉语,占 88.8%;汉语水平为"略懂"的有 13 人,占 11.2%。没有不懂汉语的人。

2) 熟练兼用汉语的比例存在代际差异。从不同年龄段的汉语使用情况来看,60 岁及以上能够熟练兼用汉语的比例最低,只有 6 人,占这一年龄段总人口的 42.9%;其次是 6—19 岁年龄段的,有 20 人,占这一年龄段总人口的 87%;再次是 40—59 岁年龄段的,有 26 人,占这一年龄段总人口的 96.3%;最高的是 20—39 岁年龄段的,有 51 人能熟练兼用汉语,占这一年龄段总人口的 98%。

载瓦支系不同年龄段熟练兼用汉语的情况如下:20—39 岁>40—59 岁>6—19 岁>60 岁及以上。具体统计数据见表 8。

表 8

年龄段 (岁)	调查 人数	熟练		略懂		不懂	
		人数	百分比(%)	人数	百分比(%)	人数	百分比(%)
6—19	23	20	87	3	13	0	0
20—39	52	51	98	1	2	0	0
40—59	27	26	96.3	1	3.7	0	0
60 及以上	14	6	42.9	8	57.1	0	0
合计	116	103	88.8	13	11.2	0	0

3) 兼用汉语的水平存在文化程度的差异。文化程度与兼用汉语的水平有密切的关系。文化程度越高,兼用汉语的水平越高。水平最高的是高中及以上文化程度者,100% 熟练使用

汉语。最低的是没有受过学校教育的文盲,只有 33.3％的人能熟练兼用汉语。小学和初中文化程度熟练兼用汉语的比例分别是 94.1％和 91.7％。具体统计数据见表 9。

表 9

文化程度	人数	汉语熟练		汉语略懂		汉语不懂	
		人数	百分比(%)	人数	百分比(%)	人数	百分比(%)
文盲	9	3	33.3	6	66.7	0	0
小学	68	64	94.1	4	5.9	0	0
初中	36	33	91.7	3	8.3	0	0
高中及以上	3	3	100	0	0	0	0
合计	116	103	88.8	13	11.2	0	0

(2) 载瓦支系兼用其他语言的现状

由于白岩组是一个载瓦、勒期、浪峨、波拉、景颇各支系杂居的村寨,周边村寨也都有一定数量的分布,所以这里的载瓦人除了兼用汉语之外,还有一部分载瓦人能够兼用其他语言。他们兼用其他语言具有以下两个特点:

1) 兼用比例最高的语言是勒期语,其次是浪峨语,最少的是景颇语和缅语。这一数据与该组不同支系人口的比例一致。勒期支系是该组的第二大支系,浪峨是第三大支系。具体统计数据见表 10。

表 10

掌握程度	浪峨语		勒期语		波拉语		景颇语		缅语	
	人数	百分比(%)	人数	百分比(%)	人数	百分比(%)	人数	百分比(%)	人数	百分比(%)
熟练	15	12.9	92	79.3	0	0	1	0.9	1	0.9
略懂	79	68.1	22	19	5	4.3	0	0	0	0
不懂	22	19	2	1.7	111	95.7	115	99.1	115	99.1

2) 各年龄段兼用同一种语言的比例相差不大。如:勒期语,6—19 岁、20—39 岁、40—59 岁和 60 岁及以上四个年龄段兼用的比例分别为 95.7％、98.1％、100％、100％,相差不大。再如波拉语,这四个年龄段兼用的比例分别为 4.3％、5.8％、3.7％、0％,也是相差无几。

2. 勒期支系兼用语使用现状

(1) 勒期支系兼用汉语的现状

勒期支系在兼用汉语方面存在以下特点:

1) 勒期支系全民不同程度地兼用汉语。穷尽式的调查显示,82 名勒期支系中有 79 人能够熟练兼用汉语,占 96.3％;汉语水平为"略懂"的有 3 人,占 3.7％。没有人不懂汉语。

2) 熟练兼用汉语的比例存在代际差异。从不同年龄段的汉语使用情况来看,60 岁及以上能够熟练兼用汉语的比例最低,只有 2 人能熟练使用汉语,占这一年龄段的 50％;其次是 6—19 岁年龄段的,有 24 人能熟练使用汉语,占这一年龄段总人口的 96％,比例最高的是 40—59 岁和 20—39 岁年龄段的,都是 100％熟练使用汉语。具体统计数据见表 11。

表 11

年龄段（岁）	调查人数	熟练		略懂		不懂	
		人数	百分比（%）	人数	百分比（%）	人数	百分比（%）
6—19	25	24	96	1	4	0	0
20—39	32	32	100	0	0	0	0
40—59	21	21	100	0	0	0	0
60 及以上	4	2	50	2	50	0	0
合计	82	79	96.3	3	3.7	0	0

3）兼用汉语的水平存在文化程度的差异。兼用汉语水平最高的是初中、高中及以上文化程度者，都是 100％熟练；其次是小学文化程度，有 98.1％能熟练兼用汉语。而文盲能熟练兼用汉语的比例只有 66.7％。具体统计数据见表 12。

表 12

文化程度	人数	汉语熟练		汉语略懂		汉语不懂	
		人数	百分比（%）	人数	百分比（%）	人数	百分比（%）
文盲	6	4	66.7	2	33.3	0	0
小学	52	51	98.1	1	1.9	0	0
初中	22	22	100	0	0	0	0
高中及以上	2	2	100	0	0	0	0
合计	82	79	96.3	3	3.7	0	0

（2）勒期支系兼用其他语言的现状

除兼用汉语外，勒期支系还有部分人能兼用浪峨语和载瓦语。具体统计数据见表 13。

表 13

掌握程度	浪峨语		载瓦语	
	人数	百分比（%）	人数	百分比（%）
熟练	26	31.7	82	100
略懂	46	56.1	0	0
不会	10	12.2	0	0

上表数据显示，勒期支系 100％能够熟练兼用载瓦语，"熟练"和"略懂"浪峨语的比例为 87.8％。这一现状与白岩组载瓦支系和浪峨支系的人口比例有关。白岩组的载瓦支系占总人口的 52.2％，浪峨支系占 9.8％。而且，勒期支系多数与载瓦支系通婚，有少数几户与浪峨支系通婚，还有一户与汉族通婚，没有与波拉支系和景颇支系通婚的。因此，无论是村寨里的语言大环境，还是家庭内部的语言小环境，除了勒期语外，都只有载瓦语、浪峨语、汉语这三种语言。

3. 浪峨支系兼用语使用现状

（1）浪峨支系兼用汉语的现状

浪峨支系在兼用汉语方面存在以下特点：

1）95％以上能够不同程度地兼用汉语。穷尽式的调查显示，24 名浪峨支系中有 23 人能够兼用汉语,占 95.8%;只有 1 人不会汉语,占 4.2%。

2) 除 60 岁以上的老人有 1 人不懂汉语外,其余各年龄段都是 100%熟练兼用汉语。表 14 是浪峨支系兼用汉语的统计数据。

表 14

年龄段（岁）	调查人数	熟练		略懂		不懂	
		人数	百分比（%）	人数	百分比（%）	人数	百分比（%）
6—19	4	4	100	0	0	0	0
20—39	5	5	100	0	0	0	0
40—59	10	10	100	0	0	0	0
60 及以上	5	4	80	0	0	1	20
合计	24	23	95.8	0	0	1	4.2

3) 兼用汉语的水平存在文化程度的差异。浪峨支系中没有高中及以上文化程度的,小学和初中文化程度熟练使用汉语的比例为 100%,而文盲熟练使用汉语的比例只有 66.7%。具体统计数据见表 15。

表 15

文化程度	人数	汉语熟练		汉语略懂		汉语不懂	
		人数	百分比（%）	人数	百分比（%）	人数	百分比（%）
文盲	3	2	66.7	0	0	1	33.3
小学	18	18	100	0	0	0	0
初中	3	3	100	0	0	0	0
高中及以上	0	0	0	0	0	0	0
合计	24	23	95.8	0	0	1	4.2

4. 波拉支系兼用语使用现状

白岩组的 2 名波拉支系都能熟练兼用载瓦语和浪峨语,并略懂勒期语。兼用汉语情况有所不同,90 岁的孔木咱只是略懂汉语,而 18 岁的孔志木则能熟练使用汉语。这两人的语言使用情况见表 16。

表 16

编号	家庭关系	姓名	民族（支系）	年龄	文化程度	第一语言及水平	第二语言及水平	其他语言及水平	文字
3	母亲	孔木咱	景颇（波拉）	90	文盲	波拉语,熟练	浪峨语,熟练	载瓦语,熟练;勒期语,略懂;汉语,略懂	
37	三子媳	孔志木	景颇（波拉）	18	小学	波拉语,熟练	载瓦语,熟练	浪峨语,熟练;汉语,熟练;勒期语,略懂	

孔木咱是勐广中寨人,这是一个波拉、浪峨、载瓦、汉族杂居的寨子,她的丈夫是浪峨支系。

因此她能熟练兼用浪峨语、载瓦语,而汉语和勒期语只是略懂。但她仍坚持说自己的母语波拉语,只是与不懂波拉语的人交谈时才使用别的语言。

孔志木也是勐广中寨人,她的丈夫是载瓦支系。家庭成员都不懂波拉语,所以她现已基本转用载瓦语。

5. 景颇支系兼用语使用现状

白岩组的景颇支系只有李宽东1人,她的语言使用情况在前面"母语使用现状"中已有描述。现将她的语言使用情况统计表列出(见表17)。

表 17

编号	家庭关系	姓名	民族(支系)	年龄	文化程度	第一语言及水平	第二语言及水平	其他语言及水平	文字
19	妻子	李宽东	景颇(景颇)	25	文盲	景颇语,熟练	缅语,熟练	勒期语、载瓦语,略懂	景颇文

6. 汉族兼用语使用现状

唐焕是白岩组唯一的汉族,她的基本情况在"母语使用现状"中已有介绍。现将她的语言使用情况统计表列出,以便直观地了解她的兼用语使用情况(见表18)。

表 18

编号	家庭关系	姓名	民族(支系)	年龄	文化程度	第一语言及水平	第二语言及水平	其他语言及水平	文字
55	妻子	唐焕	汉	48	小学	汉语,熟练	浪峨语,熟练	勒期语、载瓦语,略懂	

上表显示,唐焕能够熟练兼用浪峨语,并略懂勒期语、载瓦语。她是勐广汉寨人。在勐广汉寨,浪峨支系的人口数量仅次于汉族。汉族居民在与浪峨人的交往过程中,逐渐学会了浪峨语。据调查,汉族中有39.2%能够熟练使用浪峨语,22.9%略懂浪峨语。唐焕的浪峨语就是在出嫁前学会的。嫁到白岩组之后,由于该地载瓦语和勒期语是强势语言,她也学会了一点勒期语和载瓦语。但在日常生活中,因家人和村里人基本都懂汉语,所以她很少使用这些兼用语,仍以自己的母语为主。

(三)白岩组语言使用现状小结

根据对不同民族、不同支系的调查分析,我们认为白岩组村民的语言使用情况存在以下四个特点:

(1)各民族、各支系大多以自己的母语为第一语言,且多数能够熟练掌握。其中,载瓦、勒期、波拉、景颇等支系及汉族熟练掌握母语的比例达到100%。只有浪峨支系熟练掌握母语的比例为87.5%。这说明,白岩组村民母语保留完好,在他们的日常交际中发挥着重要的作用。

(2)少数人的第一语言出现了转用,以母语之外的语言为第一语言。其中,第一语言转用比例最高的是勒期支系。共有 15 人出现了转用,占勒期支系统计人口的 18.3%。浪峨支系有 4 人转用,占浪峨支系统计人口的 16.7%;载瓦支系有 2 人转用,占载瓦支系统计人口的 1.7%。从转用的语言来看,勒期支系的 15 人均转为载瓦语,载瓦支系的 2 人均转为勒期语,浪峨支系有 1 人转为汉语,1 人转为载瓦语,2 人转为勒期语。

(3) 使用人口最多的语言是载瓦语,全民使用;其次是汉语和勒期语,不懂的分别是 2 人和 4 人。使用人口最少的语言是缅语,只有 1 人使用。各种语言按使用人口的多少排列顺序如下:载瓦语>汉语>勒期语>浪峨语>波拉语>景颇语>缅语。具体统计数据见表 19。

表 19

语言	熟练		略懂		不懂	
	人数	百分比(%)	人数	百分比(%)	人数	百分比(%)
汉语	207	91.6	17	7.5	2	0.9
载瓦语	223	98.7	3	1.3	0	0
勒期语	189	83.6	33	14.6	4	1.8
浪峨语	65	28.8	127	56.2	34	15
波拉语	3	1.3	6	2.7	217	96
景颇语	2	0.9	0	0	224	99.1
缅语	1	0.4	0	0	225	99.6

汉语是白岩组村民在村寨外活动时的主要交际工具。在村寨内部,载瓦语是强势语言,勒期语是亚强势语言,而波拉语、景颇语、缅语是弱势语言。

(4) 文化程度的差异是造成兼用汉语的比例和水平差异的重要因素

根据对全组 226 人汉语掌握情况的统计分析,可以明显地看到文化程度与汉语掌握情况之间的密切联系。表 20 是不同文化程度的汉语掌握情况。

表 20

文化程度	人数	汉语熟练		汉语略懂		汉语不懂	
		人数	百分比(%)	人数	百分比(%)	人数	百分比(%)
文盲	20	9	45	9	45	2	10
小学	140	135	96.4	5	3.6	0	0
初中	61	58	95.1	3	4.9	0	0
高中及以上	5	5	100	0	0	0	0
合计	226	207	91.6	17	7.5	2	0.9

上表显示,小学、初中、高中及以上文化程度的,能熟练兼用汉语的比例都达 95% 以上,不懂汉语的为 0;而文盲熟练掌握汉语的比例只有 45%,有 10% 不懂汉语。

（四）载瓦文使用现状

白岩组有部分村民掌握载瓦文。他们学会载瓦文的途径主要有三个：一是以前学校开展双语双文教学，在学校里学会的。20 世纪 90 年代以前，载瓦人聚居区的小学一般都开设有双语双文教学，每周上 1—2 节载瓦文课。那一时期上学的载瓦人，都懂一点载瓦文。如永勒科（34 岁，勒期支系）就是在学校学会的。二是在村中的夜校里学会。白岩组有一位叫排勒盏的教师，懂载瓦文，因村民学习的积极性很高，就在寨子里自发开办夜校，教村民载瓦文。如孔志诺（42 岁，浪峨支系）就是在排勒盏开办的夜校中学会了载瓦文。三是向会载瓦文的亲友学习。如排早翁（32 岁，载瓦支系）的母亲是小学教师，曾教过载瓦文，他向母亲学会了载瓦文。表 21 是白岩组载瓦文掌握情况的统计数据。

表 21

年龄段（岁）	调查人数	景颇（载瓦）		调查人数	景颇（勒期）		调查人数	景颇（浪峨）	
		人数	百分比（%）		人数	百分比（%）		人数	百分比（%）
6—19	23	2	8.7	25	0	0	4	0	0
20—39	52	32	61.5	32	21	65.6	5	4	80
40—59	27	19	70.4	21	14	66.7	10	5	50
60 及以上	14	1	7.1	4	0	0	5	0	0
合计	116	54	46.6	82	35	42.7	24	9	37.5

上表统计数据显示，白岩组村民掌握载瓦文的情况有以下特点：

1. 全组有一半村民会载瓦文。会载瓦文的只有载瓦、勒期、浪峨这三个人口较多的支系，人口少的波拉、景颇支系以及汉族不会载瓦文。其中，载瓦支系有 54 人，勒期支系有 35 人，浪峨支系有 9 人，全组共有 113 人会载瓦文，占全组统计人口的 50%。

2. 从人数和比例来看，载瓦支系掌握载瓦文的比例最高，共 54 人会载瓦文，占载瓦支系统计人口的 46.6%；其次是勒期支系，有 35 人会载瓦文，占勒期支系统计人口的 42.7%；浪峨支系只有 9 人会载瓦文，占浪峨支系统计人口的 37.5%。

3. 掌握载瓦文的情况存在明显的代际差异。载瓦、勒期、浪峨三个支系掌握载瓦文比例最高的都是 20—39 岁和 40—59 岁年龄段的人。6—19 岁青少年中，除载瓦支系有 2 人会载瓦文外，勒期、浪峨支系都没有人会。60 岁及以上的老人中，载瓦支系有 1 人会载瓦文，勒期、浪峨支系没有人会。这说明，载瓦文的教学情况不容乐观，存在文字传承断代的危机。

三、五岔路乡弯丹村白岩组语言使用情况总表

编号	家庭关系	姓名	民族（支系）	年龄	文化程度	第一语言及水平	第二语言及水平	其他语言及水平	文字
1	户主	祁勒干	景颇（载瓦）	52	小学	载瓦语，熟练	勒期语，熟练	汉语，熟练	载瓦文
	妻子	永木栽	景颇（勒期）	49	小学	勒期语，熟练	载瓦语，熟练	汉语，熟练	
	叔叔	祁当忙	景颇（载瓦）	69	文盲	载瓦语，熟练	勒期语，熟练	汉语，略懂	
	长子	祁哥头	景颇（载瓦）	29	初中	载瓦语，熟练	勒期语，熟练	汉语，熟练	
	长子媳	孔则木	景颇（浪峨）	22	小学	浪峨语，熟练	载瓦语，熟练	勒期语，略懂；汉语，熟练	
	三子	祁勒腊	景颇（载瓦）	25	初中	载瓦语，熟练	勒期语，熟练	汉语，熟练	载瓦文
	三长孙女	祁运双	景颇（载瓦）	2					
2	户主	排勒盏	景颇（载瓦）	43	初中	载瓦语，熟练	勒期语，熟练	浪峨语，略懂；汉语，熟练	载瓦文
	妻子	永木苗	景颇（勒期）	46	小学	勒期语，熟练	载瓦语，熟练	浪峨语，略懂；汉语，熟练	载瓦文
	长子	排早翁	景颇（载瓦）	22	初中	载瓦语，熟练	勒期语，熟练	浪峨语，略懂；汉语，熟练	
	长子媳	永丁文	景颇（勒期）	24	初中	勒期语，熟练	载瓦语，熟练	浪峨语，略懂；汉语，熟练	
	长孙女	排南深	景颇（载瓦）	3					
	次子	排早诺	景颇（勒期）	20	初中	载瓦语，熟练	勒期语，熟练	浪峨语，略懂；汉语，熟练	
3	户主	石况栽	景颇（浪峨）	54	初中	浪峨语，熟练	载瓦语，熟练	波拉语、勒期语、汉语，熟练	
	母亲	孔木咱	景颇（波拉）	90	文盲	波拉语，熟练	浪峨语，熟练	载瓦语，熟练；勒期语、汉语，略懂	
	长子	祁跑文	景颇（载瓦）	32	小学	载瓦语，熟练	勒期语，熟练	浪峨语，熟练；波拉语，略懂；汉语，熟练	
	长子媳	何木丁	景颇（载瓦）	31	初中	载瓦语，熟练	勒期语，略懂	浪峨语、波拉语，略懂；汉语，熟练	
	长孙女	祁木半	景颇（载瓦）	9	小二在读	载瓦语，熟练	勒期语，略懂	浪峨语、波拉语，略懂；汉语，熟练	
	长孙子	祁勒先	景颇（载瓦）	3					

4	户主	杨勒门	景颇（载瓦）	35	初中	载瓦语,熟练	勒期语,熟练	浪峨语,熟练；波拉语,略懂；汉语,熟练	载瓦文
	妻子	全木南	景颇（浪峨）	38	初中	载瓦语,熟练	浪峨语,熟练	勒期语、波拉,略懂；汉语,熟练	载瓦文
	长女	杨　静	景颇（载瓦）	12	小五在读	载瓦语,熟练	勒期语,熟练	汉语,熟练；浪峨语,略懂	
	次女	杨速青	景颇（载瓦）	6	小一在读	载瓦语,熟练	汉语,略懂		
5	户主	杨勒弄	景颇（载瓦）	33	小学	载瓦语,熟练	勒期语,熟练	汉语,熟练	载瓦文
	妻子	李咪娃	景颇（载瓦）	31	初中	载瓦语,熟练	勒期语,略懂	汉语,熟练	载瓦文
	长女	杨　涛	景颇（载瓦）	9	小二在读	载瓦语,熟练	勒期语,略懂	汉语,熟练	
	长子	杨宏福	景颇（载瓦）	3					
6	户主	祁约弄	景颇（载瓦）	40	小学	载瓦语,熟练	勒期语,熟练	浪峨语,熟练；波拉语,略懂；汉语,熟练	
	妻子	永木南	景颇（勒期）	34	小学	勒期语,熟练	载瓦语,熟练	浪峨语,略懂；汉语,熟练	
	长女	祁木努	景颇（载瓦）	9	小三在读	载瓦语,熟练	勒期语,熟练	汉语,熟练	
	次女	祁木刀	景颇（载瓦）	6	学前	载瓦语,熟练	勒期语,略懂	汉语,略懂	
7	户主	祁勒崩	景颇（载瓦）	37	文盲	载瓦语,熟练	勒期语,熟练	汉语,熟练	载瓦文
	妻子	李木金	景颇（载瓦）	31	小学	载瓦语,熟练	勒期语,熟练	汉语,熟练	
	长子	祁勒文	景颇（载瓦）	10	小二在读	载瓦语,熟练	勒期语,熟练	汉语,熟练	
8	户主	永勒九	景颇（勒期）	38	小学	勒期语,熟练	载瓦语,熟练	汉语,熟练	载瓦文
	妻子	刀木南	景颇（载瓦）	36	初中	载瓦语,熟练	勒期语,略懂	汉语,熟练	
	母亲	张啊桃	景颇（浪峨）	70	文盲	浪峨语,熟练	载瓦语,熟练	勒期语,略懂	
	长女	永木成	景颇（勒期）	11	小三在读	载瓦语,熟练	勒期语,熟练	汉语,熟练	
	长子	永汤崩	景颇（勒期）	6	学前	载瓦语,熟练	勒期语,熟练	汉语,略懂	
9	户主	永勒吨	景颇（勒期）	46	小学	勒期语,熟练	载瓦语,熟练	浪峨语,略懂；汉语,熟练	载瓦文
	妻子	保木姐	景颇（浪峨）	45	小学	浪峨语,熟练	载瓦语,熟练	勒期语,略懂；汉语,熟练	载瓦文
	长子	永勒科	景颇（勒期）	23	小学	勒期语,熟练	载瓦语,熟练	浪峨语,略懂；汉语,熟练	
	长子媳	孔恩主	景颇（浪峨）	19	小学	浪峨语,熟练	载瓦语,熟练	汉语,熟练	
	长孙女	永木南	景颇（勒期）	2					
	次子	永勒约	景颇（勒期）	23	小学	勒期语,熟练	载瓦语,熟练	汉语,熟练；浪峨语,略懂	
	三子	永勒定	景颇（勒期）	19	小学	勒期语,熟练	载瓦语,熟练	汉语,熟练；浪峨语,略懂	

10	户主	永勒崩	景颇（勒期）	37	小学	勒期语，熟练	载瓦语，熟练	汉语，熟练	
	妻子	尚道诺	景颇（浪峨）	40	初中	浪峨语，熟练	载瓦语，熟练	勒期语、汉语，熟练	载瓦文
	母亲	孔麻云	景颇（浪峨）	63	小学	浪峨语，熟练	载瓦语，熟练	勒期语，略懂；汉语，熟练	
	长子	永崩江	景颇（勒期）	17	初中	勒期语，熟练	载瓦语，熟练	浪峨语，略懂；汉语，熟练	
	长女	永木南	景颇（勒期）	4					
	外侄	尚红光	景颇（勒期）	22	初中	载瓦语，熟练	勒期语，熟练	浪峨语，略懂；汉语，熟练	
11	户主	张勒卷	景颇（载瓦）	36	小学	载瓦语，熟练	勒期语，熟练	汉语，熟练	载瓦文
	妻子	何木努	景颇（载瓦）	36	小学	载瓦语，熟练	勒期语，熟练	汉语，熟练	载瓦文
	长女	张丽楠	景颇（载瓦）	7	小一在读	载瓦语，熟练	勒期语，熟练	汉语，熟练	
	长子	张　健	景颇（载瓦）	4					
12	户主	张勒维	景颇（载瓦）	34	小学	载瓦语，熟练	勒期语，熟练	浪峨，略懂；汉语，熟练	
	妻子	何木栽	景颇（载瓦）	31	小学	载瓦语，熟练	勒期语，熟练	浪峨语，略懂；汉语，熟练	
	长子	张　文	景颇（载瓦）	13	小学	载瓦语，熟练	勒期语，熟练	浪峨语，略懂；汉语，熟练	
	次子	张弄央	景颇（载瓦）	5					
13	户主	永勒科	景颇（勒期）	34	小学	勒期语，熟练	载瓦语，熟练	浪峨语，略懂；汉语，熟练	载瓦文
	妻子	何木三	景颇（载瓦）	32	小学	载瓦语，熟练	勒期语，熟练	浪峨语，略懂；汉语，熟练	
	长女	永科南	景颇（勒期）	9	小二在读	载瓦语，熟练	勒期语，熟练	汉语，熟练	
	长子	永科崩	景颇（勒期）	4					
14	户主	永勒拽	景颇（勒期）	81	文盲	勒期语，熟练	载瓦语，熟练	浪峨语、汉语，略懂	
	长子	永勒约	景颇（载瓦）	38	初中	勒期语，熟练	载瓦语，熟练	浪峨语，略懂；汉语，熟练	载瓦文
	长子媳	董木东	景颇（载瓦）	33	初中	载瓦语，熟练	勒期语，略懂	浪峨语，略懂；汉语，熟练	
	长孙女	永木南	景颇（勒期）	10	小二在读	勒期语，熟练	载瓦语，熟练	浪峨语，略懂；汉语，熟练	
15	户主	孙勒干	景颇（载瓦）	78	初中	载瓦语，熟练	勒期语，熟练	浪峨语、汉语，略懂	
	次子	孙么批	景颇（载瓦）	39	小学	载瓦语，熟练	勒期语，熟练	浪峨语，略懂；汉语，熟练	
	次子媳	来马包	景颇（载瓦）	37	小学	载瓦语，熟练	勒期语，略懂	浪峨语，略懂；汉语，熟练	
	长孙女	孙木写	景颇（载瓦）	11	小三在读	载瓦语，熟练	勒期语，熟练	浪峨语，略懂；汉语，熟练	
	长孙子	孙勒广	景颇（载瓦）	4					

16	户主	永科崩	景颇（勒期）	40	小学	勒期语，熟练	载瓦语，熟练	浪峨语，略懂；汉语，熟练	载瓦文
	妻子	刀木兰	景颇（载瓦）	36	小学	载瓦语，熟练	勒期语，略懂	浪峨语，略懂；汉语，熟练	
	长子	永勒给	景颇（勒期）	14	小学	勒期语，熟练	载瓦语，熟练	浪峨语，略懂；汉语，熟练	
	长女	永崩南	景颇（勒期）	8	小一在读	勒期语，熟练	载瓦语，熟练	浪峨语，略懂；汉语，熟练	
17	户主	何勒定	景颇（载瓦）	31	小学	载瓦语，熟练	勒期语，熟练	浪峨语，略懂；汉语，熟练	载瓦文
	妻子	穆木南	景颇（载瓦）	25	小学	载瓦语，熟练	勒期语，略懂	浪峨语，略懂；汉语，熟练	
	长女	何金双	景颇（载瓦）	1					
	次女	何银双	景颇（载瓦）	1					
	弟弟	何勒南	景颇（载瓦）	27	小学	载瓦语，熟练	勒期语，熟练	浪峨语，略懂；汉语，熟练	载瓦文
	弟媳	永木南	景颇（勒期）	19	小学	勒期语，熟练	载瓦语，熟练	浪峨语，略懂；汉语，熟练	
18	户主	永科英	景颇（勒期）	39	小学	勒期语，熟练	载瓦语，熟练	浪峨语，略懂；汉语，熟练	载瓦文
	妻子	普木介	景颇（载瓦）	34	小学	载瓦语，熟练	勒期语，熟练	浪峨语，略懂；汉语，熟练	
	长女	永英南	景颇（勒期）	10	小二在读	载瓦语，熟练	勒期语，熟练	浪峨语，略懂；汉语，熟练	
	次女	永英苗	景颇（勒期）	3					
19	户主	孔志恩	景颇（浪峨）	35	小学	浪峨语，熟练	勒期语，熟练	载瓦语、汉语，熟练	载瓦文
	妻子	李宽东	景颇（景颇）	25	文盲	景颇语，熟练	缅语，熟练	勒期语、载瓦语，略懂	景颇文
	长子	孔志况	景颇（浪峨）	12	小五在读	勒期语，熟练	载瓦语，熟练	浪峨语，略懂；汉语，熟练	
	次子	孔坤	景颇（浪峨）	6	学前	勒期语，熟练	载瓦语，熟练	汉语，熟练	
	父亲	孔老大	景颇（浪峨）	67	小学	浪峨语，熟练	勒期语，熟练	载瓦语、汉语，熟练	
	母亲	排木比	景颇（载瓦）	66	文盲	载瓦语，熟练	景颇语，熟练	缅语、勒期语，熟练；汉语，略懂	
20	户主	孔志诺（女）	景颇（浪峨）	42	小学	浪峨语，熟练	勒期语，熟练	载瓦语、汉语，熟练	载瓦文
	长女	李远美	景颇（浪峨）	10	小三在读	汉语，熟练	载瓦语，略懂	勒期语，略懂	

21	户主	祁　弄	景颇（载瓦）	27	初中	载瓦语，熟练	勒期语，熟练	浪峨语，略懂；汉语，熟练	载瓦文
	妻子	永木苗	景颇（勒期）	22	初中	勒期语，熟练	载瓦语，熟练	浪峨语，略懂；汉语，熟练	
	长子	祁勒约	景颇（载瓦）	2					
22	户主	永科约	景颇（勒期）	34	小学	勒期语，熟练	载瓦语，熟练	浪峨语，略懂；汉语，熟练	载瓦文
	妻子	排木扎	景颇（载瓦）	30	初中	载瓦语，熟练	勒期语，熟练	浪峨语，略懂；汉语，熟练	载瓦文
	长子	永正平	景颇（勒期）	1					
23	户主	排早扎	景颇（载瓦）	31	小学	载瓦语，熟练	勒期语，熟练	浪峨语，略懂；汉语，熟练	载瓦文
	妻子	永木本	景颇（勒期）	27	小学	勒期语，熟练	载瓦语，熟练	浪峨语，略懂；汉语，熟练	
	长女	排南漠	景颇（载瓦）	7	小二在读	勒期语，熟练	载瓦语，熟练	汉语，熟练	
24	户主	永勒科	景颇（勒期）	25	小学	勒期语，熟练	载瓦语，熟练	浪峨语，略懂；汉语，熟练	载瓦文
	妻子	排扎帮	景颇（载瓦）	26	小学	载瓦语，熟练	勒期语，熟练	浪峨语，略懂；汉语，熟练	载瓦文
	长子	荣明院	景颇（勒期）	4					
25	户主	张勒朋	景颇（载瓦）	27	小学	载瓦语，熟练	勒期语，熟练	浪峨语、汉语，熟练	载瓦文
	妻子	永木汤	景颇（勒期）	29	小学	勒期语，熟练	载瓦语，熟练	浪峨语、汉语，熟练	
	长子	张干么	景颇（载瓦）	8	小二在读	载瓦语，熟练	勒期语，略懂	浪峨语，略懂；汉语，熟练	
	长女	张木双	景颇（载瓦）	3					
26	户主	排早翁	景颇（载瓦）	32	初中	载瓦语，熟练	勒期语，熟练	汉语，熟练；浪峨语，略懂	载瓦文
	长子	排早迈	景颇（载瓦）	5					
27	户主	祁　都	景颇（载瓦）	51	初中	载瓦语，熟练	勒期语，熟练	浪峨语，略懂；汉语，熟练	载瓦文
	妻子	林木兰	景颇（载瓦）	50	初中	载瓦语，熟练	勒期语，略懂	浪峨语，略懂；汉语，熟练	
28	户主	永勒卷	景颇（勒期）	55	初中	勒期语，熟练	载瓦语，熟练	汉语，熟练	
	妻子	何木介	景颇（载瓦）	55	小学	载瓦语，熟练	勒期语，熟练	汉语，熟练	载瓦文
	次子	永勒英	景颇（勒期）	24	初中	勒期语，熟练	载瓦语，熟练	汉语，熟练	载瓦文

29	户主	祁勒三	景颇（载瓦）	54	初中	载瓦语，熟练	勒期语，熟练	浪峨语、汉语，熟练	载瓦文
	妻子	张孔央	景颇（浪峨）	51	小学	浪峨语，熟练	载瓦语，熟练	勒期语，略懂；汉语，熟练	载瓦文
	长子	祁勒干	景颇（载瓦）	24	初中	载瓦语，熟练	浪峨语，熟练	勒期语、汉语，熟练	载瓦文
	次子	祁勒弄	景颇（载瓦）	19	初中	载瓦语，熟练	浪峨语，熟练	勒期语、汉语，熟练	
30	户主	祁勒当	景颇（载瓦）	44	初中	载瓦语，熟练	勒期语，熟练	浪峨语，略懂；汉语，熟练	载瓦文
	妻子	何木介	景颇（载瓦）	40	小学	载瓦语，熟练	勒期语，略懂	浪峨语，略懂；汉语，熟练	载瓦文
	长子	祁干约	景颇（载瓦）	18	小学	载瓦语，熟练	勒期语，熟练	浪峨语，略懂；汉语，熟练	
	次子	祁弄定	景颇（载瓦）	16	初中	载瓦语，熟练	勒期语，熟练	浪峨语、汉语，略懂	
31	户主	来马用	景颇（载瓦）	40	小学	载瓦语，熟练	勒期语，熟练	汉语，熟练；浪峨语，略懂	载瓦文
	妻子	刀木半	景颇（载瓦）	39	小学	载瓦语，熟练	勒期语，略懂	汉语，熟练；浪峨语，略懂	
	长子	来马南	景颇（载瓦）	12	小五在读	载瓦语，熟练	勒期语，熟练	汉语，熟练；浪峨语，略懂	
32	户主	永勒扫	景颇（勒期）	51	小学	勒期语，熟练	载瓦语，熟练	汉语，熟练；浪峨语，略懂	载瓦文
	长子	永勒崩	景颇（勒期）	22	小学	勒期语，熟练	载瓦语，熟练	汉语，熟练；浪峨语，略懂	载瓦文
	次子	永扫浪	景颇（勒期）	19	初中	勒期语，熟练	载瓦语，熟练	汉语，熟练；浪峨语，略懂	
	三子	永扫约	景颇（勒期）	17	初中	勒期语，熟练	载瓦语，熟练	汉语，熟练；浪峨语，略懂	
33	户主	永勒昌	景颇（勒期）	45	初中	勒期语，熟练	载瓦语，熟练	浪峨语，略懂；汉语，熟练	载瓦文
	妻子	保木羊	景颇（浪峨）	37	小学	浪峨语，熟练	载瓦语，熟练	勒期语、汉语，熟练	载瓦文
	长子	永昌崩	景颇（勒期）	17	初中	勒期语，熟练	载瓦语，熟练	浪峨语、汉语，熟练	
34	户主	排勒南	景颇（载瓦）	40	小学	载瓦语，熟练	勒期语，熟练	汉语，熟练；浪峨语，略懂	载瓦文
	妻子	何木三	景颇（载瓦）	36	小学	载瓦语，熟练	勒期语，略懂	汉语，熟练；浪峨语，略懂	载瓦文
	母亲	祁木图	景颇（载瓦）	65	小学	载瓦语，熟练	勒期语，略懂	汉语、浪峨语，略懂	
	长女	排南文	景颇（载瓦）	15	初二在读	载瓦语，熟练	勒期语，熟练	汉语，熟练；浪峨语，略懂	
	次女	排南波	景颇（载瓦）	13	小五在读	载瓦语，熟练	勒期语，熟练	汉语，熟练；浪峨语，略懂	

35	户主	杨老五	景颇（载瓦）	68	文盲	载瓦语，熟练	勒期语，熟练	汉语、浪峨语，略懂	
	妻子	何木图	景颇（载瓦）	69	小学	载瓦语，熟练	勒期语，略懂	汉语、浪峨语，略懂	
	长子	杨勒朋	景颇（载瓦）	22	小学	载瓦语，熟练	勒期语，熟练	汉语，熟练；浪峨语，略懂	载瓦文
36	户主	来马当	景颇（载瓦）	43	小学	载瓦语，熟练	勒期语，熟练	汉语，熟练；浪峨语，略懂	载瓦文
	长子	来马约	景颇（载瓦）	21	小学	载瓦语，熟练	勒期语，熟练	汉语，熟练；浪峨语，略懂	载瓦文
	母亲	祁木介	景颇（载瓦）	80	文盲	载瓦语，熟练	勒期语，略懂	汉语，熟练；浪峨语，	
37	户主	祁壮	景颇（载瓦）	71	小学	载瓦语，熟练	勒期语，熟练	汉语，熟练；浪峨语，略懂	
	妻子	永木龙	景颇（载瓦）	60	初中	载瓦语，熟练	勒期语，略懂	汉语，熟练；浪峨语，略懂	
	次子	祁弄兰	景颇（载瓦）	35	初中	载瓦语，熟练	勒期语，熟练	汉语，熟练；浪峨语，略懂	载瓦文
	三子	祁腊便	景颇（载瓦）	32	小学	载瓦语，熟练	勒期语，熟练	汉语，熟练；浪峨语，略懂	载瓦文
	三子媳	孔志木	景颇（波拉）	18	小学	波拉语，熟练	载瓦语，熟练	浪峨语、汉语，熟练；勒期语，略懂	
	四子	祁勒龙	景颇（载瓦）	24	初中	载瓦语，熟练	勒期语，熟练	汉语，熟练；浪峨语，略懂	载瓦文
38	户主	张勒段	景颇（载瓦）	48	小学	载瓦语，熟练	勒期语，熟练	汉语，熟练；浪峨语，略懂	载瓦文
	妻子	目木兰	景颇（载瓦）	44	小学	载瓦语，熟练	勒期语，熟练	汉语，熟练；浪峨语，略懂	
	次子	张弄先	景颇（载瓦）	22	小学	载瓦语，熟练	勒期语，熟练	汉语，熟练；浪峨语，略懂	载瓦文
	三子	张勒腊	景颇（载瓦）	20	小学	载瓦语，熟练	勒期语，熟练	汉语，熟练；浪峨语，略懂	
39	户主	永果丁	景颇（勒期）	53	小学	勒期语，熟练	载瓦语，熟练	浪峨语、汉语，熟练	载瓦文
	妻子	孔木速	景颇（浪峨）	49	小学	浪峨语，熟练	载瓦语，熟练	勒期语、汉语，熟练	
	长子	永勒崩	景颇（勒期）	36	小学	勒期语，熟练	载瓦语，熟练	浪峨语、汉语，熟练	载瓦文
	次子	永勒英	景颇（勒期）	25	小学	勒期语，熟练	载瓦语，熟练	浪峨语、汉语，熟练	载瓦文

40	户主	永勒英	景颇（勒期）	42	小学	勒期语,熟练	载瓦语,熟练	浪峨语、汉语,熟练	载瓦文
	妻子	雷滚兰	景颇（载瓦）	41	小学	载瓦语,熟练	勒期语,略懂	浪峨语,略懂;汉语,熟练	
	长子	永勒崩	景颇（勒期）	16	小学	勒期语,熟练	载瓦语,熟练	汉语,熟练;浪峨语,略懂	
	长女	永英苗	景颇（勒期）	15	小学	勒期语,熟练	载瓦语,熟练	汉语,熟练;浪峨语,略懂	
41	户主	彭崩况	景颇（浪峨）	75	小学	浪峨语,熟练	载瓦语,熟练	勒期语、汉语,熟练	
	妻子	永木秧	景颇（勒期）	68	文盲	勒期语,熟练	载瓦语,熟练	浪峨语、汉语,熟练	
	三子	彭况则	景颇（载瓦）	38	小学	浪峨语,熟练	载瓦语,熟练	勒期语、汉语,熟练	载瓦文
	三子媳	祁木锐	景颇（载瓦）	51	初中	载瓦语,熟练	汉语,熟练	浪峨语、勒期语,熟练	载瓦文
	长孙女	彭晓英	景颇（载瓦）	20	大专在读	载瓦语,熟练	勒期语,熟练	浪峨语、汉语,熟练	载瓦文
	长孙子	彭则况	景颇（载瓦）	15	高一在读	载瓦语,熟练	勒期语,熟练	浪峨语、汉语,熟练	载瓦文
42	户主	张木介（女）	景颇（载瓦）	65	文盲	载瓦语,熟练	勒期语,熟练	浪峨语、汉语,略懂	
	长子	永勒吨	景颇（勒期）	44	小学	载瓦语,熟练	勒期语,熟练	浪峨语、汉语,熟练	载瓦文
	长子媳	张况姐	景颇（浪峨）	42	小学	浪峨语,熟练	载瓦语,熟练	汉语、勒期语,熟练	载瓦文
	长孙子	永勒科	景颇（勒期）	15	小学	勒期语,熟练	载瓦语,熟练	浪峨语、汉语,熟练	
43	户主	孙勒干作	景颇（载瓦）	53	小学	载瓦语,熟练	勒期语,熟练	汉语,熟练;浪峨语,略懂	载瓦文
	妻子	永木汤	景颇（勒期）	48	小学	勒期语,熟练	载瓦语,熟练	浪峨语、汉语,熟练	载瓦文
	长子	孙勒门	景颇（载瓦）	23	小学	载瓦语,熟练	勒期语,熟练	汉语,熟练;浪峨语,略懂	载瓦文
	次女	孙木南	景颇（载瓦）	21	小学	载瓦语,熟练	勒期语,熟练	汉语,熟练;浪峨语,略懂	载瓦文
	三女	孙木锐	景颇（载瓦）	16	小学	载瓦语,熟练	勒期语,熟练	汉语,熟练;浪峨语,略懂	

44	户主	张炯南（女）	景颇（浪峨）	48	小学	浪峨语,熟练	载瓦语,熟练	汉语、勒期语,熟练	
	次女	永木苗	景颇（勒期）	18	职高在读	勒期语,熟练	载瓦语,熟练	浪峨语、汉语,熟练	
	三女	永木吕	景颇（勒期）	16	职高在读	勒期语,熟练	载瓦语,熟练	浪峨语、汉语,熟练	
45	户主	永勒英	景颇（勒期）	40	小学	勒期语,熟练	载瓦语,熟练	汉语,熟练;浪峨语,略懂	载瓦文
	妻子	祁木介	景颇（载瓦）	39	小学	载瓦语,熟练	勒期语,熟练	浪峨语,略懂;汉语,熟练	
	长子	永英科	景颇（勒期）	18	初中	勒期语,熟练	载瓦语,熟练	浪峨语,略懂;汉语,熟练	
	次子	永英扫	景颇（勒期）	15	初中	勒期语,熟练	载瓦语,熟练	浪峨语,略懂;汉语,熟练	
46	户主	永勒科	景颇（勒期）	48	初中	勒期语,熟练	载瓦语,熟练	浪峨语、汉语,熟练	载瓦文
	妻子	孙木图	景颇（载瓦）	41	小学	载瓦语,熟练	勒期语,熟练	浪峨语,略懂;汉语,熟练	
	长子	永科崩	景颇（勒期）	18	小学	载瓦语,熟练	勒期语,熟练	汉语,熟练	
	次子	永勒约	景颇（勒期）	13	初一在读	勒期语,熟练	载瓦语,熟练	汉语,熟练	
47	户主	永勒总	景颇（勒期）	71	文盲	勒期语,熟练	载瓦语,熟练	浪峨语、汉语,熟练	
	妻子	祁木介	景颇（载瓦）	57	文盲	载瓦语,熟练	勒期语,熟练	浪峨语、汉语,略懂	
	五女	永木累	景颇（勒期）	17	小学	载瓦语,熟练	勒期语,熟练	浪峨语,略懂;汉语,熟练	
48	户主	张炯内（女）	景颇（浪峨）	60	文盲	浪峨语,熟练	汉语,熟练	勒期语、载瓦语,熟练	
	四子	永科丁	景颇（勒期）	25	小学	勒期语,熟练	载瓦语,熟练	浪峨语、汉语,熟练	载瓦文
	四子媳	祁木锐	景颇（载瓦）	18	初中	载瓦语,熟练	勒期语,熟练	汉语,熟练;浪峨语,略懂	载瓦文
49	户主	永勒卷	景颇（勒期）	55	小学	勒期语,熟练	载瓦语,熟练	浪峨语、汉语,熟练	载瓦文
	妻子	雷木丁	景颇（载瓦）	41	小学	载瓦语,熟练	勒期语,熟练	浪峨语,略懂;汉语,熟练	载瓦文
	长子	永勒崩	景颇（勒期）	22	小学	勒期语,熟练	载瓦语,熟练	浪峨语,略懂;汉语,熟练	
	次女	永木苗	景颇（勒期）	18	初中	勒期语,熟练	载瓦语,熟练	浪峨语,略懂;汉语,熟练	

50	户主	永勒旺	景颇（勒期）	58	文盲	勒期语，熟练	载瓦语，熟练	浪峨语、汉语，熟练	
	妻子	排南帮	景颇（载瓦）	50	文盲	载瓦语，熟练	勒期语，熟练	浪峨语，略懂	
	长女	永木南	景颇（勒期）	30	初中	载瓦语，熟练	勒期语，熟练	汉语，熟练；浪峨语，略懂	载瓦文
	次子	永勒英	景颇（勒期）	26	小学	载瓦语，熟练	勒期语，熟练	汉语，熟练；浪峨语，略懂	载瓦文
	次子媳	祁木果	景颇（载瓦）	21	小学	载瓦语，熟练	浪峨语，熟练	勒期语，略懂；汉语，熟练	
	长孙子	荣金名	景颇（勒期）	1					
	三子	永勒约	景颇（勒期）	24	小学	载瓦语，熟练	勒期语，熟练	汉语，熟练；浪峨语，略懂	载瓦文
51	户主	永勒约	景颇（勒期）	59	文盲	勒期语，熟练	载瓦语，熟练	浪峨语，略懂；汉语，熟练	
	妻子	董木东	景颇（载瓦）	67	文盲	载瓦语，熟练	勒期语，熟练	浪峨语、汉语，略懂	
	长子	永拽砍	景颇（勒期）	24	小学	载瓦语，熟练	勒期语，熟练	汉语，熟练；浪峨语，略懂	载瓦文
	长子媳	何木兰	景颇（载瓦）	22	初中	载瓦语，熟练	汉语，略懂		
52	户主	永勒崩	景颇（勒期）	53	小学	勒期语，熟练	载瓦语，熟练	浪峨语、汉语，熟练	
	妻子	涨孔内	景颇（浪峨）	53	小学	浪峨语，熟练	勒期语，熟练	载瓦语、汉语，熟练	
	四女	永木吕	景颇（勒期）	21	小学	勒期语，熟练	浪峨语，熟练	载瓦语、汉语，熟练	载瓦文
	长子	永崩科	景颇（勒期）	20	小学	勒期语，熟练	浪峨语，熟练	载瓦语、汉语，熟练	载瓦文
53	户主	永勒丁	景颇（勒期）	56	小学	勒期语，熟练	载瓦语，熟练	浪峨语、汉语，熟练	载瓦文
	妻子	杨木南	景颇（载瓦）	56	初中	载瓦语，熟练	勒期语，熟练	浪峨语、汉语，熟练	载瓦文
	长子	永丁崩	景颇（勒期）	20	初中	载瓦语，熟练	勒期语，熟练	浪峨语、汉语，熟练	载瓦文
	四女	永丁累	景颇（勒期）	23	初中	载瓦语，熟练	勒期语，熟练	浪峨语、汉语，熟练	载瓦文
54	户主	排早同	景颇（载瓦）	54	小学	载瓦语，熟练	勒期语，熟练	汉语，熟练；浪峨语，略懂	载瓦文
	妻子	永毕本	景颇（勒期）	54	小学	勒期语，熟练	载瓦语，熟练	浪峨语、汉语，熟练	
	次女	排南锐	景颇（载瓦）	24	大专在读	勒期语，熟练	载瓦语，熟练	汉语，熟练；浪峨语，略懂	载瓦文

55	户主	永勒丁	景颇（勒期）	47	小学	勒期语，熟练	载瓦语，熟练	浪峨语、汉语，熟练	载瓦文
	妻子	唐　焕	汉	48	小学	汉语，熟练	浪峨语，熟练	勒期语、载瓦语，略懂	
	长女	永木南	景颇（勒期）	23	初中	勒期语，熟练	汉语，熟练	载瓦语，熟练；浪峨语，略懂	载瓦文
	次女	永木苗	景颇（勒期）	21	初中	勒期语，熟练	汉语，熟练	载瓦语，熟练；浪峨语，略懂	载瓦文
	长子	永德付	景颇（勒期）	15	初二在读	勒期语，熟练	汉语，熟练	载瓦语，熟练；浪峨语，略懂	
56	户主	永勒丁	景颇（勒期）	70	文盲	勒期语，熟练	载瓦语，熟练	浪峨语，熟练；汉语，略懂	
	妻子	雷炯秧	景颇（浪峨）	43	文盲	浪峨语，熟练	载瓦语，熟练	勒期语、汉语，熟练	
57	户主	祁　壮	景颇（载瓦）	43	初中	载瓦语，熟练	勒期语，熟练	浪峨语，略懂；汉语，熟练	载瓦文
	妻子	来马介	景颇（载瓦）	40	初中	载瓦语，熟练	汉语，熟练	勒期语、浪峨语，略懂	载瓦文
	长子	祁勒南	景颇（载瓦）	18	初中	载瓦语，熟练	勒期语，熟练	汉语，熟练；浪峨语，略懂	
	次子	祁咪瓦	景颇（载瓦）	15	初中	载瓦语，熟练	勒期语，熟练	汉语，熟练；浪峨语，略懂	
58	户主	永勒给	景颇（勒期）	28	小学	勒期语，熟练	载瓦语，熟练	汉语，熟练；浪峨语，略懂	载瓦文
59	户主	张勒弄	景颇（载瓦）	54	小学	载瓦语，熟练	勒期语，熟练	汉语，熟练；浪峨语，略懂	载瓦文
	妻子	永木吕	景颇（勒期）	53	小学	勒期语，熟练	载瓦语，熟练	汉语，熟练；浪峨语，略懂	
	次女	张木兰	景颇（载瓦）	29	初中	载瓦语，熟练	勒期语，熟练	汉语，熟练；浪峨语，略懂	载瓦文
	次子	张勒定	景颇（载瓦）	24	初中	载瓦语，熟练	勒期语，熟练	汉语，熟练；浪峨语，略懂	载瓦文
60	户主	董木南（女）	景颇（载瓦）	60	小学	载瓦语，熟练	汉语，熟练	勒期语，熟练；浪峨语，略懂	
	四子	张勒都	景颇（载瓦）	30	初中	载瓦语，熟练	勒期语，熟练	汉语，熟练；浪峨语，略懂	载瓦文
	四子媳	董道诺	景颇（浪峨）	24	小学	浪峨语，熟练	载瓦语，熟练	汉语，熟练	载瓦文
61	户主	祁勒定	景颇（载瓦）	50	小学	载瓦语，熟练	勒期语，熟练	浪峨语，略懂；汉语，熟练	

62	户主	杨老大	景颇（载瓦）	68	小学	载瓦语,熟练	勒期语,熟练	浪峨语,熟练；汉语,熟练	载瓦文
	妻子	何木栽	景颇（载瓦）	63	小学	载瓦语,熟练	勒期语,熟练	浪峨语,熟练；汉语,熟练	

附:访谈录

弯丹村委会主任杨木兰访谈录

访谈对象:杨木兰,景颇族载瓦支系

访谈时间:2010 年 7 月 30 日

访谈地点:芒市长江宾馆

访谈、整理者:朱艳华

问:杨主任,您好。先请您做一下自我介绍。

答:好的。我叫杨木兰,今年 34 岁,是在弯丹村白岩村民小组出生、长大的。我在弯丹村委会工作已经有 4 届了。

问:请介绍一下您的家庭语言使用情况。

答:我的第一语言是载瓦语,第二语言是勒期语,还学会了浪峨语、波拉语,汉语是上学才学会的。我们以前读书就在寨子里读,老师上课时,读课文用汉语,讲解用载瓦语、勒期语。我在家都说载瓦语,在白岩村遇到什么支系的人就说什么话,在弯丹村委会跟汉族人说汉语。我在村委会开会的时候,一般用汉语、载瓦语两种语言。先用汉语说一遍,再用载瓦语说一遍。村民喜欢我用载瓦语说,用汉语说有的村民听不懂。如果开会的时候汉族少,或者在座的汉族会载瓦语,我就只说载瓦语。

我丈夫是弄龙组的,载瓦支系。第一语言是载瓦语,第二语言是勒期语,还学会了浪峨语、波拉语,汉语也是上学后才学会的。我们上学的时候在一起,都在勐广小学,有 4 个村民小组的孩子在这里上学。

我儿子今年 8 岁,第一语言也是载瓦语,第二语言是汉语,别的语言都不懂。在家里跟我们一般说载瓦语,载瓦语不会说的就用汉语说。我父母亲都是载瓦支系,他们除了载瓦语,还会勒期语、浪峨语、波拉语和汉语。

我们一家人都会好几种语言,但我们在家里都只说载瓦语,在村子里碰到什么人就说什么话。

问:请您介绍一下白岩组及其周边村寨的民族构成情况。

答：白岩组的东边是石板村民委员会，汉族、景颇族各占一半；南边是弯丹村民小组，也是汉族、景颇族，汉族少一点；西边是弯丹村弄龙村民小组，纯景颇族载瓦支系；北边是张寨，绝大部分是浪峨支系。我们组离这几个地方都只有一两公里的路程。弄龙与白岩以前是一个组，现在分开了，走路只要 15 分钟。我们组里主要是勒期、载瓦支系，还有少数浪峨、波拉支系，多数是从其他村民小组嫁过来的。

问：村里的经济情况怎样？

答：我们组土地不多，户均田地（包括水田、旱地、林地）有 4 亩左右。主要经济收入靠种植甘蔗、茶叶、核桃、水稻、玉米等，还养牛、养猪，这两年还种了竹子。年人均收入 1200 元左右。几乎家家都有电视、手机，大概有 40 户有摩托车。汽车有一辆，是张勒卷家的，他家开小卖部，还跑运输。水、电、路都通了。水是 2008 年通的，但是没有保障，水源在勐广中寨，下雨时有水，天旱就没水，要到附近的井里面挑。路通得很早，都是土路，路况不好，每年都需要维修。电是 1994 年通的。现在能收看电视、收听广播。老人喜欢收听载瓦语节目，多数人还是喜欢看电视。

问：你们组支系较多，各支系之间关系怎样？

答：组里虽然支系很多，但是相处和谐。我们交流的时候都各用各的支系语言，互相都听得懂。只有少数几家不用自己的支系语言，像孙勒干、排勒盏、排早通、排早扎、孔老大这几家载瓦支系，都转用勒期语了。可能是因为他们的奶奶、老祖都是勒期支系，他们习惯用勒期语。

问：不同支系在生活习惯、传统习俗上有没有什么区别？

答：没有什么区别，都一样。服饰、饮食习惯、婚丧嫁娶的习俗都一样。对外我们都自称"景颇"。一般都知道自己是什么支系。不同的支系与姓氏有关。比如：排、何、祁、来、孙等姓氏都是载瓦支系，孔、张、雷等姓氏一般是浪峨支系，波拉支系也有姓孔的，姓岳的一般是景颇支系，姓永、姓电的都是勒期支系。

问：白岩组的文化教育情况怎样？

答："普九"前读初中的少，"普九"之后都能上初中。我们组上高中的比较多，还出了六七个大学生，函授大专的有十几个。现在村里的孩子都集中到明德小学上学，从 6 岁上学前班时就开始住读。明德小学的学生来自五岔路弯丹村、石板村、西山芒东村，共 13 个村民小组，有载瓦、勒期、波拉、浪峨等支系，约占 70%，还有 30% 左右的汉族，德昂族有 3 个。明德小学有 16 个老师，景颇族的有 7 个，还有一个傣族老师，其他都是汉族，学前班、低年级一般都是景颇族老师教。学前班、一年级以汉语为主，夹杂一点民族语。到二年级就全部用汉语上课了。有点听不懂，但还是慢慢习惯吧。

问：村民的通婚情况怎样？

答：多数与本地其他寨子的人通婚，与陇川通婚的也有五六个。大多是与载瓦人通婚。景颇支系只有两个，是从缅甸嫁过来的。还娶了一个汉族媳妇，她是勐广汉寨的，嫁过来之后学会了勒期语，但是跟村子的人都说汉语，不大说勒期语，因为村里人都听得懂汉语。

问：在语言使用上，各个支系坚持使用自己的支系语言吗？

答：是，大多坚持使用自己的支系语言，只有个别家庭转用别的语言。家里父母教自己的孩子学说话都是教自己的支系语言，不会教别的支系语言。别的语言都是在寨子里自然学会的。

问：不同支系之间的区别表现在哪里？

答：只有语言上还能看出支系差别来，别的地方都一样，没有什么区别了。但是跟周围的汉族还是有区别的。年纪大一点的女性多数都穿筒裙，男的平常出去做活或出远门，都背景颇刀（ʃam⁵¹ pjam⁵¹），男男女女都喜欢背挎包。过节或有重大活动的时候，就会穿上景颇族服装。民族服装基本上人人都有。现在会做景颇族服装的已经不多了，不会做的会去买。我母亲现在还会做景颇族服装。我们 4 个女儿，母亲给我们每个人都做了一套，出嫁的时候给我们做陪嫁。不会做的，女儿出嫁的时候也会买一套送给女儿。我们载瓦人如果没有自己的民族服装就会觉得很自卑，挺害羞的。我们姊妹几个现在都不会做整套的民族服装了，只有大姐还会做挎包。我婆婆也挺会做的，会做整套。她是缅甸的载瓦，会说景颇语（大山话），也会说载瓦语、勒期语，波拉、浪峨语都懂一点，汉语是嫁过来之前才会一点。白岩组会做民族服装的主要是40 岁以上的，基本上都会做。

问：建筑风格有什么变化吗？

答：房子都学汉族，砖瓦房居多。干栏式建筑很少见了，这种房子不牢固，风一吹就承受不了，还不防火。大概是 1995 年，我们寨有一家房子着火了，一家人烧死了三个，一个老人、两个孩子。所以政府提倡盖砖瓦房。

问：景颇族和汉族能看出区别来吗？

答：现在汉族、景颇族从表面上看不出区别，但是一说话就能看出是什么民族。目瑙纵歌节的时候能看出来一点。景颇族从小就跳，有一种乐感，很奇怪，汉族人即使学会了怎么跳，即使穿着景颇族的服装跳，也还是看得出来，他们的舞步不怎么好。唱我们的景颇歌也不那么地道。像勐广汉寨的汉族，对我们的语言都掌握得很好，跳舞、唱歌也都会，很喜欢我们的歌舞，目瑙纵歌节他们都参加。我们一般要求他们第一场穿他们汉族的服装，以后几场就不管了，随便穿什么服装都行。他们一般都选择穿景颇族服装。他们很懂我们的规矩，穿盛装的站在一排，穿便装的站在一排。我们过目瑙纵歌节的时候，主要是这两个民族在一起过，也有德昂、傣族等民族。我们弯丹村委会过目瑙纵歌节的时候，全乡都邀请，每个组都会有代表来，还邀请西山的过来。也有没接到邀请就自愿过来的。人很多，叫"万人狂欢节"。在五岔路乡 6 个村委会里面，景颇族语言、民族传统习俗保留得最好的就是我们弯丹村了。

问：白岩组以山地为主，经济发展上有什么特点？

答：适合养猪，种植核桃、竹子、茶叶，粮食作物主要是水稻、玉米。政府现在支持种核桃、竹子、茶叶，这两年免费给农民送树苗。2009 年，乡政府出苗钱，每亩给 2000 株茶树苗、34 棵竹子苗、24 棵核桃苗。农民积极性很高，现在还没看到收成。核桃每棵至少有 500 元的收入。我们计划每人 5 棵核桃树、半亩茶园，这个目标基本上达到了，只是还没有收成。茶叶要过三四年,核桃要过五六年,竹子第二年就出笋子了,要成片大概也还要等三四年。我们这里气候、土壤都很好,只要管理到位,前景应该是很好的。

问:您担心景颇族的语言、文化失传吗?

答:非常担心。现在年纪小的汉语好,但是民族语差一些了。城里长大的有些都不大会说自己的民族语了。一个民族没有自己的语言、文化是很可悲的。

第三节　芒市五岔路乡弯丹村勐广组汉寨语言 使用个案调查

一、弯丹村勐广汉寨基本情况

勐广汉寨隶属五岔路乡弯丹村,是一个汉族人聚居的村民小组。除汉族外,还有景颇族和德昂族。这个寨语言生活的一个重要特点是,许多汉族会说景颇族语言。

勐广汉寨共有 62 户,275 人,其中汉族 235 人、景颇族 36 人、德昂族 4 人。勐广汉寨位于五岔路乡政府与弯丹村委会之间,距五岔路乡政府 8 公里,距弯丹村委会 2 公里。勐广汉寨的汉族是最早的居民。据他们说,300 多年前,他们的祖先分别从江西抚州府临川县和南京应天府上延县迁移至此。从那时起,他们就世代居住在这里。从江西来的姓唐,从南京来的姓许。唐姓至今已有 18 代,许姓有 23 代。

勐广汉寨的主要经济作物是茶叶、核桃、甘蔗,还有竹子、杉木、八角等。粮食作物有水稻、玉米等。近些年,汉寨的养殖业发展很快,许多家庭都开始养猪和牛。弯丹村的黄牛肉在德宏地区算得上名牌产品。汉寨是弯丹村经济发展最快的寨子,老百姓的生活水平明显提高。几乎家家都有摩托车,共有 6 辆汽车,洗衣机、太阳能热水器也进入农户家庭。在政府帮助下,有13 家农户安装了沼气。全寨人均年收入 2000 元左右。

寨子里没有学校,孩子读书要到 2 公里外的弯丹村明德小学和 8 公里外的五岔路中学。学校实行封闭式管理,孩子从上小学起就要住校。小学和初中全部使用汉语教学。寨子里的孩子一般能读到初中毕业,也有读高中和大学的。在整个弯丹村,汉寨家长对教育的重视程度最高,孩子接受教育程度最好。目前,汉寨已经培养出 5 名大学生。

五岔路乡通往弯丹村的山路将勐广汉寨分成两部分,路的左侧住着景颇族,路的右侧住着汉族。两个民族隔路相望,彼此感情十分融洽。两个民族的居民来往密切,互相学习语言、文化,互相帮助,甚至互相通婚。有汉族小伙子娶景颇族姑娘的,也有汉族姑娘嫁给景颇族小伙子的。两个民族相处得就像一家人。

汉族居民对景颇族的文化非常感兴趣。寨子里长大的汉族人都能说一点载瓦语或浪峨语,也有会讲勒期语和波拉语的。汉族家庭一般都有景颇族服装,每逢景颇族的目瑙纵歌节,汉人就穿上景颇族服装与景颇族一同唱歌、跳舞,庆祝节日。

二、勐广汉寨的语言使用特点

我们抽样调查了弯丹村勐广汉寨 47 户汉族家庭,共 204 人。除 6 岁以下儿童 22 人外,统计人口 182 人,其中汉族 166 人,景颇族 13 人,德昂族 3 人。下面是对这 182 人的语言使用情况的统计分析。

汉语是汉寨中最主要的交际用语。由于汉寨中的汉族居民生活在景颇族聚居区内,周围的村寨全是景颇族寨子,在这个环境中,景颇族语言成了优势语言。因此,长期居住在这里的汉族人,语言使用情况发生了一些变化。表现为以下几个特点:

1. 母语保存情况良好

虽然勐广汉寨的汉族居民生活在景颇族聚居区内,但是他们的母语能力并没有减退。数据显示,100%的汉族居民汉语能力为"熟练"级,没有一个汉族居民不会讲汉语。数据见表 1:

表 1

年龄段 (岁)	人数	熟练		略懂		不懂	
		人数	百分比(%)	人数	百分比(%)	人数	百分比(%)
6—19	32	32	100	0	0	0	0
20—39	63	63	100	0	0	0	0
40—59	48	48	100	0	0	0	0
60 及以上	23	23	100	0	0	0	0
合计(166 人)	166	166	100	0	0	0	0

上表显示,每个 6 岁以上的汉族居民都能熟练使用汉语,没有一个人不懂汉语或略懂汉语。根据调查走访,我们认为汉族完好保存母语有以下几个原因:首先,汉族家庭内部以汉语为交际语。本寨有 47 户汉族家庭,他们之间交流完全使用汉语。其次,由于汉语是各民族的交际共同语,是不同民族共同的交际语。居住在汉寨以及周围寨子的景颇族或其他民族居民,大多会讲汉语,他们可以用汉语与汉族居民交流。再次,这一带的学校都以汉语作为学校唯一的教学语言。少数民族进入学校后两三年就能熟练掌握汉语。

2. 汉寨汉族大部分人兼用浪峨语或载瓦语

在勐广汉寨,景颇族浪峨支系的人口数量仅次于汉族,汉族居民在与浪峨人的交往过程中,许多人不同程度地学会了浪峨语。据调查统计,汉族人中有 39.2%能够熟练使用浪峨语,22.9%能够听懂或说几句简单的浪峨语。详细数据见表 2:

表 2

年龄段 (岁)	人数	熟练		略懂		不懂	
		人数	百分比(%)	人数	百分比(%)	人数	百分比(%)
6—19	32	5	15.6	7	21.9	20	62.5

20—39	63	22	34.9	15	23.8	26	41.3
40—59	48	28	58.3	11	22.9	9	18.8
60 及以上	23	10	43.5	5	21.7	8	34.8
合计(166 人)	166	65	39.2	38	22.9	63	37.9

上表显示,熟练使用浪峨语的人群集中在 20 岁到 60 岁之间。其中,浪峨语达到"略懂"级的汉族人也集中在这个年龄段。这说明浪峨语作为汉族人的第二语言,其习得过程要比母语漫长得多。能够熟练使用浪峨语的汉族人不是从小生活在汉寨,就是家里有浪峨支系亲人。如出生在汉寨的 51 岁村民番在然,从小与浪峨孩子一起长大,他的浪峨语非常好。在对他进行的浪峨语 400 基本词汇测试中,除了"猫头鹰"、"松树"、"千"三个词需要提示外,其他词都能脱口而出。

汉寨中景颇族载瓦支系的居民虽然很少,但是周围寨子的载瓦居民数量却很多,因而汉寨中约有 61.5% 汉族居民熟练或略懂载瓦语。详见表 3:

表 3

年龄段 (岁)	人数	熟练		略懂		不懂	
		人数	百分比(%)	人数	百分比(%)	人数	百分比(%)
6—19	32	4	12.5	8	25	20	62.5
20—39	63	24	38	13	20.6	26	41.4
40—59	48	29	60.4	9	18.8	10	20.8
60 及以上	23	12	52.2	3	13	8	34.8
合计(166 人)	166	69	41.6	33	19.9	64	38.5

生活在汉寨的汉族村民唐宗然告诉我们:"这个村景颇人多,不会景颇族语言不方便。我女儿今年 11 岁,在读小学三年级。我从来没教过她载瓦话,但她在学校里可以和景颇族同学说一些简单的载瓦话。"由此可见,浪峨语和载瓦语在汉寨具有很强的语言活力,是汉寨及周边寨子重要的交际用语。

3. 少部分汉族人兼用多种语言

除了兼用浪峨语、载瓦语外,还有一部分汉族人能兼用波拉、勒期语等景颇族支系语言。有的还能够兼用景颇族多种的语言。表 4 是兼用语言多少的统计表:

表 4

汉族(共 166 人)	兼用 2 种语言	兼用 3 种语言	兼用 4 种语言及以上
人数	101	5	15
百分比(%)	60.8	3	9

上表显示,总计 72.9% 的汉族人能够兼用两种及以上语言。其主要原因是他们从小生活在多语环境中,自然而然地学会了多种语言。如 51 岁的番在然会说载瓦、浪峨、勒期、波拉四种景颇族语言,寨子里的人称他为"小茶山"。他的妻子祁珍美是景颇族载瓦支系,以上四种景

颇族语言也都会说。他们的两个儿子从小就和父母学习景颇族的多种语言,长大后也都和父母一样成为多语人。

语言单一的家庭环境也能培养出多语人。如汉寨44岁的汉族番在前能熟练使用载瓦语、浪峨语、勒期语、波拉语。寨子里的人说什么话他都会讲。

4. 汉族家庭中非汉族成员的语言使用情况

受统计的47户汉族家庭中有8户是族际婚姻家庭,有13位景颇族,3位德昂族。以下是对这16人语言使用情况的统计。

表 5

景颇族(载瓦) (共 8 人)	本支系语 (载瓦语)	汉语	浪峨语	勒期语	波拉语
番成强	不懂	熟练	不懂	不懂	不懂
唐聪满	略懂	熟练	熟练	不懂	不懂
番成波	略懂	熟练	不懂	不懂	不懂
雷小美	熟练	略懂	不懂	熟练	不懂
排召弟	略懂	熟练	不懂	不懂	不懂
排彩支	熟练	熟练	略懂	不懂	不懂
祁木锐	熟练	熟练	熟练	不懂	不懂
祁珍美	熟练	不懂	熟练	略懂	略懂

表 6

景颇族(浪峨) (共 5 人)	本支系语 (浪峨语)	汉语	载瓦语	勒期语	波拉语
褚兴建	熟练	熟练	不懂	不懂	不懂
番孝维	略懂	熟练	不懂	不懂	不懂
褚兴成	熟练	熟练	不懂	不懂	不懂
控砍木	熟练	熟练	熟练	熟练	熟练
张炯栽	熟练	不懂	熟练	不懂	不懂

表 7

德昂族(共 3 人)	本民族语(德昂语)	汉语	载瓦语	浪峨语
王凤香	熟练	熟练	熟练	熟练
杨玉芳	熟练	熟练	熟练	不懂
李兴美	熟练	熟练	不懂	略懂

　　这 16 人中有 8 人是从外寨嫁来的媳妇,其余 8 人是她们的子女。从上表可以看出 3 位德昂族的母语保存良好,而景颇族 13 人中母语达到熟练的只有 8 人,4 人略懂,1 人不懂。"略懂"和"不懂"的 5 人中有 3 人是 13 岁以下儿童,这说明"汉—景"族际婚姻汉语成为主要交际用语。

　　勐广汉寨的汉族兼用景颇族语言是由以下因素决定的。首先,地理环境决定汉族需要学习景颇族语言。虽然汉寨中汉族是主体民族,约占总人口的 2/3。但汉寨西面的中寨、北面的张寨、西北方的小六仰、东边的白岩都是景颇族聚居的寨子,距离汉寨都不到 1 公里,因而在较大范围上,仍然是景颇族占优势。汉寨的汉族居民生活在一个完全被景颇族寨子包围的景颇族聚居区内,使用汉语的场合有限,学习和使用景颇族语言必然是大势所趋。其次,人文环境决定汉族和景颇族相互学习语言和文化。几百年来,汉寨的汉族居民和景颇族居民相处和谐、融洽,从未发生过民族纠纷或民族矛盾。语言和谐是社会和谐的重要组成部分。人们沟通思想、交流文化、互相学习农业知识都需要用语言来进行沟通,相互学习语言成为文化交流的必要条件。正如勐广汉寨村民小组组长唐宗福所说:"汉族人也接受了景颇族的一些风俗习惯。家里都有景颇族服装,景颇族的目瑙纵歌节我们都穿景颇族服装,跟景颇族一起跳舞、唱歌。大部分人都学会了景颇族的语言,浪峨语、载瓦语、勒期语、波拉语都会。也跟景颇族通婚,既有汉族嫁给景颇族的,也有景颇族嫁给我们汉族的。跟景颇族的关系很好,没有什么民族隔阂。"再次,民族平等意识决定汉族学习景颇族语言。汉寨的汉族居民没有大民族主义思想,不以大民族自居,不存在汉族不需要学习少数民族语言的思想。汉寨中汉族和景颇族等少数民族之间形成一种完全平等的民族关系,这种民族平等关系使得相互间的共性逐渐增多。族际婚姻和跨国婚姻都是很平常的事情。汉寨里共有 3 个缅甸媳妇,其中两个是汉族,一个是景颇族。寨子里的人对缅甸媳妇印象很好,说她们尊老爱幼、善良、懂礼貌,唯一遗憾的是她们不能在中国落户口。在走访中,当我们问及如何看待族际婚姻的时候,几个老乡给出了相同的答案:"无所谓族际,大家都是一样的,只要感情好,就可以结婚。"

　　全国范围内,少数民族兼用汉语是普遍现象,相比之下,汉族兼用少数民族语的比例却很小。勐广汉寨的汉族大部分能够兼用景颇族的一种语言,有的甚至能够兼用景颇族的多种语言。这个现象对民族团结、民族进步都有重要意义,而且对语言学、人类学、社会学的研究都具有重要价值。

三、勐广汉寨语言使用情况表

编号	家庭关系	姓名	民族(支系)	年龄	文化程度	第一语言及水平	第二语言及水平	其他语言及水平
1	户主	王顺芝	汉族	71	文盲	汉语,熟练		
	外孙子	周潞川	汉族	18	初中	汉语,熟练		

2	户主	番在前	汉族	44	高中	汉语，熟练	载瓦语，熟练	浪峨语、勒期语、波拉语，熟练
	妻子	文双弟	汉族	45	小学	汉语，熟练	载瓦语，熟练	浪峨语，略懂
	父亲	番咪五	汉族	72	文盲	汉语，熟练	载瓦语，熟练	浪峨语，略懂
	长子	番成元	汉族	24	文盲	汉语，熟练	载瓦语，熟练	浪峨语，略懂
	次子	番成永	汉族	22	文盲	汉语，熟练	载瓦语，熟练	浪峨语，略懂
	三子	番成付	汉族	20	文盲	汉语，熟练	载瓦语，熟练	浪峨语，略懂
3	户主	许永仓	汉族	29	小学	汉语，熟练	浪峨语，略懂	载瓦语，略懂
	母亲	吴满弟	汉族	68	文盲	汉语，熟练	浪峨语，略懂	载瓦语，略懂
4	户主	许永朝	汉族	36	小学	汉语，熟练	载瓦语，熟练	浪峨语，熟练
	父亲	许长太	汉族	67	小学	汉语，熟练	载瓦语，熟练	浪峨语、勒期语、波拉语，略懂
5	户主	许永贵	汉族	33	初中	汉语，熟练	载瓦语，略懂	浪峨语，略懂
	妻子	黄够兰	汉族	32	小学	汉语，熟练		
	长女	许 林	汉族	5				
6	户主	番向文	汉族	44	小学	汉语，熟练	载瓦语，熟练	浪峨语，熟练
	妻子	刘彩芝	汉族	45	文盲	汉语，熟练	载瓦语，略懂	浪峨语，略懂
	父亲	番在荣	汉族	68	半文盲	汉语，熟练	浪峨语，熟练	载瓦语、勒期语、波拉语，熟练
	长子	番家存	汉族	22	小学	汉语，熟练	浪峨语，略懂	载瓦语，略懂
	长子媳	唐改芹	汉族	19	小学	汉语，熟练	浪峨语，熟练	载瓦语，略懂
	长孙女	番郁薇	汉族	1				
	次子	番家云	汉族	19	小学	汉语，熟练	浪峨语，略懂	载瓦语，略懂
7	户主	许长付	汉族	55	初中	汉语，熟练	浪峨语，熟练	载瓦语，熟练
	妻子	杨亚头	汉族	44	半文盲	汉语，熟练	浪峨语，熟练	载瓦语、勒期语、波拉语，熟练
	长子	许永良	汉族	18	高中	汉语，熟练	浪峨语，略懂	载瓦语，略懂
	次子	许永传	汉族	16	初中	汉语，熟练	浪峨语，略懂	载瓦语，略懂
8	户主	番在然	汉族	51	小学	汉语，熟练	浪峨语，熟练	载瓦语、勒期语、波拉语，熟练
	妻子	祁珍美	景颇（载瓦）	53	小学	载瓦语，熟练	浪峨语，熟练	勒期语、波拉语，略懂
	长子	番成海	汉族	29	小学	汉语，熟练	载瓦语，熟练	浪峨语，略懂
	长子媳	杨焕香	汉族	26	小学	汉语，熟练		
	长孙女	番东媚	汉族	2				
	次子	番成丙	汉族	25	小学	汉语，熟练	载瓦语，熟练	浪峨语、波拉语，略懂

9	户主	番在明	汉族	41	小学	汉语,熟练	浪峨语,略懂	载瓦语,略懂
	妻子	唐祖兰	汉族	31	小学	汉语,熟练	浪峨语,熟练	载瓦语,熟练
	父亲	番如金	汉族	73	文盲	汉语,熟练	浪峨语,熟练	载瓦语,熟练
	母亲	唐祖玉	汉族	76	文盲	汉语,熟练	浪峨语,略懂	载瓦语,略懂
	长子	番成象	汉族	14	初中	汉语,熟练	浪峨语,略懂	载瓦语,略懂
	长女	番秋艳	汉族	9	小三在读	汉语,熟练	浪峨语,略懂	载瓦语,略懂
10	户主	番成寿	汉族	29	初中	汉语,熟练	浪峨语,略懂	载瓦语,略懂
	妻子	唐改焕	汉族	25	小学	汉语,熟练	浪峨语,略懂	载瓦语,略懂
	长女	番孝黎	汉族	4				
11	户主	番在成	汉族	46	小学	汉语,熟练	浪峨语,熟练	载瓦语,熟练
	妻子	张炯栽	景颇(浪峨)	43	小学	浪峨语,熟练	载瓦语,熟练	
	长子	褚兴成	景颇(浪峨)	11	小学	汉语,熟练	浪峨语,熟练	
	次子	褚兴建	景颇(浪峨)	6	小学	汉语,熟练	浪峨语,熟练	
	长女	番彩云	景颇(浪峨)	2				
12	户主	唐宗传	汉族	35	小学	汉语,熟练	浪峨语,略懂	载瓦语,略懂
	妻子	高祖芝	汉族	24	小学	汉语,熟练		
	父亲	唐有德	汉族	61	文盲	汉语,熟练		
	长子	唐恩占	汉族	4				
13	户主	唐恩发	汉族	42	小学	汉语,熟练	浪峨语,熟练	载瓦语、勒期语、波拉语,熟练
	妻子	李　相	汉族	44	小学	汉语,熟练	浪峨语,略懂	载瓦语,熟练
	长女	唐永购	汉族	19	高中	汉语,熟练	浪峨语,熟练	载瓦语,熟练
	长子	唐永毕	汉族	16	高一在读	汉语,熟练	浪峨语,略懂	载瓦语,略懂
14	户主	番石斤	汉族	52	小学	汉语,熟练	浪峨语,熟练	载瓦语、勒期语、波拉语,熟练
	妻子	张顺芝	汉族	54	文盲	汉语,熟练	浪峨语,略懂	载瓦语,略懂
	长子	番成发	汉族	30	小学	汉语,熟练	载瓦语,熟练	浪峨语,熟练
15	户主	番在苍	汉族	42	小学	汉语,熟练	浪峨语,熟练	载瓦语,熟练
	妻子	明琼亮	汉族	32	高中	汉语,熟练		
	长女	番成玥	汉族	4				
16	户主	唐恩国	汉族	44	小学	汉语,熟练	浪峨语,熟练	载瓦语,熟练;波拉语、勒期语,略懂
	妻子	番润美	汉族	45	文盲	汉语,熟练	浪峨语,略懂	
	长子	唐永能	汉族	21	小学	汉语,熟练	浪峨语,略懂	载瓦语,略懂
	长子媳	李小转	汉族	24	初中	汉语,熟练	缅语,熟练	浪峨语、载瓦语、景颇语、傣语,熟练
	长女	唐永莲	汉族	19	初中	汉语,熟练	浪峨语,熟练	载瓦语,熟练
	次女	唐永清	汉族	17	初三在读	汉语,熟练	浪峨语,熟练	载瓦语,熟练

17	户主	唐宗然	汉族	39	小学	汉语,熟练	浪峨语,熟练	载瓦语、波拉语,熟练
	妻子	排召弟	景颇(载瓦)	33	小学	汉语,熟练	载瓦语,略懂	
	长女	唐聪满	景颇(载瓦)	11	小五在读	汉语,熟练	浪峨语,熟练	载瓦语,略懂
18	户主	番成合	汉族	34	小学	汉语,熟练	浪峨语,熟练	载瓦语,熟练
	妻子	赵春兰	汉族	29	小学	汉语,熟练		
	长子	番孝毕	汉族	8	小二在读	汉语,熟练		
	次子	番孝申	汉族	2				
19	户主	番在国	汉族	56	文盲	汉语,熟练	浪峨语,熟练	载瓦语、波拉语、勒期语,熟练
	妻子	赵亚头	汉族	51	小学	汉语,熟练		
	长子	番成万	汉族	20	小学	汉语,熟练	浪峨语,熟练	载瓦语,熟练
	长子媳	杨玉芳	德昂族	23	小学	德昂语,熟练	汉语,熟练	载瓦语,熟练
	长孙子	番孝康	德昂族	1				
20	户主	许长平	汉族	42	初中	汉语,熟练	浪峨语,略懂	载瓦语、波拉语,略懂
	妻子	李咪购	汉族	42	文盲	汉语,熟练		
	母亲	番拾召	汉族	83	文盲	汉语,熟练		
	长子	许永组	汉族	14	初二在读	汉语,熟练	浪峨语,熟练	载瓦语,熟练
	次子	徐永存	汉族	8	小二在读	汉语,熟练		
21	户主	李轮发	汉族	40	小学	汉语,熟练	浪峨语,熟练	载瓦语、勒期语,熟练
22	户主	唐宗明	汉族	61	文盲	汉语,熟练	浪峨语,熟练	载瓦语、勒期语、波拉语,熟练
	妻子	李 顺	汉族	47	文盲	汉语,熟练	浪峨语,熟练	载瓦语、勒期语、波拉语,熟练
	长子	唐恩元	汉族	29	小学	汉语,熟练	浪峨语,熟练	载瓦语、勒期语、波拉语,熟练
23	户主	李轮绍	汉族	48	文盲	汉语,熟练	浪峨语,略懂	载瓦语、勒期语、波拉语,略懂
	妻子	唐美书	汉族	49	文盲	汉语,熟练	浪峨语,熟练	载瓦语,熟练
	长子	李正象	汉族	23	小学	汉语,熟练	浪峨语,略懂	载瓦语、勒期语、波拉语,略懂
	长子媳	王改弟	汉族	24	小学	汉语,熟练		
	长孙女	李艳卿	汉族	4				
	次女	李够弟	汉族	22	小学	汉语,熟练	浪峨语,熟练	
24	户主	番成茂	汉族	29	小学	汉语,熟练	浪峨语,熟练	载瓦语,熟练
	妻子	控砍木	景颇(浪峨)	27	小学	浪峨语,熟练	汉语,熟练	波拉语、载瓦语、勒期语,熟练
	母亲	唐 转	汉族	58	文盲	汉语,熟练	浪峨语,熟练	载瓦语,熟练
	长子	番孝维	景颇(浪峨)	8	小二在读	汉语,熟练	浪峨语,略懂	
	次子	番孝辉	景颇(浪峨)	4				

25	户主	许永宽	汉族	21	小学	汉语,熟练	浪峨语,略懂	载瓦语,略懂
	妻子	黄兆妹	汉族	17	小学	汉语,熟练	载瓦语,略懂	
	父亲	许长和	汉族	50	初中	汉语,熟练	浪峨语,熟练	载瓦语,熟练
	妹妹	许香美	汉族	19	小学	汉语,熟练	浪峨语,略懂	
	长女	徐翠珍	汉族	1				
26	户主	杨 品	汉族	59	小学	汉语,熟练	浪峨语,略懂	载瓦语,略懂
	妻子	李美支	汉族	59	文盲	汉语,熟练	浪峨语,略懂	载瓦语,略懂
	母亲	刘咪购	汉族	90	文盲	汉语,熟练		
27	户主	杨善付	汉族	31	高中	汉语,熟练	浪峨语,熟练	载瓦语,略懂
	妻子	杨祝珍	汉族	31	大专	汉语,熟练		
	长女	杨 露	汉族	5				
	次女	杨定香	汉族	1				
28	户主	姚自然	汉族	52	小学	汉语,熟练	浪峨语,熟练	载瓦语,熟练
	妻子	祁木锐	景颇(载瓦)	49	初中	载瓦语,熟练	汉语,熟练	浪峨语,熟练
	长子	姚永强	汉族	23	初中	汉语,熟练	载瓦语,熟练	浪峨语,熟练
	次子	姚永周	汉族	22	初中	汉语,熟练	载瓦语,熟练	浪峨语,熟练
	长子媳	雷小美	景颇(载瓦)	28	小学	载瓦语,熟练	勒期语,熟练	汉语,略懂
	长孙子	姚昌兵	景颇(载瓦)	4				
29	户主	番在宽	汉族	36	文盲	汉语,熟练	浪峨语,熟练	载瓦语,略懂
	妻子	排彩支	景颇(载瓦)	36	文盲	载瓦语,熟练	汉语,熟练	浪峨语,略懂
	父亲	番咪黑	汉族	69	文盲	汉语,熟练	浪峨语,略懂	
	母亲	张 顺	汉族	69	文盲	汉语,熟练		
	长女	番成波	景颇(载瓦)	13	小学在读	汉语,熟练	载瓦语,略懂	
	长子	番成强	景颇(载瓦)	7	学前	汉语,熟练		
	三姐	番亚弟	汉族	39	小学	汉语,熟练	浪峨语,熟练	载瓦语,略懂
30	户主	谭宗方	汉族	49	小学	汉语,熟练	浪峨语,熟练	载瓦语,略懂
	妻子	番 细	汉族	48	小学	汉语,熟练	浪峨语,熟练	载瓦语,熟练
	父亲	谭祖应	汉族	81	文盲	汉语,熟练	浪峨语,熟练	载瓦语,熟练
	母亲	番乔秀	汉族	80	文盲	汉语,熟练	浪峨语,熟练	载瓦语,熟练
	长女	谭翠连	汉族	26	初中	汉语,熟练		
	次女	谭召弟	汉族	23	初中	汉语,熟练		
	三女	谭左弟	汉族	20	大专	汉语,熟练		
31	户主	番在平	汉族	48	半文盲	汉语,熟练	浪峨语,熟练	载瓦语,熟练
	妻子	赵亚头	汉族	48	半文盲	汉语,熟练	浪峨语,略懂	
	父亲	番咪林	汉族	76	半文盲	汉语,熟练	浪峨语,略懂	载瓦语,略懂
	母亲	王顺玉	汉族	80	半文盲	汉语,熟练		
	三女	番翠芹	汉族	18	小学	汉语,熟练		
	长子	番成校	汉族	13	小学	汉语,熟练		

32	户主	杨善高	汉族	25	初中	汉语,熟练		
	父亲	杨新中	汉族	57	半文盲	汉语,熟练	浪峨语,熟练	载瓦语,熟练
	母亲	段乔顺	汉族	57	半文盲	汉语,熟练		
33	户主	杨善青	汉族	30	小学	汉语,熟练	浪峨语,熟练	载瓦语,熟练
	妻子	番 连	汉族	23	小学	汉语,熟练	浪峨语,熟练	载瓦语,略懂
	长女	杨春燕	汉族	4				
34	户主	龙有进	汉族	40	半文盲	汉语,熟练	浪峨语,熟练	载瓦语,熟练
	妻子	李兴美	德昂	42	半文盲	德昂语,熟练	汉语,熟练	浪峨语,略懂
	长女	王凤香	德昂	15	初中	汉语,熟练	德昂语,熟练	载瓦语、浪峨语,熟练
35	户主	番成兴	汉族	26	小学	汉语,熟练		
	妻子	姚会连	汉族	22	小学	汉语,熟练		
	长子	番孝昆	汉族	4				
36	户主	番成学	汉族	35	小学	汉语,熟练	浪峨语,熟练	载瓦语,熟练
	妻子	岳庆美	汉族	27	小学	汉语,熟练		
	父亲	番在相	汉族	58	文盲	汉语,熟练	浪峨语,熟练	载瓦语,熟练
	长子	番孝忠	汉族	5				
	二妹	番祖芬	汉族	29	小学	汉语,熟练		
	侄子	杨近辉	汉族	3				
37	户主	唐恩善	汉族	33	高中	汉语,熟练	浪峨语,熟练	载瓦语,熟练
	妻子	赵润彩	汉族	31	小学	汉语,熟练		
	父亲	唐宗福	汉族	66	小学	汉语,熟练	浪峨语,熟练	载瓦语,熟练
	母亲	段春英	汉族	66	文盲	汉语,熟练		
	三妹	唐彩会	汉族	29	小学	汉语,熟练		
	长女	唐海燕	汉族	7	小一在读	汉语,熟练		
	长子	唐永杰	汉族	2				
38	户主	唐恩学	汉族	41	小学	汉语,熟练	浪峨语,熟练	载瓦语,熟练
	妻子	番 改	汉族	44	小学	汉语,熟练		
	长子	唐永福	汉族	21	小学	汉语,熟练	浪峨语,略懂	载瓦语,略懂
	次子	唐永正	汉族	18	高中	汉语,熟练		
	长女	唐咪东	汉族	14	小学	汉语,熟练		
39	户主	番在周	汉族	46	小学	汉语,熟练	浪峨语,熟练	载瓦语,熟练
	妻子	双彩顺	汉族	31	小学	汉语,熟练	载瓦语,熟练	
	长女	番成金	汉族	2				
40	户主	许关保	汉族	56	半文盲	汉语,熟练	浪峨语,熟练	载瓦语,熟练
	妻子	文咪东	汉族	55	文盲	汉语,熟练		
	长子	许庆付	汉族	25	初中	汉语,熟练		
	长女	许会连	汉族	30	小学	汉语,熟练		
	次女	许菊香	汉族	22	小学	汉语,熟练		
	外孙女	王晓晓	汉族	8	小学在读	汉语,熟练		
	外孙女	王盈盈	汉族	10	小学在读	汉语,熟练		

41	户主	李轮和	汉族	50	初中	汉语,熟练	浪峨语,熟练	载瓦语,熟练
	长女	李正相	汉族	19	小学	汉语,熟练		
42	户主	赵玉支	汉族	58	文盲	汉语,熟练		
	父亲	许有昌	汉族	93	文盲	汉语,熟练	浪峨语,熟练	载瓦语,熟练
	长女	许永芹	汉族	27	初中	汉语,熟练		
	次女	许永换	汉族	25	大学	汉语,熟练		
43	户主	唐恩平	汉族	35	初中	汉语,熟练	浪峨语,熟练	载瓦语,熟练
	妻子	柴彩芝	汉族	34	初中	汉语,熟练	载瓦语,熟练	
	父亲	唐宗寿	汉族	70	文盲	汉语,熟练	浪峨语,熟练	载瓦语,熟练
	母亲	番顺弟	汉族	64	文盲	汉语,熟练	浪峨语,熟练	载瓦语,熟练
	长子	唐永孝	汉族	10	小二在读	汉语,熟练		
	次子	唐永敬	汉族	3				
44	户主	番在传	汉族	38	小学	汉语,熟练	浪峨语,熟练	载瓦语,熟练
	妻子	唐翠兰	汉族	36	小学	汉语,熟练	浪峨语,熟练	载瓦语,熟练
	长子	番成新	汉族	17	初中	汉语,熟练		
	长女	番成艳	汉族	14	初中	汉语,熟练		
	次女	番成效	汉族	12	初中	汉语,熟练		
45	户主	唐宗绍	汉族	43	小学	汉语,熟练	浪峨语,熟练	载瓦语,熟练
	妻子	刘芹仙	汉族	41	小学	汉语,熟练		
	父亲	唐有亮	汉族	67	文盲	汉语,熟练	浪峨语,熟练	载瓦语,熟练
	长女	唐恩会	汉族	14	初中	汉语,熟练		
	长子	唐恩省	汉族	11	小二在读	汉语,熟练		
46	户主	杨梅正	汉族	33	初中	汉语,熟练	浪峨语,熟练	载瓦语,熟练
	妻子	张海芬	汉族	29	初中	汉语,熟练		
47	户主	唐宗要	汉族	40	文盲	汉语,熟练	浪峨语,熟练	载瓦语,熟练
	妻子	汤翠支	汉族	45	文盲	汉语,熟练		
	长子	唐恩柱	汉族	16	初中	汉语,熟练		
	长女	唐会彩	汉族	13	小学	汉语,熟练		

附:访谈录

弯丹村民委员会勐广汉寨村民小组
组长唐宗福访谈录

访谈对象:唐宗福,汉族

访谈地点:五岔路乡弯丹村民委员会勐广汉寨村民小组

访谈者:朱艳华、黄平

整理者:朱艳华、黄平

问:请您介绍一下您的个人情况。

答:我出生于 1944 年 11 月 20 日,是勐广汉寨土生土长的。小学毕业就不上学了。那个时候才解放,父母觉得读书没有用。1960 年去芒市培训会计一年,学做账,回来就当了汉寨的会计,当了 30 多年会计。后来又去村公所当了 3 年专业会计。2003 年回来当了汉寨村民小组的组长。

问:请您介绍一下家庭语言使用情况。

答:我有三子三女,现在都成家了,各自独立门户。小儿子现在当弯丹村支部书记。我们家全都是汉族。家里人之间都说汉语。子女第一语言都是汉语,其他语言如浪峨语、载瓦语、波拉语、勒期语等也都会,都熟练。老二在开车,专门做生意;老大在家做屠夫,有地,自己种了自己吃。几个孩子自己都有车,开车出去做生意,做些农副产品生意,从村里收购农副产品到芒市去卖。孩子们平时在家说汉语,出去做生意遇到什么人就说什么话。

问:请介绍一下汉寨的历史来源。

答:我们是从江西抚州府临川县东管街来的,来这里到我孙子有 18 代了。还有一批是从南京应天府上延县来的,有 23 代了。我们江西来的姓唐,南京来的姓许,姓唐的多一点。我们江西来的这批,是逃难来的,老祖宗带着我们来。据说南京来的这一批是兵家后代,老祖宗是诸葛侯时代(三国)的将军,叫徐福山,73 岁从南京上延县迁移到云南腾冲,在腾冲生活了十几年,子孙又从腾冲辗转迁移到勐广。

问:生活习惯是景颇族的还是汉族的?

答:基本上还是汉族习惯,穿汉族服装,说汉语,过汉族节日。也接受了景颇族的一些风俗习惯,家里都有景颇族服装,景颇族的目瑙纵歌节我们都穿景颇族服装,跟景颇族一起跳舞、唱歌。大部分人都学会了景颇族的语言,浪峨语、载瓦语、勒期语、波拉语都会。也跟景颇族通婚,既有汉族嫁给景颇族的,也有景颇族嫁给我们汉族的。我们跟景颇族的关系很好,没有什么民族隔阂。

问:村寨的经济情况怎么样?

答:人均年收入在 2000 元左右。主要种植水稻、玉米、茶叶、核桃、甘蔗等,还养殖猪、牛。平均每家有田地 1 亩。粮食作物一般是自给自足,经济作物拿去卖点钱。联产承包以后,老百姓对党的政策都很满意,日子过得都还比较好。家家户户都有摩托车、手机,6 家有汽车,还有几家有洗衣机、太阳能热水器。大概有 13 家有沼气,做饭、烧水都很方便。乡里对每家使用沼气资助 1500 元,自己出 1300 元左右。没有沼气的家庭,有的是因为经济条件不好,有的是因为没地方做。

问:村寨的教育情况怎么样?

答：村里的孩子一般能上到初中,初中毕业的占多数,国家只普及到初中。大学生也有,全村有 5 个大学生,其中一个是师范生。

问：村里的发展前景怎样?

答：从目前的情况来看,比过去发展得快。已经会利用一些科学的方法种地、养殖。过去我们一家人一年喂一头猪都喂不出来,现在一般一家一年可以喂十几头猪。经济条件比以前好多了。德宏州的目标是"六棵树、一棵草",我们的奋斗目标是"三棵树、一棵草",即核桃、茶叶、竹子、番麻(做建筑材料、做麻衣、造纸,还能做农药,能杀虫,对人体无害)。这个目标落实后,经济收入会大大增加。茶叶是一个台湾老板投资发展的,不施农药。

第四节　芒市五岔路乡五岔路村遮旦组景颇社语言使用个案调查

一、遮旦村民小组景颇社基本情况

遮旦景颇社是景颇族聚居的一个村寨,是五岔路村委会中唯一的一个景颇族村民小组。距离五岔路乡政府 6 公里。遮旦景颇社由于与遮旦村民小组汉族社紧挨在一起,加上村寨四面有马掌田、中寨、回龙、新寨等汉族寨子,村中老少平时与汉族接触较多。

据该寨老人讲,大约一百多年前景颇族载瓦支系的何家来到这里"砍草立寨",并请排姓来做山官,后来何姓又陆续迁来居住,几经变动后才逐渐形成了以载瓦支系为主并有少量浪峨支系的村寨。

全寨现有 30 户,112 人,景颇族 106 人,阿昌族 1 人,汉族 5 人。本次调查人口中,景颇族载瓦支系 75 人,占全寨人口的 66.9 %,浪峨支系 16 人,景颇支系 1 人,勒期支系 1 人。

过去,景颇族普遍实行族内婚,"孟"、"模"("丈人种"和"姑爷种")是两大婚姻集团,"姑爷种"的男子娶"丈人种"的女子是天经地义的事情。景颇族娶外族媳妇或嫁给外族的情况比较少见,父母倾向于自己的子女与本民族结婚。随着时间的推移,景颇族的婚姻观念变得更加开放,父母对子女的婚姻问题也变得开明多了。近年来,嫁入本寨的汉族有 5 人,阿昌族 1 人,缅甸景颇族 1 人;本寨女子有远嫁到山东、广西的,还有嫁给本乡或外乡的汉族、阿昌族人家的。

遮旦景颇社耕地面积 280 亩,人均耕地面积 2.5 亩。过去以耕种水稻为主,主要经济作物是甘蔗,产业相对单一;近年来,惠农政策给村民带来了很多实惠,乡里给发展养殖业和种植业的村民以补贴,农民的积极性越来越高。村民开始成规模地养猪,种竹子、杉木、八角、板栗等经济作物。2009 年全村人均纯收入为 1500 元,可支配收入在五岔路村委会各村民小组中居中间水平。

2008 年,遮旦景颇社被列为全乡的新农村建设点和全省重点扶贫村。在上级政府的统一规划和大力扶持下,村民的生活条件大为改善。已建起了一个文化活动室,部分村民搬进了宽敞明亮的新居,崭新的水泥路通到每户村民门前,全村现有 12 辆摩托,手机户均一部,电视普及率接近 60%,有拖拉机 3 辆、面包车 1 辆。改变了过去红白喜事靠人挨家挨户通知、运输靠人背牛驮的局面。

遮旦景颇社的适龄儿童小学入学率达到 100%。但是很多读到初中就辍学在家或外出务工。全村出了 1 个研究生、2 个本科生、1 个中专生、7 个高中生。在外工作的有 10 人。在调查中我们了解到,很多父母都希望自己的孩子学有所成。村民孔早腊表示,小时候自己没有机会读书,尝到了没有文化的苦头,现在绝不能让孩子们重走老路,只要孩子们愿意读,再困难也要供。

景颇族传统习俗在村寨内保存良好。如果有婚丧嫁娶,全寨人都会到主人家帮忙,张罗招待从远方赶来的亲戚。过年或进新房时,象脚鼓、锣铓和钗声汇聚成一片,人们尽情地跳、尽情地唱。祭祀活动一般请董萨来主持,按照传统仪式进行。

二、遮旦村民小组景颇社语言使用情况

我们调查了村里的 30 户家庭,计 112 人。除 12 个不满 6 岁的儿童和 1 名聋哑人外,实际统计人口为 99 人。在 6 岁以上(含 6 岁)人口中,景颇族有 93 人,其他民族有 6 人。下面是对这 99 人语言使用情况的统计分析。

(一)景颇族的语言使用特点

遮旦景颇社在日常生活中主要用载瓦语交流。语言使用情况见表 1—表 6。

1. 载瓦支系母语使用情况分析

表 1

年龄段（岁）	调查人数	熟练		略懂		不懂	
		人数	百分比（%）	人数	百分比（%）	人数	百分比（%）
6—19	16	16	100	0	0	0	0
20—39	32	32	100	0	0	0	0
40—59	16	16	100	0	0	0	0
60 及以上	11	11	100	0	0	0	0
合计	75	75	100	0	0	0	0

上表显示,载瓦语使用情况稳定,各个年龄段的母语水平都为"熟练"。

为了能够清楚地了解遮旦景颇社载瓦支系的母语使用情况,我们对不同年龄阶段的母语人进行了 400 词测试。下表是各年龄段的测试结果:

表 2

姓名	年龄	词汇等级				A+B	测试成绩
		A	B	C	D		
何木班	12	300	53	20	27	353	优秀
何成东	18	362	13	23	2	375	优秀
何木东	22	366	12	20	2	378	优秀
排早诺	33	387	4	7	2	391	优秀
何老五	52	386	8	5	1	394	优秀

表中显示,各个年龄阶段掌握母语的水平均为优秀。这是因为载瓦语在遮旦景颇社为强势语言,是村里的主要交际工具。

2. 浪峨支系母语使用情况分析

表 3

年龄段（岁）	调查人数	熟练		略懂		不懂	
		人数	百分比(%)	人数	百分比(%)	人数	百分比(%)
6—19	5	0	0	5	100	0	0
20—39	5	4	80	1	20	0	0
40—59	3	1	33.3	2	66.7	0	0
60 及以上	3	3	100	0	0	0	0
合计	16	8	50	8	50	0	0

由上表看到,40 岁以下年龄段母语使用水平明显下降。

3. 载瓦支系的汉语使用情况分析

表 4

年龄段（岁）	调查人数	熟练		略懂		不懂	
		人数	百分比(%)	人数	百分比(%)	人数	百分比(%)
6—19	16	16	100	0	0	0	0
20—39	32	32	100	0	0	0	0
40—59	16	15	93.75	1	6.25	0	0
60 及以上	11	7	63.6	4	36.4	0	0
合计	75	70	93.3	5	6.7	0	0

上表显示,40 岁以下年龄段汉语水平都为"熟练",这是因为平时与汉族来往较多。

4. 浪峨支系的汉语使用情况分析

表 5

年龄段（岁）	调查人数	熟练		略懂		不会	
		人数	百分比(%)	人数	百分比(%)	人数	百分比(%)
6—19	5	5	100	0	0	0	0

20—39	5	5	100	0	0	0	0
40—59	3	3	100	0	0	0	0
60 及以上	3	2	. 66.7	1	33.3	0	0
合计	16	15	93.75	1	6.25	0	0

上表显示,60 岁以下年龄段的汉语水平都为"熟练",这是因为平时与汉族来往较多。

5. 景颇族各支系兼用载瓦语的情况分析

表 6

支系(人数)	支系语言的使用能力	人数	百分比(%)
景颇支系(1 人)	熟练	1	100
浪峨支系(16 人)	熟练	16	100
勒期支系(1 人)	熟练	1	100

上表显示,村里景颇、浪峨、勒期人的载瓦语水平都为"熟练",他们已普遍兼用载瓦语。我们对浪峨人孔早腊进行了 400 词测试,C 级词汇 16 个,D 级词汇 2 个,A 级和 B 级词汇共 382 个,测试结果为优秀。从中可以看出,由于载瓦支系人口众多,其语言具有明显的优势。

通过上表统计数据的分析,我们认为遮旦景颇社的语言使用有如下几个特点:

1. 载瓦语是遮旦景颇社的第一语言,100％的人都能够熟练地掌握运用载瓦语。各个年龄段的人母语使用水平都是"优秀"。我们在村寨中看到,他们的语言使用能力都很强。虽然赶集或平时与周边汉族寨子交往很多,但载瓦语在村寨中仍是强势语言,没有出现衰退的迹象。

2. 浪峨支系已大部分转用载瓦语。目前仍在使用浪峨语的人年龄都在 50 岁以上,共有 4 人。如何咪娃的父亲为载瓦支系,母亲为浪峨支系,妻子为汉族,是一个典型的多语家庭。父母亲交流各用自己的母语,他在家庭内部说载瓦语,母亲说浪峨语,其子女用载瓦语对答。他的妻子在家里多用汉语,与他父母交谈时用载瓦语。现在他的女儿能说一口流利的载瓦语、浪峨语和汉语,遇到不同支系的人能用不同的语言和他们交流。

3. 遮旦景颇社的景颇族全民兼用汉语。汉语是景颇族的重要交际工具,景颇族学生在学校的用语是汉语;村民外出打工、办事、做买卖、走亲戚时,一般也使用汉语,除非交谈的对象也会自己的母语,才用景颇族语言。

4. 少数景颇族还兼用傣语、缅语。根据调查统计,傣语使用为"熟练"的有 1 人。户主叫何纪春,由于他家耕种的水田靠近傣族寨子,加上他懂医术,常到傣族寨子行医,和傣族打交道的机会多,就学会了傣语。药木锐是从缅甸嫁过来的,出嫁前就能使用缅语交流。

遮旦景颇社的景颇族全民稳定使用自己的母语,其成因是:

1. 景颇族是遮旦景颇社的世居民族,有自己独特的文化。遮旦景颇社虽然临近汉族寨子,但村民的生活劳作范围相对固定。村里至今仍然保留着"吾戈拢"(户与户之间协同劳作)

的习俗,每到栽秧、割谷子或砍甘蔗等农忙时节,主人家就会挨户通知,各家都会抽人丁帮忙。这种劳作方式既增进了彼此感情,又扩大了母语使用的范围。如今的遮旦景颇社还保留着自己独特的服饰和饮食习俗,老人还能用母语讲述历史传说和民间故事。有一年一度的"目瑙纵歌节"和隆重的"进新房"仪式。这些特有的传统习俗和文化特征为遮旦景颇社传承母语提供了有利条件。

2. 景颇族母语感情深厚是稳定使用景颇语的情感基础。景颇语不仅是遮旦景颇社村民的重要交际工具,还是景颇族的民族心理、民族习惯、民族文化和民族感情的重要载体。当地人对自己的母语有着深厚的感情。村民何永春认为,一定要坚持使用自己的母语。虽然妻子是浪峨支系人,但在家里他和妻子说载瓦语,妻子则用浪峨语对答,彼此都听得懂。出外办事或赶集时遇到其他民族,只要他们听得懂载瓦语,他就用载瓦话和他们交流。据我们了解,村里很多人都有这种心理,他们深爱着自己的母语。这种情感有利于母语的代代相传和稳定使用。

3. 国家的民族政策为景颇族稳定使用母语提供了保障。中华人民共和国宪法规定:"各民族都有使用和发展本民族语言文字的自由。"这从根本上保障了各少数民族可以根据自己的意愿使用和发展本民族的语言和文字。如今,村民在家里就可以收听、收看民族语广播和电视节目,丰富群众的业余文化生活。在村民何当家,我们看到孩子们围在电视机前看载瓦语翻译的娱乐节目,不时传出愉快的笑声。此情此景让我们深有感触,是国家制定的民族语言政策为各民族提供了使用母语的保障,形成了民族和谐、语言和谐的大好局面。

(二) 非景颇族的语言使用情况

遮旦景颇社 5 个嫁过来的汉族在家庭内部对子女说汉语,对长辈则说载瓦语,对自己的丈夫有时说汉语,有时说载瓦语。阿昌族女子马生会的语言使用情况同她们一样。由于遮旦汉社紧邻该村,汉族和景颇族相互之间来往频繁,除年纪较大的外都能听懂载瓦语,有些还能说。我们对遮旦汉社的番汝法进行了 400 词测试,C 级词汇 24 个,D 级词汇 77 个,A 级和 B 级词汇共 299 个,测试结果为良好。

三、遮旦景颇社语言使用情况总表

编号	家庭关系	姓名	民族(支系)	年龄	文化程度	第一语言及水平	第二语言及水平	其他语言及水平	景颇文、载瓦文掌握情况
1	户主	排早都	景颇(载瓦)	37	小学	载瓦语,熟练	汉语,熟练	浪峨语,略懂	——
	妻子	张德华	汉族	38	小学	汉语,熟练	载瓦语,熟练	——	——
	长子	排早鑫	景颇(载瓦)	6	小一在读	载瓦语,熟练	汉语,熟练		

2	户主	排崩龙	景颇（载瓦）	34	文盲	载瓦语,熟练	汉语,熟练	浪峨语,略懂	——
	妻子	何木南	景颇（载瓦）	30	小学	载瓦语,熟练	汉语,熟练	浪峨语,略懂	——
	母亲	赵木准	景颇（载瓦）	69	文盲	载瓦语,熟练	汉语,略懂	浪峨语,略懂	——
	长女	排南乘	景颇（载瓦）	9	小三在读	载瓦语,熟练	汉语,熟练	浪峨语,略懂	——
	长子	排坤斌	景颇（载瓦）	4					
3	户主	何当	景颇（载瓦）	73	文盲	载瓦语,熟练	汉语,熟练	浪峨语,略懂	——
	妻子	石木介	景颇（载瓦）	66	文盲	载瓦语,熟练	汉语,略懂	浪峨语,略懂	——
	次子	何勒弄	景颇（载瓦）	32	初中	载瓦语,熟练	汉语,熟练	浪峨语,略懂	——
	次子媳	许树香	汉族	29	初中	汉语,熟练	载瓦语,略懂	——	
	次孙子	何成门	景颇（载瓦）	4					
4	户主	何勒干	景颇（载瓦）	38	小学	载瓦语,熟练	汉语,熟练	浪峨语,略懂	——
	妻子	石南黎	景颇（载瓦）	40	文盲	载瓦语,熟练	汉语,熟练	浪峨语,略懂	——
	长子	何成东	景颇（载瓦）	17	小学	载瓦语,熟练	汉语,熟练	浪峨语,略懂	——
	次女	何木班	景颇（载瓦）	12	初一在读	载瓦语,熟练	汉语,熟练	浪峨语,略懂	——
5	户主	鲍永春	景颇（载瓦）	31	高中	载瓦语,熟练	汉语,熟练	浪峨语,略懂	——
	妹	普木业	景颇（载瓦）	22	初中	载瓦语,熟练	汉语,熟练	浪峨语,略懂	——
6	户主	何老大	景颇（载瓦）	68	小学	载瓦语,熟练	汉语,熟练	浪峨语,熟练	——
	妻子	孔老妹	景颇（浪峨）	70	文盲	浪峨语,熟练	汉语,熟练	载瓦语,熟练	——
	长子	何咪娃	景颇（载瓦）	33	小学	载瓦语,熟练	汉语,熟练	浪峨语,熟练	——
	长子媳	郭贵芬	汉族	30	初中	汉语,熟练	载瓦语,熟练	浪峨语,略懂	——
	长孙女	何伴门	景颇（载瓦）	9	小二在读	载瓦语,熟练	汉语,熟练	浪峨语,熟练	——
	长孙子	何成永	景颇（载瓦）	2					
7	户主	何弄桑	景颇（载瓦）	47	小学	载瓦语,熟练	汉语,熟练	浪峨语,熟练	——
	妻子	李木准	景颇（载瓦）	46	小学	载瓦语,熟练	汉语,熟练	浪峨语,熟练	——
	长子	何成录	景颇（载瓦）	20	小学	载瓦语,熟练	汉语,熟练	浪峨语,熟练	——
	次子	何勒定	景颇（载瓦）	12	小六在读	载瓦语,熟练	汉语,熟练	浪峨语,熟练	——
8	户主	何永春	景颇（载瓦）	57	高中	载瓦语,熟练	汉语,熟练	浪峨语,熟练	——
	妻子	孔龙诺	景颇（浪峨）	52	文盲	浪峨语,熟练	汉语,熟练	载瓦语,熟练	——
	长子	何飞	景颇（载瓦）	35	小学	载瓦语,熟练	汉语,熟练	浪峨语,熟练	——
	次子	何勒三	景颇（载瓦）	33	小学	载瓦语,熟练	汉语,熟练	浪峨语,熟练	——
	三子	何金	景颇（载瓦）	28	初中	载瓦语,熟练	汉语,熟练	浪峨语,熟练	——
9	户主	何老五	景颇（载瓦）	52	小学	载瓦语,熟练	汉语,熟练	浪峨语,熟练	——
	妻子	祁木退	景颇（载瓦）	50	文盲	载瓦语,熟练	汉语,熟练	浪峨语,熟练	——
	四女	何木丁	景颇（载瓦）	20	文盲	载瓦语,熟练	汉语,熟练	浪峨语,略懂	——
	长子	何干门	景颇（载瓦）	12	小五在读	载瓦语,熟练	汉语,熟练	浪峨语,略懂	——

10	户主	何纪春	景颇（载瓦）	61	小学	载瓦语，熟练	汉语，熟练	浪峨语、傣语，熟练	——
	妻子	雷木退	景颇（载瓦）	52	文盲	载瓦语，熟练	汉语，熟练	浪峨语，略懂	——
	继母	石木六	景颇（载瓦）	74	文盲	载瓦语，熟练	汉语，略懂	浪峨语，略懂	——
	次子	何勒定	景颇（载瓦）	24	小学	载瓦语，熟练	汉语，熟练	浪峨语，略懂	——
	次子媳	石木双	景颇（载瓦）	19	小学	载瓦语，熟练	汉语，熟练	浪峨语，略懂	——
11	户主	何　成	景颇（载瓦）	68	小学	载瓦语，熟练	汉语，熟练	浪峨语，略懂	——
	妻子	包孔诺	景颇（浪峨）	61	文盲	浪峨语，熟练	载瓦语，熟练	汉语，略懂	——
	四子	何勒用	景颇（载瓦）	32	小学	载瓦语，熟练	浪峨语，熟练	汉语，熟练	——
12	户主	何勒门	景颇（载瓦）	43	文盲	载瓦语，熟练	汉语，熟练	浪峨语，略懂	——
	妻子	排木准	景颇（载瓦）	46	文盲	载瓦语，熟练	汉语，熟练	浪峨语，略懂	——
	长女	何木南	景颇（载瓦）	22	初中	载瓦语，熟练	汉语，熟练	浪峨语，略懂	——
	次女	何木退	景颇（载瓦）	17	初中	载瓦语，熟练	汉语，熟练	浪峨语，略懂	——
13	户主	殷木松	景颇（勒期）	34	初中	勒期语，熟练	载瓦语，熟练	汉语、浪峨语，熟练	——
	长女	何木半	景颇（载瓦）	14	初中	载瓦语，熟练	汉语，熟练	勒期语，略懂	——
	次女	何木兰	景颇（载瓦）	9	小三在读	载瓦语，熟练	汉语，熟练	勒期语，略懂	——
14	户主	孔龙这	景颇（浪峨）	46	初中	载瓦语，熟练	汉语，熟练	浪峨语，略懂	——
	妻子	祁木龙	景颇（载瓦）	46	小学	载瓦语，熟练	汉语，熟练	浪峨语，略懂	——
	长子	孔志孔	景颇（浪峨）	21	小学	载瓦语，熟练	汉语，熟练	浪峨语，略懂	——
	长女	孔志诺	景颇（浪峨）	16	初中	载瓦语，熟练	汉语，熟练	浪峨语，略懂	——
15	户主	孔早腊	景颇（浪峨）	38	小学	载瓦语，熟练	浪峨语，熟练	汉语，熟练	——
	妻子	排南锐	景颇（载瓦）	36	小学	载瓦语，熟练	汉语，熟练	浪峨语，略懂	——
	母亲	排南图	景颇（载瓦）	70	文盲	载瓦语，熟练	汉语，熟练	浪峨语，略懂	——
	长子	孔青孔	景颇（浪峨）	14	初三在读	载瓦语，熟练	汉语，熟练	浪峨语，略懂	——
	长女	孔展梦	景颇（浪峨）	12	小六在读	载瓦语，熟练	汉语，熟练	浪峨语，略懂	——
16	户主	鲍自孔	景颇（浪峨）	43	初中	载瓦语，熟练	汉语，熟练	浪峨语，略懂	——
	妻子	刀木玲	景颇（载瓦）	32	小学	载瓦语，熟练	汉语，熟练	浪峨语，略懂	——
	长女	鲍况诺	景颇（浪峨）	9	小二在读	载瓦语，熟练	汉语，熟练	浪峨语，略懂	——
	长子	鲍孔龙	景颇（浪峨）	4		载瓦语，熟练	汉语，略懂	浪峨语，略懂	——
17	户主	鲍自龙	景颇（浪峨）	39	小学	载瓦语，熟练	载瓦语，熟练	汉语，熟练	——
	妻子	何木南	景颇（载瓦）	40	小学	载瓦语，熟练	汉语，熟练	浪峨语，略懂	——
	长子	鲍龙孔	景颇（浪峨）	12	小四在读	载瓦语，熟练	汉语，熟练	浪峨语，略懂	——
	次子	鲍龙道	景颇（浪峨）	5					

18	户主	排勒山	景颇（载瓦）	53	文盲	载瓦语，熟练	汉语，熟练	浪峨语，略懂	——
	妻子	祁木图	景颇（载瓦）	44	文盲	载瓦语，熟练	汉语，熟练	浪峨语，略懂	——
	长子	排坤先	景颇（载瓦）	13	小六在读	载瓦语，熟练	汉语，熟练	浪峨语，略懂	——
19	户主	何拽	景颇（载瓦）	58	文盲	载瓦语，熟练	汉语，熟练	浪峨语，略懂	——
	妻子	赵木便	景颇（载瓦）	57	文盲	载瓦语，熟练	汉语，略懂	浪峨语，略懂	——
	四女	何木东	景颇（载瓦）	25	初中	载瓦语，熟练	汉语，熟练	浪峨语，略懂	——
	女婿	来见朝	景颇（载瓦）	32	小学	载瓦语，熟练	汉语，熟练	浪峨语，略懂	——
	孙子	何成榜	景颇（载瓦）	2					
20	户主	祁木东(女)	景颇（载瓦）	63	文盲	载瓦语，熟练	汉语，略懂	浪峨语，略懂	——
	长子	排早诺	景颇（载瓦）	34	小学	载瓦语，熟练	汉语，熟练	浪峨语，略懂	——
	长子媳	孙木图	景颇（载瓦）	24	小学	载瓦语，熟练	汉语，熟练	浪峨语，略懂	——
	次孙子	排早门	景颇（载瓦）	3					
21	户主	何 朋	景颇（载瓦）	61	小学	载瓦语，熟练	汉语，熟练	浪峨语，熟练	——
	妻子	排木介	景颇（载瓦）	57	小学	载瓦语，熟练	汉语，熟练	浪峨语，熟练	——
	次子	何勒都	景颇（载瓦）	29	小学	载瓦语，熟练	汉语，熟练	浪峨语，熟练	——
22	户主	何勒定	景颇（载瓦）	36	初中	载瓦语，熟练	浪峨语，熟练	汉语，熟练	——
23	户主	何勒都	景颇（载瓦）	31	初中	载瓦语，熟练	浪峨语，熟练	汉语，熟练	——
	妻子	孙彩会	汉族	28	小学	汉语，熟练	载瓦语，熟练	浪峨语，略懂	——
	长子	何成门	景颇（载瓦）	5					
24	户主	孔真美(女)	景颇（浪峨）	70	文盲	浪峨语，熟练	载瓦语，熟练	汉语，熟练	——
	三子	何勒腊	景颇（载瓦）	32	初中	载瓦语，熟练	浪峨语，熟练	汉语，熟练	——
	三子媳	孔道业	景颇（浪峨）	31	小学	浪峨语，熟练	载瓦语，熟练	汉语，熟练	——
	三孙女	何半喃	景颇（载瓦）	4					
25	户主	何成录	景颇（载瓦）	28	小学	载瓦语，熟练	汉语，熟练	浪峨语，略懂	——
	妻子	高 芬	汉族	28	小学	汉语，熟练	载瓦语，熟练	浪峨语，略懂	——
	长子	何成榜	景颇（载瓦）	7	小一在读	载瓦语，熟练	汉语，熟练	——	
26	户主	排老四	景颇（载瓦）	67	小学	载瓦语，熟练	汉语，熟练	浪峨语，略懂	——
	三子	排早腊	景颇（载瓦）	39	小学	载瓦语，熟练	汉语，熟练	浪峨语，略懂	——
	三子媳	药木锐	景颇（景颇）	32	小学	景颇语，熟练	载瓦语，熟练	汉语，略懂；缅语，熟练	景颇文
	孙女	排南写	景颇（载瓦）	9	小三在读	载瓦语，熟练	汉语，熟练	浪峨语，略懂	——
27	户主	何勒当	景颇（载瓦）	35	小学	载瓦语，熟练	汉语，熟练	浪峨语，熟练	——
	妻子	普扎东	景颇（载瓦）	27	小学	载瓦语，熟练	汉语，熟练	浪峨语，略懂	——
	长子	何干先	景颇（载瓦）	5					

28	户主	排早乱	景颇（载瓦）	31					聋哑
	妻子	祁木南	景颇（载瓦）	28	小学	载瓦语，熟练	汉语，熟练	浪峨语，略懂	——
	长子	排先利	景颇（载瓦）	8	小一在读	载瓦语，熟练	汉语，熟练	浪峨语，略懂	——
	长女	排南英	景颇（载瓦）	3					
29	户主	何勒定	景颇（载瓦）	33	小学	载瓦语，熟练	汉语，熟练	浪峨语，略懂	
	妻子	马生会	阿昌族	29	初中	阿昌语，熟练	汉语，熟练	载瓦语，熟练	
	长女	何斑写	景颇（载瓦）	7	小一在读	载瓦语，熟练	汉语，熟练	——	
	长子	何成云	景颇（载瓦）	1					
30	户主	孔金焕(女)	景颇（浪峨）	37	中专	浪峨语，熟练	汉语，熟练	载瓦语，熟练	

附：访谈录

五岔路乡五岔路村民委员会遮旦村民小组景颇社老社长何当访谈录

访谈对象:何当,景颇族载瓦支系
访谈时间:2010 年 7 月 27 日
访谈地点:五岔路村民委员会遮旦村民小组景颇社
访谈、整理者:朱艳华

问:您好! 请您介绍一下遮旦村民小组景颇社的基本情况。

答:这个寨在五岔路乡政府东边,距离乡政府 8 公里,都是塘石路。走路要一个多小时,五岔路村委会有 15 个村民小组,只有遮旦村民小组景颇社是景颇族寨子。我们东边的寨子叫回龙寨,是汉族、载瓦杂居的寨子,汉族更多;南边是篱笆坡,西边是马掌田,北边是中寨,都是汉族寨子。我们寨跟汉族寨子的田都在一起,是"插花地"。我们跟他们一起劳动,交往很多。我们寨主要种水稻、玉米,经济作物主要是核桃、甘蔗。还养水牛、猪、鸡。村民年人均收入 1500 元。寨子里大概 60% 的家庭有电视、手机,有的家庭有 2—3 部手机;40% 的家庭有摩托车。我们赶集都是到五岔路乡政府,五天赶一次集。有摩托车的人家就骑摩托车去赶集,只要半个小时左右。

问:寨子里有多少人? 民族构成情况怎样?

答:有 30 户,112 人。基本上都是景颇族,其中有 26 户是载瓦支系,4 户是浪峨支系。我们在家里和寨子里都说载瓦语,到外面去就说汉语。那几户浪峨人家,在家里就说浪峨语,出去了如果对方会浪峨语,也说浪峨语;如果对方不会浪峨语,就说载瓦语。比如何勒腊家,他母亲是浪峨支系,会说载瓦语,但是在家一般说浪峨语,在寨子里通常也说浪峨语。只有跟寨子里的小孩子说话时才说载瓦语,可能是觉得小孩子不会浪峨语她才说载瓦语。

问:寨子里的民族关系怎样?

答:很和谐,跟汉族的关系很好。有什么事大家一起做,像盖房子、娶媳妇、送葬,大伙儿都在一起,互相帮助。我们寨子的景颇族跟汉族通婚,娶了汉族媳妇的有 6 家,嫁给汉族的有 12 个。民族之间没有什么隔阂。

问:你们这里出去的干部多吧?

答:出去的干部有 10 个。出去的大学生有 3 个,何家的。

问:村里的教育情况怎么样呢?

答:处于学龄的少年儿童不多。一般初中毕业就不读了,读到高中的很少。家长还是希望孩子能够读上去。孩子都到五岔路读书。跟汉族学生比起来,成绩也不一定差,也有比汉族棒的。

问:传统习俗保留情况怎么样?

答:有很多都没有保留下来。新房都按汉族的房子样式盖,不建景颇族的房子了。平时不穿景颇族的服装,过节才穿,人人都有民族服装。服装是自己手工做的,老一辈的还会做,小一辈的都不会做了。结婚还有"过草桥"的仪式;有人去世的时候也要请董萨念经。宗教信仰方面,只信仰传统的原始宗教。周围的汉族有的信佛教。

问:生活习惯跟汉族相差大吗?

答:有一些不同。但饮食方面都差不多了。我们吃春菜,汉族也爱吃。我们和汉族互相请客吃饭,他们吃了我们的菜觉得好吃,也学着做。我们也做汉族的菜。有些汉族也会背我们景颇族的挎包、刀。一般都是景颇族送给他们的。

问:都会说载瓦语吗?

答:都会说,学说话的时候都学载瓦语。有的孩子会说汉语,因为我们寨子跟汉族寨子挨在一起,他们在一起玩的时候就学会了汉语。一般在上学前都会一点汉语。汉族的小孩也有一些会载瓦语。

问:小孩子上学有没有语言障碍?

答:跟汉族比起来,还是有一点的。老师都是讲汉语。

问:村子里的载瓦语会消失吗?

答:本民族的语言,不能忘记的。忘了语言就是忘爹忘妈了。肯定不能忘记的。我们本民族相处不说汉语,不习惯、别扭,觉得怪怪的。跟别的民族多数就说汉语。如果对方会载瓦语,我们就跟他们说载瓦语。德昂族也有说载瓦语的。

问:你们平时出去看得出谁是景颇族,谁是汉族吗?

答:看是看不出来的。个个都穿一样的服装,都背刀,怎么看得出来?但是一说话,我们就分辨得出来了。是汉族还是傣族,还是景颇族,只要一说话就知道了。

第五节　芒市三台山乡允欠村拱岭组语言使用个案调查

一、允欠村拱岭小组基本情况

允欠村拱岭小组距离三台山乡政府 10 公里左右,距离允欠村委会 9 公里,距 320 国道有 6 公里的盘山路。寨子坐落在山冈顶端的洼地,全组 38 户 166 人,散居在洼地两边的山坡上。

1982 年开始通毛路,2002 年通沙路,可以通农用小拖拉机、小面包车、摩托车等。1986 年通电,1994 年通水。这里的经济作物主要有香蕉、甘蔗,农作物主要有稻谷、玉米及其他瓜类、豆类作物。人均纯收入 250—350 元左右。基本解决了温饱问题。

全组有 100 来部手机,平均每家有两部手机。每家都有电视。有摩托车 50 辆左右,拖拉机、四轮车 8 辆。

寨子里原来有小学,但是学校只有十几个学生,1999 年已经撤掉。现在学生一般从小学一年级开始就到三台山九年制学校读书,都是住校。七八岁的小孩在老师的照顾下,基本可以自理。这个寨子目前还没有大学毕业生。中专、师范生 2 人,高中(职高)生 14 个。在外边工作的有五个副科级干部。

二、允欠村拱岭小组的语言使用特点

拱岭小组是勒期人、浪峨人的聚居地。38 户人家中,只有尚夺干一户载瓦人。丁翁岁是 20 多年前从缅甸迁过来的缅族人,妻子是当地浪峨人,儿子也转成浪峨人。从其他寨子里嫁过来的媳妇有载瓦人、波拉人、景颇人、德昂人、傈僳人、汉人,其中载瓦 22 人,景颇 1 人,波拉 1 人,汉族 4 人,德昂 4 人。全组 166 人,6 岁以下的 8 人,6 岁以上的 158 人。由于 6 岁以下的人语言使用能力还不够稳定,我们只对 6 岁(含 6 岁)以上的 158 人进行了穷尽式调查。下面是对该组的语言使用情况统计分析。

(一) 使用母语的情况

拱岭小组是典型的山庄窝铺,地处偏僻,人口稀少。这里世代以农业为主,刀耕火种,与外界联系较少,形成了典型的景颇族聚居区,完好地保留了母语。即使是外地嫁来的媳妇,也多是来自周围三乡五里的寨子,且多数是载瓦人,他们语言相通,没有影响到母语的保存。景颇支系仅 1 人,汉族、德昂族各 4 人,因为有汉语或载瓦语的中介,交流中不需要刻意改变自己的语言。表 1 是我们对当地人使用母语情况进行的调查统计:

表 1

民族及支系	人数	第一语言使用情况			
		第一语言为母语的人数	百分比（%）	第一语言为非母语的人数	百分比（%）
景颇族勒期支系	64	64	100	0	0
景颇族浪峨支系	58	58	100	0	0
景颇族载瓦支系	24	24	100	0	0
景颇族波拉支系	1	1	100	0	0
景颇族景颇支系	1	1	100	0	0
汉族	4	4	100	0	0
德昂族	4	4	100	0	0
傈僳族	1	1	100	0	0
缅族	1	1	100	0	0
合计	158	158	100	0	0

　　以上统计结果显示，该小组成员的第一语言都是自己的母语，并能够熟练地使用。通过进一步的调查，我们发现，寨子里的人都特别热爱自己的母语。他们认为，首先要懂得自己民族的语言，尊重自己民族的语言，否则是对不起自己的祖上。所以，这里的孩子都要学习父亲所属民族支系的语言，母亲的语言或其他语言是作为第二语言学习的。这一点，与芒市的情况有些不同，在芒市的调查中，我们发现有些人是出于自己的民族感情学习母语的，而有些是出于对自己工作的需要去学习的（云南省为地市级以下的公检法系统招聘少数民族公务员面试时要求会说少数民族语言）。尊重母语的另一表现是，这里的人一般只讲自己的母语。当自己的孩子和自己讲别的支系话时，父母还是用本支系的话回答，他们认为自己是什么民族就讲什么话。即使是在村民开会或是对长辈说话时也是如此。只有在和其他支系的小孩说话时，害怕说自己的语言小孩听不懂，才用小孩所说的语言与其交流。

（二）使用汉语的情况

　　我们对该组 6 岁以上的 158 人使用汉语的情况进行调查统计，结果如表 2：

表 2

年龄段（岁）	人数	熟练		略懂		不懂	
		人数	百分比（%）	人数	百分比（%）	人数	百分比（%）
6—19	21	21	100	0	0	0	0
20—39	78	78	100	0	0	0	0
40—59	52	47	90.38	5	9.62	0	0
60 及以上	7	1	14.29	6	85.71	0	0
合计	158	147	96.49	11	3.51	0	0

上表显示,158人中绝大部分汉语水平达到熟练程度,只有11人处于略懂水平,没有不懂汉语的。在我们区分的四个年龄段中,从大到小,汉语达到熟练程度的比例分别是14.29%、90.38%、100%、100%。60岁以上的人100%达到汉语达到熟练水平的占总数的14.29%,而6—19岁、19—39岁的人100%达到汉语熟练水平都达到100%。汉语越来越受到人们的重视,成为人们日常生活中必须具备的通用语言。随着时代的发展,汉语从少数人能熟练掌握发展到100%达到熟练程度。究其原因,有如下几点:

1. 上学是大家学习汉语的一条重要途径。在我们的统计中,汉语是略懂水平的11人中,6人是文盲,5人是半文盲。上小学后,孩子们要听老师用汉语讲课,用汉语回答老师的提问,课外时间要和汉族、其他族的小朋友一起活动,自然提高了汉语的水平。随着对教育的重视程度的提高,学龄儿童都能保证入学,他们有意无意接触、使用汉语的机会增多,汉语水平逐步达到熟练程度。

2. 人员的流动使大家认识到学习汉语的重要性。改革开放以后,农村实行责任制,大大解放了生产力。大量的剩余劳动力流向城市及其他需要劳动力的地方。拱岭小组也不例外,年轻人到外面打工的越来越多,有的到芒市,有的到广州等其他城市,要融入他们所在的群体,汉语是必要的通行证。这也是他们熟练掌握汉语的重要原因。

3. 广播电视节目的熏陶。这里家家户户都有电视,他们介绍说能收看50来个频道的节目。新闻广播、连续剧、丰富多彩的娱乐节目等大多是面向全国人民的普通话节目,人们在看电视的过程中耳濡目染,汉语水平得到不断地巩固和提升。

(三)景颇族各支系兼用支系语言的情况

在我们调查的158人中,有148人是景颇族,占全组人口的93.67%。其中勒期支系64人,浪峨支系58人,载瓦支系24人,波拉支系1人,景颇支系1人。勒期、浪峨两个较大的支系是当地的世居支系,家族性较强,载瓦支系成员大部分是从别的寨子嫁过来的,人数也相对较多。他们的语言在当地具有一定的强势,会在彼此之间以及对其他几个民族或支系的外来人口形成一定影响,造成支系语言的兼用情况。

1. 景颇各支系兼用勒期语的情况

支系	人数	熟练		略懂		不懂	
		人数	百分比(%)	人数	百分比(%)	人数	百分比(%)
浪峨支系	58	51	87.93	0	0	7	12.07
载瓦支系	24	22	91.67	0	0	2	8.33
景颇支系	1	1	100	0	0	0	0
波拉支系	1	1	100	0	0	0	0
总人数	84	75	88.10	0	0	9	11.90

　　上表显示,勒期语对当地人口较少的波拉、景颇支系影响最大,其次是对载瓦支系的影响,91.67％的载瓦人熟练掌握勒期语。可以说勒期语已成为当地的通用语言之一。

　　2. 景颇各支系兼用浪峨语的情况

支系	人数	熟练		略懂		不懂	
		人数	百分比(％)	人数	百分比(％)	人数	百分比(％)
勒期支系	64	55	85.94	1	1.56	8	12.5
载瓦支系	24	19	79.17	0	0	5	20.83
景颇支系	1	1	100	0	0	0	0
波拉支系	1	1	100	0	0	0	0
总人数	90	76	80	1	1.11	13	18.89

　　上表显示,浪峨语同样是当地的通用语言之一,对当地勒期人及外来支系人员产生了很大的影响。

　　3. 景颇各支系兼用载瓦语的情况

支系	人数	熟练		略懂		不懂	
		人数	百分比(％)	人数	百分比(％)	人数	百分比(％)
勒期支系	64	45	70.31	0	0	19	29.69
浪峨支系	58	55	94.83	1	1.72	2	3.45
景颇支系	1	1	100	0	0	0	0
波拉支系	1	1	100	0	0	0	0
总人数	124	102	82.26	1	0.81	21	16.93

　　虽然这里的载瓦人大部分为外来人员,不具有家族的凝聚性特征,但从调查表中可以看出,当地人并不排斥载瓦语,相反,兼用态度还是非常积极的。浪峨支系掌握载瓦语的人数达94.83％,这与载瓦语在周边村寨的强势有较大关系,我们在芒市街上随便碰到的景颇人,说载瓦语的比例要远远高于说其他支系语言的比例。

　　4. 景颇各支系兼用波拉语的情况

支系	人数	熟练		略懂		不懂	
		人数	百分比(％)	人数	百分比(％)	人数	百分比(％)
勒期支系	64	0	0	4	6.25	60	93.75
浪峨支系	58	5	8.60	0	0	53	91.40
载瓦支系	24	0	0	0	0	24	0
景颇支系	1	0	0	0	0	1	100
总人数	147	5	3.40	4	2.72	138	93.88

　　拱岭波拉、景颇支系都只有一人。在这种情况下,人们接触波拉语的机会少,波拉语难以

成为人们的学习对象。64 个勒期人,只有 4 人略懂,能熟练掌握的人数是 0。58 个浪峨人也只有 5 个人掌握波拉语,其余人都不懂。这也说明,在语言环境缺失的情况下,人们很少注意波拉语的使用,波拉语对这个寨子几乎没有什么影响。

5. 景颇各支系兼用景颇语的情况

支系	人数	熟练		略懂		不懂	
		人数	百分比(%)	人数	百分比(%)	人数	百分比(%)
勒期支系	64	0	0	0	0	64	100
浪峨支系	58	2	3.45	0	0	56	96.55
载瓦支系	24	0	0	0	0	24	100
波拉支系	1	0	0	0	0	1	100
总人数	147	2	1.36	0	0	145	98.64

上表显示,在同样环境下,学习景颇语的比例比学习波拉语的比例还要小。这并不是景颇语没有波拉语重要,而是因为景颇语是各支系语言中最难学的一种。

综合以上的统计分析,我们可以看出,拱岭的支系语言兼用情况主要是勒期、载瓦、浪峨三种语言平行使用,这三种语言是寨子里的强势语言。由于成员太少,波拉语、景颇语是弱势语言,难以在这里通行。

(四)其他民族兼用景颇支系语言的情况

		汉族	德昂族	傈僳族	缅族
		4	4	1	1
勒期语	熟练		3	1	1
	略懂	1	1		
	不懂				
浪峨语	熟练		3	1	1
	略懂	3			
	不懂				
载瓦语	熟练		3	1	
	略懂	2			
	不懂				

拱岭的非景颇族总共有 10 人,其中汉族、德昂族各 4 人,傈僳族、缅族各 1 人。从他们兼用景颇语的情况来看,汉族相对较差。一方面是他们来到这里的时间短,更重要的是这里的人全民兼用汉语。

三、允欠村拱岭语言使用情况调查表

编号	家庭关系	姓名	民族（支系）	年龄	文化程度	第一语言及水平	第二语言及水平	其他语言及水平	文字掌握情况
1	户主	电丁崩	景颇（勒期）	39	小学	勒期语，熟练	载瓦语，熟练	汉语，熟练	景颇文、载瓦文
	妻子	何木南	景颇（载瓦）	42	小学	载瓦语，熟练	勒期语，熟练	汉语，熟练	景颇文、载瓦文
	长子	电伟	景颇（勒期）	21	初中	载瓦语，熟练	勒期语，熟练	汉语，熟练	
	次子	电崩科	景颇（勒期）	19	初中	勒期语，熟练	载瓦语，熟练	汉语，熟练	载瓦文、景颇文
2	户主	孔勒当	景颇（浪峨）	47	初中	浪峨语，熟练	载瓦语，熟练	汉语，熟练	载瓦文
	妻子	尚木图	景颇（载瓦）	46	初中	载瓦语，熟练	汉语，熟练	勒期语，熟练	载瓦文
	妹妹	孔木罗	景颇（浪峨）	44	小学	浪峨语，熟练	载瓦语，熟练	汉语，熟练	
	长女	孔党目	景颇（浪峨）	24	中专	浪峨语，熟练	载瓦语，熟练	汉语，熟练	
	长子	孔党龙	景颇（浪峨）	19	中专	浪峨语，熟练	载瓦语，熟练	汉语，熟练	
3	户主	殿昌英	景颇（勒期）	32	初中	勒期语，熟练	载瓦语，熟练	浪峨语、汉语，熟练	
	妻子	保道内	景颇（浪峨）	24	初中	浪峨语，熟练	勒期语，熟练	汉语，熟练	
	长女	殿英文	景颇（勒期）	4					
4	户主	杨江总	景颇（浪峨）	44	初中	浪峨语，熟练	勒期语，熟练	景颇语、汉语、德昂语、波拉语，熟练；载瓦语，略懂	
	妻子	孔南帮	景颇（浪峨）	42	小学	浪峨语，熟练	勒期语，熟练	载瓦语、汉语，熟练	
	长女	杨总诺	景颇（浪峨）	40	初中	浪峨语，熟练	勒期语，熟练	载瓦语、汉语，熟练	
	长子	杨总孔	景颇（浪峨）	21	初中	浪峨语，熟练	勒期语，熟练	载瓦语、汉语，熟练	
5	户主	保则龙	景颇（浪峨）	48	初中	浪峨语，熟练	勒期语，熟练	载瓦语、汉语、德昂语，熟练	
	妻子	电木送	景颇（勒期）	48	小学	勒期语，熟练	浪峨语，熟练	载瓦语、汉语，熟练	
	长子	保龙孔	景颇（浪峨）	26	初中	浪峨语，熟练	勒期语、载瓦语，熟练	汉语、德昂语，熟练	
	次子	保龙道	景颇（浪峨）	24	初中	浪峨语，熟练	勒期语，熟练	载瓦语、汉语，熟练	
	三子	保龙九	景颇（浪峨）	20	高中	浪峨语，熟练	勒期语，熟练	载瓦语、汉语，熟练	
	孙子	保孔龙	景颇（浪峨）	3					

6	户主	赵勒扫	景颇（勒期）	47	小学	勒期语,熟练	浪峨语,熟练	载瓦语、汉语,熟练
	妻子	尚木锐	景颇（载瓦）	47	初中	载瓦语,熟练	勒期语,熟练	浪峨语、汉语,熟练
	长子	赵扫崩	景颇（勒期）	24	高中	勒期语,熟练	载瓦语,熟练;浪峨语,略懂	汉语,熟练
	长女	赵扫南	景颇（勒期）	22	初中	勒期语,熟练	载瓦语,熟练	浪峨语、汉语,熟练
	次女	赵扫颂	景颇（勒期）	20	高中	勒期语,熟练	载瓦语,熟练	浪峨语、汉语,熟练
7	户主	电英科	景颇（勒期）	63	小学	勒期语,熟练	浪峨语,熟练	载瓦语、汉语,熟练
	妻子	相龙内	景颇（浪峨）	57	小学	浪峨语,熟练	勒期语,熟练	载瓦语、汉语,熟练
	长子	电科扫	景颇（勒期）	30	初中	勒期语,熟练	浪峨语,熟练	载瓦语、汉语,熟练
	次女	电木问	景颇（勒期）	26	初中	勒期语,熟练	浪峨语,熟练	载瓦语、汉语,熟练
	长子媳	保道诺	景颇（浪峨）	25	初中	浪峨语,熟练	载瓦语,熟练	勒期语、汉语,熟练
	孙子	电扫崩	景颇（勒期）	7	学前	勒期语,熟练	浪峨语,熟练	
8	户主	电给顶	景颇（勒期）	50	初中	勒期语,熟练	汉语,熟练	
	妻子	赵南帮	景颇（载瓦）	52	初中	载瓦语,熟练	德昂语,熟练	汉语,熟练
	长子	电丁约	景颇（勒期）	24	初中	勒期语,熟练	载瓦语,熟练	浪峨语,熟练
	二女	电顶苗	景颇（勒期）	22	初中	勒期语,熟练	载瓦语,熟练	汉语,熟练
	三女	电丁磊	景颇（勒期）	20	初中	勒期语,熟练	载瓦语,熟练	汉语,熟练
	长子媳	杨道内	景颇（浪峨）	28	初中	浪峨语,熟练	载瓦语,熟练	汉语,熟练
	孙子	电约崩	景颇（载瓦）	5				
9	户主	孔勒恩	景颇（浪峨）	56	小学	浪峨语,熟练	载瓦语,熟练	景颇语、勒期语、汉语,熟练
	妻子	懂麻锐	景颇（景颇）	54	小学	景颇语,熟练	载瓦语,熟练	浪峨语、勒期语、汉语,熟练
	长子	孔勒折	景颇（浪峨）	32	高中	浪峨语,熟练	载瓦语,熟练	勒期语,熟练
	二女	孔木素	景颇（浪峨）	27	高中	浪峨语,熟练	载瓦语,熟练	勒期语,熟练
	三女	孔木老	景颇（浪峨）	25	初中	浪峨语,熟练	载瓦语,熟练	勒期语,熟练
	长子媳	郭保仙	汉族	27	初中	汉语,熟练	载瓦语,略懂	勒期语、浪峨语,略懂
	孙女	孔智瑛	景颇（浪峨）	6	学前	浪峨语,熟练	载瓦语、汉语,熟练	勒期语,熟练

10	户主	丁翁岁	缅族	46		缅语,熟练	傣语,熟练	浪峨语、勒期语、汉语,熟练	
	妻子	杨江女	景颇(浪峨)	42	小学	浪峨语,熟练	勒期语、载瓦语,熟练	汉语,熟练	
	长子	丁岁	景颇(浪峨)	24	初中	浪峨语,熟练	勒期语,熟练	载瓦语、汉语,熟练	
11	户主	赵丁总	景颇(勒期)	50	初中	勒期语,熟练	浪峨语,熟练	载瓦语、汉语,熟练	
	妻子	丁红再	景颇(浪峨)	49	初中	浪峨语,熟练	载瓦语,熟练	勒期语、汉语,熟练	
	长女	赵总南	景颇(勒期)	27	初中	勒期语,熟练	浪峨语,熟练	载瓦语、汉语,熟练	
	二女	赵木松	景颇(勒期)	26	高中	勒期语,熟练	浪峨语,熟练	载瓦语、汉语,熟练	
	长子	赵总崩	景颇(勒期)	25	初中	勒期语,熟练	浪峨语,熟练	载瓦语、汉语,熟练	
12	户主	保龙总	景颇(浪峨)	44	初中	浪峨语,熟练	载瓦语,熟练	勒期语、汉语,熟练	
	妻子	刀木汤	景颇(载瓦)	42	小学	载瓦语,熟练	浪峨语,熟练	勒期语、汉语,熟练	
	次女	保总内	景颇(浪峨)	17	初中	浪峨语,熟练	载瓦语,熟练	勒期语、汉语,熟练	
13	户主	赵勒英	景颇(勒期)	52	初中	勒期语,熟练	浪峨语,熟练	汉语,熟练;波拉语,略懂	
	妻子	孔志强	景颇(波拉)	48	初中	波拉语,熟练	浪峨语、载瓦语,熟练	汉语,熟练	
	长子	赵英科	景颇(勒期)	25	初中	勒期语,熟练	浪峨语,熟练	载瓦语、汉语,熟练;波拉语,略懂	
	次子	赵英总	景颇(勒期)	21	初中	勒期语,熟练	浪峨语,熟练	载瓦语、汉语,熟练;波拉语,略懂	
	长子媳	保道央	景颇(浪峨)	22	小学	浪峨语,熟练	勒期语,熟练	汉语,熟练	
	孙女	赵科南	景颇(勒期)	2					
14	户主	杨江顶	景颇(浪峨)	54	小学	浪峨语,熟练	载瓦语,熟练	勒期语、汉语,熟练	
	妻子	李木变	景颇(载瓦)	52	小学	载瓦语,熟练	浪峨语,熟练	勒期语、汉语,熟练	
	长女	杨道诺	景颇(浪峨)	29	初中	浪峨语,熟练	载瓦语,熟练	勒期语、汉语,熟练	
	长子	杨力	景颇(浪峨)	26	初中	浪峨语,熟练	载瓦语,熟练	勒期语、汉语,熟练	

15	户主	电木男	景颇(勒期)	40	小学	勒期语,熟练	浪峨语,熟练	载瓦语、汉语,熟练	
	长女	保孔诺	景颇(浪峨)	21	初中	浪峨语,熟练	勒期语,熟练	载瓦语、汉语,熟练	
	次子	保孔陇	景颇(浪峨)	19	初中	浪峨语,熟练	勒期语,熟练	载瓦语、汉语,熟练	
16	户主	何木写	景颇(载瓦)	47	初中	载瓦语,熟练	勒期语,熟练	汉语,熟练	
	次子	殿于文	景颇(勒期)	23	初中	勒期语,熟练	载瓦语,熟练	浪峨语、汉语,熟练	
	长女	殿于兰	景颇(勒期)	21	初中	勒期语,熟练	载瓦语,熟练	浪峨语、汉语,熟练	
17	户主	杨江炯	景颇(浪峨)	32	小学	浪峨语,熟练	载瓦语,熟练	勒期语、德昂语、汉语,熟练	
	妻子	蒋玉补	德昂	41	小学	德昂语,熟练	浪峨语,熟练	载瓦语、勒期语、汉语,熟练	
	长女	杨红诺	景颇(浪峨)	22	初中	浪峨语,熟练	德昂语,熟练	载瓦语、汉语、勒期语,熟练	
	次女	杨红内	景颇(浪峨)	20	初中	浪峨语,熟练	德昂语,熟练	载瓦语、勒期语、汉语,熟练	
	长子	杨红孔	景颇(浪峨)	15	初中在读	浪峨语,熟练	德昂语,熟练	载瓦语、勒期语、汉语,熟练	
18	户主	尚夺干	景颇(载瓦)	36	中专	载瓦语,熟练	勒期语,熟练	浪峨语、汉语,熟练	
	妻子	何木兰	景颇(载瓦)	27	初中	载瓦语,熟练	勒期语,熟练	浪峨语、汉语,熟练	
	长女	尚夺宽	景颇(载瓦)	6	小学在读	载瓦语,熟练	勒期语,熟练	浪峨语、汉语,熟练	
	祖母	电崩男	景颇(勒期)	83	文盲	勒期语,熟练	载瓦语,熟练	浪峨语,熟练;汉语,略懂	
19	户主	保则总	景颇(浪峨)	44	中专	浪峨语,熟练	勒期语,熟练	载瓦语、汉语,熟练	
	妻子	赵南东	景颇(载瓦)	40	初中	载瓦语,熟练	浪峨语,熟练	勒期语、汉语,熟练	
	长子	保总孔	景颇(浪峨)	19	初中	浪峨语,熟练	载瓦语,熟练	勒期语、汉语,熟练	
	次子	保总道	景颇(浪峨)	10	小学在读	浪峨语,熟练	载瓦语,熟练	勒期语、汉语,熟练	
	母亲	电应男	景颇(勒期)	70	文盲	勒期语,熟练	浪峨语,熟练	载瓦语,熟练;汉语,略懂	

20	户主	电影总	景颇(勒期)	54	小学	勒期语,熟练	浪峨语,熟练	载瓦语、汉语,熟练	
	妻子	雷木兰	景颇(勒期)	55	小学	勒期语,熟练	载瓦语,熟练	浪峨语、汉语,熟练	
	长子	电总崩	景颇(勒期)	25	初中	勒期语,熟练	载瓦语,熟练	浪峨语、汉语,熟练	
	次女	电木送	景颇(勒期)	30	初中	勒期语,熟练	载瓦语,熟练	浪峨语、汉语,熟练	
21	户主	尚夺定	景颇(载瓦)	54	小学	载瓦语,熟练	勒期语,熟练	汉语,熟练;德昂语,略懂	
	妻子	电木兰	景颇(勒期)	53	小学	勒期语,熟练	载瓦语、浪峨语,熟练	汉语,熟练	
	次子	尚夺弄	景颇(载瓦)	29	初中	载瓦语,熟练	勒期语、浪峨语,熟练	汉语,熟练;德昂语,略懂	
22	户主	保自鸿	景颇(浪峨)	46	初中	浪峨语,熟练	载瓦语、波拉语,熟练	汉语、德昂语,熟练	
	妻子	施在存	汉族	34	小学	汉语,熟练	浪峨语,略懂		
	长女	保云英	景颇(浪峨)	23	中专	浪峨语,熟练	勒期语、载瓦语,熟练	汉语,熟练	
	次子	保云杰	景颇(浪峨)	12	初中在读	浪峨语,熟练	勒期语、载瓦语,熟练	汉语,熟练	
23	户主	保孔道	景颇(浪峨)	52	小学	浪峨语,熟练	载瓦语、勒期语、波拉语,熟练	汉语,熟练;德昂语,略懂	
	妻子	孔木目	景颇(浪峨)	47	小学	浪峨语,熟练	载瓦语、勒期语,熟练	汉语,略懂	
	长子	保道孔	景颇(浪峨)	27	初中	浪峨语,熟练	载瓦语、勒期语,熟练	汉语,熟练;德昂语,略懂	
	长子媳	雷自诺	景颇(浪峨)	23	初中	浪峨语,熟练	载瓦语、勒期语,熟练	汉语,熟练	
	孙子	保孔代	景颇(浪峨)	2					
24	户主	黄解云	汉族	28	初中	汉语,熟练			
25	户主	电灯南	景颇(勒期)	56	小学	勒期语,熟练	载瓦语、浪峨语,熟练	汉语,略懂	
	长子	赵勒英	景颇(勒期)	35	初中	勒期语,熟练	载瓦语、浪峨语,熟练	汉语,熟练	
	长子媳	蜜兰芳	傈僳	30	小学	傈僳语,熟练	载瓦语、浪峨语、勒期语,熟练	汉语,熟练	
	孙子	赵云鹏	景颇(勒期)	10	小学在读	勒期语,熟练	载瓦语、浪峨语,熟练	汉语,熟练	
26	户主	唐木江	景颇(载瓦)	60	文盲	载瓦语,熟练	浪峨语、勒期语,熟练	汉语,略懂	
	次子	电科顶	景颇(勒期)	28	初中	勒期语,熟练	载瓦语、浪峨语,熟练	汉语,熟练;德昂语,略懂	

27	户主	电给科	景颇（勒期）	52	小学	勒期语，熟练	载瓦语、浪峨语，熟练	汉语，熟练；波拉语、德昂语，略懂	
	妻子	何木比	景颇（载瓦）	52	文盲	载瓦语，熟练	勒期语、浪峨语，熟练	汉语，略懂	
	次女	电木苗	景颇（勒期）	33	初中	勒期语，熟练	载瓦语、浪峨语，熟练	汉语，熟练	
	四女	电木送	景颇（勒期）	27	初中	勒期语，熟练	载瓦语、浪峨语，熟练	汉语，熟练	
	孙女	孙玉梅	景颇（勒期）	13	小学在读	勒期语，熟练	载瓦语、浪峨语，熟练	汉语，熟练	
28	户主	保孔红	景颇（浪峨）	50	初中	浪峨语，熟练	载瓦语、勒期语、波拉语，熟练	汉语、德昂语，熟练	
	妻子	电丁送	景颇（勒期）	42	小学	勒期语，熟练	载瓦语、浪峨语，熟练	汉语，熟练	
	次子	保红则	景颇（浪峨）	23	初中	浪峨语、勒期语，熟练	载瓦语，熟练	汉语，熟练；德昂语，略懂	
	长女	保红诺	景颇（浪峨）	6	小学在读	浪峨语、勒期语，熟练	载瓦语，熟练	汉语，熟练	
29	户主	唐木刀	景颇（载瓦）	51	初中	载瓦语，熟练	浪峨语、勒期语，熟练	汉语，熟练	
	长子	电勒崩	景颇（勒期）	25	初中	勒期语、载瓦语，熟练	浪峨语，熟练	汉语、德昂语，熟练	
	次子	电勒科	景颇（勒期）	24	小学	勒期语、载瓦语，熟练	浪峨语，熟练	汉语，熟练	
	长女	电木南	景颇（勒期）	27	初中	勒期语、载瓦语，熟练	浪峨语，熟练	汉语，熟练	
	长子媳	相自内	景颇（浪峨）	21	初中	浪峨语，熟练	勒期语、载瓦语、波拉语，熟练	汉语，熟练	
30	户主	孔木强	景颇（浪峨）	52	小学	浪峨语，熟练	载瓦语、勒期语，熟练	汉语，熟练	
	长女	祁木努	景颇（载瓦）	29	小学	浪峨语、载瓦语，熟练	勒期语，熟练	汉语，熟练	
	次女	祁木兰	景颇（载瓦）	26	中专	浪峨语、载瓦语，熟练	勒期语，熟练	汉语，熟练	
	长子	祁勒干	景颇（载瓦）	24	初中	浪峨语、载瓦语，熟练	勒期语，熟练	汉语，熟练	
	长子媳	何木图	景颇（载瓦）	27	初中	载瓦语，熟练	浪峨语，熟练	汉语，熟练	
	孙子	祁勒约	景颇（载瓦）	3					

31	户主	殿永光	景颇（勒期）	35	高中	勒期语，熟练	浪峨语、载瓦语，熟练	汉语，熟练	
	妻子	孔树芳	景颇（载瓦）	32	初中	载瓦语，熟练	勒期语、浪峨语，熟练	汉语，熟练	
	母亲	何木便	景颇（载瓦）	65	文盲	载瓦语，熟练	勒期语、浪峨语，熟练	汉语，略懂	
	妹妹	殿顶雷	景颇（勒期）	31	小学	勒期语，熟练	浪峨语、载瓦语，熟练	汉语，熟练	
	儿子	殿科昌	景颇（勒期）	9	小学在读	勒期语熟练	浪峨语、载瓦语，熟练	汉语，熟练	
32	户主	保道龙	景颇（浪峨）	39	小学	浪峨语，熟练	载瓦语、勒期语，熟练	汉语，熟练	
	妻子	电木难	景颇（勒期）	34	小学	勒期语，熟练	载瓦语、浪峨语，熟练	汉语，熟练	
	长子	保龙孔	景颇（浪峨）	17	小学	浪峨语，熟练	勒期语、载瓦语，熟练	汉语，熟练	
	长女	保龙诺	景颇（浪峨）	13	小学在读	浪峨语，熟练	勒期语、载瓦语，熟练	汉语，熟练	
33	户主	电勒崩	景颇（勒期）	36	小学	勒期语，熟练	浪峨语、载瓦语，熟练	汉语，熟练；德昂语，略懂	
	妻子	李玉苗	德昂	34	文盲	德昂语，熟练	浪峨语、勒期语、载瓦语，熟练	汉语，熟练，	
	长子	电崩江	景颇（勒期）	17	初中	勒期语，熟练	浪峨语、载瓦语，熟练	汉语、德昂语，熟练	载瓦文
	次女	电崩南	景颇（勒期）	14	初中在读	勒期语，熟练	浪峨语、载瓦语，熟练	汉语、德昂语，熟练	载瓦文
34	户主	电勒总	景颇（勒期）	25	初中	勒期语，熟练			
	妻子	赵先摆	德昂	24	小学	德昂语，熟练	勒期语，略懂	汉语，熟练	
	长女	电总蕾	景颇（勒期）	2					
	母亲	杨江苗	景颇（浪峨）	56	半文盲	浪峨语，熟练	勒期语、载瓦语，熟练	汉语，略懂	
	姐姐	电木罗	景颇（勒期）	27	初中	勒期语，熟练	浪峨语、载瓦语，熟练	汉语，熟练	
35	户主	电勒丁	景颇（勒期）	42	初中	勒期语，熟练	浪峨语、载瓦语，熟练	汉语，熟练；德昂语，略懂	景颇文、载瓦文
	妻子	雷木锐	景颇（载瓦）	41	小学	载瓦语，熟练	勒期语、浪峨语，熟练	汉语，熟练	
	长子	电丁崩	景颇（勒期）	21	高中	勒期语，熟练	浪峨语、载瓦语，熟练	汉语，熟练	载瓦文
	长女	电丁南	景颇（勒期）	16	初中	勒期语，熟练	浪峨语、载瓦语，熟练	汉语，熟练	

36	户主	何木腿	景颇（载瓦）	74	文盲	载瓦语，熟练	勒期语、浪峨语，熟练	汉语，略懂
	儿媳	番云换	汉族	31	中专	汉语，熟练	浪峨语、载瓦语，略懂	
	孙女	保红诺	景颇（浪峨）	7	小学在读	浪峨语，熟练	载瓦语，熟练	汉语，熟练
37	户主	将玉送	德昂	45	文盲	德昂语，熟练	浪峨语、勒期语、载瓦语，熟练	汉语，熟练
	长子	保道孔	景颇（浪峨）	25	初中	浪峨语，熟练	勒期语、载瓦语，熟练	汉语、德昂语，熟练
	孙女	保 莹	景颇（浪峨）	2				
38	户主	邓勒总	景颇（勒期）	69	半文盲	勒期语，熟练	浪峨语、载瓦语，熟练	汉语，略懂
	妻子	保木养	景颇（浪峨）	57	小学	浪峨语，熟练	勒期语、载瓦语，熟练	汉语，略懂
	长子	邓宗崩	景颇（勒期）	45	小学	勒期语，熟练	浪峨语、载瓦语，熟练	汉语，熟练
	长子媳	电木龙	景颇（勒期）	45	小学	勒期语，熟练	浪峨语、载瓦语，熟练	汉语，熟练
	四女	邓木兰	景颇（勒期）	33	小学	勒期语，熟练	浪峨语、载瓦语，熟练	汉语，熟练
	长孙女	邓丽春	景颇（勒期）	22	高中	勒期语，熟练	浪峨语、载瓦语，熟练	汉语，熟练
	次孙女	邓丽波	景颇（勒期）	20	初中	勒期语，熟练	浪峨语、载瓦语，熟练	汉语，熟练

附：访谈录

访谈一：允欠村民委员会拱岭小组妇女组长孔树芳访谈录

访谈对象：孔树芳，景颇族载瓦支系

访谈时间：2010 年 7 月 25 日

访谈地点：允欠村民委员会拱岭小组活动室

访谈、整理者：王跟国

问：请您介绍一下您的家庭及语言使用情况。

答：我们家现在有五口人，我老公、我、我儿子、我老妈（丈夫的妈妈）、我妹妹（丈夫的妹妹）。我老妈瘫痪了，长年卧床，需要我们照顾。妹妹还没有出嫁，在广州打工。我丈夫是勒期

人,勒期语熟练,浪峨语、载瓦语也会听会说。我是载瓦人,说载瓦语,勒期语、浪峨语也熟练。老妈是载瓦人,载瓦语熟练,浪峨语、勒期语会听会说。儿子也是勒期话、载瓦话熟练。

问:请问您的孩子学说话的时候是先说载瓦语,还是先说勒期语?

答:先学勒期语,因为他爸爸是勒期人,他应该首先学会勒期语。

问:您的孩子要学勒期语、载瓦语,还要学汉语,您觉得这是否增加了孩子的负担?

答:没有,跟小朋友在一起玩的时候自然就学会了,不会有什么负担的。

问:您平时在家里或公开场合说哪种语言?

答:我们在家里都是各说各的话,相互都能听懂。村里开会时也是各讲各的话。如有外地人来就讲汉语。只有小孩听不懂的时候,才讲一点小孩能听懂的语言。

问:您跟老人讲话时是不是要说老人讲的语言以表示尊重?

答:不会,我们都是各讲各的话。要尊重老人,但必须尊重自己的语言。

问:这个寨子里讲载瓦语的人多吗?

答:不多,这个寨子里只有一两户是载瓦人,说载瓦语的基本上是从外地嫁过来的媳妇,大约有十几个。

问:你们学习景颇文字吗?

答:学,村子里去年还请基督教堂里的牧师来上景颇文,是盈江县的一个牧师来教,还发了景颇文的学习手册,有一本是景颇文记录的景颇歌曲。这个牧师现在在德宏的教堂。

问:你们村信教的人多吗?

答:不多,有一两户信基督教的,他们每个礼拜都要到村子里的教堂去做礼拜。

问:你们村是不是经常举办集体娱乐活动?

答:我们每到过年就在这里(小组活动室前的一个小广场)唱歌、跳舞。去年去三台山比赛,我们小组得了第三名。

问:您觉得生活在这个寨子里方便吗?

答:方便,我们去三台山也就是一个来小时(骑摩托车)。小孩在三台山上小学,一星期回来一次,集体租一张车,挺方便的。

问:这个寨子里有吸毒的吗?

答:以前有一两个,现在没有了。我们这里的人不偷,你家的东西放在路边,别人不会拿走的,有时会帮你拿回来,这里的人都非常好。

访谈二:允欠村拱岭村民电丁崩访谈录

访谈对象:电丁崩,景颇族勒期支系

访谈时间:2010 年 7 月 26 日

访谈地点：三台山乡允欠村委会拱岭村民小组活动室

访谈、整理者：保岩华

问：您家里有几口人？

答：现在有 4 个人。我和我媳妇，还有两个娃娃。

问：那您家里语言使用情况如何？

答：在家里我和我媳妇都是各讲各的语言。我是勒期支系，她是载瓦支系。她用她的话讲，我用我的话讲，都可以相互听懂的。她也会讲勒期语，但在家里一般不讲。在家里，她对我和娃娃们讲载瓦语。两个孩子和我讲勒期语，和他们的母亲讲载瓦语。他们两个之间就是勒期语也讲，载瓦语也讲。

问：咱村里面的景颇族，哪种支系的人数比较多？平时大家交流都是使用什么语言？

答：我们村里是勒期和浪峨比较多。载瓦的和波拉的有两三家。一般都是各支系讲各支系的语言，相互之间都能听懂。有时候只是有些词听不懂，那再解释一下就可以了。

问：村里面有外嫁过来的其他民族吗？平时与她们交流会有困难吗？

答：外嫁来的有汉族和德昂族。有的是德宏本地的，有的是外地的。刚嫁过来时主要讲汉语，比较难交流，而且外地来的人用汉语交流还不怎么方便，因为方言不同。现在交流已经很方便，因为他们学会了景颇族语言，一般要差不多两年才能学会。

问：就您个人观点而言，您认为汉语和您的母语哪个更重要？或者您还有其他观点？

答：现在嘛应该是汉语更重要一些。现在的社会，什么都是用汉语交流，不会汉语就连家门都出不了。所以应该是汉语更重要一点。

问：那您在教您的孩子说话时会首先考虑教什么语言呢？是汉语还是您的母语？

答：肯定是先教自己的母语了，我们都是景颇族，那孩子肯定得先学会自己民族的语言。

问：如果家里有人不会说母语，或不肯说母语，您怎么看？

答：这肯定是反对的。在家里面必须讲母语，如果不会讲，那也要学着讲，如果是会讲又不肯讲，肯定要骂他们。

问：您家里面有人外出打工吗？

答：有。我一个儿子出去打工了，在金矿场那边。

问：他多长时间回来一次？回来以后用景颇族语言和您家人交流还会很流利吗？会不会有的词用汉语说出？

答：儿子经常回来的。到家讲我们的话还是很流利的，不会用汉语代替。他在外面如果遇到其他景颇族也是用景颇族语言交流，所以不会忘记。

问：如果您家里有人外出学习或者打工几年后，回到家不再说母语，您怎么看？

答：在外面待久了，如果不经常讲自己的民族语，是会忘记一些的。如果他们在外面待久了，回来后不会说母语，那我们也可以理解。但是回到家也要学着说，不能因为不会就不学。

但是如果他们回到家后,会说自己的民族语言,却不再说,那肯定是要强烈反对的。你不肯说就不算你是这个民族。

问:您是否希望自己的子女成为双语人? 就是既会讲汉语,又会讲景颇族语言和其他语言?

答:这个就顺其自然了。因为最终是他们自己的选择。不过,有时候如果会讲景颇族语言不会讲汉语,那么我们会刻意地教他们汉语。因为现在社会上主要用汉语与外界沟通交流,什么都会一点可能会更好。

问:您会景颇族文字吗? 希望您的子女掌握本民族文字吗,比如载瓦文或景颇文?

答:我会一点点载瓦文,但不是非常熟练,一般慢慢地拼可以写一些,也能看懂一些。希望子女最好还是会写,因为本民族应该要会写本民族的文字,至少要会写自己的名字。但最终还是顺其自然,我也不会去强求。

问:那您认为载瓦文好学吗?

答:汉字和景颇族文字相比,汉字更难学点,景颇族文字只需拼出来就可以了。

问:家里现在能收到民族语言的广播或电视吗?

答:收不到。现在家里只能收到用汉语讲的电视,民族语频道这里还收不到。

问:如果现在有条件看用民族语言播放的电视、电影或收听广播,您会主动去看去听吗?

答:肯定会的,只是现在还没有这个条件。这个对我们帮助很大,电视里面用汉语讲的,有的专业词我们听不懂。

问:您平时看报纸吗? 家里或村里有订民族文字的报纸吗?

答:有时候会看一些的。因为在我们这里要得到报纸也不方便,所以只是有时候订了才看。村里没有,因为也不方便订,要每年年底才有一次订购的机会。倒是有时候谁到芒市城区赶集,回来时会顺便带一份《德宏团结报》回来,那上面有民族文的栏目,会看看上面的内容。我是非常喜欢看的。

第六节　芒市三台山乡允欠村三组语言使用个案调查

一、允欠三组基本情况

允欠三组是三台山允欠村委会所属的六个小组之一。全组共有 28 户,128 人。这是一个德昂族聚居的寨子,主要由德昂族、景颇族、汉族、彝族组成。德昂族 95 人,景颇族 9 人、汉族 2 人、彝族 1 人。寨子周围有傣族、景颇族和汉族的寨子。与三组距离较近的允欠一组、二组,是景颇族聚居的两个寨子。

允欠三组是个新寨子,为了生活方便,2002 年从山顶的老寨子搬迁过来。新寨距离原来的老寨子有五六公里,距离三台山乡政府有9公里。新寨到乡政府只有一小段弹石路,大部分是公路。交通很方便,村民的交通工具主要是摩托车。

允欠三组的经济水平在允欠村委属中等水平。主要经济作物是甘蔗、香蕉、茶叶,主要农作物是玉米、小豆、稻谷。也有靠养殖和出去打工补贴家用的,大多只在近处打工,只有一两个外出的。每家平均水田5分、旱地7亩、山林5亩。年人均收入在600—700元左右。这里2003年通水和电,2004年通路。现在家家户户都有摩托车、手机,拖拉机有13辆。

允欠村没有小学,三组的孩子都要到三台山乡上幼儿园、小学和初中。学生都是寄宿,从小就开始生活自理,每周回一次家。回家时大孩子领着小孩子到公路上坐公共汽车,不需要大人接送。三组的孩子大多都能读到初中毕业,目前有4个高中生,没有大学生。初中毕业后不能继续升学,主要有以下几个原因:一是自己考不上,二是经济困难,三是家里缺乏劳动力。

允欠三组由于大多是德昂族,村里主要交际用语是德昂语。如在村里聊天、生产劳动和买东西一般都说德昂语,小组开会、广播一般也用德昂语。到三组外边一般讲汉语,村委开会也用汉语。

允欠三组和周围傣族、景颇族、汉族的人往来密切、关系融洽,平时有什么事互相帮忙。不同民族互相通婚,村子里有几个嫁进来的景颇族媳妇。族际婚姻家庭的孩子,后代的民族成分和母语选择随父。

德昂族平时有泼水节、过老年、进袜等节日。进袜到出袜有三个月的时间,主要是在农忙的时候。德昂族的泼水节和傣族的泼水节一样,时间也一致。

二、允欠三组语言使用特点

本次调查我们共统计了三组23户家庭,其中95人是德昂族,所有户主都是德昂族。有10户家庭中别的民族成员,共10人。下面是允欠三组语言使用特点分析。

(一) 德昂族语言使用特点
1. 德昂族几乎全部能熟练掌握母语
在三组,家庭内部都使用德昂语,在村里聊天、生产劳动也都说德昂语。23户家庭中的90位德昂人的母语能力统计结果见下表1(6岁以下的儿童5人,不在统计范围之内):

表1

年龄段（岁）	人数	熟练		略懂		不懂	
		人数	百分比（%）	人数	百分比（%）	人数	百分比（%）
6—19	21	20	95.2	1	4.8	0	0
20—39	37	37	100	0	0	0	0
40—59	23	23	100	0	0	0	0
60及以上	9	9	100	0	0	0	0
合计	90	89	98.9	1	1.1	0	0

上表显示：无论哪个年龄段，德昂族几乎都能熟练掌握自己的母语。只有一名叫李岩兴的青少年，第一语言是载瓦语，德昂语的水平是"略懂"级别，因为他第一语言随母亲使用载瓦语。

为什么该小组德昂族语言保存得如此完好？主要是德昂族高度聚居，周围还有不少德昂族。其次是德昂族对自己民族语言有着深厚的感情。当问到"你家孩子学说话时，你最先教他的是什么语言"这个问题时，无一例外都选择教孩子本民族语言。

2. 允欠三组德昂族全部兼用汉语

表 2

年龄段（岁）	人数	熟练		略懂		不懂	
		人数	百分比（%）	人数	百分比（%）	人数	百分比（%）
6—19	21	21	100	0	5.9	0	0
20—39	37	36	97.3	1	2.7	0	0
40—59	23	21	91.3	2	8.7	0	0
60 及以上	9	8	88.9	1	11.1	0	0
合 计	90	86	95.6	4	4.4	0	0

三组德昂族 95.6% 的人能熟练掌握汉语，各年龄段掌握汉语情况没有太大差异。6—19 岁的青少年 100% 能熟练掌握汉语，40 岁以上的中老年有 90% 左右的人汉语熟练，稍微差一些。在各年龄段没有不懂汉语的人。

三组的德昂族除了掌握自己的母语外，全部都能兼用汉语。在族际婚姻家庭内，夫妻之间交流有的也使用汉语。如嫁给德昂族的赵木问，是景颇族勒期支系，结婚时，她不会德昂语，她丈夫也不会勒期语，所以他们用汉语或载瓦语交流。再如德昂族的王腊作与景颇支系的妻子结婚时都不懂对方语言，是通过汉语翻译才学会了彼此的语言。在村里，只要有外人来，一般都说汉语，走出德昂寨子，如果不了解对方是哪个民族，一般就用汉语交流。可见，汉语在德昂人的生活中有着重要的作用。

小组的德昂族在小学之前一般基本不懂汉语，或者是只懂一点汉语。汉语是在上幼儿园和小学之后学会的。现在小组的孩子都到三台山乡读寄宿小学，学习汉语有了更好的条件，他们的汉语水平将会有进一步的提高。

德昂族认为汉语在他们的生活中地位很重要。当问到"对你来说，下面两种语言哪种最重要"时，在允欠村，被调查人中有一半人选择汉语重要，一半人认为母语和汉语都重要。可见德昂族对学汉语重要性有深刻的认识，这就在客观上促进了他们对汉语的学习。

3. 允欠三组德昂族有相当一部分人兼用景颇族语言

允欠村共有 6 个小组，分别是允欠一组、允欠二组、允欠三组、帮弄、拱岭、下芒岗。除了允欠三组，其余全是景颇族寨子，且大多是载瓦浪峨、波拉、勒期等支系。表 3 至表 6 显示了德昂族兼用各支系语言的情况。

表 3　兼用载瓦语情况表

年龄段 （岁）	人数	熟练		略懂		不懂	
		人数	百分比（%）	人数	百分比（%）	人数	百分比（%）
6—19	21	4	19.1	2	9.5	15	71.4
20—39	37	16	43.2	10	27.1	11	29.7
40—59	23	1	4.3	10	43.5	12	52.2
60 及以上	9	2	22.2	3	33.3	4	44.5
合计	90	23	25.6	25	27.8	42	46.6

表 4　兼用浪峨语情况表

年龄段 （岁）	人数	熟练		略懂		不懂	
		人数	百分比（%）	人数	百分比（%）	人数	百分比（%）
6—19	21	2	9.5	3	14.3	16	76.2
20—39	37	14	37.8	11	29.7	12	32.5
40—59	23	4	17.4	7	30.4	12	52.2
60 及以上	9	1	11.1	0	0	8	88.9
合计	90	21	23.3	21	23.3	48	53.4

表 5　兼用勒期语情况表

年龄段 （岁）	人数	熟练		略懂		不懂	
		人数	百分比（%）	人数	百分比（%）	人数	百分比（%）
6—19	21	1	4.8	0	0	20	95.2
20—39	37	7	18.9	0	0	30	81.1
40—59	23	2	8.7	2	8.7	19	82.6
60 及以上	9	0	0	0	0	9	100
合计	90	10	11.1	2	2.2	78	86.7

表 6　兼用波拉语情况表

年龄段 （岁）	人数	熟练		略懂		不懂	
		人数	百分比（%）	人数	百分比（%）	人数	百分比（%）
6—19	21	1	4.8	2	9.5	18	85.7
20—39	37	5	13.5	1	2.7	31	83.8
40—59	23	0	0	3	13	20	87
60 及以上	9	0	0	0	0	9	100
合计	90	6	6.7	6	6.7	78	86.6

从上述四个表格可以看到：德昂族 25.6％的人都能熟练地掌握载瓦语，53.4％的人懂载瓦语；23.3％的人能熟练地掌握浪峨语，46.7％的人懂浪峨语；11.1％的人能熟练掌握勒期语，13.3％的人懂勒期语；6.7％的人能熟练掌握波拉语，13.4％的人懂波拉语。这是因为允欠三组处于景颇族等其他民族的包围之下，有相当多的德昂族都懂景颇族各支系的语言。由于允欠村委的景颇族没有景颇支系，绝大部分都不会说景颇语。

德昂族少年兼用景颇支系语言的人数较之青壮年有所减少。以兼用载瓦语为例，少年中只有 19％的人能熟练掌握载瓦语，但青壮年则有 43.2％的人能熟练掌握载瓦语；少年中有 71.4％的人不懂载瓦语，而青壮年只有 29.7％的人不懂载瓦语。此外，400 词测试说明德昂族少年较之青壮年和中年兼用语水平有所下降。如：德昂族青壮年赖小玉的 400 词波拉语测试，结果为"良好"，说明她能较好地掌握波拉语，德昂族少年王博的 400 词波拉语测试结果则为"一般"，这说明波拉语的使用能力在部分青少年中出现轻度衰退。

三组有如此多的人兼用景颇族支系语言，其原因主要有以下几个：1. 德昂族寨子周围都是景颇族寨子，相互间接触交流频繁。2. 无论哪个年龄段的村民，大多是在同一所学校上学，在互相交流中学会了景颇族的语言。3. 族际婚姻家庭的影响。如果家里有一位说景颇族语言的人，那么这个家庭能熟练说景颇族语言的几率要大很多。下面这个家庭的例子可以说明这个问题。

表 7

家庭关系	姓名	民族（支系）	年龄	文化程度	第一语言及水平	第二语言及水平	其他语言及水平
户主	赖腊翁	德昂	48	文盲	德昂语，熟练	汉语，熟练	浪峨语，熟练
妻子	明道内	景颇（浪峨）	49	小学	浪峨语，熟练	载瓦语，熟练	汉语、德昂语、勒期语、波拉语，熟练
长子	赖岩恩	德昂	19	初中	德昂语，熟练	浪峨语，熟练	汉语、载瓦语、勒期语、波拉语，熟练
长女	赖玉果	德昂	24	初中	德昂语，熟练	浪峨语，熟练	汉语、载瓦语、勒期语、波拉语，熟练
次女	赖玉刚	德昂语	21	初中	德昂语，熟练	浪峨语，熟练	汉语、载瓦语、勒期语、波拉语，熟练

表中的明道内是嫁到允欠三组的景颇族，她的第一语言为浪峨语，第二语言为载瓦语，还会勒期语、波拉语、汉语、德昂语，其中勒期语、波拉语和德昂语是嫁过来以后才学会的。她的孩子在她的影响下也都会讲景颇支系的语言。在家庭内部，夫妻间主要说浪峨语和德昂语，妻子与孩子交流也用浪峨语。

上述例子表明：对于德昂族掌握景颇族语言来说，小范围的景颇族语言使用环境是不可忽视的。随着族际婚姻的增多，其他民族对德昂族语言生活的影响将会更大。

（二）允欠三组非德昂族的语言使用情况

表 8

家庭关系	姓名	民族（支系）	年龄	文化程度	第一语言及水平	第二语言及水平	其他语言及水平
长子媳	段改娣	汉族	34	小学	汉语，熟练	德昂语，略懂	
长子媳	杨荣美	汉族	26	小学	汉语，熟练	德昂语，略懂	
女婿	番在胜	汉族	40	初中	汉语，熟练	德昂语，熟练	
妻子	孔则毛	景颇（波拉）	29	小学	波拉语，熟练	汉语，熟练	载瓦语、浪峨语、德昂语，熟练
长子媳	孔砍先	景颇（波拉）	27	初中	波拉语，熟练	汉语，熟练	载瓦语，熟练
女婿	孙马刚	景颇（景颇）	38	文盲	景颇语，熟练	汉语，熟练	德昂语、载瓦语、勒期语，熟练
妻子	明道内	景颇（浪峨）	49	小学	浪峨语，熟练	载瓦语，熟练	汉语、德昂语、勒期语、波拉语，熟练
妻子	赵木问	景颇（勒期）	54	小学	勒期语，熟练	汉语、德昂语，熟练	浪峨语、波拉语、载瓦语，熟练
妻子	雷木介	景颇（载瓦）	36	小学	载瓦语，熟练	汉语，熟练	
四子媳	李秀焕	彝族	27	初中	汉语，熟练		

从这些人员的身份看，在家庭中基本是"妻子"、"儿媳"或"女婿"，都是后来加入到德昂族家庭中的成员。

从表 8 可知，6 个景颇族中有 5 个掌握了三种以上语言，多是景颇族支系语言。她们的多语状况对下一代的语言生活影响很大。

下表是三组 10 位非德昂族成员掌握德昂语的情况。

表 9

年龄段（岁）	人数	熟练	略懂	不懂
20—39	7	2	2	3
40—59	3	3	0	0
合计	10	5	2	3

上面 10 个人中，青壮年有 7 个，中年有 3 个。青壮年人数虽多，但是能熟练地使用德昂语的只有 2 个，不懂的有 3 个。中年段 3 个全都能熟练地掌握德昂语。这状况说明进入德昂族家庭的成员，都要有一个学习的过程。正如王腊作所说，他妻子刚嫁来的时候不会德昂语，七八年后德昂语才说得熟练。54 岁的赵木问刚嫁进来的时候也不会说，30 多年来一直和德昂族丈夫生活在德昂族的村寨，已能熟练地使用德昂语。

（三）允欠三组语言使用特点给我们的启示

其一，允欠三组语言使用情况告诉我们：人口少的民族也能保持母语活力，居住相对聚居、对民族语的深厚感情以及开放包容的语言态度是母语保持活力的重要因素。

其二，德昂族的多语生活是由于客观需要决定的，其开放包容的语言态度对多语生活的形成起到了重要的作用。表10显示了德昂族兼用语言的情况。

表 10

年龄段（岁）	调查人数	两种语言熟练		三种语言熟练		四种语言及以上熟练	
		人数	百分比（%）	人数	百分比（%）	人数	百分比（%）
6—19	21	16	76.2	1	4.8	4	19
20—39	37	20	54.1	2	5.4	15	40.5
40—59	23	16	69.6	3	13	3	13
60 及以上	9	6	66.7	1	11.1	2	22.2
合计	90	58	64.4	7	7.8	24	26.7

（注：40—59岁年龄段中，有一位汉语略懂，只能熟练掌握德昂语的人，因此掌握两种语言以上的人为22人。）

上表显示，德昂族98.9%的人都能熟练使用两种以上语言，34.5%的人能熟练使用三种以上的语言，26.7%的人能熟练使用四种及四种以上的语言。熟练使用母语的同时，还能熟练使用多种语言。这种多语生活，主要是由实际需要决定的，同时也取决于其开放包容的语言态度。

其三，允欠的多语生活证明，在多民族杂居的地区，多种语言可以和谐共处，共同发展。以明道内的语言态度为例，她认为在母语和汉语之间，汉语更重要。因为汉语是通用语，人人都会说，如果不说就没法生存和发展。但当问及她教孩子的第一语言是什么语言时，她则认为一定要教本族母语。明道内对汉语的包容态度和对本族语的维护，说明语言之间不一定全是"有你没有我"的竞争关系，而是可以和谐共处、共同发展的。

三、允欠三组语言使用情况总表

编号	家庭关系	姓名	民族（支系）	年龄	文化程度	第一语言及水平	第二语言及水平	其他语言及水平
1	户主	姚腊腾	德昂	64	小学	德昂语，熟练	汉语，熟练	载瓦语、傣语，熟练
	妻子	王玉外	德昂	54	小学	德昂语，熟练	汉语，熟练	
	长子	姚腊注	德昂	35	小学	德昂语，熟练	汉语，熟练	载瓦语，熟练
	长子媳	段改娣	汉族	34	小学	汉语，熟练	德昂语，略懂	
	长孙子	姚东发	德昂	9	小二在读	德昂语，熟练	汉语，熟练	
	次孙子	姚东恩	德昂	3				
	四女	姚玉多	德昂	24	中专	德昂语，熟练	汉语，熟练	
	五女	姚玉进	德昂	23	初中	德昂语，熟练	汉语，熟练	

2	户主	姚玉别	德昂	84	文盲	德昂语，熟练	汉语，熟练	载瓦语、傣语，略懂
	五子	赖腊算	德昂	41	小学	德昂语，熟练	汉语，熟练	傣语，熟练
	五子媳	蒋玉很	德昂	36	初中	德昂语，熟练	勒期语，熟练	汉语，略懂
	孙子	赖岩国	德昂	14	初一在读	德昂语，熟练	汉语，熟练	
	孙女	赖菲	德昂	11	小四在读	德昂语，熟练	汉语，熟练	载瓦语，略懂
3	户主	王腊邻	德昂	55	小学	德昂语，熟练	汉语，略懂	载瓦语、傣语，略懂
	妻子	田玉先	德昂	54	小学	德昂语，熟练	汉语，略懂	
	四子	王腊内	德昂	28	初中	德昂语，熟练	汉语，熟练	载瓦语，略懂
	四子媳	李秀焕	彝族	29	初中	汉语，熟练		
	孙子	王岩医	德昂	4				
4	户主	赖腊团	德昂	58	文盲	德昂语，熟练	汉语，熟练	傣语，熟练
	妻子	何玉岳	德昂	56	文盲	德昂语，熟练	汉语，熟练	
	长女	赖玉南	德昂	27	小学	德昂语，熟练	汉语，熟练	
5	户主	段腊来	德昂	41	高中	德昂语，熟练	汉语，熟练	载瓦语，略懂
	父亲	段腊吞	德昂	80	文盲	德昂语，熟练	汉语，熟练	载瓦语，略懂
	母亲	杨玉劢	德昂	64	文盲	德昂语，熟练	汉语，略懂	载瓦语，略懂
	妻子	李玉果	德昂	37	小学	德昂语，熟练	汉语，熟练	载瓦语、浪峨语，略懂
	妹妹	段玉拐	德昂	36	小学	德昂语，熟练	汉语，熟练	载瓦语、浪峨语，略懂
	儿子	段宇飞	德昂	15	初一在读	德昂语，熟练	汉语，熟练	
	女儿	段月春	德昂	12	小四在读	德昂语，熟练	汉语，熟练	
6	户主	赖腊退	德昂	56	小学	德昂语，熟练	浪峨语、勒期语，熟练	汉语，熟练；载瓦语，略懂
	妻子	赵木问	景颇（勒期）	55	小学	勒期语，熟练	汉语、德昂语，熟练	浪峨语、波拉语、载瓦语，熟练
	次女	赖小安	德昂	25	小学	德昂语，熟练	勒期语、浪峨语，熟练	载瓦语、汉语，熟练
	长子	赖腊苦	德昂	23	小学	德昂语，熟练	勒期语、浪峨语，熟练	载瓦语、汉语，熟练
7	户主	李腊勐	德昂	50	小学	德昂语，熟练	汉语，熟练	
	长子	李岩哏	德昂	21	初中	德昂语，熟练	汉语，熟练	载瓦语，熟练
	次子	李腊二	德昂	19	小学	德昂语，熟练	汉语，熟练	载瓦语，熟练
8	户主	赖腊翁	德昂	48	文盲	德昂语，熟练	汉语，熟练	浪峨语，熟练
	妻子	明道内	景颇（浪峨）	49	小学	浪峨语，熟练	载瓦语，熟练	汉语、德昂语、勒期语、波拉语，熟练
	长子	赖岩恩	德昂	19	初中	德昂语，熟练	浪峨语，熟练	汉语、载瓦语、勒期语、波拉语，熟练
	长女	赖玉果	德昂	24	初中	德昂语，熟练	浪峨语，熟练	汉语、载瓦语、勒期语、波拉语，熟练
	次女	赖玉刚	德昂	21	初中	德昂语，熟练	浪峨语，熟练	汉语、载瓦语、勒期语、波拉语，熟练

9	户主	段腊团	德昂	44	小学	德昂语，熟练	汉语，熟练	浪峨语、载瓦语、勒期语、波拉语，略懂
	妻子	将玉线	德昂	42	小学	德昂语，熟练	汉语，熟练	浪峨语、载瓦语、勒期语、波拉语，略懂
	长子	段腊苦	德昂	24	初中	德昂语，熟练	汉语，熟练	浪峨语、载瓦语，熟练
	长子媳	杨荣美	汉族	26	小学	汉语，熟练	德昂语，略懂	
	孙女	段晓芬	德昂	4				
	次子	段腊二	德昂	21	初中	德昂语，熟练	汉语，熟练	浪峨语、载瓦语，熟练
	三子	段腊三	德昂	20	初中	德昂语，熟练	汉语，熟练	浪峨语、载瓦语，熟练
10	户主	赵腊塞	德昂	60	文盲	德昂语，熟练	汉语，熟练	
	妻子	何　松	德昂	50	文盲	德昂语，熟练	汉语，熟练	
	长子	赵腊林	德昂	19	文盲	德昂语，熟练	汉语，熟练	
	次子	赵腊三	德昂	12	小学在读	德昂语，熟练	汉语，熟练	
11	户主	赖翁团	德昂	56	文盲	德昂语，熟练	汉语，熟练	载瓦语、浪峨语，略懂
	妻子	蒋玉坎	德昂	52	文盲	德昂语，熟练	汉语，熟练	载瓦语、浪峨语，略懂
	次女	赖玉雷	德昂	34	小学	德昂语，熟练	汉语，熟练	载瓦语、浪峨语，略懂
	三女	赖玉内	德昂	32	小学	德昂语，熟练	汉语，熟练	载瓦语、浪峨语，略懂
	四女	赖玉呢	德昂	30	初中	德昂语，熟练	汉语，熟练	载瓦语、浪峨语，略懂
	女婿	番在胜	汉族	40	初中	汉语，熟练	德昂语，熟练	
12	户主	赖腊砍	德昂	59	小学	德昂语，熟练	汉语，熟练	载瓦语、浪峨语，略懂
	妻子	何玉先	德昂	54	小学	德昂语，熟练	汉语，熟练	
	长子	赖腊国	德昂	29	小学	德昂语，熟练	汉语，熟练	浪峨语，略懂
	三女	赖玉万	德昂	28	初中	德昂语，熟练	汉语，熟练	载瓦语、浪峨语，略懂
13	户主	赖小玉	德昂	30	初中	德昂语，熟练	勒期语、浪峨语，熟练	载瓦语、汉语，熟练
	长子	王岩早	德昂	8	小一在读	德昂语，熟练	勒期语、浪峨语，熟练	汉语、载瓦语，熟练
14	户主	线腊板	德昂	72	小学	德昂语，熟练	汉语，熟练	浪峨语、载瓦语，熟练
	妻子	王玉砍	德昂	57	文盲	德昂语，熟练	汉语，熟练	浪峨语、载瓦语，略懂
	长女	线玉包	德昂	31	小学	德昂语，熟练	汉语，熟练	浪峨语、载瓦语，略懂
	女婿	孙马刚	景颇（景颇）	38	文盲	景颇语，熟练	汉语，熟练	德昂语、载瓦语、勒期语，熟练
	外孙子	孙岩补	德昂	13	小四在读	德昂语，熟练	汉语，熟练	浪峨语，略懂

15	户主	李腊领	德昂	46	小学	德昂语,熟练	汉语,熟练	载瓦语、浪峨语、波拉语,略懂
	妻子	雷木介	景颇(载瓦)	36	小学	载瓦语,熟练	汉语,熟练	
	长子	李岩兴	德昂	10	小三在读	载瓦语,熟练	德昂语,略懂	汉语,熟练
16	户主	王腊扎	德昂	34	初中	德昂语,熟练	汉语,熟练	载瓦语、浪峨语,熟练
	妻子	赖玉苏	德昂	33	小学	德昂语,熟练	汉语,熟练	
	长女	王页补	德昂	11	小一在读	德昂语,熟练	汉语,熟练	浪峨语,略懂
	长子	王　明	德昂	5				
17	户主	线腊洪	德昂	29	小学	德昂语,熟练	汉语,熟练	载瓦语、浪峨语、波拉语、勒期语,熟练
	妻子	段玉岗	德昂	34	小学	德昂语,熟练	汉语,熟练	浪峨语,略懂
	长子	线岩兴	德昂	7	学前	德昂语,熟练	汉语,熟练	
18	户主	蒋腊先	德昂	35	小学	德昂语,熟练	汉语,熟练	浪峨语、载瓦语,熟练
	妻子	赵玉岁	德昂	29	文盲	德昂语,熟练	汉语,熟练	
	母亲	张玉果	德昂	78	文盲	德昂语,熟练	汉语,熟练	
	长子	蒋岩宝	德昂	8	学前	德昂语,熟练	汉语,熟练	
	次子	蒋腊二	德昂	3				
19	户主	王腊作	德昂	34	初中	德昂语,熟练	汉语,熟练	波拉语、载瓦语、浪峨语,熟练
	妻子	孔则毛	景颇(波拉)	29	小学	波拉语,熟练	汉语,熟练	载瓦语、浪峨语、德昂语,熟练
	长子	王　博	德昂	9	小二在读	德昂语,熟练	汉语,熟练	波拉语、载瓦语、浪峨语,略懂
20	户主	李腊紧	德昂	34	中专	德昂语,熟练	汉语,熟练	浪峨语、载瓦语、波拉语,熟练
	母亲	何玉松	德昂	58	半文盲	德昂语,熟练	汉语,熟练	载瓦语、浪峨语,熟练
	妻子	赖玉算	德昂	31	初中	德昂语,熟练	汉语,熟练	浪峨语、载瓦语,略懂
	长子	里　杰	德昂	8	小一在读	德昂语,熟练	汉语,熟练	
	弟弟	李腊刚	德昂	32	小学	德昂语,熟练	汉语,熟练	浪峨语、载瓦语,略懂
	弟弟	李腊养	德昂	27	初中	德昂语,熟练	汉语,熟练	浪峨语、载瓦语,熟练
21	户主	赖玉砍	德昂	64	半文盲	德昂语,熟练	汉语,熟练	傣语,熟练
	长女	何玉线	德昂	43	小学	德昂语,熟练	汉语,熟练	勒期语、浪峨语、傣语,熟练
	孙子	李腊药	德昂	20	小学	德昂语,熟练	汉语,熟练	浪峨语、载瓦语,熟练
	孙子	李岩二	德昂	17	小学	德昂语,熟练	汉语,熟练	浪峨语、载瓦语,熟练

22	户主	赖玉木	德昂	48	小学	德昂语,熟练	汉语,熟练	
	长子	李腊拐	德昂	19	小学	德昂语,熟练	汉语,熟练	
	长女	李玉南	德昂	16	初中	德昂语,熟练	汉语,熟练	
23	户主	赖腊先	德昂	60	文盲	德昂语,熟练	汉语,熟练	傣语,略懂
	妻子	姚玉左	德昂	58	文盲	德昂语,熟练	汉语,熟练	
	长子	赖腊年	德昂	37	初中	德昂语,熟练	汉语,熟练	波拉语,略懂
	长子媳	孔砍先	景颇(波拉)	30	初中	波拉语,熟练	汉语,熟练	载瓦语、德昂语,熟练
	孙子	赖路安	德昂	9	小学在读	德昂语,熟练	汉语,熟练	波拉语,略懂
	三女	赖玉英	德昂	26	初中	德昂语,熟练	汉语,熟练	

附:访谈录

访谈一:三台山乡允欠三组村民赵木问访谈录

访谈对象:赵木问,景颇族勒期支系

访谈时间:2010 年 7 月 27 日

访谈地点:允欠三组村民小组活动室

访谈、整理者:李春风

问:大娘您好! 请您介绍一下您的家庭情况好吗?

答:我今年 55 岁,景颇族勒期支系,是 31 年前从拱岭寨子嫁过来的。老伴是德昂族。女儿和儿子现在都结婚了,有两个外孙子。

问:您和大爷的父母亲都是什么民族? 平时都是用什么语言交流?

答:老伴的父母都是德昂族,在家说德昂语。他父亲会说载瓦语,是以前跟载瓦朋友学会的,他母亲能听懂一点载瓦语。他们都会说汉语。

我父母都是茶山人,都会说勒期语、载瓦语、浪峨语、波拉语、汉语。他们在家说勒期语。我出生的寨子就是什么语言都有,出门交往,大家就都互相学会了。

问:您和大爷掌握哪些语言? 从结婚到现在,使用的交流语言有变化吗?

答:我是勒期支系,会说勒期语、载瓦语、浪峨语、波拉语、德昂语,汉语,能听懂傣语;我老伴会德昂语、载瓦语、勒期语、浪峨语、汉语。结婚前,我不会德昂语,我老伴也不会勒期语,我们开始交流的时候用汉语和载瓦语。后来我对他说勒期语,他对我说德昂语,自己说自己的,都能听明白。有时候也互相说对方的话。那时候我们更多的是说勒期语,现在已经是想说哪

一种语言就说哪一种语言。总的说来嘛,在家勒期话说得还是更多一些。

问:家中其他主要成员都是什么民族? 语言使用情况如何?

答:儿媳妇是景颇族,说景颇语。她刚嫁过来的时候听不懂德昂语,会勒期语,能说一点载瓦语,现在已经能听懂德昂语了。我们在家说勒期语,儿子和儿媳妇用勒期语交流。但是我们学不会她的景颇语。

女儿和儿子都会德昂、载瓦、波拉、勒期、汉语等语言,很熟练。以前我们家住在临近波拉寨子的地方,他们是小时候跟那个寨子里的人学会波拉语的。

女婿是德昂族。外孙子 8 岁,在家学会了德昂语、勒期语,载瓦语和浪峨语也会一点,最经常说的是德昂语。他在学校跟同学说汉语,在寨子里跟小伙伴们说德昂语。汉语在学校里用得更多,有时候上学的路上跟其他民族的小朋友说汉语或其他语言。

问:大娘,您家可是名副其实的多语家庭啊! 那么多种语言您觉得好学吗? 会不会有混用的时候?

答:载瓦、浪峨、波拉、勒期相似词汇很多,只是音调上有区别,但是与景颇语差别比较大。我觉得这些语言不难学。我和老伴学习对方语言的速度差不多,老伴比我更快一点,一年多就可以自由交流了,不过他说的勒期语里有德昂语的口音。偶尔混用还是有的。但是这些语言我们都会,没什么关系,都能理解对方的意思(通过词汇测试我们发现,大爷大娘这对夫妻的语言互相影响,尤其是大娘赵木问对大爷赖腊退的语言影响更大)。

问:寨子里像您和大爷这样的家庭多吗?

答:还是多呢! 寨子里纯德昂族家庭大概只有两三户(她指的是没有其他民族血统的德昂族。比如,大娘的女儿有她的景颇族血统,但是户口登记是德昂族)。我们景颇族嫁过来的有 9 个,还有其他汉族、佤族等等。会景颇语的人就更多了。我们平时见面一般都是各说各的语言,都能听得懂对方的话。

问:您会民族文字吗? 您认为应该学习本民族文字吗?

答:不会。我是没有机会,要是有机会我很希望能学习本民族文字。现在的娃娃,应该教他们学的。我们寨子有些信基督教的人认得,教会里面有人教。

问:您如何看待孩子学习民族语和汉语的关系呢? 担心外孙子以后说民族语的能力衰退吗?

答:都可以学的嘛! 年轻人喜欢学什么语言就学什么,掌握的语言越多越好。这样出去读书啊、找工作啊、做事情啊,在哪里都可以跟人沟通。最好的就是见到哪个民族的人就说哪个民族的话。我不担心孩子不会说民族语,因为孩子们放学回家就又可以说民族语了。

问:那以后孩子常年外出求学工作后不会或不能熟练地说民族语呢?

答:虽然孩子能会用很多种语言,如果将来真的不会或者不能熟练使用我们的民族语了,也还是能理解的。

访谈二：三台山乡允欠三组副组长赖腊年访谈录

访谈对象：赖腊年，德昂族
访谈时间：2010 年 7 月 27 日
访谈地点：允欠三组办公室
访谈、整理者：余成林

问：赖组长，您好，请介绍一下您的家庭情况，谢谢！

答：我家有六口人。我，37 岁，德昂族，初中毕业，允欠读小学，三台山读中学。我会德昂语、波拉语和汉语。从小就开始学习德昂语，波拉语是从十几岁开始学习的，因为是在允欠景颇族寨子读书的。汉语是读书时开始学习的。父亲，60 岁，会汉语、德昂语、傣语，因为经常与傣族亲戚来往交流，他会说傣语。母亲，58 岁，德昂族，会德昂语、汉语。妻子，30 岁，景颇族波拉支系，会波拉语、载瓦语、汉语、德昂语。结婚之后学会了德昂语。儿子，9 岁，读小学二年级，会德昂语、汉语、波拉语。妹妹，30 岁，没有读过书，只会德昂语。

问：请介绍一下你们小组的情况。

答：我们小组距离三台山乡政府有 9 公里，共 28 户，128 人。主要有德昂族、景颇族、汉族、彝族。其中，景颇族 9 人，汉族 2 人，彝族 1 人，基本是嫁进来的媳妇，其他全是德昂族。我们现在住的是新寨子，是 2002 年从山顶老寨子搬迁过来的。这些房子都是由政府补贴，每家出 3000 块钱新盖的。现在的条件较好，离原来的老寨子有五六公里。现在新寨子的地皮是和拱岭小组调换过来的。原来的山地还是属于我们的，翻过山就是原来的老山地。到地里干活一去就是一天。主要经济作物有甘蔗、香蕉、咖啡、茶叶，主要农作物有玉米、小豆、稻谷，稻谷每年种植一季。主要经济林木有西南桦、竹子、杉木。没有成片的果木林。

小组人均收入在 600—700 元左右，人均 5 分水田，7 亩旱地，5 亩山林，经济情况在全村居中等。上街一般都是骑自己的摩托车，家家户户都有摩托，拖拉机有 13 辆，只有一家有洗衣机，家家都有电视，平均每户都有手机。

我们小组是 2003 通水和电，2004 年通路的。

问：请问你们家及小组的语言使用情况如何？

答：我们在家里一般使用德昂语。儿子从小跟他妈妈学会了波拉语。小组开会用德昂语，村里开会用汉语。组里小孩子都会自己的母语德昂语，不用担心德昂语衰退的问题。

问：你们和周围其他民族的关系如何？

答：我们的寨子周围有傣族、景颇族和汉族的寨子，和这些寨子的人平时来往还比较多，关系也比较融洽，没有大民族欺负小民族的现象，平时有什么事情都互相帮忙。

问：你们小组的教育情况怎么样？

答：我们村现在没有学校，小孩都要到乡中心小学去读书。全乡现在只有三所学校，勐单、邦外和三台山小学。小孩子从幼儿园开始就去三台山小学住校，他们都会自理，衣服拿回家里洗，主要是学校负责吃住，很放心。不需要我们送，去的时候大的领着小的到大路上去坐车，不担心他们的安全。

我们小组目前还没有大学生，只有 4 个高中毕业生，初中生比较多，但大多数初中生一毕业就回家了。有些考不上去，有些是家里缺乏劳动力。没钱上学的也有，主要是没有劳动力。出去打工的不多，只有一两个，一般只在本地打工。我们原来只是希望自己会写自己的名字就行了，现在还是希望娃娃好好地读书。在这个社会，没有知识是不行的。现在主要的问题是人才不够。

访谈三：三台山乡允欠村三组村民王腊内访谈录

访谈对象：王腊内，德昂族

访谈时间：2010 年 7 月 27 日

访谈地点：允欠三组办公室

访谈、整理者：余成林

问：您好，请介绍一下您的家庭情况好吗？

答：我家里有五口人，我，28 岁，德昂族，初中毕业，允欠小学读小学，三台山中学初中毕业，会载瓦语、德昂语、汉语。一开始就学会德昂语；6 岁读书的时候开始学习汉语，6 岁之前懂一点点汉语；8 岁的时候因为平常和景颇族同学在一起，就开始学习载瓦语。爸爸，王腊邻，55 岁，德昂族，小学毕业，允欠小学读小学，会德昂语、汉语、载瓦语、傣语，他的汉语是小时候读书的时候开始学会的，载瓦语、傣语是平常和其他民族交往的时候学会的。妻子，李秀焕，彝族，29 岁，中山乡初中毕业。只会汉语，不会彝语和德昂语。我们是在外边打工时认识的。我们这边交通各方面比她们那边好一些。儿子，王岩医，4 岁，会德昂语、汉语，先学会德昂语，后学会汉语。

问：请问您家里的语言使用情况怎样？

答：我们家里一般讲德昂语，媳妇在的时候就讲汉语，媳妇在家对其他人都是讲汉语。

问：请问你们组的情况如何？

答：我们寨子有 28 户，128 人。主要是德昂族，还有汉族、景颇族等其他民族。

问：请您介绍一下你们德昂族的通婚情况？

答：我们德昂族不同姓的才可以结婚，同姓的不可以结婚。姑姑家的男孩不能和舅舅家的女孩通婚,姑姑家的女孩也不能和舅舅家的男孩通婚。

问:小组平时开会使用什么语言,出去遇到其他民族的人讲什么语言?

答:我们小组平时开会用汉语。出去遇到景颇族的就讲载瓦话,遇到其他民族的就讲汉语。

问:您会不会用德昂语讲故事?

答:我会用德昂语讲一些简单的故事,如"小兔子乖乖"等。

问:你们家经济情况如何?

答:我们家里有 30 多亩地、2 亩水田、20 多亩山林。经济来源主要是甘蔗、养殖,每年收入有 1 万多块钱,人均两千多块钱。粮食主要是种植稻谷、玉米,还是够吃的。家里有一台手扶拖拉机、一台摩托、一台电视、一部手机。解决了温饱问题。

问:您打算怎么培养您的儿子?

答:为了将来让他们过得好,只有供他读书。打算让他读高中、读大学,但还没有具体的目标。还想让他学习其他的语言,因为去外边更方便,也就是为了生存。

访谈四:三台山乡允欠村三组村民王腊作访谈录

访谈对象:王腊作,德昂族
访谈时间:2010 年 7 月 27 日
访谈地点:允欠村委会活动室
访谈、整理者:范丽君

问:请您介绍一下您和您家里人的情况?

答:我是德昂族,今年 34 岁,初中毕业。我会说德昂语、波拉语、载瓦语、浪峨语和汉语。这些语言都可以熟练交流,勒期语也会一点。德昂语是我的母语,波拉语主要是跟我媳妇学会的。其他语言是我在允欠村小(现已撤销)上学的时候,跟同学学会的。

问:请介绍一下您家里人的情况?

答:我父母都是德昂族。妻子是景颇族波拉支系,小学文化程度。她的母语是波拉语,现在也会说德昂语。我妻子是从一组嫁过来的,那是景颇族村寨,所以她浪峨语说得也很好,勒期语也会一点。我们结婚 10 年了,有一个 9 岁男孩。孩子开始学说话的时候教他德昂语,然后又跟母亲学会了波拉语。上学之前我跟妻子也教他一点汉语。孩子还会说载瓦语,因为他舅妈说的是载瓦语,跟表兄弟在一起玩的时候学会了载瓦语。现在在三台山乡里上小学,跟同学学会了浪峨语。勒期语也会一点,只是说得不太好。

问:您家里都是多语人,你们家庭内部语言使用情况是什么样的?

答：我们在家里主要说德昂语，因为这是个德昂族的寨子。有时候也说波拉语，但德昂语说得多一些。我跟妻子之间不讲汉语，但是跟孩子说话有时候用汉语。

问：你妻子是景颇族，说的是波拉语，她是怎么学会德昂语的？

答：我妻子原来只会一点点德昂语，嫁过来七八年之后才说得熟练。刚开始她不太会说德昂语，我就用别的语言给她解释。我是有意识地教她德昂语，有时也用汉语翻译教妻子学习德昂语。反正在日常生活中经常用，反复说就学会了。

问：您波拉语也是这么学会的吗？

答：对，我波拉语说得比较熟练，也是跟我妻子学的。但有时用波拉语表达不出来的，我就用汉语来解释。

问：允欠一组、二组是景颇族寨子，你们是德昂族寨子，民族关系如何？

答：这里的民族关系很和谐，大家就像一家人一样。嫁来的别的民族的媳妇，开始不怎么会说德昂语的，七八年后也都说得很流利了。

问：你们村里一般用什么语言交流？

答：在村里聊天、生产劳动和买东西的时候一般都说德昂语。如果不了解对方是哪个民族，一般就用汉语交流。在我们村，不是德昂族就是景颇族，如果到一组、二组的话，那里都是景颇族，我们就说载瓦语。

问：是什么原因促使您学会了这么多种语言？

答：主要是沟通的需要，当然我自己也很感兴趣。我们这里的小娃娃从小不会讲汉语，和各个民族的小伙伴一起玩耍，可以学会很多民族语，不自觉地都成了多语人。

问：您希望您的孩子都能掌握什么语言？

答：我希望我的孩子掌握很多种语言。希望孩子学好汉语，不要忘记本民族的语言。

第七节　芒市三台山乡邦外村拱别组语言使用个案调查

一、基本情况

拱别是三台山乡邦外村下边的一个小组。邦外村地处三台山乡政府北边，距乡政府驻地8公里，东边与风平镇的菲红、芒究接壤，南边与出冬瓜村相邻，西边与允欠村紧挨，北边与五岔路乡一河之隔，国土面积40平方公里。

全村有7个村民小组，383户，1528人。其中，德昂族199户，835人（邦外、上邦村和帕当坝3个小组）；景颇族105户，367人（拱别和邦外三组）；汉族79户，326人（光明和邦典）。每个寨子还有其他民族，但只有两三个，都是嫁过来的。

2009年，全村人均纯收入2128元，实有耕地8772亩，其中水田910亩，人均0.6亩；旱地

7862 亩,人均 5.1 亩。粮食总产量 83.6 万斤,人均 547 斤。主要经济作物是甘蔗、茶叶、咖啡,主要粮食作物有水稻、玉米。

拱别小组原来是乡政府所在地,现在乡政府已经迁到 320 国道边,交通比较方便。小组有 78 户 286 人,其中男 152 人,女 134 人。主要是景颇族载瓦支系和浪峨支系,嫁进来的有少量是勒期支系。拱别小组现在拥有农用车 19 辆,摩托车 35 辆,80% 有手机。10 来户有电冰箱,只有两三家没有电视。人均收入 2088 元。

小组开会使用载瓦语,有时要用汉语解释。

二、语言使用情况分析

拱别小组是以载瓦支系为主,兼有其他支系的景颇族聚居区。拱别小组共有 78 户 286 人(5 岁以下儿童 15 人)。我们对 6 岁以上有完全语言能力的 271 人(男 141 人,女 130 人)进行了入户穷尽式调查统计。其中,我们统计的景颇族 266 人,占 98.15%;汉族 3 人,占 1.11%;傈僳族 2 人,占 0.74%。景颇族中,载瓦支系 181 人,景颇支系 7 人,波拉支系 6 人,浪峨支系 59 人,勒期支系 13 人。

1. 景颇族各支系使用母语的情况分析

由于拱别小组主要是载瓦支系,还有一部分是浪峨支系以及少量的景颇支系、勒期支系和波拉支系,我们先分析这些不同支系的景颇族他们的母语保留情况。通过分析,我们发现,由于载瓦支系是拱别小组的主体支系,其他支系的人口较少,载瓦语保留得很好,不仅载瓦支系的各年龄段都能够熟练地掌握载瓦语,其他各支系也多数能够熟练地掌握载瓦语,相比之下,其他几个支系的语言保留较差。

(1)景颇支系母语使用情况分析

在拱别小组有景颇支系 7 人,占该组景颇族人口的 2.63%。在这 7 人中,除了 40 岁以上的景颇支系能够熟练地运用自己的母语外,年纪较轻者景颇语水平较差,他们要么会听不会说,要么只会说一点点。这说明在载瓦语这样一个大环境下,景颇语保留的环境没有了,年轻一代景颇支系的母语处在逐渐衰退之中。具体分析数据见表 1:

表 1

年龄段 (岁)	人数	熟练		略懂		不懂	
		人数	百分比(%)	人数	百分比(%)	人数	百分比(%)
6—19	1	0	0	1	100	0	0
20—39	3	2	66.67	1	33.33	0	0
40—59	1	1	100	0	0	0	0
60 及以上	2	2	100	0	0	0	0
合计	7	5	71.43	2	28.57	0	0

由上表可以看出:在拱别景颇支系的 7 人中,只有 71.43% 的能够熟练掌握自己的母语,有 28.57% 的人略懂自己的母语。这说明在载瓦语的大环境下,景颇语出现了衰退的趋势。

（2）载瓦支系母语使用情况分析

拱别小组是以载瓦支系为主的。载瓦人有 181 人，占该组景颇族人口的 68.05％，平时组内开会也使用载瓦语，因此，在拱别小组，载瓦支系无论男女、老少都能够百分之百熟练使用自己的母语——载瓦语。具体分析数据见表 2：

表 2

年龄段（岁）	人数	熟练		略懂		不懂	
		人数	百分比(%)	人数	百分比(%)	人数	百分比(%)
6—19	32	32	100	0	0	0	0
20—39	89	89	100	0	0	0	0
40—59	47	47	100	0	0	0	0
60 及以上	13	13	100	0	0	0	0
合计	181	181	100	0	0	0	0

上表显示：100％的载瓦支系人能熟悉掌握母语。这不仅说明载瓦支系保持自己母语的能力强，还说明载瓦语在拱别小组具有很强的活力。

（3）浪峨支系母语使用情况分析

浪峨支系在拱别小组是人口比较多的一个支系，有 59 人，占该组景颇族人口的 22.18％。通过分析发现，浪峨支系 40 岁以上的人基本上都能够熟练地使用自己的母语——浪峨语。但是在 39 岁以下的人群中，母语的保留明显较差，20—39 岁的 21 位青年中，能够熟练使用浪峨语的才 7 人，只占该人群的 33.33％，有 14 人（占 66.67％）的青年略懂自己的母语。而少年组的情况更为严峻，在 18 人中，只有 1 人能够熟练地掌握母语，9 人（占 50％）略懂自己的母语，还有 8 人（占 44.44％）不懂自己的母语。具体分析数据见表 3：

表 3

年龄段（岁）	人数	熟练		略懂		不懂	
		人数	百分比(%)	人数	百分比(%)	人数	百分比(%)
6—19	18	1	5.56	9	50	8	44.44
20—39	21	7	33.33	14	66.67	0	0
40—59	17	16	94.12	1	5.88	0	0
60 及以上	3	3	100	0	0	0	0
合计	59	27	45.76	24	40.68	8	13.56

上表显示：在拱别小组浪峨支系的 59 人中，能够熟练使用自己母语的只有 27 人，占 45.76％，还不到一半的比例，而略懂和不懂自己母语的比例分别为 40.68％和 13.56％，两项之和达到 54.24％。这说明浪峨语在拱别小组出现明显的衰退迹象，尤其是年轻一代的母语保留很差。

（4）勒期支系母语使用情况分析

在拱别小组属于勒期支系的有 13 人，占该组景颇族人口的 4.89％。在这 13 人中，除了有 1 户原来就属于本组的以外,其他都是嫁进来的媳妇,因此年轻人的母语——勒期语保留较差。即使是原属于本组的勒期支系家庭,两位年轻人也不会自己的母语。在拱别小组的勒期支系中,分别有 3 人各占 50％的青年人和中年人不懂自己的母语——勒期语。也就是说,母语的保留与年龄的增长成正比。具体分析数据见表 4:

表 4

年龄段（岁）	人数	熟练		略懂		不懂	
		人数	百分比（％）	人数	百分比（％）	人数	百分比（％）
6—19	0	0	0	0	0	0	0
20—39	6	2	33.33	1	16.67	3	50
40—59	6	3	50	0	0	3	50
60 及以上	1	1	100	0	0	0	0
合计	13	6	46.15	1	7.69	6	46.15

在拱别小组,勒期支系不仅人数少,而且多数是其他村寨嫁过来的,由于缺乏使用自己母语的环境,勒期语在拱别小组没有什么活力,不懂自己母语的比例达到 46.15％。

(5) 波拉支系母语使用情况分析

在拱别小组有波拉支系 6 人,占该组景颇族人口的 2.26％。只有 2 位青年人略懂自己的母语——波拉语,占波拉支系人口的 33.33％。年轻人对自己的母语保留较差。具体分析数据见表 5:

表 5

年龄段（岁）	人数	熟练		略懂		不懂	
		人数	百分比（％）	人数	百分比（％）	人数	百分比（％）
6—19	0	0	0	0	0	0	0
20—39	3	1	33.33	2	66.67	0	0
40—59	2	2	100	0	0	0	0
60 及以上	1	1	100	0	0	0	0
合计	6	4	66.67	2	33.33	0	0

上表显示,波拉人能够熟练使用自己母语的占了 66.67％,说明波拉语还有一定的生命力。波拉语在国内的人数较少,只有 500 人左右,在拱别小组就更少了。波拉语能保持到这个程度,是很不容易的。

2. 景颇族各支系兼用其他支系语言的情况分析

(1) 景颇族各支系兼用景颇语的情况分析

在拱别小组,景颇支系才 7 人,其他各支系有 259 人。通过调查分析,我们发现,其他支系只有 3 人能够熟练地掌握景颇语,占 1.16％;略懂的有 5 人,占 1.93％;不懂景颇语的却有 251 人,占其他各支系的 96.91％。说明景颇语在拱别小组不占优势。具体分析数据见表 6:

表 6

支系	人数	熟练		略懂		不懂	
		人数	百分比(%)	人数	百分比(%)	人数	百分比(%)
载瓦支系	181	3	1.66	4	2.21	174	96.13
浪峨支系	59	0	0	1	1.7	58	98.3
勒期支系	13	0	0	0	0	13	100
波拉支系	6	0	0	0	0	6	100
总人数	259	3	1.16	5	1.93	251	96.91

（2）景颇族各支系兼用载瓦语的情况分析

在拱别小组,载瓦支系有 181 人,载瓦语在拱别小组属于优势语言。通过调查,我们发现,在拱别小组,其他支系有 85 人,其中有 83 人能够熟练地掌握载瓦语,占其他支系人数的 97.65%,仅有 2 人略懂载瓦语,占 2.35%;没有不懂载瓦语的。这说明,载瓦语被其他各支系广泛接受,成为拱别小组的通用语言。具体分析数据见表 7:

表 7

支系	人数	熟练		略懂		不懂	
		人数	百分比(%)	人数	百分比(%)	人数	百分比(%)
景颇支系	7	6	85.71	1	14.29	0	0
浪峨支系	59	59	100	0	0	0	0
勒期支系	13	13	100	0	0	0	0
波拉支系	6	5	83.33	1	16.67	0	0
总人数	85	83	97.65	2	2.35	0	0

在拱别小组,无论是哪一个支系,也无论是男女老幼,绝大多数都能够熟练地掌握载瓦语。只有 2 人略懂载瓦语,都是外地嫁过来的媳妇。一位是才从缅甸嫁过来的普宽迈,22 岁,还没有完全学会载瓦语。一位是原属于波拉支系的孔孔周,34 岁,载瓦语略懂。

（3）景颇族各支系兼用浪峨语的情况分析

在拱别小组,浪峨支系人数较多,有 59 人,但是其他各支系能够熟练掌握浪峨语的才有 10 人,占 4.83%;略懂浪峨语的有 134 人,占 64.73%;不懂浪峨语的有 63 人,占 30.44%。这说明,在拱别小组浪峨语也不被其他几个支系所重视。具体分析数据见表 8:

表 8

支系	人数	熟练		略懂		不懂	
		人数	百分比(%)	人数	百分比(%)	人数	百分比(%)
景颇支系	7	0	0	1	14.29	6	85.71
载瓦支系	181	3	1.66	125	69.06	53	29.28

勒期支系	13	5	38.46	4	30.77	4	30.77
波拉支系	6	2	33.33	4	66.67	0	0
总人数	207	10	4.83	134	64.73	63	30.44

（4）景颇族各支系使用勒期语的情况分析

在拱别小组，其他支系能够熟练掌握勒期语的有 4 人，占 1.58％；略懂勒期语的有 113 人，占 44.66％；不懂勒期语有 136 人，占 53.76％。具体分析数据见表 9：

表 9

支系	人数	熟练		略懂		不懂	
		人数	百分比（%）	人数	百分比（%）	人数	百分比（%）
景颇支系	7	0	0	1	14.29	6	85.71
载瓦支系	181	2	1.11	98	54.14	81	44.75
浪峨支系	59	1	1.7	9	15.25	49	83.05
波拉支系	6	1	16.67	5	83.33	0	0
总人数	253	4	1.58	113	44.66	136	53.76

（5）景颇族各支系使用波拉语的情况分析

在拱别小组，还没有其他支系能够熟练掌握波拉语的情况。只有 5 人略懂波拉语，占 1.92％；不懂波拉语的达到 255 人，占 98.08％。说明波拉语由于人口少，在拱别小组不被其他几个支系所接受。具体分析数据见表 10：

表 10

支系	人数	熟练		略懂		不懂	
		人数	百分比（%）	人数	百分比（%）	人数	百分比（%）
景颇支系	7	0	0	0	0	7	100
载瓦支系	181	0	0	5	2.76	176	97.24
浪峨支系	59	0	0	0	0	59	100
勒期支系	13	0	0	0	0	13	100
总人数	260	0	0	5	1.92	255	98.08

3. 景颇族使用汉语的情况分析

汉语是全民通用语，电视、广播、报纸主要用汉语。学生进入学校学习接受汉语教育，在村里开会主要也是用汉语，在拱别小组，汉语的使用面较广。调查数字显示：景颇族 266 人中，有 244 人能够熟练地掌握汉语，占 91.73％；略懂汉语的有 16 人，占 6.02％；不懂汉语的才 6 人，占 2.25％。具体分析数据见表 11：

表 11

年龄段（岁）	人数	熟练		略懂		不懂	
		人数	百分比（%）	人数	百分比（%）	人数	百分比（%）
6—19	51	43	84.31	7	13.73	1	1.96

20—39	122	120	98.36	1	0.82	1	0.82
40—59	73	66	90.41	5	6.85	2	2.74
60及以上	20	15	75	3	15	2	10
合计	266	244	91.73	16	6.02	6	2.25

上表显示,在拱别小组,不管是老人,还是小孩,基本上都能够熟练地掌握汉语。汉语在拱别小组具有很强的生命力。只有6人不懂汉语,所占比例很小。这6人的情况分别是:赵把,16岁,浪峨支系,因为有点智障,只会载瓦语,不会汉语;普宽迈,22岁,是才从缅甸嫁过来的景颇支系,会景颇语和载瓦语,不会汉语;排南仙,59岁,是从缅甸嫁过来的载瓦支系,会景颇语、载瓦语、勒期语和浪峨语,不会汉语;李勒志,54岁,载瓦支系,因为有点智障,只会载瓦语,不会汉语;唐米瓦,61岁,载瓦支系,文盲,只会载瓦语,不会汉语;何木锐,72岁,载瓦支系,文盲,会载瓦语,懂一点勒期语和浪峨语,不会汉语。

4. 汉族、傈僳族兼用载瓦语的情况分析

在拱别小组,还有汉族3人、傈僳族2人,共计5人。由于拱别小组是以载瓦支系为主,载瓦语就成为组内的通用语言。不仅景颇族其他支系要学习载瓦语,其他民族也要学习载瓦语,否则,在组内无法交流、生存。具体分析数据见表12:

表 12

年龄段 (岁)	人数	熟练		略懂		不懂	
		人数	百分比(%)	人数	百分比(%)	人数	百分比(%)
6—19	1	0	0	1	100	0	0
20—39	2	2	100	0	0	0	0
40—59	0	0	0	0	0	0	0
60及以上	2	1	50	0	0	1	50
合计	5	3	60	1	20	1	20

上表显示,在拱别小组的汉族、傈僳族5人中,有3人已经能够熟练地掌握载瓦语,只有1人略懂载瓦语,1人不懂载瓦语。这2人的情况是:朱彪,才6岁,因为其父亲是汉族,只略懂载瓦语;刘家贵,63岁,汉族,是才到拱别小组和载瓦人结婚不久,不懂载瓦语。

5. 拱别小组语言使用特点

(1)在拱别小组,汉语是小组以外的通用语言,使用面广,有244人,占91.73%的人能够熟练地掌握汉语,汉语发挥了全民通用语的作用。

(2)不同支系掌握母语的程度不同。其中,载瓦支系熟练掌握母语的比例达到100%;景颇支系熟练掌握母语的比例达到71.43%,略懂的占28.57%;波拉支系熟练掌握自己母语的占66.67%,略懂的占33.33%;浪峨支系和勒期支系不懂母语的分别为13.56%和46.15%,略懂自己母语的分别为40.68%和7.69%。说明在拱别小组载瓦支系母语保留得最好,景颇和波拉支系母语保留次之,浪峨和勒期支系的母语保留较差。

(3) 在拱别小组,不同支系兼用其他支系语言的情况也有很大差别。由于载瓦语是拱别小组的亚强势语言,其他支系有 97.65% 的人能够熟练地兼用载瓦语,不懂载瓦语的为 0;而其他支系能够熟练兼用景颇语、浪峨语、勒期语、波拉语的比例分别为 1.16%、4.83%、1.58%、0,不懂景颇语、浪峨语、勒期语、波拉语的比例分别为 96.91%、30.44%、53.76%、98.08%。这说明,语言环境及语言地位对语言的使用和掌握起到了一定的作用。

三、400 词测试分析

在拱别小组,由于 40 岁以上的景颇族都具有较强的母语使用能力。为此,我们抽样选取了 40 岁以下的 5 位景颇族进行了 400 词测试。其中,6—19 岁的 2 人、20—39 岁的 3 人。通过测试,发现不同年龄段载瓦语基本词汇的掌握程度不同。具体测试数据见下表 13:

表 13

姓名	性别	年龄	职业	民族	被测语言	词汇等级				A+B	测试成绩
						A	B	C	D		
何木努	女	9	学生	景颇	载瓦语	262	19	72	47	281	良好
赵南迈	女	14	学生	景颇	载瓦语	215	48	87	50	263	一般
赵早先	男	28	农民	景颇	载瓦语	324	4	51	21	328	良好
尚麻翁	男	33	村干部	景颇	载瓦语	368	15	14	3	383	优秀
何木兰	女	38	农民	景颇	载瓦语	357	20	23	0	377	优秀

上表显示,载瓦语能力在不同年龄段有一定差异:总体来说,青壮年的载瓦语能力较好,青少年的载瓦语能力稍微差一点。载瓦语的熟练程度与年龄大小有一定的关系,年龄越大,载瓦语的熟练程度越好,反之亦然。这说明,在拱别小组,由于载瓦语是组内的交际语言,年龄越大,其使用载瓦语的时间越长,载瓦语的交际频率越高。年龄越小,由于使用载瓦语的时间较短,载瓦语的熟练程度就差一些。如 9 岁的何木努(小学生)和 14 岁的赵南迈(初中生)在 5 位测试者中年龄较小,其载瓦语基本词汇的掌握程度就不如另外 3 位。其中,赵南迈的测试结果为"一般",载瓦语基本词汇的掌握程度低于何木努。其原因主要有:一是使用载瓦语的机会较少。因为在外读书的时间较长,学校都是汉语教学,接触汉语的机会更多,在学校说载瓦语的机会较少。二是说汉语能够得到周围人的认可。在家里,虽然父母不对她说汉语,但她在家说汉语,父母也能够接受。与寨子里的同龄人经常用汉语交流,周围人也不会说什么。三是她的语言态度比较开放。认为长大以后用汉语的机会更多一些,方便沟通。反观 33 岁的尚麻翁,虽然是景颇族景颇支系,但由于在拱别小组待的时间较长,又是村主任、支书,经常和载瓦人在一起交流,自己的母语——景颇语反而较差,只会一点点,而载瓦语却掌握得比较熟练,就连他才 2 岁的小儿子尚鑫运也学会讲载瓦语了。正如他所说:"才嫁进来的其他民族虽然开始不会

讲民族语,时间长了还是会讲民族语。"由此可以说明,语言环境对语言能力的提高和保留起着很大的作用。

以上几位被测试者对 400 个基本词汇掌握情况存在以下几点共性:

1. 个别基本词汇已淡出记忆

几位被测试者的 C 级词汇中有一些是日常生活使用频率较低的词,要想很久才能想起,或者在得到提示的时候会说"哦,对对,是这个",例如:"(蛇)蜕(皮)kjut^{22}"、"筋 ʃɔ^{22} kji^{22}"等。"弓 lai^{22}"只是听说过,从来没用过,所以印象不深。

D 级词汇中有的事物是没有见过,如:"麂子 tʃi^{22} tʃhi^{51}"、"绵羊 pai^{22} nam^{55}"、"熊 vam^{51}"、"箭 lai^{22} mjɔ^{22} ʃ^{22}"等。一些身体器官不会说,如:"肋骨 nam^{51} tʃham^{22}"、"肺 tsut^{55}"、"心脏 nik̩^{55} lum^{22}"等。

2. 有些词单独说比较困难,在一句话或者对话中就可以比较流利地说出来。如:"脓 pjiŋ^{51}"、"渴 khjuŋ^{22} xui^{51}"等。

3. 个别词语出现泛化趋势。有些相近的事物不再区分,只会说其中的一种。如:"头帕u̩^{22} thup^{55}"不会说,说成了"帽子 mu$^{?22}$ kjup^{55}";"借(借钱)tʃi^{22}"和"借(工具),ŋɔ^{22}"都用"借(借钱)tʃi^{22}";"金 xəŋ^{51}"、"银 ŋun^{51}"都用"金 xəŋ^{51}"。

此外,母语测试结果为"优秀"的两位被测试者,还能区别个别词语更细致的意义。如:"熊 vam^{51}"还可细分为"狗熊 vam^{51} khui^{22}";"虫 pau^{22}"还可以细分为"毛毛虫 tuŋ^{51} saŋ^{22}"等。

四、语言态度分析

在拱别小组,我们还抽样调查了 5 位不同年龄段景颇族的语言态度。他们的基本情况介绍如下:

表 14

调查对象	性别	年龄	民族(所属支系)	文化程度	职业
赵南迈	女	14	景颇族(载瓦)	初中在读	学生
何鲁	男	29	景颇族(载瓦)	初中	农民
尚麻翁	男	33	景颇族(景颇)	大专	村支书、主任
何木兰	女	38	景颇族(载瓦)	初中	农民
李木兰	女	50	景颇族(载瓦)	初中	农民

在语言态度调查中,我们主要设计了 7 个有关语言态度的题目,并制作成问卷,对被测试人进行了测试,具体情况分别见下表:

1. "对你来说,下面两种语言哪种最重要?"

2. "你家孩子学说话时,你最先教他的是什么语言?"

表 15

问题、答案\n\n调查对象	你认为哪种语言重要			你会或可能会教孩子最先学		
	汉语	母语（民族语）	同等重要	本族母语	汉语方言	普通话
赵南迈			√			
何 鲁			√	√		
尚麻翁	√			√		
何木兰			√	√		
李木兰		√		√		

在汉语和民族语重要性的问题上，有 3 人认为汉语和民族语同等重要，1 人认为汉语重要，1 人认为母语更重要。通过谈话我们了解到，认为汉语重要的尚麻翁是本寨子长大的，现任村干部，他本身是景颇族景颇支系，但生活在载瓦支系占优势的寨子。他之所以说汉语更重要，是因为现在正在继续深造，在读大学专科。汉语在工作、学习、生活中的应用范围更广。认为母语更重要的李木兰说自己年纪大了，用本民族语的时候最多，这个寨子周围大多数都是景颇族，载瓦语是亚强势语言，绝大多数人都会说载瓦语，只有平时出门遇到其他民族、语言无法沟通的时候才偶尔说一点汉语。

当问到"你会先教你小孩学习什么语言"时，四个人都毫不犹豫地选择了本族母语（赵南迈还小，不作回答）。大家都表示："我们是景颇族嘛，不会民族语言，还算什么景颇族呢？"

3."如果家里的人不会说母语，你的态度是什么？"

4."如果家里的人有不肯说母语，你的态度是什么？"

表 16

问题、答案\n\n调查对象	家人不会说母语				家人不肯说母语			
	赞成	无所谓	反对	无能为力	赞成	无所谓	反对	无能为力
赵南迈				√		√		
何 鲁		√				√		
尚麻翁			√				√	
何木兰			√				√	
李木兰			√				√	

5."对自己的子女成为双语人，你的态度是什么？"

6."如果有人在外地学习或工作几年后回到家乡，不再说母语，你如何看待？"

表 17

答案、问题\n\n调查对象	自己的子女成为双语人的态度				有人在外地学习或工作几年\n后回到家乡，不再说民族语		
	希望	顺其自然	不赞同	无所谓	可以理解	反感	无所谓
赵南迈							√
何 鲁	√				√		

	√						√	
尚麻翁	√						√	
何木兰	√						√	
李木兰	√						√	

以上两个表中的四个问题,14岁的赵南迈(第六题不作回答)和29岁的何鲁的态度一致,对待家人不会或不说母语、外地归来的人不说母语的现象都能够接受;而另外3个人对此却表示反感。赵南迈说,现在她和寨子的一些同龄人在一起用汉语交流的机会更多一些,很多青少年都和她的想法差不多。表示反感的3个人都认为:"是本族人还是说自己的民族语言好。"

4个人都希望自己的子女能够成为双语人。尚麻翁主任说:"2005年小学被撤走后,我们村的孩子上学要到乡里去。娃娃们上幼儿园之前基本不会汉语,在幼儿园学一年汉语。我们是很赞成娃娃学汉语的,现在学校要求讲普通话,这很好。但是上小学后,少数民族学生与汉族学生比起来,既要学语言,又要学知识,这就存在困难,成绩受到影响,也会间接地影响孩子们学习的积极性和自信心。现在有的家长为了让孩子说好汉语,上学后能跟得上汉族学生,有意识地让孩子从小多说汉语,少说民族语。"当被问及"会因此担心孩子民族语水平下降吗",尚主任说:"在语言上不担心,因为这边有很多人说民族语言,有大语言环境。有点担心孩子们汉语水平不够好,不过我们最担心的是文字,目前村子里会景颇文或载瓦文的只有一两个人。因为没有专业的民族老师,有的老师懂语言,不懂文字。多年前曾有基督教士来教景颇文字,现在寨子里有5户人家信教,但是没有人能教文字。"他更希望的是孩子们的民族语和汉语能一起发展。

此外,大家都非常希望广播影视能采用民族语。

从以上语言态度的测试中看到:相对其他寨子,拱别小组的语言态度更为开放、包容,村民的汉语水平普遍较高。这是有历史原因的:拱别小组就是以前的乡政府和三台山中心小学所在地,2000年乡政府搬离,2005年中心小学被撤走。当时村民接触汉语机会多,大部分人都会说汉语。据赵南迈说,虽然她父母和村民在寨子里很少说汉语,但她在家或在寨子里说汉语,大家都不会说什么的。这些都表明拱别小组具有开放和包容的语言态度。

调查过程中,当问到关于文字学习方面的问题时,村民们无一例外地表示:希望自己的子女能掌握本族文字。首先是出于民族感情,其次才是工作需要、个人兴趣等。对于民族文字的发展前景,大部分人都认为:虽然民族文字只在一定范围内使用,但他们仍然热爱自己的民族文字,希望能看到图文并茂的民族文字的报刊、杂志,甚至是广告、招牌、标语等。

由此看来,民族地区的群众很迫切地希望能学到本民族文字。

五、拱别组语言调查的启示

在拱别组的调查中我们发现:语言能力与语言环境、语言态度有很大的关系。也就是说,内因和外因共同起作用。

从下列赵南迈、尚麻翁、何木兰3人的民族语水平和语言态度的差异中,能看出一些问题。摘录对比如下表:

表 18

问题、答案 调查对象	你认为哪种语言重要		家人不会说母语		家人不肯说母语		有人从外地学习或工作回到家乡，不再说民族语		测试成绩
	汉语	同等重要	反对	无能为力	反对	无所谓	反对	无所谓	
赵南迈		√		√		√		√	一般
尚麻翁	√		√		√		√		优秀
何木兰		√	√		√		√		优秀

上表显示，青少年一代民族语的水平略有降低，语言态度比较宽松，尤其是在外读过书的孩子，对很多与传统认识不一致的现象都表示能理解；中青年一代的民族语水平较高，语言态度一般比较严谨、客观，他们不仅意识到汉语的重要性，也对民族语言发展很有信心。另一方面，赵南迈在外读书的时间长，使用载瓦语的时间较短，机会较少，所以载瓦语水平较差；而尚麻翁和何木兰一直在载瓦语的环境中生活，平时随时随地都要使用载瓦语，所以载瓦语水平较高。

六、邦外村委拱别组语言使用情况总表

编号	家庭关系	姓名	民族（支系）	年龄	文化程度	第一语言及水平	第二语言及水平	其他语言及水平
1	户主	董木刀	景颇（载瓦）	49	小五	载瓦语，熟练	汉语，熟练	勒期语，略懂
	长子	赵早崩	景颇（载瓦）	22	初中	载瓦语，熟练	汉语，熟练	浪峨语，略懂
	次女	赵南波	景颇（载瓦）	25	初中	载瓦语，熟练	汉语，熟练	浪峨语，略懂
2	户主	排早乱	景颇（载瓦）	44	小三	载瓦语，熟练	汉语，熟练	
	妻子	赵南对	景颇（载瓦）	46	小学	载瓦语，熟练	汉语，熟练	
	四女	排南图	景颇（载瓦）	24	初中	载瓦语，熟练	汉语，熟练	
	五女	排南阶	景颇（载瓦）	21	职中在读	载瓦语，熟练	汉语，熟练	
	次女	排南帮	景颇（载瓦）	28	小学	载瓦语，熟练	汉语，熟练	
	外孙子	朱彪	汉族	6	学前	汉语，熟练	载瓦语，略懂	
3	户主	何木兰（女）	景颇（载瓦）	38	初中	载瓦语，熟练	汉语，熟练	浪峨语，略懂
	长女	保红梅	景颇（浪峨）	16	初三毕业	载瓦语，熟练	汉语，熟练	浪峨语，略懂
	长子	保红孔	景颇（浪峨）	10	小三在读	载瓦语，熟练	汉语，熟练	
	侄子	保则孔	景颇（浪峨）	14	小四在读	载瓦语，熟练	汉语，熟练	
4	户主	保孔诺（女）	景颇（浪峨）	52	小学	浪峨语，熟练	载瓦语，熟练	汉语，熟练
	丈夫	刘家贵	汉族	63	小学	汉语，熟练		
	长子	曹干	傈僳	29	小学	载瓦语，熟练	汉语，熟练	
	次子	曹弄	傈僳	24	初中	载瓦语，熟练	汉语，熟练	

5	户主	鲍道则	景颇（浪峨）	67	小学	浪峨语,熟练	载瓦语,熟练	汉语,熟练
	妻子	赵南锐	景颇（载瓦）	68	小学	载瓦语,熟练	汉语,熟练	
	次子	鲍自道	景颇（浪峨）	36	初中	浪峨语,熟练	载瓦语,熟练	汉语,熟练
	次子媳	何木苗	景颇（载瓦）	39	小学	载瓦语,熟练	汉语,熟练	
	孙子	鲍道孔	景颇（浪峨）	16	初三在读	载瓦语,熟练	汉语,熟练	浪峨语,略懂
	孙子	鲍道龙	景颇（浪峨）	10	小四在读	载瓦语,熟练	汉语,熟练	浪峨语,略懂
	长子	鲍自孔	景颇（浪峨）	42	初中	载瓦语,熟练	浪峨语,熟练	汉语,熟练
6	户主	李木兰(女)	景颇（载瓦）	47	初中	载瓦语,熟练	汉语,熟练	
	长女	鲍自诺	景颇（浪峨）	25	初中	载瓦语,熟练	浪峨语,略懂	汉语,熟练
	长子	鲍自龙	景颇（浪峨）	20	初中	载瓦语,熟练	浪峨语,略懂	汉语,熟练
7	户主	赵南弄(女)	景颇（载瓦）	52	小学	载瓦语,熟练	汉语,熟练	
	三女	晏木南	景颇（勒期）	26	初中	载瓦语,熟练	汉语,熟练	
	次子	晏勒崩	景颇（勒期）	23	初中	载瓦语,熟练	汉语,熟练	
	次子媳	董木江	景颇（载瓦）	26	初中	载瓦语,熟练	汉语,熟练	
	孙子	晏市周	景颇（勒期）	1				
8	户主	排木兰(女)	景颇（载瓦）	58	小学	载瓦语,熟练	汉语,熟练	
	长女	保木介	景颇（浪峨）	30	初中	载瓦语,熟练	浪峨语,略懂	汉语,熟练
	长子	保龙道	景颇（浪峨）	29	小学	载瓦语,熟练	浪峨语,略懂	汉语,熟练
9	户主	赵早南	景颇（载瓦）	23	初中	载瓦语,熟练	汉语,熟练	
10	户主	雷道诺(女)	景颇（浪峨）	50	小学	浪峨语,熟练	载瓦语,熟练	汉语,熟练
	长子	何小东	景颇（载瓦）	25	初中	载瓦语,熟练	汉语,熟练	
	次女	何小兰	景颇（载瓦）	24	初中	载瓦语,熟练	汉语,熟练	
	长子媳	董灯松	景颇（载瓦）	18	小学	载瓦语,熟练	汉语,熟练	
11	户主	鲍道龙	景颇（浪峨）	43	小学	浪峨语,熟练	载瓦语,熟练	汉语,熟练
	妻子	明道南	景颇（浪峨）	44	初中	浪峨语,熟练	载瓦语,熟练	汉语,熟练
	长女	鲍龙诺	景颇（浪峨）	22	初中	载瓦语,熟练	浪峨语,略懂	汉语,熟练
	长子	鲍龙孔	景颇（浪峨）	21	初中	载瓦语,熟练	浪峨语,熟练	汉语,熟练
12	户主	石木锐(女)	景颇（景颇）	65	小学	景颇语,熟练	载瓦语,熟练	汉语,熟练
	长子	鲍道则	景颇（浪峨）	34	小学	载瓦语,熟练	浪峨语,略懂	汉语,熟练
	长子媳	何木芹	景颇（载瓦）	23	小学	载瓦语,熟练	汉语,熟练	
	孙子	鲍则孔	景颇（浪峨）	6	学前	载瓦语,熟练	汉语,略懂	
	孙子	鲍则龙	景颇（浪峨）	1				
13	户主	金永新	景颇（浪峨）	38	初中	载瓦语,熟练	浪峨语,略懂	汉语,熟练
	妻子	董木三	景颇（载瓦）	36	小学	载瓦语,熟练	汉语,熟练	
	长子	金道孔	景颇（浪峨）	15	中学在读	载瓦语,熟练	汉语,熟练	
	次子	金道龙	景颇（浪峨）	8	小学在读	载瓦语,熟练	汉语,熟练	

14	户主	张勒门	景颇(载瓦)	24	初中	载瓦语,熟练	汉语,熟练	
	妻子	郑木写	景颇(载瓦)	22	初中	载瓦语,熟练	汉语,熟练	
	弟弟	张勒定	景颇(载瓦)	22	小学	载瓦语,熟练	汉语,熟练	
	母亲	金孔诺	景颇(浪峨)	42	小学	载瓦语,熟练	浪峨语,熟练	汉语,熟练
15	户主	石木丁(女)	景颇(载瓦)	60	文盲	载瓦语,熟练	汉语,熟练	
	长子	赵斌	景颇(载瓦)	31	小学	载瓦语,熟练	汉语,熟练	
	长子媳	董宗伦	景颇(载瓦)	26	小学	载瓦语,熟练	汉语,熟练	
	孙女	赵南轩	景颇(载瓦)	5				
16	户主	何勒成	景颇(载瓦)	53	初中	载瓦语,熟练	汉语,熟练	
	妻子	李木锐	景颇(载瓦)	53	初中	载瓦语,熟练	汉语,熟练	
	长子	何鲁	景颇(载瓦)	29	初中	载瓦语,熟练	汉语,熟练	
	长子媳	赵木南	景颇(勒期)	26	初中	载瓦语,熟练	汉语,熟练	
	孙子	何干先	景颇(载瓦)	6	学前	载瓦语,熟练	汉语,略懂	
17	户主	赵早诺	景颇(载瓦)	41	初中	载瓦语,熟练	汉语,熟练	浪峨语,略懂
	长子	赵早么	景颇(载瓦)	15	小学	载瓦语,熟练	汉语,熟练	浪峨语,略懂
18	户主	赵勒栽	景颇(载瓦)	39	小学	载瓦语,熟练	汉语,熟练	浪峨语,略懂
	妻子	董木南	景颇(载瓦)	35	小学	载瓦语,熟练	汉语,熟练	浪峨语,略懂
	长女	赵南英	景颇(载瓦)	16	初中	载瓦语,熟练	汉语,熟练	浪峨语,略懂
	长子	赵早康	景颇(载瓦)	8	小学在读	载瓦语,熟练	汉语,熟练	
19	户主	保勒玖	景颇(浪峨)	48	初中	载瓦语,熟练	浪峨语,熟练	汉语,熟练
	妻子	李木样	景颇(载瓦)	47	初中	载瓦语,熟练	汉语,熟练	浪峨语,略懂
	长女	保九内	景颇(浪峨)	26	初中	载瓦语,熟练	汉语,熟练	浪峨语,略懂
	长子	保九矿	景颇(浪峨)	24	初中	载瓦语,熟练	汉语,熟练	浪峨语,略懂
20	户主	赵早乱	景颇(载瓦)	43	初中	载瓦语,熟练	汉语,熟练	浪峨语,略懂
	妻子	晏木松	景颇(勒期)	44	小学	载瓦语,熟练	汉语,熟练	勒期语,略懂
	长子	赵早选	景颇(载瓦)	21	小学	载瓦语,熟练	汉语,熟练	浪峨语,略懂
	次子	赵弄	景颇(载瓦)	16	初二在读	载瓦语,熟练	汉语,熟练	浪峨语,略懂
21	户主	赵早龙	景颇(载瓦)	42	小学	载瓦语,熟练	汉语,熟练	浪峨语,略懂
	妻子	晏木吕	景颇(勒期)	42	小学	载瓦语,熟练	汉语,熟练	勒期语、浪峨语,略懂
	长女	赵南仙	景颇(载瓦)	21	小学	载瓦语,熟练	汉语,熟练	浪峨语,略懂
	次女	赵南门	景颇(载瓦)	16	小学	载瓦语,熟练	汉语,熟练	浪峨语,略懂
	哥哥	赵早门	景颇(载瓦)	62	小学	载瓦语,熟练	汉语,熟练	浪峨语,略懂

序号	称谓	姓名	民族（支系）	年龄	文化程度	母语	第二语言	第三语言
22	户主	何勒门	景颇（载瓦）	34	初中	载瓦语，熟练	景颇语，浪峨语，略懂	汉语，熟练
	妻子	普宽迈	景颇（景颇）	22	小学	景颇语，熟练	载瓦语，略懂	
	女儿	何木南	景颇（载瓦）	1				
	母亲	金木乖	景颇（浪峨）	58	初中	浪峨语、载瓦语，熟练	汉语，熟练	
	弟弟	何勒腊	景颇（载瓦）	27	初中	载瓦语，熟练	汉语，熟练	浪峨语，略懂
23	户主	李勒腊	景颇（载瓦）	27	小学	载瓦语，熟练	汉语，熟练	浪峨语，略懂
	妻子	尚崩汤	景颇（勒期）	29	小学	勒期语，熟练	载瓦语，熟练	汉语，熟练；浪峨语，略懂
	儿子	李干么	景颇（载瓦）	5				
24	户主	金永明	景颇（浪峨）	40	初中	浪峨语，熟练	载瓦语，熟练	汉语，熟练
	妻子	晏木旺	景颇（勒期）	40	初中	载瓦语，熟练	汉语，熟练	勒期语、浪峨语，略懂
	长女	金孔诺	景颇（浪峨）	19	技中在读	载瓦语，熟练	汉语，熟练	浪峨语，略懂
	次女	金孔南	景颇（浪峨）	17	小学	载瓦语，熟练	汉语，熟练	浪峨语，略懂
	三女	金孔内	景颇（浪峨）	10	小学在读	载瓦语，熟练	汉语，熟练	浪峨语，略懂
25	户主	高焕美（女）	汉族	66	小学	汉语，熟练	载瓦语，熟练	
	长子	赵勒都	景颇（载瓦）	36	小学	载瓦语，熟练	汉语，熟练	浪峨语，略懂
	长子媳	黄永兰	景颇（载瓦）	34	小学	载瓦语，熟练	汉语，熟练	
	孙子	赵鑫	景颇（载瓦）	3				
26	户主	李木东（女）	景颇（载瓦）	51	小学	载瓦语，熟练	汉语，熟练	浪峨语，略懂
	次子	保孔道	景颇（浪峨）	25	小学	载瓦语，熟练	汉语，熟练	浪峨语，略懂
27	户主	雷孔央（女）	景颇（浪峨）	44	小学	浪峨语，熟练	载瓦语，熟练	汉语，熟练
	长女	保道诺	景颇（浪峨）	22	小学	浪峨语，熟练	载瓦语，熟练	汉语，熟练
	长子	保道孔	景颇（浪峨）	21	小学	浪峨语，熟练	载瓦语，熟练	汉语，熟练
28	户主	尚麻翁	景颇（景颇）	33	初中	载瓦语，熟练	汉语，熟练	景颇语，略懂
	妻子	黄丽梅	景颇（载瓦）	32	初中	载瓦语，熟练	汉语，熟练	
	女儿	尚扎门	景颇（景颇）	9	小学在读	载瓦语，熟练	汉语，熟练	景颇语，略懂
	儿子	尚鑫运	景颇（景颇）	2				
	父亲	尚德昌	景颇（景颇）	61	小学	景颇语，熟练	载瓦语，熟练	汉语，熟练
	母亲	排木介	景颇（载瓦）	60	小学	载瓦语，熟练	汉语，熟练	景颇语，略懂
	妹妹	尚麻锐	景颇（景颇）	29	初中	载瓦语，熟练	汉语，熟练	景颇语，熟练
29	户主	何干新	景颇（载瓦）	38	小学	载瓦语，熟练	汉语，熟练	浪峨语，略懂
	妻子	金木姐	景颇（浪峨）	35	小学	载瓦语，熟练	汉语，熟练	浪峨语，略懂
	女儿	何木努	景颇（载瓦）	14	中学在读	载瓦语，熟练	汉语，熟练	

30	户主	赵早扎	景颇（载瓦）	35	小学	载瓦语，熟练	汉语，熟练	浪峨语，略懂
	妻子	孔木东	景颇（载瓦）	34	小学	载瓦语，熟练	汉语，熟练	浪峨语，略懂
	长子	赵早背	景颇（载瓦）	13	小学在读	载瓦语，熟练	汉语，熟练	
	次子	赵早啰	景颇（载瓦）	6	学前	载瓦语，熟练	汉语，熟练	
31	户主	金孔龙	景颇（浪峨）	41	初中	浪峨语，熟练	汉语，熟练	
	妻子	何木南	景颇（载瓦）	45	初中	载瓦语，熟练	汉语，熟练	浪峨语，略懂
	女儿	金龙诺	景颇（浪峨）	12	小学在读	载瓦语，熟练	汉语，熟练	
	儿子	金龙孔	景颇（浪峨）	10	小学在读	载瓦语，熟练	汉语，熟练	
32	户主	保勒总	景颇（浪峨）	45	初中	浪峨语，熟练	载瓦语，熟练	汉语，熟练
	妻子	王木努	景颇（载瓦）	44	初中	载瓦语，熟练	浪峨语，略懂	汉语，熟练
	长女	保总诺	景颇（浪峨）	23	初中	载瓦语，熟练	浪峨语，略懂	汉语，熟练
	长子	保总孔	景颇（浪峨）	21	初中	载瓦语，熟练	浪峨语，熟练	汉语，熟练
33	户主	何计弄	景颇（载瓦）	32	小学	载瓦语，熟练	浪峨语、勒期语，略懂	汉语，熟练
	妻子	保玖诺	景颇（载瓦）	27	初中	载瓦语，熟练	浪峨语、勒期语，略懂	汉语，熟练
	长女	何木努	景颇（载瓦）	10	小学在读	载瓦语，熟练	汉语，熟练	
	长子	何勒干	景颇（载瓦）	4				
34	户主	保孔道	景颇（载瓦）	50	初中	载瓦语，熟练	浪峨语、勒期语，略懂	汉语，熟练
	妻子	赵南东 a33	景颇（载瓦）	51	初中	载瓦语，熟练	浪峨语、勒期语，略懂	汉语，熟练
	长子	保道龙	景颇（载瓦）	25	初中	载瓦语，熟练	浪峨语、勒期语，略懂	汉语，熟练
	长女	保 瑞	景颇（载瓦）	27	中专	载瓦语，熟练	浪峨语、勒期语，略懂	汉语，熟练
	次女	保道南	景颇（载瓦）	22	初中	载瓦语，熟练	浪峨语、勒期语，略懂	汉语，熟练
	长子媳	李木兰	景颇（载瓦）	24	初中	载瓦语，熟练	汉语，熟练	
	长孙女	保龙仙	景颇（载瓦）	3				
35	户主	赵昆岩	景颇（载瓦）	61	小学	载瓦语，熟练	浪峨语、勒期语，略懂	汉语，熟练
	长子	赵早兰3	景颇（载瓦）	34	小学	载瓦语，熟练	浪峨语、勒期语，略懂	汉语，熟练
	长子媳	排南邦	景颇（载瓦）	25	小学	载瓦语，熟练	汉语，略懂	
	长孙女	赵南英	景颇（载瓦）	5				
	次子	赵早仁	景颇（载瓦）	27	小学	载瓦语，熟练	浪峨语、勒期语，略懂	汉语，熟练

36	户主	何勒弄	景颇（载瓦）	28	初中	载瓦语,熟练	浪峨语、勒期语,略懂	汉语,熟练
	妻子	赵南温	景颇（载瓦）	28	初中	载瓦语,熟练	浪峨语、勒期语,略懂	汉语,熟练
	母亲	石木写	景颇（载瓦）	58	小学	载瓦语,熟练	浪峨语、勒期语,略懂	汉语,略懂
	侄女	和木仙	景颇（载瓦）	13	小学	载瓦语,熟练	汉语,熟练	
	长子	何成干	景颇（载瓦）	7	小学	载瓦语,熟练	汉语,略懂	
37	户主	何勒三	景颇（载瓦）	56	初中	载瓦语,熟练	浪峨语、勒期语,略懂	汉语,熟练
	妻子	电努汤	景颇（勒期）	50	小学	勒期语,熟练	载瓦语、浪峨语,熟练	汉语,熟练
	四子	何干药	景颇（载瓦）	24	初中	载瓦语,熟练	浪峨语、勒期语,略懂	汉语,熟练
	四子媳	李木用	景颇（载瓦）	25	初中	载瓦语,熟练	汉语,熟练	
38	户主	金道孔	景颇（载瓦）	80	文盲	载瓦语,熟练	浪峨语、勒期语,略懂	汉语,熟练
	妻子	何木锐	景颇（载瓦）	72	文盲	载瓦语,熟练	浪峨语、勒期语,略懂	
	次子	金勒则	景颇（载瓦）	26	小学	载瓦语,熟练	浪峨语、勒期语,略懂	汉语,熟练
39	户主	赵早先	景颇（载瓦）	54	小学	载瓦语,熟练	浪峨语、勒期语,略懂	汉语,熟练
	妻子	目木用	景颇（载瓦）	53	小学	载瓦语,熟练	浪峨语、勒期语,略懂	汉语,略懂
	长子	赵早崩	景颇（载瓦）	26	初中	载瓦语,熟练	浪峨语、勒期语,略懂	汉语,熟练
	长子媳	保木比	景颇（载瓦）	24	初中	载瓦语,熟练	浪峨语、勒期语,略懂	汉语,熟练
	长孙子	赵早跑	景颇（载瓦）	1				
40	户主	金孔道	景颇（载瓦）	34	高中	载瓦语,熟练	浪峨语、勒期语,略懂	汉语,熟练
41	户主	孔勒红	景颇（载瓦）	53	初中	载瓦语,熟练	浪峨语、勒期语,略懂	汉语,熟练
	妻子	雷木曾	景颇（载瓦）	56	小学	载瓦语,熟练	浪峨语、勒期语,略懂	汉语,熟练
	长子	孔勒孔	景颇（载瓦）	31	小学	载瓦语,熟练	浪峨语、勒期语,略懂	汉语,熟练

42	户主	赵早旦	景颇（载瓦）	42	初中	载瓦语，熟练	浪峨语、勒期语、波拉语，略懂	汉语，熟练
	妻子	孔姐强	景颇（波拉）	40	初中	波拉语，熟练	载瓦语、浪峨语、勒期语，略懂	汉语，熟练
	长女	赵麻南	景颇（载瓦）	19	初中	载瓦语，熟练	浪峨语、勒期语、波拉语，略懂	汉语，熟练
43	户主	赵早扎	景颇（载瓦）	36	小学	载瓦语，熟练	浪峨语、勒期语、波拉语，略懂	汉语，熟练
	妻子	何木男	景颇（载瓦）	33	初中	载瓦语，熟练	浪峨语、勒期语，略懂	
	长女	赵南乖	景颇（载瓦）	17	初中	载瓦语，熟练	汉语，熟练	
	长子	赵早么	景颇（载瓦）	13	小学	载瓦语，熟练	汉语，熟练	
44	户主	赵坤仙	景颇（载瓦）	57	小学	载瓦语，熟练	浪峨语、勒期语，略懂	汉语，熟练
	次子	赵早诺	景颇（载瓦）	30	小学	载瓦语，熟练	浪峨语、勒期语，略懂	汉语，熟练
	次子媳	孔南图	景颇（载瓦）	35	小学	载瓦语，熟练	景颇语、浪峨语、勒期语，熟练	汉语，熟练
	孙女	赵南仙	景颇（载瓦）	6	学前	载瓦语，熟练	汉语，略懂	
45	户主	赵早段	景颇（载瓦）	52	小学	载瓦语，熟练	浪峨语、勒期语，略懂	汉语，熟练
	妻子	张木云	景颇（载瓦）	50	小学	载瓦语，熟练	浪峨语、勒期语，略懂	汉语，熟练
	长子	赵早仁	景颇（载瓦）	26	初中	载瓦语，熟练	浪峨语、勒期语，略懂	汉语，熟练
	长女	赵南门	景颇（载瓦）	30	初中	载瓦语，熟练	浪峨语、勒期语，略懂	汉语，熟练
46	户主	何勒用	景颇（载瓦）	46	小学	载瓦语，熟练	浪峨语、勒期语，略懂	汉语，熟练
	妻子	金孔诺	景颇（载瓦）	43	小学	载瓦语，熟练	浪峨语、勒期语，略懂	汉语，熟练
	长子	何干门	景颇（载瓦）	20	小学	载瓦语，熟练	浪峨语、勒期语，略懂	汉语，熟练
	次子	何弄旺	景颇（载瓦）	4				

47	户主	何木男	景颇（载瓦）	44	职高	载瓦语,熟练	浪峨语、勒期语,略懂	汉语,熟练
	长子	赵 新	景颇（载瓦）	22	初中	载瓦语,熟练	浪峨语、勒期语,略懂	汉语,熟练
48	户主	赵早迈	景颇（浪峨）	44	初中	载瓦语,熟练	浪峨语、勒期语,略懂	汉语,熟练
	妻子	张木苗	景颇（载瓦）	39	初中	载瓦语,熟练	浪峨语、勒期语,略懂	汉语,熟练
	父亲	赵早乱	景颇（浪峨）	79	小学	浪峨语,熟练	载瓦语,熟练	汉语,熟练
	长子	赵 把	景颇（浪峨）	16	小学	载瓦语,熟练		
49	户主	保勒汤	景颇（浪峨）	48	小学	浪峨语,熟练	载瓦语,熟练	汉语,熟练
	妻子	相同南	景颇（浪峨）	51	小学	浪峨语,熟练	载瓦语,熟练	汉语,熟练
	次女	鲍木栽	景颇（浪峨）	16	初中	浪峨语,熟练	载瓦语,熟练	汉语,熟练
50	户主	鲍勒虎	景颇（载瓦）	39	小学	载瓦语,熟练	浪峨语、勒期语,略懂	汉语,熟练
	长子	鲍通孔	景颇（载瓦）	17	初中	载瓦语,熟练	浪峨语、勒期语,略懂	汉语,熟练
51	户主	勒麻药	景颇（载瓦）	38	小学	载瓦语,熟练	浪峨语、勒期语,略懂	汉语,熟练
52	户主	唐木便（女）	景颇（载瓦）	70	文盲	载瓦语,熟练	景颇语,熟练	汉语,熟练
	五子	保孔炯	景颇（载瓦）	38	小学	载瓦语,熟练	浪峨语,熟练	汉语,熟练
	五子媳	何小兰	景颇（载瓦）	36	小学	载瓦语,熟练	浪峨语、勒期语,略懂	汉语,熟练
	孙女	保玖诺	景颇（载瓦）	8	小学在读	载瓦语,熟练	汉语,熟练	
53	户主	金恐龙	景颇（载瓦）	37	初中	载瓦语,熟练	浪峨语、勒期语,略懂	汉语,熟练
	妻子	孔孔周	景颇（波拉）	34	初中	波拉语,熟练	载瓦语,熟练	汉语,熟练
	长子	金龙孔	景颇（载瓦）	5				
54	户主	电木昌（女）	景颇（勒期）	60	小学	勒期语,熟练	载瓦语、浪峨语,熟练	汉语,熟练
	四子	鲍自洪	景颇（勒期）	27	初中	载瓦语,熟练	浪峨语、勒期语,略懂	汉语,熟练
55	户主	黄勒门	景颇（载瓦）	27	初中	载瓦语,熟练	浪峨语、勒期语,略懂	汉语,熟练
	妻子	排南菊	景颇（载瓦）	26	小学	载瓦语,熟练	浪峨语、勒期语,略懂	汉语,熟练
	长子	黄翁干	景颇（载瓦）	3				

56	户主	何勒定	景颇（载瓦）	27	初中	载瓦语，熟练	浪峨语、勒期语，略懂	汉语，熟练
	妻子	排南门	景颇（载瓦）	26	初中	载瓦语，熟练	浪峨语、勒期语，略懂	汉语，熟练
	长女	何木果	景颇（载瓦）	6	学前	载瓦语，熟练	汉语，略懂	
57	户主	保孔龙	景颇（载瓦）	27	初中	载瓦语，熟练	浪峨语、勒期语，略懂	汉语，熟练
	妻子	赵木南	景颇（勒期）	27	初中	勒期语，熟练	载瓦语、浪峨语，熟练	汉语，熟练
	长子	保富	景颇（载瓦）	4				
58	户主	赵南仙	景颇（载瓦）	10	小学在读	载瓦语，熟练	浪峨语，略懂	汉语，略懂
59	户主	赵早弄	景颇（载瓦）	50	初中	载瓦语，熟练	浪峨语、勒期语，略懂	汉语，熟练
	妻子	刀木半	景颇（载瓦）	47	小学	载瓦语，熟练	浪峨语、勒期语，略懂	汉语，略懂
	长子	赵早努	景颇（载瓦）	22	初中	载瓦语，熟练	浪峨语、勒期语，略懂	汉语，熟练
60	户主	鲍自龙	景颇（浪峨）	32	初中	载瓦语，熟练	浪峨语、勒期语，略懂	汉语，熟练
	妻子	排木图	景颇（载瓦）	28	初中	载瓦语，熟练	浪峨语、勒期语，略懂	汉语，熟练
	长子	包龙孔	景颇（浪峨）	6	小学在读	载瓦语，熟练	浪峨语、勒期语，略懂	汉语，略懂
61	户主	鲍自久	景颇（浪峨）	30	初中	载瓦语，熟练	浪峨语、勒期语，熟练	汉语，熟练
	妻子	何木团	景颇（载瓦）	31	初中	载瓦语，熟练	浪峨语、勒期语，熟练	汉语，熟练
	长子	鲍炯孔	景颇（浪峨）	10	小学在读	载瓦语，熟练	浪峨语、勒期语，略懂	汉语，熟练
62	户主	赵早腊	景颇（载瓦）	51	初中	载瓦语，熟练	浪峨语、勒期语，略懂	汉语，熟练
	妻子	鲍南三	景颇（载瓦）	55	初中	载瓦语，熟练	浪峨语、勒期语，略懂	汉语，熟练
	长子	赵早胆	景颇（载瓦）	28	初中	载瓦语，熟练	浪峨语、勒期语，略懂	汉语，熟练
	次子	赵早都	景颇（载瓦）	26	初中	载瓦语，熟练	浪峨语、勒期语，略懂	汉语，熟练

63	户主	赵早都	景颇（载瓦）	42	小学	载瓦语，熟练	浪峨语、勒期语，略懂	汉语，熟练
	妻子	董木段	景颇（载瓦）	40	小学	载瓦语，熟练	浪峨语、勒期语，略懂	汉语，熟练
	长女	赵南双	景颇（载瓦）	16	初中	载瓦语，熟练	浪峨语、勒期语，略懂	汉语，熟练
64	户主	孔扫东	景颇（波拉）	71	小学	波拉语，熟练	载瓦语、浪峨语，熟练；勒期语，略懂	汉语，略懂
	次女	赵木刀	景颇（载瓦）	43	初中	载瓦语，熟练	波拉语、浪峨语、勒期语，略懂	汉语，熟练
	长子	赵早当	景颇（波拉）	38	初中	载瓦语，熟练	波拉语、浪峨语、勒期语，略懂	汉语，熟练
	三女	赵卫芳	景颇（波拉）	38	初中	载瓦语，熟练	波拉语、浪峨语、勒期语，略懂	汉语，熟练
65	户主	赵早温	景颇（载瓦）	60	小学	载瓦语，熟练	波拉语、浪峨语、勒期语，略懂	汉语，略懂
	妻子	排南仙	景颇（载瓦）	59	小学	载瓦语，熟练	景颇语，熟练；浪峨语、勒期语，略懂	
	长子	赵早翁	景颇（载瓦）	24	初中	载瓦语，熟练	浪峨语、勒期语，略懂	汉语，熟练
66	户主	鲍早扎	景颇（浪峨）	61	文盲	浪峨语、载瓦语，熟练	勒期语、景颇语，略懂	汉语，略懂
	妻子	雷红杨	景颇（浪峨）	48	初中	浪峨语，熟练	载瓦语，熟练；勒期语，略懂	汉语，略懂
	长子	鲍龙道	景颇（浪峨）	27	小学	浪峨语，熟练	载瓦语，熟练；勒期语，略懂	汉语，熟练
	长子媳	李木闹	景颇（载瓦）	20	小学	载瓦语，熟练	汉语，熟练	
67	户主	马勒旺	景颇（载瓦）	65	大专	载瓦语，熟练	勒期语、浪峨语，略懂	汉语，熟练
	次子	马勒弄	景颇（载瓦）	36	小学	载瓦语，熟练	勒期语、浪峨语，略懂	汉语，熟练
	三子	赖麻腊	景颇（载瓦）	34	初中	载瓦语，熟练	勒期语、浪峨语，略懂	汉语，熟练

68	户主	邱红明	景颇（载瓦）	40	高中	载瓦语，熟练	勒期语、浪峨语，略懂	汉语，熟练
	妻子	雷木东	景颇（载瓦）	38	小学	载瓦语，熟练	勒期语、浪峨语，略懂	汉语，熟练
	长女	邱木果	景颇（载瓦）	16	初中	载瓦语，熟练	汉语，熟练	
	次女	邱木兰	景颇（载瓦）	13	小学在读	载瓦语，熟练	汉语，熟练	
69	户主	唐米瓦	景颇（载瓦）	61	文盲	载瓦语，熟练		
	长子	赵早弄	景颇（载瓦）	31	初中	载瓦语，熟练	勒期语、浪峨语，略懂	汉语，熟练
	长子媳	孔 毛	景颇（波拉）	47	初中	波拉语，熟练	勒期语、浪峨语、载瓦语，熟练	汉语，熟练
70	户主	赵早腊	景颇（载瓦）	40	初中	载瓦语，熟练	勒期语、浪峨语，略懂	汉语，熟练
	妻子	唐木图	景颇（载瓦）	46	初中	载瓦语，熟练	勒期语、浪峨语，略懂	汉语，熟练
	长子	赵早门	景颇（载瓦）	16	初中	载瓦语，熟练	勒期语、浪峨语，略懂	汉语，熟练
	长女	赵南迈	景颇（载瓦）	14	初中在读	载瓦语，熟练	勒期语、浪峨语，略懂	汉语，熟练
71	户主	张勒腊	景颇（载瓦）	42	初中	载瓦语，熟练	勒期语、浪峨语，略懂	汉语，熟练
	妻子	电木南	景颇（勒期）	40	小学	勒期语，熟练	载瓦语，熟练；浪峨语，熟练	汉语，熟练
	长子	张勒约	景颇（载瓦）	18	初中	载瓦语，熟练	勒期语、浪峨语，略懂	汉语，熟练
	次子	张弄成	景颇（载瓦）	13	小学在读	载瓦语，熟练	勒期语、浪峨语，略懂	汉语，熟练
72	户主	赵 春	景颇（载瓦）	42	初中	载瓦语，熟练	勒期语、浪峨语、景颇语，略懂	汉语，熟练
	妻子	董麻宽	景颇（景颇）	46	小学	景颇语，熟练	载瓦语，熟练；勒期语、浪峨语，略懂	汉语，熟练
	长子	赵早先	景颇（载瓦）	22	初中	载瓦语，熟练	勒期语、浪峨语、景颇语，略懂	汉语，熟练
73	户主	赵早腊	景颇（载瓦）	30	初中	载瓦语，熟练	勒期语、浪峨语，略懂	汉语，熟练

74	户主	何勒旺	景颇（载瓦）	50	高中	载瓦语,熟练	勒期语、浪峨语,略懂	汉语,熟练
	妻子	赵南门	景颇（载瓦）	49	初中	载瓦语,熟练	勒期语、浪峨语,略懂	汉语,熟练
	长子	何勒彭	景颇（载瓦）	22	初中	载瓦语,熟练	勒期语、浪峨语,略懂	汉语,熟练
	长女	何木努	景颇（载瓦）	19	小学	载瓦语,熟练	勒期语、浪峨语,略懂	汉语,熟练
75	户主	李勒旺	景颇（载瓦）	40	初中	载瓦语,熟练	勒期语、浪峨语,略懂	汉语,熟练
	妻子	保木载	景颇（载瓦）	34	小学	载瓦语,熟练	勒期语、浪峨语,略懂	汉语,熟练
	父亲	李老四	景颇（载瓦）	82	文盲	载瓦语,熟练	勒期语、浪峨语,略懂	汉语,熟练
	哥哥	李勒志	景颇（载瓦）	54	文盲	载瓦语,熟练		
	侄子	李勒纳	景颇（载瓦）	23	小学	载瓦语,熟练	勒期语、浪峨语,略懂	汉语,熟练
	长女	李木双	景颇（载瓦）	12	小学在读	载瓦语,熟练	汉语,熟练	
	次女	李木刀	景颇（载瓦）	11	小学在读	载瓦语,熟练	汉语,熟练	
76	户主	金龙道	景颇（浪峨）	47	小学	浪峨语,熟练	载瓦语,熟练;勒期语,略懂	汉语,熟练
	妻子	电木吕	景颇（勒期）	41	小学	勒期语,熟练	载瓦语、浪峨语,熟练	汉语,略懂
	长子	金道诺	景颇（浪峨）	20	初中	载瓦语,熟练	勒期语、浪峨语,略懂	汉语,熟练
	长女	金道孔	景颇（浪峨）	17	初中	载瓦语,熟练	勒期语、浪峨语,略懂	汉语,熟练
77	户主	赵自忠	景颇（载瓦）	38	初中	载瓦语,熟练	勒期语、浪峨语,略懂	汉语,熟练
	长子	赵早么	景颇（载瓦）	11	小学在读	载瓦语,熟练	勒期语、浪峨语,略懂	汉语,熟练
78	户主	石木对	景颇（载瓦）	61	小学	载瓦语,熟练	勒期语、浪峨语,略懂	汉语,熟练
	长子	赵春先	景颇（载瓦）	37	初中	载瓦语,熟练	勒期语、浪峨语,略懂	汉语,熟练
	次子	赵早腊	景颇（载瓦）	30	初中	载瓦语,熟练	勒期语、浪峨语,略懂	汉语,熟练
	长女	赵南门	景颇（载瓦）	25	初中	载瓦语,熟练	勒期语、浪峨语,略懂	汉语,熟练

附：访谈录

三台山乡邦外村民委员会主任尚麻翁访谈录

访谈对象：尚麻翁，景颇族景颇支系
访谈时间：2010 年 7 月 27 日
访谈地点：邦外村民委员会
访谈、整理者：范丽君

问：请您介绍一下您的个人情况？

答：我是邦外村委拱别小组的，叫尚麻翁，景颇族景颇支系，今年 33 岁，现在正在读大专。我现在主要讲载瓦语和汉语，还懂一点景颇、浪峨、勒期和德昂等语言。汉语是读小学的时候学会的。

问：请介绍一下您的家庭语言使用情况？

答：我妻子是景颇族载瓦支系的，主要说载瓦语和汉语。大女儿 9 岁，现在上小学四年级，小儿子 2 岁。女儿主要说载瓦语和汉语，在学校说汉语，回到家说载瓦语。儿子现在还小，我们正在教他载瓦语，还没有教他汉语。我们家里主要用载瓦话，一般不说汉语，只有汉族亲戚来了才说汉语。

问：请介绍一下邦外村的民族分布情况？

答：三台山乡邦外村委有 7 个小组。邦外、上邦和帕当坝小组是德昂族小组，拱别和三组是景颇族小组，光明和邦典是两个汉族寨子。

问：汉族寨子里有别的民族吗？

答：也有别的民族，一个寨子里有三五个别的民族的人，不是很多。

问：你们村各小组之间的民族关系如何？

答：我们民族之间关系非常和睦。村委开展活动，如三八妇女节、五四青年节、国庆节等，各小组都会聚在一起，共同庆祝。庆祝本民族节日的时候，或者举办红白喜事的时候，大家也会聚在一起，互相帮忙。

问：邦外村委经济情况如何？

答：这两年比前几年提高了一点。邦外村以甘蔗、茶叶、咖啡为主要经济作物，以玉米和水稻为粮食作物。三台山乡四个村的经济情况都差不多，邦外村处于三台山乡的第三位，但差距不大。邦外村年人均收入为 2128 元。

问：你们村拱别小组的经济情况如何？

答：拱别小组在全村可以排到第二位，经济情况相对好一些。村里有 19 辆机动车、农用

车,34 辆摩托车。70%—80%的人家有移动电话,十来户有电冰箱,只有 3 户人家没有电视。拱别小组年人均收入为 2088 元。

问:你们村子的交通情况如何?

答:我们村到国家公路都是沙石路,村子里有水泥路。村子距离乡政府有 8 公里,一般是骑摩托车或开机动车去乡里。没有摩托车的,还要走着去乡里。还没有运输拉人的车子。

问:你们村和拱别小组的教育情况如何?

答:我们村现在没有小学,小学是 2006 年撤的,现在都去乡里上小学、初中。大部分人都能读完九年义务教育,但也有辍学现象。我们这里的人大都上不了高中,整个村上高中的只有五六个,而且大多是汉族寨子的孩子,少数民族的孩子上高中的很少。这个村读大学的有 2 个,我们拱别小组一个也没有。

问:一般是什么原因导致孩子们辍学的?

答:有些是家庭困难的原因,有些是本人不愿意继续读。

问:你们这里出去打工的多吗?

答:大部分人初中毕业后,都是在家务农或出去打工。拱别小组外出打工的有十五六个,男女都有,男的相对多一些。有去州里的,也有去省外的。

问:你们小组婚姻状况如何?

答:都是各小组互相讨媳妇,村里还有 4 个从缅甸娶回来的媳妇。

问:你们村宗教状况如何?

答:我们拱别小组有一个基督教堂,有 5 户人家信教。

问:你们村懂景颇文字的多吗?

答:懂景颇文和载瓦文的不多。以前有人来教,来教的主要是宗教人士。现在没有人教,懂文字的人会更少。

问:你们这里传统文化保存状况如何?

答:我们家家户户都有民族服装。都保留民族礼节,婚丧嫁娶相对隆重些。我们小组还有两个巫师。

问:你们拱别小组哪个支系多一些?

答:拱别小组绝大部分是景颇族,只有两户汉族的上门女婿。我们大部分是载瓦支系,其次是浪峨支系,只有一两个是勒期支系,这里没有波拉支系。

问:你们小组主要说什么语言?

答:人们在村寨里交流主要说载瓦语,很少说浪峨语。无论见面打招呼、聊天、生产劳动、到集市或店铺买卖东西,还是去医院看病,一般是碰见本民族的就说本民族语言,碰到不是本民族的就说汉语。

这里有一些浪峨支系的已经不讲浪峨语,都讲载瓦语。由于环境影响,下一代更不会讲浪峨语。以我为例,我是景颇支系,但是基本不会景颇语,我的孩子更不会讲景颇语了。这里载瓦支系的人多,我们都说载瓦语。

问:你们开会时一般用什么语言?

答:小组内部开会时讲载瓦语。如果是群众大会,因为哪个民族都有,一般说汉语,有时需要用民族语翻译补充。乡政府来我们这里开会,有时领导说完,需要翻译一下,因为有些人不太听得懂汉语,重要性的东西还是要用民族语补充一下。如果是小型会议,讲什么话要看参加会议的人,只要有不懂民族语的人,就说汉语。

问:你们村委广播用什么语言?

答:传达上面的方针政策的话,主要用汉语广播,必要的时候还要讲民族语。

问:您对孩子学习汉语怎么看?

答:以前三台山中心小学就在我们村附近,乡政府也在这里。2000 年政府才搬到现在所在地。当时人们接触汉语多,所以大部分人都会说汉语。现在孩子要到乡里去上学,上幼儿园之前基本不会汉语,幼儿园学一年汉语。我们是很赞成娃娃学汉语的,现在学校要求讲普通话,这就很好。但是上小学后,少数民族学生与汉族学生比起来,既要学语言,又要学知识,这就存在困难。

现在有的家长为了让孩子上小学后能跟得上汉族学生,说好汉语,有意识地让孩子从小多说汉语,少说民族语。

问:担心过孩子民族语水平会有下降吗?

答:对于孩子的母语,在语言上不担心,因为有很多人说,有语言的大环境。文字方面很担心,因为没有老师教。

第八节　芒市城区母语使用个案调查

一、芒市概况

芒市,是德宏傣族景颇族自治州所辖的一个市,德宏州州府所在地。地处云南省西部,西北与梁河县相邻,北、东北与龙陵县相连,西面与陇川县相接,西南与瑞丽市紧挨,南面与缅甸相连。是 320 国道(又称昆畹公路,原滇缅公路)的必经之地。历史上曾是南方古丝绸之路的主要通道。如今是内地南向发展战略的前沿阵地,是中国通向东南亚、南亚的重要门户。

芒市地名的由来与古代部落的称谓和行政区划名称有关。唐初,以芒落(今芒市)为中心称为茫施或茫施蛮,属金齿部,隶剑南道姚州都督管辖。公元 794 年,茫施属永昌节度地。宋大理国时,易名"怒某",属永昌府,为金齿白夷地。元为金齿宣抚司地。明为芒市长官司,属云南布政司。清为芒市安抚司,属永昌府。

新中国建立后,特别是改革开放以来,城区范围不断扩大,成为秀丽的西南边陲小城。芒市是德宏傣族景颇族自治州州府、芒市(1996 年撤县设市)市府所在地,是全州的政治、经济、文化中心和交通、通信枢纽。2008 年 4 月,因区划调整,新成立了勐焕街道办事处,主管芒市城区 8 个社区居委会。辖区范围东至芒市镇芒晃村,南至军分区,西至金孔雀大街,北至造纸厂。芒市城区面积 23.15 平方公里,居民 31908 户 116305 人,其中常住人口 24611 户 84655 人,流动人口 7297 户 31650 人。原芒市镇政府辖区范围调整为城区以外的 10 个村委会,总人口约 4 万人。

芒市城区有中央、省、州、市属单位 390 个,有企业 425 户(2008 年),其中私营企业 7 户,个体工商户 418 户,从业人员 1009 人。这里分布着汉、傣、景颇、傈僳、德昂、阿昌等民族,各民族中,汉族人口最多,其次分别是傣族、景颇族、傈僳族、德昂族和阿昌族。其中,景颇族常住人口 4000 余人,占总人口的 21%。长期以来,芒市城区的民族关系融洽,各民族友好往来,互通有无,和谐共处。这种团结、友爱、互助的局面也同"芒"在傣语中的"团结紧密"之义形成呼应。

作为州府、市府所在地,芒市城区各级各类学校较完备,教学资源丰厚,师资配备优良。近年来,教育主管部门坚持把教育放在优先发展的战略地位,全面推行素质教育,以教育教学改革试点工作提升教学质量,成效明显。目前城区有 1 所高等学府(德宏高等师范专科学校,生源来自云南省各州、市)、1 所职业技术学院、1 所职业教育中心、4 所中学、5 所小学。社会发展,教育优先。在这里,各民族学生都享有均等的受教育的机会,这是国家民族教育政策落到实处的具体体现。

芒市,有多处人文胜景和自然奇观,是国家级旅游城市。这里盛产大米,历史上曾有"芒市谷子遮放米"的美誉,远销广东、上海等地区。城区居民主要以从事食品加工业、手工制造业、旅游和经商为主。工业上主要是通过建设工业园区,吸引有竞争力的企业。

新中国成立前,芒市的主体民族是傣族,并有少量汉族居住。新中国成立后,芒市成为德宏州州府所在地,各民族兄弟相继涌入这座新兴的边陲小镇,过去以傣族为主的民族分布格局悄然改变,经历了五十多年后,逐步形成了汉、傣、景颇、傈僳、德昂、阿昌等各民族和谐共处的局面。来党委政府、企事业单位以及州直县直单位参加工作的各民族兄弟,有深厚的民族文化根基,懂本民族语言和传统文化。然而,随着时间的推移,他们的后代的母语水平却在普遍下降,其原因是人们除了在家里使用母语外,在单位、学校和多数交际场合中都以汉语为主要交流工具。我们在调查走访中了解到,芒市有很多景颇族家庭的子女,母语水平已明显下降。在德宏州机械厂何永生家里,我们了解到,他是载瓦支系人,他妻子是景颇支系人,平时家里都说汉语。长子何承楣小时候同奶奶生活过一段时间,因而能用载瓦语进行交流。次子何承包从上幼儿园时就一直在使用汉语,只有回老家或走亲戚时才能接触到载瓦语,他的载瓦语水平已明显下降。

二、芒市景颇族母语使用特点

我们对居住在芒市城区的 60 户景颇族家庭进行抽样调查,按年龄段对其中 34 人进行母语 400 词测试,调查结果显示,全部景颇族家庭都在使用母语(景颇族语言),但母语使用程度在不同家庭以及家庭内不同代际之间存在较大差异。景颇族母语使用情况见表 1。

表 1

年龄(岁)	人数	优秀		良好		一般		差	
		人数	百分比(%)	人数	百分比(%)	人数	百分比(%)	人数	百分比(%)
6—19	8	0	0	1	12.5	0	0	7	87.5
20—29	12	3	25	3	25	2	16.7	4	33.3
30—39	4	4	100	0	0	0	0	0	0
40—59	9	9	100	0	0	0	0	0	0
60 及以上	1	1	100	0	0	0	0	0	0
合计	34	17	50	4	11.8	2	5.9	11	32.3

根据上表数据,我们可以得出以下结论:

(一) 30 岁以上的中老年母语保存情况良好

数据显示,参加 400 词测试的 14 位 30 岁以上景颇族城镇居民的母语水平全部达到"优秀"级别,说明景颇族语言在这个年龄段得到完好保存。虽然 30 岁以上受测人的母语水平都能达到"优秀",但通过 400 词测试结果的细微比较,60 岁及以上的老年人要比 40—59 岁的中年人的母语熟练,中年人的母语水平强过 30—39 岁的中青年。详见表 2。

表 2

姓名	性别	年龄	文体程度	民族	被测语言	词汇等级				A+B	测试成绩
						A	B	C	D		
朵示拥汤	男	60	大学	景颇	载瓦	400	0	0	0	400	优秀
张道则	男	52	中专	景颇	浪峨	354	19	27	0	373	优秀
排金珠	女	31	初中	景颇	景颇	341	13	41	5	354	优秀

60 岁的朵示拥汤 400 词测试全部是 A 级,即全部词语都能脱口而出。而 52 岁的张道则 A 级词语只有 354 个,有 19 个 B 级词语,27 个 C 级词语。31 岁的排金珠 A 级词语数量更少。从 A+B 词语数量能明显看出各年龄段熟练掌握景颇语的能力呈递减的趋势。

(二) 20—29 岁的青壮年母语水平有衰退趋势

与 30 岁以上年龄段相比,青壮年的母语水平明显下降,开始出现母语衰退现象。参加 400 词测试的 12 人中有 3 个母语水平达到"优秀",占 25%;3 个达到"良好";2 个"一般",4 个"差"。

400 词测试结果见下表 3:

表 3

姓名	性别	年龄	文体程度	民族	被测语言	词汇等级				A＋B	测试成绩
						A	B	C	D		
穆锐直	女	21	中专	景颇	载瓦	368	5	13	14	373	优秀
孔德华	男	22	大专	景颇	波拉	290	9	60	41	299	良好
何斑瑟	女	24	本科	景颇	载瓦	232	23	117	28	255	一般
赵宗英	男	26	大专	景颇	勒期	100	35	46	219	135	差

上表数据显示,青年母语水平表现出多样性,呈阶梯性排列。穆锐直母语保持很好,除了一些生活中不常用的词语外,其他的都能随口说出。孔德华的母语水平比穆锐直有所下降。一些生活中的常用词已经生疏,需要在提示下才想得起,比如 khǎk^{55} khja^{55}"哪里"、khak^{55}"谁"、pi^{31}"给"等。何斑瑟 A、B 级词汇合计 255 个,说明载瓦语的使用能力出现衰退,具体表现为:有些词不会说,使用自造词,例如:khau^{22} tuŋ^{22}"贼"不会用,说成了 pju^{22} khau^{22}(人＋偷);对某些基本词汇记忆模糊,例如:将 vui^{51}"买"说成了 uŋ^{22}"卖"。赵宗英属于母语衰退的典型,他的母语基本词汇 A、B 级之和为 135 个,占基本词汇的 33.75％;C 和 D 级之和为 265 个,占基本词汇的 66.25％。他所掌握的基本词汇都是一些看得见的、与日常生活关系密切的词语。

(三) 20 岁以下的青少年母语水平已经衰退

城镇景颇族青少年母语水平已经严重衰退。接受 400 词测试的 8 人中,只有 1 人成绩"良好",其余 7 人全部是"差"。这说明,青少年一代已经基本失去使用母语的能力,完全不能用母语进行交流,即将走向语言转用的道路。详见表 4:

表 4

姓名	性别	年龄	文体程度	民族	被测语言	词汇等级				A＋B	测试成绩
						A	B	C	D		
孙立雄	男	10	小学	景颇	浪峨	170	9	47	174	179	差
勒排南革	女	12	小学	景颇	载瓦	133	49	105	113	182	差
赵南玲	女	16	中专	景颇	载瓦	18	50	193	139	68	差

上表数据显示,3 位 20 岁以下的测试人的母语水平全部是"差"。孙立雄和勒排南革的 A、B 级词汇之和都不到 200,使用母语进行交流已成问题,只会说一些生活中简单的句子。母语能力衰退严重。

赵南玲的母语使用情况更糟糕,A 级词汇只有 18 个。母语能力完全丧失。16 岁的赵南玲出生在芒市,从 3 岁上幼儿园开始就生活在汉语的环境中。父母都是景颇族载瓦支系。在家里,父母只对她讲载瓦话,从来不讲汉话。虽然她能听懂父母的载瓦话,但她自己却一句也不会讲。在测试中,连"爸爸"、"妈妈"这样的词,她也要想一想才说出来。

三、青少年母语能力下降的现象分析

如上所述,芒市城区青少年与中老年人母语能力的差距明显,即30岁以下的城镇青少年母语使用能力明显低于30岁以上的。与中老年人相比,青少年在词汇的使用水平、"听"和"说"的能力以及母语使用范围上,已经出现不同程度的衰退现象。具体表现在以下几个方面:

(一)词汇使用水平下降

1. 母语词汇量减少

19岁以下的青少年所掌握的词汇量与20岁以上的青少年相比急剧减少,出现明显下降趋势。城镇母语400词测试中30岁以下的青少年有20位,其词汇等级和测试成绩等详细情况见表5。

表 5

姓名	年龄	测试等级、各级占400词的比例								母语水平
		A		B		C		D		
		数量	百分比(%)	数量	百分比(%)	数量	百分比(%)	数量	百分比(%)	
孙立雄	10	170	42.5	9	2.25	47	11.75	174	43.5	差
勒排南革	12	133	33.25	49	12.25	105	26.25	113	28.25	差
赵南玲	16	18	4.5	50	12.5	193	48.3	139	34.7	差
孙玲	16	142	35.5	14	3.5	154	38.5	90	22.5	差
丁婉璐	16	239	59.75	56	14	54	13.5	51	12.75	良好
赵娟	17	53	13.25	12	3	78	19.5	257	64.25	差
古纵英昌	18	184	46	29	7.25	115	28.75	72	18	差
董安洁	18	15	3.75	5	1.25	88	22	292	73	差
丁翠香	20	374	93.5	9	2.25	10	2.5	7	1.75	优秀
穆锐直	21	368	92	5	1.25	13	3.25	14	3.5	优秀
何斑弁	21	142	35.5	14	3.5	154	38.5	90	22.5	差
董木果	21	332	83	22	5.5	27	6.75	19	4.75	优秀
李静	22	242	60.5	25	6.25	81	20.25	52	13	一般
孔德华	22	290	72.5	9	2.25	60	15	41	10.25	良好
何永明	22	150	37.5	27	6.75	183	45.75	40	10	差
何斑瑟	24	232	58	23	5.75	117	29.25	28	7	一般
岳春玲	25	90	22.5	69	17.25	154	38.5	87	21.75	差
刀木底	25	298	74.5	20	5	72	18	10	2.5	良好
赵宗英	26	100	25	35	8.75	46	11.5	219	54.75	差
金花	29	240	60	45	11.25	80	20	35	8.75	良好

上表以年龄为序排列。表格显示,19 岁以下的 8 位青少年的测试成绩,只有 1 位是"良好",另外 7 位均为"差"。成绩最好的丁婉璐 A＋B 级词汇有 295 个,C＋D 级词汇有 105 个;母语掌握情况最差的董安洁,C＋D 级词汇多达 380 个,占 400 个词汇中的 95％;20 岁以上的12 位青年人,测试成绩有 3 个"优秀"、3 个"良好"、2 个"一般"、4 个"差"。

2. 掌握情况差的词汇类别

很多城镇景颇族家庭都会或多或少地为孩子创造母语环境。为了说明城镇青少年掌握基本词汇量下降的具体表现,我们选取勒排南革为代表,分析她的 400 词测试结果中的 C、D 级词汇。勒排南革,12 岁,父母都是景颇族。父亲是载瓦支系,母亲是浪峨支系。父亲会听浪峨语、景颇语,母亲会说浪峨语、景颇语,会听载瓦语。父亲刻意地给孩子营造民族语言环境,在家与孩子交流只用载瓦语;母亲对孩子经常说浪峨语,有时说汉语方言。勒排南革的家庭环境、测试结果以及表现出来的语言衰退特点等,在芒市城区景颇族青少年中具有普遍代表性。

勒排南革的词汇测试中 C、D 级词汇共 218 个,占测试词汇量的 54.5％。其中 C 级词汇105 个。这些词她都听说过,提醒一下会想起来,但还是比较生疏。D 级词汇 113 个,这 113个词可以分为六类:

① 农村里的东西,城市里没有的。如:a^{22} nam^{51}"穗"、jɔ^{51} thuŋ^{22}"水田"等。

② 没见过或很少用到的。如:i^{22} laŋ^{51}"井"、pai^{22} nam^{55}"绵羊"、lai^{22}"箭"、tshum^{51}"臼"、thuŋ^{51} kji^{51}"杵"、puŋ^{22} khjuŋ^{51}"蒸笼"、tsum^{51} thaŋ^{51}"梯子"、pat^{22} tu^{51}"锤子"、sik^{55} jit^{22}"锯子"、lai^{21}"弓"、lai^{21} mjo^{21}"箭"、tʃhui^{22} mɔ^{55}"寡妇"、tʃhui^{55} tsɔ^{22}"孤儿"等。

③ 不常用亲属称谓。如:tsa^{22} au^{51}"女婿"、a^{55} tsa^{22}"岳父"、au^{51} mɔ^{55}"岳母"等。

④ 身体部位和内脏器官。如:kɔ^{722} san^{51}"肩膀"、tʃhɔ^{755}"肚脐"、nam^{51} tʃham^{22}"肋骨"、khjuŋ^{22} tsui^{51}"喉咙"、tsut^{55}"肺"、nik^{55} lum^{22}"心脏"、sɘŋ^{22} kji^{51}"胆"、u^{51}"肠子"等。

⑤ 动物、昆虫类的名称。如:nɔ̃^{22} tʃuŋ^{51}"黄牛"、nɔ̃^{22} lui^{22}"水牛"、ʃɔ̃^{22} mji^{22}"兔子"、mjaŋ^{22}"鹅"、pai^{22} nam^{55}"鸽子"、pai^{22} nam^{55}"龙"、va^{722}"猴子"、lã^{22} ŋjau^{55}"熊"、vo^{722} phɔ^{55}"猫头鹰"、khjaŋ^{55} mɔ^{55}"青蛙"、jaŋ^{51} khuŋ^{21}"苍蝇"、tʃi^{55} tʃin^{55}"蚯蚓"、pjɔ̃^{21} jaŋ^{21}"蜜蜂"等。

⑥ 生活中常见的。如:n^{31} ku^{33}"糯米"、tshɛ̃^{55} vam^{51} / tʃhiaŋ^{22}(借汉)"墙"、khum^{55} tsɘŋ^{51}"柱子"、khɛ̃^{22} xɔt^{55};tʃhuaŋ^{55} tsɿ^{51}(借汉)/ tɕiŋ^{33} kha^{33}"窗子"、khã^{55} wat^{55}"窗子"等。

3. 四个等级词汇的掌握特点

(1)勒排南革的 C、D 级词汇特点

① 对概念的内涵和外延区分不细。对有些词语的类称和个称区分不细,采用替代的方式,用一个替代另一个。例如:"蛋"这个词,用个称 vo^{722} u^{55}"鸡蛋"代替类称 a^{22} u^{55}"蛋"。对不同词语概念内涵上的差异区分不清,或记忆模糊。如:"睡"jup^{55} 第一次说成了"躺"le^{722},想一想之后才发觉自己说的是另一个词,然后改正过来。说明她对这两个词的内涵虽然能区分,但是记忆模糊。再如:"客人"piŋ^{55} 与"亲戚"pui^{51} num^{51} 相混,认为是同一个概念。

② 用词泛化。例如:vut^{22}"穿(衣)"说成 tsuŋ^{22}"穿(鞋)";tʃi^{22}"借(钱)"和 ŋɔ^{22}"借(工具)"

都说成 ηo^{22} "借（工具）"；"姐姐"和"嫂子"都用"嫂子 $a^{55}\ ni\eta^{55}$ "表示。

③ 使用自造词。例如：$khau^{22}\ tu\eta^{22}$ "贼"不会用，说成了 $pju^{22}\ khau^{22}$ （人＋偷）和 $khau^{22}\ pju^{51}$ （偷＋人）。

④ 对有些基本词的记忆模糊。例如：vui^{51} "买"说成了 $u\eta^{22}$ "卖"，经提示才明白自己说错了。

⑤ 出现转用情况。因为母亲会说浪峨语，勒排南革也能听懂一些，测试的时候偶尔想起的是浪峨语，忘了载瓦语怎么说。如 D 级词汇："故事 $mo^{51}\ mji^{2}$ "、"快 xan^{51} "就用浪峨语说。

⑥ 使用汉语借词。例如：$khji^{51}\ tsu\eta^{22}$ "鞋"，说成汉语借词 $xai^{22}\ ts\eta^{22}$ ；mun^{22} "万"，说成汉语借词 van^{22} 。再如：$pu\eta^{22}$ "蒸"、"$xu^{22}\ khjo\eta^{55}$ 葱"都转用汉语借词。

（2）勒排南革的 A、B 级词汇特点

① 某些测试词需要借助语境才能说出。如："唱"、"钓（鱼）"、"缝"、"骑"等，要先分别组成词"唱歌"、"钓鱼"、"缝衣服"、"骑马"，然后再把动词提取出来。

② 经过提示，能够想起该词语，并联想起词族内其他词语。如："看 vu^{55} "是 C 级词汇，下一个"看见 $mja\eta^{51}$ "就是 A 级词汇。

③ 数词掌握情况较好，动词、形容词好过名词。

④ 日常用品熟悉。如"饭"、"肉"、"酒"、"衣服"等。

勒排南革的 400 词汇掌握情况及特点具有普遍性，能代表城镇青少年母语词汇的掌握特点。总体来看，词汇掌握水平下降。

（二）"听"、"说"、"读"、"写"的能力发展不平衡

语言能力可以分为"听"、"说"、"读"、"写"四个方面。通过访谈和词汇测试得到的数据显示，芒市城区青少年的母语"听"、"说"、"读"、"写"能力发展不平衡。这四种能力的强弱顺序是："听"＞"说"＞"读"＞"写"。

"听"的能力好于"说"的能力，即"听"得懂，"说"不出来。如：勒排南革在家能听懂父亲的载瓦语和母亲的浪峨语，但是如果让她讲载瓦语或浪峨语就很困难。她还告诉我们说："同学间只要是景颇族大多数会听，但只会讲简单的对话。"有些人已经成为半语人，即只会"听"，不会"说"。如：很多被测试者被提醒后，会恍然大悟地说"哦，是呢是呢"、"是这样的，不过让我自己想还是想不起来"。

能认识民族文字的较少，能写出民族文字的就更少了。由于芒市城区中小学校已经取消双语文教学多年，城区青少年几乎失去"写"民族文字的能力。近几年，在德宏州民语委及各级政府的重视和倡导下，情况虽然有所改善，但在城镇还只是小范围的培训班形式，短期内收效甚微。在 20 名青少年调查对象中，熟练掌握民族文字的有 2 人，其中 1 人名叫金花，是德宏广播电台的民族语频率记者，专门学过载瓦文；另外 1 人是董木果，从小在农村长大，小时候寨子有老师教载瓦文，但是她也说"不会写那些新词术语"。有 6 人略懂，只能看一点民族报纸，

"读"的能力减弱。不懂民族文字的有 12 人,不能"读"和"写"。由此可见,"写"的能力最弱。

(三) 母语使用范围逐步缩小

20 位青少年测试人的家庭语言使用情况为单一使用民族语或民族语兼用汉语。在访谈过程中,我们听到一些家长说:"和以前相比,现在在家里使用汉语的时候比以前多了。有些词用民族语表达不清楚,为了交流顺畅,就用汉语表述。"家庭以外,民族语言使用范围也在缩小。当问及"在课余时间说什么话"时,勒排南革告诉我们:"景颇族同学在一起一般说汉语方言,只是在玩游戏不想让别民族同学知道的时候才偶尔说景颇话。"可见,母语的使用范围无论是在家庭内部还是外部都缩小了。

四、芒市城区青少年语言衰变的原因

城市青少年的母语能力出现了不同程度的衰变,这种衰变是多种因素共同作用的结果。

(一) 杂居是城市青少年母语能力衰变的一个重要原因

城市作为某一地区政治、经济、文化的中心,具有很强的包容性。来自于不同区域、不同民族、不同行业、不同社会阶层的人都可以在城市找到谋生途径。芒市城区历来有汉族、傣族两大民族,改革开放后,随着城市经济飞速发展,优质医疗、教育资源向城市集中,各族优秀知识分子及其他劳动力争相涌入,分布于政府各部门及教育、医疗、金融、建筑等企事业单位,成为芒市建设的生力军。随之而来的,是各社区的民族成分越来越复杂,人们的交往对象越来越多样。在这种情况下,要想实现交际,不得不依靠共同语——汉语来完成,这就使得母语的使用场合越来越少,乃至母语使用环境的缺失,最终导致母语能力的衰退。我们的调查对象李静,22 岁,云南经济管理学院在读大学生,她回顾了她的语言转用历程。她的第一语言是载瓦语,到 4 岁半上幼儿园后,周围都是汉族小朋友,听不懂人家说话,自己很难过,有时候还会被小朋友欺负。过了一个多学期后,就不自觉地学会了汉语。上小学后基本不说载瓦语,跟父母也是说汉语的时候多于载瓦语。只在回老家后,与外公外婆交谈,才说载瓦语,因为外公外婆不会说汉语。上高中后也只是在家庭中说载瓦语。李静的载瓦语 400 词测试结果为"一般"。有些词她没有听过,有许多词经过提示后才能想起。她的 A、B 级词汇之和是 267,占总数的 66.8%,可见她的母语能力已经衰退。

(二) 现代化的发展对城市青少年母语能力的影响

随着现代化进程的推进,城市教育、文化、医疗、卫生、商业、通信、交通等都有了飞速发展。这些领域中的新现象、新成果大都是通过汉语来记录和反映的。一些新的名词、术语难以转换成少数民族语言。要想学习和利用这些新成果,必须有扎实的汉语功底,正如在调查中多数家长所表达的一个观点,"不学汉语肯定是不行的"。现代社会中汉语的重要性无疑会冲淡青少年学习母语的积极性,影响到他们的母语能力。德宏州州委原宣传部长李向前认为少数民族教育落后的根本原因是语言障碍。他主张"集中办学",好处就是既能集中优势资源,又能为学生创造学习汉语的环境。村寨里要办学,最好办个幼儿园,主要任务就是克服语言障碍,及早掌握汉语。他说他的小孙子在7岁前掌握了汉语,现在在班里成绩名列前茅。

(三)语言习得顺序对青少年母语能力的影响

对于兼用母语和其他语言的人,在同样的情况下,语言习得的先后次序影响语言能力的巩固。我们在芒市调查了德宏州民语委主任跑承梅何腊家的两个女儿。大女儿何斑瑟,25岁,2009年毕业于云南民族大学,第一语言是载瓦语,兼用汉语。二女儿何斑昇,21岁,现在云南民族大学缅语系大一学生,第一语言是汉语,兼用载瓦语,她们父母的第一语言都是载瓦语,同时兼用汉语,平时在家说载瓦语。但通过400词测试,何斑瑟和何斑昇的载瓦语能力均为"一般",但何斑昇的C级词比何斑瑟的C级词多12个,D级词比何斑瑟的D级词要多21个。何斑昇自己也说,她的载瓦语水平比不上她姐姐。她们俩的语言使用环境完全相同,何斑昇的载瓦语是作为第二语言习得的,巩固情况就不如何斑瑟。

(四)语言态度对青少年母语能力的影响

通常我们说性格决定命运,态度决定成败,语言学习也是如此。父母重视孩子的母语学习,孩子喜欢自己的母语,孩子的母语能力就强。相反,父母对孩子的母语学习持无所谓的态度,孩子也没有兴趣学习,孩子的母语能力就差。我们调查了德宏州广播电台播音员张宽美的语言情况,测试结果为"良好"。她说,父母都是景颇族的优秀分子,她作为景颇人非常自豪,当然要会说景颇语,尤其是去年被评为"景颇之花"后,越发觉得应该熟练掌握景颇语,努力传播景颇文化。在对营销员穆锐直的调查中,她谈到:"我爸爸不准我们忘掉景颇语。我大姐出嫁了,嫁给傣族,现在孩子才8个月。他说,要让我大姐的孩子也学会景颇语,否则,他会生气的。"而我们在和三台山乡线加强书记的交流中了解到,他是德昂族,妻子是汉族,因为以前没有想过要求女儿必须学习德昂语,现在他女儿只会说汉语。调查中类似的例子还很多。另外从事民族文化、语言文字及教育工作的景颇族家庭的母语水平普遍高于城市中其他职业的景颇族家庭。

五、存在的问题与建议

芒市城区景颇族语言的保存有其有利的条件。景颇族是德宏州的主体民族之一,其语言使用地位得到保障。具体表现在以下两个方面:第一,景颇族语言文字使用得到法律法规保护。如德宏州的建筑物、行政部门的门牌、路牌都用汉文、傣文、景颇文标示,一些店铺、广告牌也用这三种文字,这就在法律上提升了语言的地位。第二,景颇族语言文字有传播媒介的支撑。德宏州电视台、广播电台设有民族语栏目和频道,每天播出景颇语、载瓦语的节目。德宏州还设有景颇文与载瓦文的报纸、杂志,如《团结报》、景颇文《文蚌》杂志。此外,教育局、民族语言指导工作委员会都设有景颇族语言的专门科室。这为民族语言研究、保护起到了重要作用。

随着现代化进程步伐的加快,芒市城区景颇族语言在传承和保存方面也面临着严峻的挑战。不利因素之一是,城镇的景颇族人口很少,语言环境只局限于家庭,没有社会的大环境,不利于语言的发展。不利因素之二是,景颇族支系多,内部情况复杂,支系语言发展不平衡。有些支系语言如波拉语,生存的环境欠佳,主要在家庭中使用,语言活力受到限制。不利因素之三是,在芒市,汉语的使用处于强势地位,使用民族语的外部环境狭小。无论在政府机关、学校、企事业单位,还是在市场等商业场所,交流用语基本上都是汉语。也就是说,离开家庭,外部的语言环境不利于民族语言的保存。不利因素之四是,族际婚姻家庭也淡化了民族语言的使用。在景颇族与汉语组成的家庭中,一般家庭用语都是汉语,民族语使用空间有限。

芒市作为一个新兴城市,经济正处于飞速发展的时期,人们的观念也在不断变化。现在,人们的实用观念比较重。如面对升学的压力,很多人只想让孩子学好汉语;城市中各种场合通用汉语,有些人认为民族语没必要学习。此外,城市中汉族多,少数民族人数少。这些现状都不利于民族语的保存。民族语的保存面临着现代化的冲击,将会十分艰难。但是,景颇语作为民族的象征,承载着民族的文化,必须采取措施加以保护。现提出如下建议:

(一)政府部门要采取措施提高民族语的地位,提高人们对民族语言价值的认识。使人们认识到民族语的重要地位,感到学习民族语确实是有前途的。各级考生录取时,对懂民族语的考生录取标准应加大倾斜。

(二)要在群众中树立正确的语言观念。现在出现了一些好苗头,如有的家长有了民族语言保存的紧迫感,觉得把民族语丢了很可惜。为了使自己的孩子不忘民族语,有的家庭采取措施,如让孩子在家庭内部尽量说民族语、让孩子参加民族语文的培训班等。有的家长甚至打算把孩子送到农村去学习民族语。

(三)为了改变青少年母语能力下降的趋势,在城镇应当举办各种类型的学习班,让有需求的人参加学习。德宏州民族语言文字工作指导委员会连续两年在暑期开办景颇语和载瓦语培训班,很受欢迎。这个经验值得借鉴和推广。

第九节　盈江县卡场镇吾帕村丁林寨语言使用个案调查

一、概况

(一)卡场镇概况

卡场镇位于盈江县西北部,东经 97°43′—97°54′,北纬 24°51′—25°6′,面积 347.19 平方公里,距离盈江县城 52 公里,东与勐弄乡相接,北与苏典乡为邻,西、南与缅甸山水相依,镇内国境线长 41.66 公里,距离缅甸景颇族分布地区密支那 86 公里。全镇最高海拔 2624.7 米,最低海拔 480 米,地势结构为由东南向西北逐步降低,中低山与小谷盆地交错相间。

全镇辖 5 个村委会,35 个村民小组。至 2009 年 12 月总人口有 1758 户 8599 人,其中景颇族 4675 人,占 55%;傈僳族 2177 人,占 25%;汉族 1740 人,占 20%;傣族 7 人。从统计中可以看出,景颇族、傈僳族、汉族是卡场镇的人口主体,景颇族又是这三大主体中人口最多的。但不管人口多少,没有民族高低优劣的差距,他们的关系和谐稳定,族际之间互相通婚。有的是汉族女子嫁给景颇族,有的是景颇族女子嫁给汉族人。景颇语培训班里有景颇族的孩子,也有汉族的孩子,汉族孩子有的会说一点景颇语,有的不会说。当我们问到汉族的学生为什么要学习景颇语时,有的孩子说,"因为我的妈妈是景颇族",有一个 12 岁的孩子主动站起来说,"为了更好地沟通民族感情",他的回答非常感人。中班里的几个汉族小姑娘都穿着漂亮的景颇族服装。

农村主要支柱产业为林业、畜牧业和草果、茶叶种植。作为资源丰富的农业大镇,镇政府,面向市场发展趋势,努力推进人均 1 亩茶、1 亩草果、1 亩核桃、1 亩竹、1 亩优质人工林和 1 亩良田的"六个一"工程建设。2009 年实现种植草果 1561 亩,完成任务数 130%,茶叶 2080 亩,完成任务数 80%,油茶 667 亩,完成任务数 112%,坚果 1113 亩,完成任务数 123%,竹子 1143 亩,完成任务数 100%,核桃 6900 亩,完成任务数 100%。截至目前,全镇累计发展茶叶 10764 亩(投产 4330 亩、产量 249 吨),草果 10453 亩(投产面积 6550 亩,产量 777 吨),种植核桃 12460 亩,坚果 1613 亩,油茶 667 亩,竹子 2423 亩,人工造林 3.28 万亩,特色产业不断发展壮大,产业后劲明显增强。畜牧业稳步发展,2009 年肉、蛋总产量 324.1 吨,大牲畜存栏 3927 头,家禽饲养 13936 只,实现畜牧产值 821 万元,比 2008 年增长 18%。实现林业产值 97.5 万元,比 2008 年增长 28%。已建和在建的电站有 15 座,总装机容量 33.77 万千瓦,硅冶炼企业一个。2009 年全镇完成农村经济总收入 1559 万元,完成工业产值 5629 万元,乡镇企业实现税金 201 万元,农民人均纯收入 1598 元。

新农村建设取得了明显成效。"村村通"工程基本实现,人们的住房条件有了很大的提高,生活水平得到明显改善。在我们调查的吾帕村丁林小组、草坝村迈东小组、草坝村盆都小组都可以看到,新建的住房不再是茅草屋顶,都是瓦房顶,实木地板、实木墙壁。大部分家庭有电视、手机,半数家庭有摩托车。村里人告诉我们说,"过去是中国的姑娘往缅甸嫁,现在我们的条件好了,中国的姑娘不出去了,都是缅甸姑娘往中国嫁。"在丁林小组,一位 60 多岁的老人说,"现在的政策好,就这么干,我们的日子会越来越好的。"在盆都调查完毕,村民们执意留我们吃饭,煮了羊肉、端出了水酒,共叙改革开放后的新变化。大家觉得现在党的富民政策好。也有村民提出,他们小组的林业政策没有得到落实,希望能够得到解决。临别时,老村长情不自禁地唱了一首《社会主义好》,虽然是少了牙齿,咬字不清,但那发自肺腑的歌声带给我们的是诚挚的感情!

2009—2010 学年全镇有 20 所小学,其中半寄宿制村完小 5 所,初小 15 所(一师一校 9 所),有 47 个教学班。小学在校学生 1256 人,其中少数民族学生 816 人,占 64.9%。有 1 所初级中学,7个教学班,在校学生 316 人,其中少数民族学生 221 人,占 69.9%。在编小学教职工 67 人,其中专任教师 63 人;中学教职工 20 人,其中专任教师 19 人。

卡场镇文化站拥有自己的图书室、篮球场、小广场、舞台,文化站配有电视机、音响、麦克,调查期间我们就住在文化站的旁边,每天早上 7 点开始,村民们会陆续来到广场上跳舞,文化站的人员负责放音乐。下午,有打篮球的、有跳街舞的,有些孩子的篮球打得还非常漂亮。有个叫李贵仁的高中生,17 岁,街舞跳得优美极了,我们禁不住上前问是在哪学的,他说是从电脑视频学的,经常来这儿跳。晚上照样是唱歌,唱景颇族歌曲的、唱当地山歌的,一直唱到十一二点。我们到卡场的当晚,景颇族发展进步研究会在镇政府院里举办了联欢晚会。到了吾帕村丁林小组,我们一下车,他们自己的军乐队便奏着景颇族歌曲列队欢迎。迈东小组的妇女联欢队也进行了表演。一个距县城 50 多公里的边陲小镇,村村寨寨有自己的文艺队,文化活动如此丰富,让我们看到边疆人民生活安定、民族团结的幸福局面。

(二) 卡场镇吾帕村丁林寨基本情况

丁林寨是卡场镇吾帕村民委员会所属的五个小组之一。该寨与景颇寨子景颇罗思塘相邻。周围有傈僳族寨子吾帕和麻卖、汉族寨子汉罗思塘。全寨共有 59 户,278 人,除了一名汉族外都是景颇族,是一个景颇族聚居的寨子。除了景颇支系外,只有少量的载瓦支系(11 人)和勒期支系(2 人)。

丁林寨距离卡场镇政府 5 公里,大部分是道丁石路。至于往返村镇,有摩托车的人家用摩托车,没有的步行。

该寨主要经济作物是草果、核桃、油茶、皂角;主要粮食作物是玉米、稻谷。村民主要以种地为生,也有一部分去外省打工或在附近打短工。老百姓养牛、养猪也可以卖一些钱补贴家用。寨子里 2/3 的家庭有电视、手机,1/3 的家庭有摩托车,整个寨子共有两辆拖拉机。寨子年户均收入 1200 元左右。

丁林寨小学总共有 30 多个学生。设有学前班和 2—3 年级,4 年级以后学生要到卡场镇中心小学上学。学前班有 16 人,二年级有 12 人,三年级有 10 人。学校专职老师只有一位,还有一位是本寨子里的代课老师。学生大多是丁林寨的学生,只有两个是附近麻卖寨的学生。该寨学生大都能读到小学,有些学生因为家庭困难读不完初中就去打工。考上高中的人更少,这两年没有人考上高中。

丁林寨大部分信仰原始宗教,有 11 户信仰基督教。村子里设有自己筹建的简易教堂,有两位牧师。每周日下午 1 点到 4 点做礼拜。

村寨的节日有目瑙纵歌节、春节、国庆节等。过节时大家都穿上民族服装,一起跳舞、唱歌。寨子里还组建了一个乐队,在县委文体局帮助下买了 3 万多元的乐器,并请州歌舞团的老师来教课。乐队在节日活动、办婚事的时候演出,还被腾冲县请去演出。当我们课题组到丁林寨调研时,乐队早在村公所门口等候,列队奏乐欢迎我们。我们与乐队成员交谈时,深深体会到他们对建设自己家乡充满了信心和热情。

由于景颇支系占绝对优势,所以在寨子里都说景颇语,只有来了外人或外出时才会用汉语。平常村里开会、广播也用景颇语。寨子里很多人都会景颇文。20世纪80年代末,在政府的支持下,从寨子里选出懂景颇文的人来教授村民景颇文。现在,村委会组织大家在丁林寨学校学习景颇文。不懂的都会主动来学习。

二、丁林寨语言使用特点

我们穷尽性地分析了丁林寨59户家庭、278人的语言使用情况(其中6岁以下儿童30人,聋哑人2人,共32人不计入统计范围,实际对246人进行统计分析。其中,11人是载瓦支系,2人是勒期支系,1人是汉族)。

(一)景颇支系语言使用特点

1. 景颇族景颇支系全部熟练掌握母语

丁林寨有232个景颇支系人,无论在家庭内部,还是在寨子里,互相之间交流都是用景颇语。下面表1是景颇支系掌握景颇语情况。

表 1

年龄段 (岁)	调查 人数	熟练		略懂		不懂	
		人数	百分比(%)	人数	百分比(%)	人数	百分比(%)
6—19	54	54	100	0	0	0	0
20—39	121	121	100	0	0	0	0
40—59	44	44	100	0	0	0	0
60及以上	13	13	100	0	0	0	0
合计	232	232	100	0	0	0	0

上表显示,无论哪个年龄段,掌握景颇语的程度都是熟练。这说明丁林寨景颇支系母语保存完好。景颇语是他们的第一语言,只有木朗途是2008年从缅甸嫁过来的,她的第一语言是缅语,但是也能熟练掌握景颇语。

为了验证丁林寨母语掌握情况,我们分别对2名少年、4位青壮年、1位中年人进行了400词测试,测试结果见下表2。

表 2

姓名	性别	民族(支系)	年龄	A级	B级	C级	D级	A+B	等级
左俊龙	男	景颇(景颇)	15	389	2	9	0	391	优秀
左石银	男	景颇(景颇)	17	387	7	6	0	394	优秀
麻宽	女	景颇(景颇)	22	395	2	3	2	397	优秀

左品杰	男	景颇（景颇）	25	348	25	26	1	373	优秀
李继支	男	景颇（景颇）	30	391	5	4	0	396	优秀
相般	女	景颇（景颇）	31	388	9	3	0	397	优秀
石刀扎	男	景颇（景颇）	50	400	0	0	0	400	优秀

上表 7 人当中有 6 人掌握的 A 级词汇都达到了 380 个以上。这说明能熟练地掌握母语，其中只有左品杰的 A 级词汇为 348 个。这与他经常外出学习有关，左品杰从 2003 年开始，每年都会去盈江神学院学习，每次去三个月，已经连续去了三年。2006 年又去北京中华民族园工作，在那里生活了三年。

丁林寨景颇族景颇支系都能够熟练掌握母语，主要有以下原因：（1）丁林寨是景颇族高度聚居的寨子，整个寨子只有 1 个汉族。（2）丁林寨所处的卡场与缅甸毗邻，境外有大量的景颇语使用者，景颇语的地位突出，其使用环境优越。（3）景颇族对自己母语有着深厚的感情。在被访者中，所有的人都理所当然地教给孩子本民族的语言，认为不会自己的语言就不算是景颇族。

2. 景颇支系多数能兼用汉语

景颇语是丁林寨的主要交际用语，但如果有外面人来或者走出寨子，人们都要用到汉语。因此汉语在丁林寨人的生活中也占有重要地位。下表 3 是景颇支系兼用汉语的情况。

表 3

年龄段（岁）	调查人数	熟练		略懂		不懂	
		人数	百分比（%）	人数	百分比（%）	人数	百分比（%）
6—19	54	40	74.1	14	25.9	0	0
20—39	121	107	88.4	13	10.7	1	0.8
40—59	44	21	47.7	22	50	1	2.3
60 及以上	13	6	46.2	6	46.2	1	7.7
合计	232	174	75	55	23.7	3	1.3

从上表可知，景颇支系 75% 的人能熟练掌握汉语，23.7% 的人略懂汉语，1.3% 的人不懂汉语。有些人能听懂，但说得不好，或者听和说都不太好，汉语水平一般。具体到各个年龄段，少年中有 74.1% 的能熟练掌握汉语，主要是 10 岁以上、上了几年学的少年；25.9% 的少年略懂汉语，主要是刚开始上学的儿童。总的看来，目前所有的青少年都懂汉语。青壮年汉语水平略高，其中 88.4% 的人都能熟练使用汉语，10.7% 的人只是懂一点汉语，还有一位 2008 年从缅甸嫁过来的媳妇不懂汉语。青壮年由于年龄和阅历的关系，较之少年能更好地掌握和使用汉语。40 岁以上的中年和老年，有 47% 左右的人能熟练掌握汉语，48% 左右的人只是懂一点汉语。还有个别的一句汉语也不懂。对于中年和老年来说，他们所在的年代教育不普及，也不常外出，很少有机会接触汉语，所以不能很好地掌握汉语。

丁林寨兼用汉语的特点可以这样认为，中老年只有不到一半的人能熟练兼用汉语，青壮年是汉语使用的中坚力量,少年是使用汉语的生力军。

丁林寨汉语掌握有其有利因素和不利因素。不利因素主要是使用汉语的环境狭小,寨子里缺少使用汉语环境。在吾帕村委会,只有一个汉族寨子,但该寨与丁林寨并不相邻,接触较少。这些情况造成孩子们在学校学习了汉语,但回到家后都说景颇语,提高汉语水平缺少好的语言环境。有利因素是,学校教育和传播媒体普及,能为孩子们的汉语学习提供一定的条件。该寨的孩子一般在6岁上学前班时就开始学习汉语,小学毕业升入初中后还能继续学习汉语,九年义务教育所用语言都是普通话,这可以让孩子熟练掌握汉语。其次,随着广播电视得到普及,他们可以通过媒体学到汉语。有利因素之二是观念的改变。很多家长都希望自己的孩子掌握好汉语。腊装麻卖认为:"现在我们需要孩子两种语言都学会。汉语要学好,还要学会景颇文字。"

3. 景颇支系少数人兼用载瓦语

丁林寨有少数载瓦支系,少数景颇支系能兼用载瓦语。表4是景颇支系兼用载瓦语的情况。

表 4

年龄段 (岁)	人数	熟练		略懂		不懂	
		人数	百分比(%)	人数	百分比(%)	人数	百分比(%)
6—19	54	6	11.1	0	0	48	88.9
20—39	121	6	5	14	11.6	101	83.5
40—59	44	4	9.1	3	6.8	37	84.1
60 及以上	13	1	7.7	1	7.7	11	84.6
合计	232	17	7.3	18	7.8	197	84.9

从上表可知,景颇支系7.3%的人熟练掌握载瓦语,7.8%的人略懂载瓦语,84.9%的人不懂载瓦语。6—19岁的少年中有11.1%的人熟练掌握载瓦语,因为这6位少年的母亲都是载瓦支系,懂载瓦语。20—39岁的青壮年中5%的人熟练掌握载瓦语,有的是因为娶了载瓦支系的媳妇,学会了载瓦语。如:腊翁是景颇支系,娶了载瓦支系的荣木汤,腊翁也能熟练地使用载瓦语。也有的是因为经常接触载瓦支系的人,在一起互相交流学会的。青壮年中还有11.6%的人略懂载瓦语,主要是在与家庭或村子里的载瓦支系的人交流中学会的。

总之,丁林寨景颇支系掌握载瓦语主要有以下几个条件。(1)家庭成员中有载瓦支系的人。由于景颇族不同支系组成的家庭都各自使用自己的支系语言,这就为支系语言的传承提供了条件。(2)村子里有一定数量(11人)的载瓦支系的人,这也为村寨在一定范围内流通载瓦语提供了条件。(3)外部载瓦语的影响。在盈江县,有很多载瓦支系,亲戚朋友间的相互交往,也为丁林寨景颇支系掌握载瓦语起了一定的作用。

4. 景颇支系有 5 人掌握勒期语

景颇支系使用勒期语的现象主要集中在两个家庭中,家庭情况见表5。

表 5

编号	家庭关系	姓名	民族（支系）	年龄	文化程度	第一语言及水平	第二语言及水平	其他语言及水平
1	户主	荣阿兰（女）	景颇（勒期）	55	小学	勒期语，熟练	景颇语，熟练	汉语，熟练；载瓦语，熟练
	长子	犇努	景颇（景颇）	33	小学	景颇语，熟练	勒期语，熟练	汉语，熟练；载瓦语，熟练
	长子媳	荣学美	景颇（载瓦）	29	小学	载瓦语，熟练	汉语，熟练	景颇语，熟练
	长孙女	左宽珑	景颇（景颇）	8	小二在读	景颇语，熟练	勒期语，熟练	汉语，熟练
	次孙女	左安顺	景颇（景颇）	6	学前	景颇语，熟练	勒期语，熟练	汉语，略懂
	四子	麻迈	景颇（景颇）	27	小学	景颇语，熟练	勒期语，熟练	汉语，熟练
2	户主	劳格弄	景颇（景颇）	56	半文盲	景颇语，熟练	勒期语，略懂	汉语，略懂；载瓦语，略懂
	妻子	力施约英	景颇（勒期）	55	半文盲	勒期语，熟练	景颇语，熟练	汉语，熟练；载瓦语，熟练
	三子	劳格腊	景颇（景颇）	29	小学	景颇语，熟练	载瓦语，略懂	汉语，略懂
	五子	李晓伍	景颇（景颇）	25	初中	景颇语，熟练	载瓦语，略懂	汉语，熟练
	六子	李健华	景颇（景颇）	21	高中	景颇语，熟练	载瓦语，略懂	汉语，熟练

上表第 1 户家庭中，两代人共有 4 位能熟练使用勒期语。这主要是受女户主荣阿兰的影响。在这户家庭中，勒期语传承较好。第 2 户家庭中，力施约英是嫁进来的勒期支系媳妇，在她的影响下，丈夫略懂勒期语，但孩子们都说父亲的景颇语，已经不会讲勒期语。

勒期语在丁林寨属于弱势语言，使用范围只限于家庭内部，没有语言使用的外部环境，语言传承受到限制。

（二）载瓦支系语言使用特点

丁林寨景颇族中载瓦支系有 11 人，他们的语言使用情况见下表 6。

表 6

语言	熟练		略懂		不懂	
	人数	百分比（%）	人数	百分比（%）	人数	百分比（%）
载瓦语	11	100	0	0	0	0
景颇语	11	100	0	0	0	0
汉语	7	63.6	4	36.4	0	0
傈僳	1	9.1	0	0	10	90.9

上表显示：载瓦支系 100％的人都可以熟练掌握载瓦语，母语保存完好。但他们又能 100％地掌握景颇语，这是因为他们生活在景颇支系占绝对优势的寨子。此外，63.6％的载瓦支系能熟练地使用汉语。还有 1 个人由于来自傈僳族和景颇族杂居的寨子，还能熟练地使用

傈僳语。

（三）勒期支系语言使用特点

丁林寨只有 2 个勒期支系的人，而且都是从外寨嫁进来的媳妇，她们的语言使用情况见表 7。

表 7

姓名	民族（支系）	年龄	文化程度	第一语言及水平	第二语言及水平	其他语言及水平
荣阿兰	景颇（勒期）	55	小学	勒期语，熟练	景颇语，熟练	汉语，熟练；载瓦语，熟练
力施约英	景颇（勒期）	55	半文盲	勒期语，熟练	景颇语，熟练	汉语，熟练；载瓦语，熟练

从上表可以看出，2 位勒期支系的人都能熟练掌握 4 种语言。荣阿兰是吾帕村新郎组人，新郎组是一个汉族、傈僳族、景颇族勒期支系杂居的村寨，嫁到丁林寨之前她就会汉语和勒期语。嫁到丁林寨之后，又学会了景颇语。因为儿媳妇是载瓦支系的，又跟儿媳妇学会了载瓦语。由于家庭中懂勒期语的少，这两户家庭的主要用语是景颇语。

（四）丁林寨村民掌握景颇文情况

丁林寨景颇支系和载瓦支系一半以上的人都会景颇文。两个支系各个年龄段的景颇文掌握情况见表 8 和表 9：

表 8　景颇支系掌握景颇文情况

年龄段（岁）	人数	会		不会	
		人数	百分比（%）	人数	百分比（%）
6—19	54	16	29.6	38	70.4
20—39	121	95	78.5	26	21.5
40—59	44	26	59.1	18	40.9
60 及以上	13	10	76.9	3	23.1
合计	232	147	63.4	85	36.6

表 9　载瓦支系掌握景颇文情况

年龄段（岁）	人数	会		不会	
		人数	百分比（%）	人数	百分比（%）
20—39	6	6	100	0	0
40—59	3	2	66.7	1	33.3
60 及以上	2	0	0	2	100
合计	11	8	72.7	3	27.3

从上表可知，景颇支系有 63.4% 的人会景颇文，载瓦支系有 72.7% 的人会景颇文。以景颇支系的景颇文掌握情况为例，各个年龄段的掌握情况有差异。6—19 岁的少年有 29.6% 的

人会景颇文,20—39 岁的青壮年有 78.5％的人会景颇文,40—59 岁的中年有 59.1％的人会景颇文,60 岁以上的老人有 76.9％的人会景颇文。少年的景颇文水平不及青壮年、中年和老年,还没有很好地掌握景颇文,这是因为他们大多还没有学习过景颇文。

丁林寨掌握景颇文的情况还是比较理想的。村民学习景颇文的途径主要是参加培训班。20 世纪 80 年代末,在政府的支持下,寨子里选出懂景颇文的人来进行扫盲,所以这个年龄段很多人会景颇文。现在,村委会重视组织大家学习景颇文,今年暑假计划在丁林寨小学教景颇文,7 岁以上都可以报名。学习景颇文还有一种途径是学校教育,目前卡场镇有条件的学校会在 4 年级以上每周开设 1—2 课时景颇文学习课程,这对景颇文的普及起到了一定的作用。此外,村民对掌握景颇文有着强烈的需求。丁林寨只要会景颇文的,都会到寨子里的文化室读《德宏团结报·景颇文版》。

(五)丁林寨语言使用特点给我们的启示

第一,小范围的高度聚居能为小语种的保存提供条件。丁林寨是较纯的景颇族寨子,只有一个是嫁进来的汉族。在这种环境下,全寨的主要交际用语是景颇语,每个人从儿童到少年的整个阶段都频繁地使用母语。

第二,以弱势语言为母语的人具有较强的兼语能力,普遍能掌握三种以上的语言。在丁林寨,景颇语是强势语言,载瓦语和勒期语属于弱势语言。母语为载瓦语和勒期语的人,为了生存的需要,都要掌握强势语言——景颇语,还要掌握通用语——汉语。

三、卡场镇吾帕村丁林寨语言使用情况总表

编号	家庭关系	姓名	民族(支系)	年龄	文化程度	第一语言及水平	第二语言及水平	其他语言及水平	文字
1	户主	李继文	景颇(景颇)	29	小学	景颇语,熟练	汉语,熟练		景颇文
	妻子	排艳萍	景颇(景颇)	28	小学	景颇语,熟练	汉语,熟练		景颇文
	长子	李成永	景颇(景颇)	8	小一在读	景颇语,熟练	汉语,略懂		
	长女	李安丽	景颇(景颇)	4					
2	户主	腊相	景颇(景颇)	35	初中	景颇语,熟练	载瓦语,熟练	汉语,熟练	景颇文
	妻子	李玲	景颇(景颇)	20	小学	景颇语,熟练	汉语,熟练		景颇文
	长子	左世强	景颇(景颇)	4					
3	户主	阿关途	景颇(景颇)	51	文盲	景颇语,熟练	汉语,略懂		景颇文
	长子	左成龙	景颇(景颇)	24	小学	景颇语,熟练	汉语,熟练		景颇文
	长子媳	麻锐	景颇(景颇)	22	小学	景颇语,熟练	汉语,略懂		景颇文
	孙子	左安良	景颇(景颇)	6	学前	景颇语,熟练	汉语,略懂		
	孙女	左安伟	景颇(景颇)	1					
	次子	弄迈	景颇(景颇)	21	初中	景颇语,熟练	汉语,熟练		景颇文

4	户主	丁林都迈	景颇(景颇)	32	小学	景颇语,熟练	汉语,熟练		景颇文
	妻子	草 波	景颇(景颇)	36	初中	景颇语,熟练	汉语,熟练		景颇文
	长子	翁 扎	景颇(景颇)	11	小五在读	景颇语,熟练	汉语,熟练		
	次子	普嘎弄	景颇(景颇)	9	小二在读	景颇语,熟练	汉语,略懂		
5	户主	腊装犇扎	景颇(景颇)	56	小学	景颇语,熟练	载瓦语,熟练	汉语,熟练	景颇文
	妻子	勒石麻布	景颇(景颇)	56	小学	景颇语,熟练	汉语,略懂		景颇文
	三子	麻 腊	景颇(景颇)	22	初中	景颇语,熟练	汉语,熟练		景颇文
	三女	左 艳	景颇(景颇)	9	小二在读	景颇语,熟练	汉语,略懂		景颇文
6	户主	麻 翁	景颇(景颇)	29	小学	景颇语,熟练	汉语,略懂		景颇文
	妻子	吴热涂	景颇(景颇)	30	小学	景颇语,熟练	汉语,略懂		景颇文
	长女	左宽双	景颇(景颇)	7	小二在读	景颇语,熟练	汉语,略懂		景颇文
	次女	左保呀	景颇(景颇)	3					
	二女	左直楠	景颇(景颇)	1					
7	户主	麻 都	景颇(景颇)	27	小学	景颇语,熟练	汉语,熟练		景颇文
	妻子	石当麻途	景颇(景颇)	25	小学	景颇语,熟练	汉语,略懂		景颇文
	长子	李志忠	景颇(景颇)	6	小二在读	景颇语,熟练	汉语,略懂		景颇文
	次子	李弄然	景颇(景颇)	3					
8	户主	犇 然	景颇(景颇)	36	小学	景颇语,熟练	汉语,熟练		景颇文
	妻子	相 般	景颇(景颇)	31	初中	景颇语,熟练	载瓦语,熟练	汉语,熟练	景颇文
	长子	左明财	景颇(景颇)	4					
9	户主	弄捌腊	景颇(景颇)	62	文盲	景颇语,熟练	汉语,略懂		景颇文
	妻子	阿关涂	景颇(景颇)	64	文盲	景颇语,熟练	汉语,略懂		景颇文
	次子	麻 弄	景颇(景颇)	25	小学	景颇语,熟练	汉语,略懂		景颇文
	次子媳	供沙保	景颇(景颇)	27	小学	景颇语,熟练	汉语,略懂		景颇文
	长孙子	左安明	景颇(景颇)	9	小二在读	景颇语,熟练	汉语,略懂		景颇文
	长孙女	左安艳	景颇(景颇)	7	学前	景颇语,熟练	汉语,略懂		景颇文
	次孙子	左安进	景颇(景颇)	3					
	三孙子	左安荣	景颇(景颇)	1					
10	户主	麻 弄	景颇(景颇)	34	小学	景颇语,熟练	汉语,熟练		景颇文
	妻子	热 汤	景颇(景颇)	34	小学	景颇语,熟练	汉语,略懂		景颇文
	长女	宽 积	景颇(景颇)	12	小五在读	景颇语,熟练	汉语,熟练		景颇文
	次女	保 龙	景颇(景颇)	10	小二在读	景颇语,熟练	汉语,略懂		景颇文
	三女	锐 直	景颇(景颇)	4					

11	户主	支气直卖	景颇（景颇）	65	文盲	景颇语，熟练	汉语，略懂		景颇文
	三子	左秀平	景颇（景颇）	40	初中	景颇语，熟练	载瓦语，熟练	汉语，熟练	景颇文
	三子媳	赵海英	景颇（载瓦）	37	小学	载瓦语，熟练	汉语，熟练	景颇语，熟练	景颇文
	孙女	相迈	景颇（景颇）	17	初中	景颇语，熟练	载瓦语，熟练	汉语，熟练	景颇文
	四子	麻都	景颇（景颇）	33	小学	景颇语，熟练	汉语，熟练	载瓦语，略懂	景颇文
	四子媳	杨艳萍	景颇（载瓦）	22	小学	载瓦语，熟练	汉语，略懂	景颇语，熟练	景颇文
	孙女	左麻努	景颇（景颇）	5					
	孙女	左麻保	景颇（景颇）	2					
	五子	麻当	景颇（景颇）	24	小学	景颇语，熟练	汉语，熟练		景颇文
	孙子	左成权	景颇（景颇）	5					
12	户主	木日腊	景颇（景颇）	30	小学	景颇语，熟练	汉语，略懂		景颇文
	妻子	排麻努	景颇（载瓦）	28	小学	载瓦语，熟练	汉语，略懂	景颇语，熟练	景颇文
	长子	木日翁捌	景颇（景颇）	4					
	次子	木日弄散	景颇（景颇）	3					
13	户主	张景鲁	景颇（景颇）	79	文盲	景颇语，熟练	汉语，略懂		景颇文
	三子	丁林腊	景颇（景颇）	54	小学	景颇语，熟练	汉语，略懂		景颇文
	三子媳	林三景	景颇（景颇）	48	小学	景颇语，熟练	汉语，略懂		景颇文
	长孙子	李明强	景颇（景颇）	25	中专	景颇语，熟练	汉语，熟练		景颇文
	长孙女	麻呀	景颇（景颇）	23	初中	景颇语，熟练	汉语，熟练		景颇文
	次孙子	李冰	景颇（景颇）	21	初中	景颇语，熟练	汉语，熟练		景颇文
	三孙子	李信杰	景颇（景颇）	19	初中	景颇语，熟练	汉语，熟练		景颇文
	五女	丁林介	景颇（景颇）	40	初中	景颇语，熟练	汉语，熟练		景颇文
	六女	丁林麻丁	景颇（景颇）	36	初中	景颇语，熟练	汉语，熟练		景颇文
14	户主	崩用	景颇（景颇）	56	小学	景颇语，熟练	汉语，略懂		景颇文
	妻子	木宽双	景颇（景颇）	51	小学	景颇语，熟练	汉语，略懂		景颇文
	五子	麻当	景颇（景颇）	30	初中	景颇语，熟练	汉语，熟练		景颇文
	六子	麻用	景颇（景颇）	27	初中	景颇语，熟练	汉语，熟练		景颇文
	七子	麻卡	景颇（景颇）	25	初中	景颇语，熟练	汉语，熟练		景颇文
	长女	李玲	景颇（景颇）	20	初中	景颇语，熟练	汉语，熟练		景颇文
15	户主	石刀扎	景颇（景颇）	50	小学	景颇语，熟练	汉语，略懂		景颇文
	妻子	丁林宽	景颇（景颇）	42	小学	景颇语，熟练	汉语，略懂		景颇文
	长子	麻干	景颇（景颇）	24	初中	景颇语，熟练	汉语，熟练		景颇文
	长女	左春丽	景颇（景颇）	22	初中	景颇语，熟练	汉语，熟练		景颇文
	次子	麻弄	景颇（景颇）	20	初中	景颇语，熟练	汉语，熟练		景颇文
	三子	左俊龙	景颇（景颇）	15	初二在读	景颇语，熟练	汉语，熟练		景颇文

16	户主	腊装干	景颇（景颇）	57	文盲	景颇语，熟练	汉语，不懂		景颇文
	妻子	阿及东	景颇（景颇）	55	小学	景颇语，熟练	汉语，略懂		景颇文
	长女	麻宽	景颇（景颇）	19	小学	景颇语，熟练	汉语，熟练		景颇文
	次女	左云仙	景颇（景颇）	17	初中	景颇语，熟练	汉语，熟练		景颇文
	三女	左麻台	景颇（景颇）	12	小五在读	景颇语，熟练	汉语，熟练		景颇文
	二弟	腊装弄	景颇（景颇）	48	文盲				
17	户主	木贵宽	景颇（景颇）	43	初中	景颇语，熟练	汉语，熟练		景颇文
	长女	左亚菲	景颇（景颇）	24	中专	景颇语，熟练	汉语，熟练		景颇文
	次女	左亚南	景颇（景颇）	22	初中	景颇语，熟练	汉语，熟练		景颇文
	三女	蒙珊	景颇（景颇）	20	中专	景颇语，熟练	汉语，熟练		景颇文
18	户主	木脑	景颇（景颇）	63	文盲	景颇语，熟练	汉语，略懂	缅语，略懂	景颇文
	长女	杨丽萍	景颇（景颇）	33	小学	景颇语，熟练	汉语，熟练		景颇文
	长子	供折翁	景颇（景颇）	31	小学	景颇语，熟练	汉语，熟练	载瓦语，略懂；缅语，略懂	景颇文
	三子	供折腊	景颇（景颇）	24	小学	景颇语，熟练	汉语，熟练	缅语，略懂	
	三子媳	木朗途	景颇（景颇）	22	小学	缅语，熟练	景颇语，熟练		景颇文
	孙子	杨恩继	景颇（景颇）	1					
	四子	供折都	景颇（景颇）	20	小学	景颇语，熟练	汉语，熟练		景颇文
19	户主	阿三都	景颇（景颇）	60	小学	景颇语，熟练	汉语，熟练		景颇文
	妻子	娃长宽	景颇（景颇）	67	小学	景颇语，熟练	汉语，熟练		景颇文
	长子	左生荣	景颇（景颇）	39	高中	景颇语，熟练	汉语，熟练		景颇文
	长子媳	李小芬	景颇（景颇）	29	高中	景颇语，熟练	汉语，熟练		景颇文
	长孙女	左湘迈	景颇（景颇）	10	小三在读	景颇语，熟练	汉语，熟练		
	次孙女	左安懿	景颇（景颇）	3					
	侄子	负国干	景颇（景颇）	16	小学	景颇语，熟练	汉语，熟练		
20	户主	左正兴	景颇（景颇）	39	小学	景颇语，熟练	汉语，熟练		景颇文
	妻子	康直保近	景颇（景颇）	34	小学	景颇语，熟练	汉语，略懂		景颇文
	妹妹	左宽芳	景颇（景颇）	21	小学	景颇语，熟练	汉语，熟练		景颇文
	长女	左翔勃	景颇（景颇）	8	小二在读	景颇语，熟练	汉语，熟练		
	次女	左聪帮	景颇（景颇）	5					
21	户主	小石刀干	景颇（景颇）	51	文盲	景颇语，熟练	汉语，熟练		景颇文
	妻子	订散宽	景颇（景颇）	37	文盲	景颇语，熟练	汉语，略懂		景颇文
	长女	左宽双	景颇（景颇）	11	小五在读	景颇语，熟练	汉语，熟练		
	长子	左兴德	景颇（景颇）	9	小三在读	景颇语，熟练	汉语，熟练		
	次女	麻然	景颇（景颇）	6	学前	景颇语，熟练	汉语，略懂		
22	户主	小供沙都	景颇（景颇）	31	小学	景颇语，熟练	汉语，熟练		景颇文
	妻子	麻宽	景颇（景颇）	31	小学	景颇语，熟练	汉语，熟练		景颇文
	长女	李丽春	景颇（景颇）	7	小二在读	景颇语，熟练	汉语，熟练		
	次女	李利	景颇（景颇）	2					
	三女	李利芬	景颇（景颇）	1					

23	户主	供沙巴干	景颇(景颇)	39	小学	景颇语,熟练	汉语,熟练		景颇文
	妻子	杨 直	景颇(景颇)	27	小学	景颇语,熟练	汉语,熟练		景颇文
	长女	李宽笼	景颇(景颇)	10	小三	景颇语,熟练	汉语,熟练		
	次女	木娃鲁	景颇(景颇)	9	小二在读	景颇语,熟练	汉语,熟练		
	长子	李麻迈	景颇(景颇)	4					
24	户主	供扎宽	景颇(景颇)	74	文盲	景颇语,熟练	汉语,不懂		
	长子媳	木为保	景颇(载瓦)	51	文盲	载瓦语,熟练	景颇语,熟练	汉语,略懂	景颇文
	孙子	散 翁	景颇(景颇)	10	小三在读	景颇语,熟练	载瓦语,熟练	汉语,熟练	
25	户主	干直腊	景颇(景颇)	59	文盲	景颇语,熟练	汉语,熟练		景颇文
	妻子	卡兰宽	景颇(景颇)	52	文盲	景颇语,熟练	汉语,略懂		景颇文
	弟弟	干直都	景颇(景颇)	54	文盲	聋哑人			
	长女	麻 宽	景颇(景颇)	27	小学	景颇语,熟练	汉语,熟练		景颇文
	长子	左成荣	景颇(景颇)	25	小学	景颇语,熟练	汉语,熟练		景颇文
	次子	麻 弄	景颇(景颇)	22	小学	景颇语,熟练	汉语,熟练		景颇文
	外孙女	穆儒勃	景颇(景颇)	8	小三在读	景颇语,熟练	汉语,熟练		
	外孙子	穆儒励	景颇(景颇)	4					
26	户主	供沙散	景颇(景颇)	34	小学	景颇语,熟练	汉语,熟练		景颇文
	妻子	参 宽	景颇(景颇)	35	小学	景颇语,熟练	汉语,熟练		景颇文
	长女	李安春	景颇(景颇)	15	初三在读	景颇语,熟练	汉语,熟练		景颇文
	长子	李成国	景颇(景颇)	10	小二在读	景颇语,熟练	汉语,熟练		
	次女	李安梅	景颇(景颇)	1					
27	户主	腊装麻迈	景颇(景颇)	32	初中	景颇语,熟练	汉语,熟练;缅语,熟练		景颇文
	妻子	麻宽	景颇(景颇)	23	小学	景颇语,熟练	汉语,熟练		景颇文
	长女	左湘楠	景颇(景颇)	4					
28	户主	腊装腊	景颇(景颇)	51	文盲	景颇语,熟练	汉语,熟练		景颇文
	长子	麻 干	景颇(景颇)	25	小学	景颇语,熟练	汉语,熟练		景颇文
	五女	左安美	景颇(景颇)	20	小学	景颇语,熟练	汉语,熟练		景颇文
	六弟	麻攀	景颇(景颇)	36	小学	景颇语,熟练	汉语,熟练	缅语,熟练	景颇文
	九弟	麻汤	景颇(景颇)	31	小学	景颇语,熟练	汉语,熟练	缅语,熟练	景颇文
	九弟媳	麻 宽	景颇(景颇)	29	小学	景颇语,熟练	汉语,熟练	缅语,熟练	景颇文
	侄子	左散翁	景颇(景颇)	1					
29	户主	丁林弄	景颇(景颇)	62	文盲	景颇语,熟练	汉语,熟练		景颇文
	妻子	阿关鲁	景颇(景颇)	56	小学	景颇语,熟练	汉语,熟练		景颇文
	次子	丁林弄	景颇(景颇)	33	小学	景颇语,熟练	汉语,熟练		景颇文
	四子	麻 都	景颇(景颇)	21	小学	景颇语,熟练	汉语,熟练		景颇文
	四子媳	宽 丽	汉族	20	小学	汉语,熟练	景颇语,熟练	缅语,熟练	
	孙子	腾 南	景颇(景颇)	2					
	六女	麻汤	景颇(景颇)	35	小学	景颇语,熟练	汉语,熟练		景颇文

30	户主	劳格光	景颇（景颇）	33	小学	景颇语，熟练	汉语，熟练	载瓦语，熟练	景颇文
	妻子	排木果	景颇（载瓦）	22	初中	载瓦语，熟练	汉语，熟练	景颇语，熟练	景颇文
	长女	劳格宽	景颇（景颇）	7	学前	景颇语，熟练	载瓦语，熟练	汉语，略懂	
	次女	李春兰	景颇（景颇）	5					
31	户主	丁林弄	景颇（景颇）	55	文盲	景颇语，熟练	汉语，熟练		景颇文
	妻子	阿关宽	景颇（景颇）	52	文盲	景颇语，熟练	汉语，熟练		景颇文
	长女	麻　宽	景颇（景颇）	32	小学	景颇语，熟练	汉语，熟练		景颇文
	长子	麻　弄	景颇（景颇）	25	小学	景颇语，熟练	汉语，熟练		景颇文
	长子媳	麻　宽	景颇（景颇）	22	小学	景颇语，熟练	汉语，熟练		景颇文
	孙子	李智楠	景颇（景颇）	2					
	四女	麻　途	景颇（景颇）	21	小学	景颇语，熟练	汉语，熟练		景颇文
32	户主	腊　翁	景颇（景颇）	30	小学	景颇语，熟练	汉语，熟练	载瓦语，熟练	景颇文
	妻子	荣木汤	景颇（载瓦）	41	小学	载瓦语，熟练	汉语，熟练	景颇语，熟练	景颇文
	长子	翁　呀	景颇（景颇）	13	小五在读	景颇语，熟练	载瓦语，熟练	汉语，熟练	
	次子	左安保	景颇（景颇）	4					
	长女	左安布	景颇（景颇）	2					
33	户主	荣阿兰	景颇（勒期）	55	小学	勒期语，熟练	景颇语，熟练	汉语，熟练；载瓦语，熟练	景颇文
	长子	犇　努	景颇（景颇）	33	小学	景颇语，熟练	勒期语，熟练	汉语，熟练；载瓦语，熟练	景颇文
	长子媳	荣学美	景颇（载瓦）	29	小学	载瓦语，熟练	汉语，熟练	景颇语，熟练	景颇文
	长孙女	左宽珑	景颇（景颇）	8	小二在读	景颇语，熟练	勒期语，熟练	汉语，熟练	
	次孙女	左安顺	景颇（景颇）	6	学前	景颇语，熟练	勒期语，熟练	汉语，略懂	
	四子	麻　迈	景颇（景颇）	27	小学	景颇语，熟练	勒期语，熟练	汉语，熟练	景颇文
34	户主	丁林腊仁	景颇（景颇）	34	小学	景颇语，熟练	汉语，熟练		景颇文
	妻子	卡　多	景颇（载瓦）	34	初中	载瓦语，熟练	景颇语，熟练	汉语，熟练	景颇文
	长女	李相布	景颇（景颇）	9	小二在读	景颇语，熟练	载瓦语，熟练	汉语，熟练	
	长子	李勇强	景颇（景颇）	7	小一在读	景颇语，熟练	载瓦语，熟练	汉语，熟练	
35	户主	干直双	景颇（景颇）	64	文盲	景颇语，熟练	汉语，略懂		
	妻子	郭折锐	景颇（景颇）	58	文盲	景颇语，熟练	汉语，略懂		
	五子	左正海	景颇（景颇）	29	小学	景颇语，熟练	汉语，熟练		
	五子媳	支崩宽南	景颇（景颇）	17	小学	景颇语，熟练	汉语，熟练		
	次女	左宝灿	景颇（景颇）	20	小学	景颇语，熟练	汉语，熟练		
36	户主	闹双介	景颇（景颇）	57	文盲	景颇语，熟练	汉语，略懂		
	次子	麻　弄	景颇（景颇）	27	小学	景颇语，熟练	汉语，略懂		景颇文

37	户主	真太宽散	景颇（景颇）	45	文盲	景颇语,熟练	汉语,熟练		
	次女	保　散	景颇（景颇）	22	大专	景颇语,熟练	汉语,熟练		
	长子	麻　潘	景颇（景颇）	19	小学	景颇语,熟练	汉语,熟练		
38	户主	木叁保	景颇（景颇）	39	小学	景颇语,熟练	汉语,熟练		
	长女	麻　巴	景颇（景颇）	18	小学	景颇语,熟练	汉语,熟练		
	次女	保　扎	景颇（景颇）	14	小学	景颇语,熟练	汉语,熟练		景颇文
	长子	麻　康	景颇（景颇）	11	小学	景颇语,熟练	汉语,熟练		景颇文
39	户主	腊帮保	景颇（景颇）	61	文盲	景颇语,熟练	汉语,熟练		景颇文
	三子	腊　扎	景颇（景颇）	28	初中	景颇语,熟练	载瓦语,略懂	汉语,熟练	景颇文
	四子	都　迈	景颇（景颇）	25	初中	景颇语,熟练	汉语,熟练		景颇文
40	户主	腾南双	景颇（景颇）	56	文盲	景颇语,熟练	汉语,略懂		
	妻子	恩订鲁	景颇（景颇）	45	文盲	景颇语,熟练	汉语,略懂		
	长子	腊其弄拉	景颇（景颇）	12	小学	景颇语,熟练	汉语,熟练		
41	户主	普关果	景颇（载瓦）	61	文盲	载瓦语,熟练	景颇语,熟练	汉语,略懂	
	四女	何木锐	景颇（景颇）	28	小学	景颇语,熟练	汉语,熟练		
	四子	麻　都	景颇（景颇）	25	小学	景颇语,熟练	载瓦语,熟练	汉语,熟练	景颇文
	五女	麻　介	景颇（景颇）	22	小学	景颇语,熟练	汉语,熟练		
	六女	麻　买	景颇（景颇）	16	小学	景颇语,熟练	汉语,熟练		
42	户主	支气涂	景颇（景颇）	57	小学	景颇语,熟练	汉语,熟练		
	长女	杨小艳	景颇（景颇）	32	初中	景颇语,熟练	汉语,熟练		
43	户主	左正山	景颇（景颇）	32	小学	景颇语,熟练	汉语,熟练		景颇文
44	户主	左正强	景颇（景颇）	34	高中	景颇语,熟练	汉语,熟练		景颇文
45	户主	左正明	景颇（景颇）	36	高中	景颇语,熟练	汉语,熟练		景颇文
46	户主	供沙当	景颇（景颇）	46	文盲	景颇语,熟练	汉语,熟练		景颇文
	妻子	岳麻织	景颇（景颇）	43	文盲	景颇语,熟练	汉语,熟练		
	次女	李　倩	景颇（景颇）	21	大学	景颇语,熟练	汉语,熟练		
	三女	麻　汤	景颇（景颇）	20	初中	景颇语,熟练	汉语,熟练		
	长子	李铁桥	景颇（景颇）	16	初中	景颇语,熟练	汉语,熟练		
47	户主	弄　仁	景颇（景颇）	45	半文盲	景颇语,熟练	载瓦语,熟练	汉语,熟练	景颇文
	妻子	无地鲁	景颇（景颇）	55	半文盲	景颇语,熟练	汉语,略懂	载瓦语,略懂	
	长子	木瓦干	景颇（景颇）	22	小学	景颇语,熟练	汉语,熟练		景颇文
	次女	左　云	景颇（景颇）	14	小学	景颇语,熟练	汉语,熟练		
	三女	直　努	景颇（景颇）	12	小学	景颇语,熟练	汉语,熟练		

48	户主	劳格弄	景颇(景颇)	56	半文盲	景颇语,熟练	勒期语,略懂;载瓦语,略懂	汉语,略懂	
	妻子	力施约英	景颇(勒期)	55	半文盲	勒期语,熟练	景颇语,熟练;载瓦语,熟练	汉语,熟练	
	三子	劳格腊	景颇(景颇)	29	小学	景颇语,熟练	载瓦语,略懂	汉语,略懂	景颇文
	五子	李晓伍	景颇(景颇)	25	初中	景颇语,熟练	载瓦语,略懂	汉语,熟练	
	六子	李健华	景颇(景颇)	21	高中	景颇语,熟练	载瓦语,略懂	汉语,熟练	
49	户主	弄腊糯	景颇(景颇)	55	半文盲	景颇语,熟练	汉语,略懂		
	长子	麻干	景颇(景颇)	25	小学	景颇语,熟练	汉语,熟练		
	长女	麻宽	景颇(景颇)	26	小学	景颇语,熟练	汉语,熟练		—
	次女	麻鲁	景颇(景颇)	24	小学	景颇语,熟练	汉语,熟练		
50	户主	犇南	景颇(景颇)	36	小学	景颇语,熟练	载瓦语,熟练	汉语,略懂	景颇文
	妻子	腊期保	景颇(景颇)	37	小学	景颇语,熟练	汉语,熟练		景颇文
	长女	李林春	景颇(景颇)	14	初中	景颇语,熟练	汉语,熟练		
	长子	李石锋	景颇(景颇)	12	小学	景颇语,熟练	汉语,熟练		
51	户主	麻弄	景颇(景颇)	25	小学	景颇语,熟练	载瓦语,略懂	汉语,熟练	景颇文
	哥哥	丁林麻潘	景颇(景颇)	29	小学	景颇语,熟练	载瓦语,略懂	汉语,熟练	景颇文
52	户主	石刀都弄	景颇(景颇)	51	文盲	景颇语,熟练	汉语,熟练		
	妻子	张木苗	景颇(载瓦)	45	文盲	载瓦语,熟练	景颇语,熟练	汉语,熟练	
	长子	石道翁	景颇(景颇)	21	小学	景颇语,熟练	载瓦语,略懂	汉语,熟练	
	次子	石银	景颇(景颇)	17	小学	景颇语,熟练	汉语,熟练		
53	户主	腊装翁	景颇(景颇)	51	文盲	景颇语,熟练	载瓦语,略懂	汉语,熟练	景颇文
	妻子	木贵宽八	景颇(景颇)	51	文盲	景颇语,熟练	汉语,略懂		
	次子	麻弄	景颇(景颇)	23	初中	景颇语,熟练	汉语,熟练		景颇文
	次女	麻相	景颇(景颇)	22	小学	景颇语,熟练	汉语,熟练		
	三子	左威廉	景颇(景颇)	21	高中	景颇语,熟练	汉语,熟练		
54	户主	石道乱	景颇(景颇)	46	文盲	景颇语,熟练	载瓦语,熟练	汉语,熟练	景颇文
	妻子	腊嘎锐	景颇(景颇)	50	文盲	景颇语,熟练	汉语,略懂		景颇文
	长子	左品杰	景颇(景颇)	25	初中	景颇语,熟练	载瓦语,略懂	汉语,熟练	景颇文
	次子	左弄直	景颇(景颇)	22	小学	景颇语,熟练	载瓦语,略懂	汉语,熟练	
	三子	左品忠	景颇(景颇)	19	初中	景颇语,熟练	汉语,熟练		
55	户主	干直弄	景颇(景颇)	62	文盲	景颇语,熟练	载瓦语,略懂	汉语,熟练	
	妻子	早欠鲁	景颇(景颇)	56	文盲	景颇语,熟练	汉语,略懂		
	次子	糯直	景颇(景颇)	27	文盲	景颇语,熟练	载瓦语,略懂	汉语,熟练	
	长女	左丽娜	景颇(景颇)	25	小学	景颇语,熟练	汉语,熟练		景颇文
	次女	干直保	景颇(景颇)	21	小学	景颇语,熟练	汉语,熟练		

56	户主	达芒果	景颇(景颇)	55	文盲	景颇语,熟练	汉语,熟练		
	长子	李桥大	景颇(景颇)	28	小学	景颇语,熟练	汉语,熟练		
	次子	麻弄	景颇(景颇)	26	小学	景颇语,熟练	汉语,熟练		景颇文
	三子	李建军	景颇(景颇)	24	高中	景颇语,熟练	汉语,熟练		
	三女	丁林直胖	景颇(景颇)	21	小学	景颇语,熟练	汉语,熟练		
	三女婿	李林图	景颇(景颇)	34	初中	景颇语,熟练	汉语,熟练		
57	户主	石刀麻卖	景颇(景颇)	67	文盲	景颇语,熟练	载瓦语,熟练	汉语,熟练	景颇文
	妻子	帕若	景颇(载瓦)	62	文盲	载瓦语,熟练	景颇语,熟练	傈僳语,熟练;汉语,熟练	
	四子	麻都	景颇(景颇)	32	初中	景颇语,熟练	载瓦语,略懂	汉语,熟练	景颇文
	五子	麻当	景颇(景颇)	29	小学	景颇语,熟练	载瓦语,略懂	汉语,熟练	景颇文
58	户主	供沙都	景颇(景颇)	56	文盲	景颇语,熟练	载瓦语,略懂	汉语,熟练	
	妻子	勒嘎锐	景颇(景颇)	53	文盲	景颇语,熟练	汉语,略懂		
	四女	麻布	景颇(景颇)	20	初中	景颇语,熟练	汉语,熟练		景颇文
	五女	李春艳	景颇(景颇)	18	初中	景颇语,熟练	汉语,熟练		
	三子	李发旺	景颇(景颇)	11	小学	景颇语,熟练	汉语,熟练		
	六女	李麻多	景颇(景颇)	7	学前	景颇语,熟练	汉语,略懂		
59	户主	供沙腊	景颇(景颇)	58	文盲	景颇语,熟练	汉语,熟练		
	妻子	沙宽鲁	景颇(景颇)	58	文盲	景颇语,熟练	汉语,略懂		
	次女	供沙鲁	景颇(景颇)	26	小学	景颇语,熟练	汉语,熟练		'
	孙子	麻宽	景颇(景颇)	6	学前	景颇语,熟练	汉语,略懂		

附:访谈录

访谈一:盈江县卡场镇吾帕村丁林寨村民腊装麻卖访谈录

访谈对象:腊装麻卖,景颇族

访谈时间:2010 年 8 月 4 日

访谈地点:吾帕村丁林寨活动室

访谈、整理者:范丽君

问:请您介绍一下您和您家里人的情况?

答:我是景颇族景颇支系,今年 32 岁,初中文化程度。是丁林寨乐队组织者。我会讲景颇语、汉语和缅语。景颇语是我的母语,汉语是上学时学会的。我1997年至2000年常住缅甸做生意,回来后也经常去缅甸,所以缅语说得很熟练,可以当翻译。我的妻子叫麻宽,也是景颇支系,可以熟练地使用景颇语和汉语。女儿今年4岁,只会讲景颇语,还不会说汉语。平常在家都说景颇语。

问:在你们寨子主要说什么语言?

答:寨子里的人平时见面都说景颇语,只有来了外面的人才会说汉语。

问:出了寨子你们主要用什么语言?

答:出了寨子,一般碰到汉族人,就讲汉语。节日上碰到傈僳族也会讲汉语,如果对方懂景颇语的话,就跟对方说景颇语。

问:平时村里广播、开会用什么语言?

答:都是用景颇语。

问:平时看汉语电视在下面讨论电视节目的内容时用什么语言?

答:都用景颇语。

问:请您谈谈你们村的教育情况。

答:我们寨子有一个小学,设有三个班,分别是学前班、二年级和三年级。目前学前班有16人,二年级有12人,三年级有10人,共有30多个学生。村小是隔年招生,所以只有两个年级。在村小上完三年级后,就到卡场镇九年一贯制学校继续读小学。

学校现有专职老师一名,是梁河的汉族,不会景颇语。还有一位老师是幼儿园老师,不是正式老师。村小学生大多是丁林寨的,只有两名附近麻卖寨子的学生。

问:老师用汉语上课学生能听懂吗?

答:刚开始听不懂,慢慢才能听懂,但是平常也不说汉语。

问:幼儿园主要教孩子哪些课程?

答:主要教孩子汉语,学习汉语拼音。老师是我们本寨的,景颇语和汉语都会说。上课的时候可以用翻译的方法教孩子们学一点汉语。幼儿园还教孩子学习一些简单的数学知识。

问:寨子里的学生都能完成九年义务教育吗?

答:能读完小学。有些家庭困难,读不完初中就去打工了。考上高中的人就更少了,这一两年没有人能考进高中。

问:寨子里的宗教信仰状况如何?

答:寨子里大部分人信仰原始宗教,有11户信仰基督教。信仰基督教的,每个周日在寨子里自己筹建的教堂里做礼拜。现在传教士都是盈江那边过来的。

问:你们寨子景颇文的掌握情况如何?

答:寨子里大部分人都会景颇文。以前我们是在读书时学会景颇文的。大一点的晚上上夜校学习,小一点的白天学习。因为会语言,一个学期大部分都能学会景颇文。20世纪80年代末期,在政府的支持下,寨子里选出会景颇文的人来教,进行扫盲活动。很多人是在那时候学会的。现在,村委会在丁林寨学校组织大家学习景颇文,不懂的都可以来学,学习一个月。目前报名的很多,从明天就开始教。

问:你们看景颇文的报纸杂志吗?

答:寨子里文化活动室中有《德宏团结报·景颇文版》,会景颇文的人都会来读。收音机能收到民族语台,但是不常听。

问:希望自己孩子掌握什么语言?

答:我们希望孩子汉语和景颇语都学好。汉语学好,但是也一定要学会景颇文字。

访谈二:卡场镇吾帕村民委员会丁林寨村民左品杰访谈录

访谈对象:左品杰,景颇族景颇支系

访谈时间:2010 年 8 月 5 日

访谈地点:卡场镇吾帕村民委员会丁林村民小组活动室

访谈、整理者:李春风

问:您好! 请您简要介绍一下您和家人的语言使用情况吧!

答:我是景颇族景颇支系。2003 年中学毕业,2006 年至 2009 年在北京中华民族园做解说员。去年年底回来的。我会说景颇语、汉语、载瓦语。会景颇文字。我父亲、母亲都是景颇支系,都说景颇话。父亲还会载瓦语,汉语熟练,母亲汉语略懂。平时在家只用景颇语交流,跟汉族朋友在一起才说汉语。

问:您是怎么学会景颇文字的?

答:读小学四、五年级的时候,学校老师教了一点。2003 年中学毕业以后,村子里的教会给了我 300 元学费,派我到盈江县的神学院学文字。去了 3 年,每年学 3 个月,共学习了 9 个月。那里有很多载瓦朋友,我的载瓦语就是在神学院学会的。

问:你喜欢学文字吗?

答:非常喜欢,也喜欢学英语。景颇文字和英文有点像啊!

问:你认为年轻一代的景颇语能力是否下降了?

答:下降一点点。有些词语父母会的我们不会了,或者想半天才能想起来。

问:景颇文好学吗?

答:景颇文很容易学的。

问:有人自发组织教景颇文字吗? 这里的家长支持孩子们学习景颇文字吗?

答:有。交一点点报名费,可能也就是教材的钱。家长一般都会支持的。

问：您周围会文字的人多吗？

答：还是挺多的，年轻人不会的更多一些。

问：希望学校或者社会教我们学会景颇文吗？

答：非常希望。一个民族如果不懂自己民族的语言文字，就好像不是自己民族的人了。有些民族会说语言没有文字，多可惜啊！

问：为什么要学习本民族文字？

答：首要是民族感情，其次是为了出去找工作。景颇族有文字有语言，应该多学习。不学习，流失了很可惜。时间久了，我们的民族会落后的。

问：如果你有小孩会教他什么语言呢？

答：有孩子的话，想景颇语和汉语都教。最开始教孩子景颇语，上学的时候让他学汉语。等放寒暑假的时候又可以学习景颇语。

问：有人回家乡不说民族语了，你会有什么态度？

答：也能理解，但是还是会有一点反感。比如我刚从北京回来时，对自己本民族的人还说景颇语。去集上买东西时说普通话，有人就会说"怎么去北京几年回来就说普通话呢？这样做不好"。我也有点害羞了，现在就还是像原来一样，说景颇语和汉语方言。

问：出去几年后，景颇语的发音有变化吗？词汇量发生变化了吗？

答：语音有变化，别人能感觉出来。词汇量其实还多了一点。以前有不会的，现在和周围人、事物联系多了，接触也多了，就会了。

问：你什么时候说汉语？寨子里说汉语的人多不多？

答：有人说汉语的时候我就说，别人不说我也不说。学生放假的时候说汉语的人多一些，不读书的年轻人平时很少说汉语的。

问：一般家里人会不会刻意不让孩子说汉语？担心下一代的景颇语水平下降？

答：不会，孩子喜欢说什么就说什么。也不担心他们景颇语水平会下降。其实孩子们回来还是很少说汉语的。有些地方的人出去读大学后，不会说景颇语的也有。这里是农村，几乎很少。

问：有没有人刻意地想让孩子把汉语说得好一点？

答：有。不过我们也没想过那么多，只要学习成绩好就行了。

问：寨子里人重视教育吗？

答：比以前重视多了。我们小时候不上幼儿园的，现在都送孩子去，就是为了接受更好的教育。比起上一代人，我们这一代更重视教育，越来越意识到知识的重要性。

问：对自己的未来有什么设想吗？

答：想留在这里发展了。现在国家对农村有很大的支持，所以留下来发展前景也不错。多学点知识，科学种植核桃、草果等经济作物。好好培养我的下一代。

访谈三：盈江县卡场镇文化站站长沙玉连访谈录

访谈对象：沙玉连，景颇族

访谈时间：2010 年 8 月 4 日

访谈地点：卡场镇吾帕村丁林寨活动室

访谈、整理者：范丽君

问：请您简单介绍您的个人情况？

答：我是景颇族，大专学历。2003 年毕业后，当过一段小学老师，去年刚担任卡场镇文化站站长。爱人叫武小川，也是景颇族。我们平常在家里用景颇语交流，外出工作用汉语交流。1986 年开设了文化站。

问：请简单介绍一下卡场镇文化站的情况？

答：我们卡场 1986 年就开设了文化站，只是没有现在的图书室和电子阅览室。现在的文化站是 2009 年新建成的，位于卡场镇中心。在职工作人员包括我在内有两位。站内开设有电子阅览室、图书室、老年少儿活动室等，还设有舞蹈训练场地、篮球场地等文体场所。文化站配有各种舞蹈服装。

问：现在文化站主要开展哪些工作？

答：文艺方面如各种节日里开办大型的文艺晚会。

问：开办晚会的演员是从哪里组织的？

答：演员都是当地的，儿童、中青年、老年人都有。没有专业演员，一部分是学生，一部分是从各部门抽调上来的，社会上也会抽调一部分。需要的时候就召集起来。

问：你们举办过哪些活动？

答：我们负责排练、指导和策划了全镇的景颇族目瑙纵歌节、傈僳族阔时节、五四青年节、五一国际劳动节、十一国庆节以及元旦等大型文艺活动，三八妇女节的时候我们也会组织开展文体活动。

问：我们看到很多孩子在文化站学习，这里正在举行什么活动吗？

答：现在正在举行景颇族发展进步研究学会卡场分会主办的"景颇文培训班"和"舞蹈培训"，包括景颇舞蹈、其他民族的舞蹈培训，为期一个月。

问：老师是哪里请的？

答：我们文化站提供场地，老师都是当地景颇族教师，有的是景颇族学会的老师。

问：平时文化站有什么活动？

答：一个是图书室随时开放，电子阅览室免费开放。平时还搞一些培训活动，如我们举办过"瑙双"培训,洞巴、笛子等乐器培训。也会开展一些琴棋书画比赛,丰富人们的生活。

问:你们与外界相关部门有什么交流吗?

答:业务上和其他乡镇的互相学习,还经常出去调查学习。

问:卡场镇下面的村委会或村民小组有文化活动场所吗?

答:现在卡场镇5个村委会,35个村民小组。目前有活动室的小组12个。活动室里配备音像设备、电视。这些设备大都是政府捐赠,也有自己筹钱买的。活动室主要组织村民搞文体活动。如节日时开展文艺、体育活动,平常大家在这里开会。现在有6个小组活动室搞得比较好。像丁林寨就搞得比较好,寨子有乐队,配有一些电子琴、大号、小号、吉他等乐器,每逢婚事喜事和迎宾,乐队为村里免费演出。

问:您怎么认为文化站在基层群众中的作用?

答:文化站为老百姓提供了文化精神活动的场所,也在宣传党的方针政策方面起到了积极的作用。老百姓可以从我们那里学到很多知识,拓宽了视野;通过参加体育活动,增强体质的同时丰富了群众生活。

问:文化站在保护非物质文化遗产方面做了哪些工作?

答:我们主要负责非物质文化遗产的收集、记录和保护工作。如对景颇族的非物质文化,我们组织了"瑙双"培训班。录制了图像资料、拍摄了图片等进行抢救保护。如我们录制了景颇族祭祀活动全过程,还对景颇族巫师讲的故事进行录音整理。

问:文化站在发展的过程中遇到了哪些困难?

答:主要是设施比较简陋,举办大型活动有困难;二是经费有限。但人员还是比较充足,可以随时调配。

问:作为站长,对文化站未来的发展您有什么打算?

答:非物质文化方面继续加强保护,今年新建了景颇族文化园、目瑙纵歌场。这有利于把传统文化发扬光大。景颇族文化丰富多彩,如景颇族服饰很美,民间音乐很动听,希望把景颇族的传统文化产业化,让她走出云南,走向全国。

第十节 盈江县卡场镇草坝村迈东组语言使用个案调查

8月4日下午,我们课题组一行8人在卡场镇党委金海松副书记和镇武装部沙灵部长的陪同下,到了迈东小组。小组组长及村民们对我们的到来感到非常高兴,村委会副主任、妇女组长等五六人穿着景颇族的服装、热情洋溢地用自家的水酒向我们敬酒。在调查中,他们热情帮助、积极配合、耐心回答,令我们十分感动。

一、草坝村迈东组概况

草坝村迈东村民小组坐落在草坝村东北的山坡上,是一个景颇族景颇支系聚居的村寨。这里的人们过去以散居为主,近年来才集中到距草坝村 3 公里的半坡上,盖了新房子,形成一小片聚居区。从聚居区上行 1.5 公里到达坡顶。沿途还有几户散居的老年家庭,他们还是"茅草做房顶,竹杠当院门,交通靠双腿,运输靠头肩",勤恳地守护着家园,钟情于故土。

这里自然环境优越,气候适宜,水源充足,适合多种草木的生长。山梁上、沟岔里被野草、树木覆盖得严严实实,放眼望去尽是绿色。迈东人在这片土地上过着相对富足的生活。

目前,全组 49 户 245 人。他们大多务农,以种植业为生,也养殖少量的水牛、鹅、鸡等。一户平均 4 亩左右水田,旱地 10 亩左右。粮油作物主要有水稻、苞谷、红米、油菜等,保障了人们的温饱需求。经济作物主要有草果、八角、红花油茶、西南桦、杉木,还有少量的茶叶、核桃、竹子等。人均年收入 1000 元左右。但种植数量、种植技术、资金及人力投入、经营方式的差别,各户的富裕程度大不相同。富裕的家庭,户均 1 万元左右,甚至有个别家庭年收入近 10 万元。还有四户人家从事木材生意,经济收入相当可观。从人们的居住情况、生活条件、受教育水平上能看出这里存在较大的贫富差距。

外出打工的人数不多,2 人在山东、3 人在江苏。大多是农闲季节到周边打一些临时工,包括修路、搬运、建房等。

电视机、手机普及率达到 80%;约 60% 的家庭有摩托车;全组有 5 辆汽车。购买日用品、看病都是去卡场镇政府所在地吾帕村,骑摩托车大约是 40 分钟,步行要两个多小时。

小组原来有一所小学,但学生人数少,加上教学设施缺乏,教师调动不起积极性,教学质量难以保证,因此,家庭条件好一点的就去吾帕村的九年一贯制学校上学,个别条件差的或不愿意上学的读两三年就辍学了。由于就读的学生呈减少趋势,2006 年镇政府根据国家有关政策,同意将其撤销,合并到下面的腾拉拱小学。该校离村 1 公里多,孩子们抄小路走也就是八九百米。从三年级起得到草坝村去上学,小学毕业后升入初中的要到吾帕村去上。这样的条件给学生及家长带来很大不便。

村民们受教育的情况是:除了少数文盲外,大多数是小学毕业,初中毕业的有 20 多人,高中在读的 4 人,高中毕业的 1 人,中专毕业的 1 人,大专毕业的 1 人。

寨子里有 7 户信教的家庭,其中 6 户信基督教,1 户信天主教。他们坚持每个星期天到寨子里的简易教堂做礼拜。农闲时节,做礼拜的时间长一些,到农忙时节,做礼拜的时间就会短一些。

这里除了嫁过来的 3 个载瓦族、2 个汉族媳妇外,都是清一色的景颇人,日常交流基本上都用景颇语。几个不会说景颇语的外来媳妇,除了一个汉族媳妇因为来的时间短景颇语处于略懂水平外,另几个都熟练地转用景颇语了。

有部分家庭生活很富裕。他们新建的房子木板墙雕刻着花纹、图案,门窗上也有造型装饰,都用油漆油过,屋顶吊了塑钢板,房屋布局有客厅、卧室、厨房、厢房,家里摆放有沙发、电视机、音响等。他们告诉我们说,造一座这样的房子,一般造价在 13 万—17 万,政府要补贴 2 万。

二、草坝村迈东组语言使用的特点

我们对迈东组 49 户家庭共 245 人进行穷尽式调查。除语言能力未完全成熟的 6 岁以下儿童 21 人外,224 人中景颇族 222 人,汉族 2 人。景颇族中景颇支系 218 人,载瓦支系 3 人,勒期支系 1 人。以下是对这 224 人语言使用情况的统计、分析。

(一) 母语使用情况

1. 景颇支系母语使用情况

迈东组共有景颇支系 239 人,占迈东组总人口的 97.5%。景颇语是迈东组最主要的交际用语。在迈东组,不仅景颇支系使用景颇语进行交际,景颇族的其他支系和其他民族也能使用景颇语进行交流。其语言使用能力如表 1 所示:

表 1

年龄段（岁）	调查人数	熟练		略懂		不懂	
		人数	百分比(%)	人数	百分比(%)	人数	百分比(%)
6—19	69	69	100	0	0	0	0
20—39	91	91	100	0	0	0	0
40—59	51	51	100	0	0	0	0
60 及以上	7	7	100	0	0	0	0
合计(166 人)	218	218	100	0	0	0	0

上表数据显示,迈东组 6 岁以上景颇支系村民的母语水平全部是"熟练",没有"略懂"或"不懂"。为了深入细致了解景颇支系母语使用情况,我们还随机抽取 7 位不同年龄段的村民,对他们进行景颇语 400 基本词汇测试。测试结果见表 2:

表 2

姓名	性别	年龄	文体程度	民族	被测语言	词汇等级				A+B	测试成绩
						A	B	C	D		
沙丽	女	16	初中	景颇	景颇	367	33	20	0	400	优秀
麻都	男	17	小学	景颇	景颇	356	32	12	0	388	优秀
沙金芳	女	21	中专	景颇	景颇	358	20	19	3	378	优秀
木如犇东	男	30	初中	景颇	景颇	369	20	6	5	389	优秀
木腊东	女	34	初中	景颇	景颇	396	4	0	0	400	优秀
腊桑迈	女	44	初中	景颇	景颇	397	3	0	0	400	优秀
腊保	男	56	小学	景颇	景颇	385	13	2	0	398	优秀

上表显示,7 位村民的母语水平全部是"优秀",而且"A"和"B"类词汇之和都在 378 以上。这说明景颇语在迈东组得到完好的保留和传承。有三位村民完全掌握景颇语 400 基本词汇,

分别是 16 岁的沙丽、34 岁的木腊东和 44 岁的腊桑迈。从年龄上看,他们分布在不同的年龄段,这说明迈东组景颇支系的母语保存没有出现代际差,各年龄段均能完整保存母语。30 岁以下的 3 位村民的测试结果都是"优秀",说明景颇语在年轻一代保存良好,没有出现衰退趋势。

从他们的 400 词测试中发现以下问题:日常生活中不常见的事物不会说。例如:"u^{31}khu^{55} 猫头鹰"、"u^{31}tsa^{33} 麻雀"。身体器官名词,看得见的会说,看不见的不会说。例如:"ʃă^{31}kʒi^{31} 胆"不会说。有的已经转用汉语借词,如"kau^{31}poŋ^{33} 葱"说成"tshuŋ^{33}"。

从整体上看,迈东组景颇族景颇支系母语保存情况良好,可以判断为"全民稳定使用母语型"。其完好保存母语的原因可归为以下几点:

(1) 高度聚居是母语保存的先决条件

迈东组属于景颇族高度聚居村民小组,景颇支系占迈东组总人口的 97.5%,除景颇支系外,全组只有 1 个勒期支系、3 个载瓦支系和 2 个汉族。这 6 个人全部是外来人口,在迈东组生活一段时间之后,已经基本学会景颇语。景颇语是迈东组全民使用的通用语,只要掌握景颇语就能满足日常交际需要。

(2) 社会、地理环境是母语保存的有力保障

景颇语是卡场镇各民族共同使用的一种比较流行的语言。卡场镇辖 5 个村委会,35 个村民小组,有人口 1758 户,8599 人(2009 年),其中景颇族 4675 人,傈僳族 2177 人,汉族 1740 人,其他民族 7 人。景颇族占全镇总人口的 54.4%。

我们在调查过程中发现,无论在集市、商铺、街道还是在政府、文化活动广场,卡场镇的居民都在使用景颇语交际,即使有汉族在场。后来我们了解到,这里部分汉族都已经学会景颇语,可以用景颇语进行交际。一位汉族老人告诉我们:"卡场住的多数是景颇族,这里的人都说景颇话,要想在这生活,就得学景颇语,要不太不方便。"

卡场镇草坝村委会辖七个村民小组:迈东、腾拉拱、东朋洋、无芽、供劳、木文和盆都,除盆都有 66.6% 的村民是傈僳族外,其他全部是景颇族寨子。迈东组外部的语言环境是景颇语得以完好保存的重要因素。

(3) 民族情感是母语保存的不竭动力

语言是民族的重要特征之一。掌握本民族的语言不但是"分内"的事,还是一件值得骄傲的事。景颇族对自己民族的语言有着深厚的感情,无论走到哪里,相见时总是选用本族语进行交流,即使他们都会汉语。在景颇族聚居的寨子里更是如此,村民无时无刻不在使用自己的母语进行交流、沟通。

为了深入了解迈东组村民对待自己母语的态度,我们随机做了 7 份语言态度调查问卷,得到以下答案:对于家人"不会说"或"不肯说"母语的态度,所有人都选择"反对";对于孩子出生后,首先教他什么语言的问题,所有人都选择"本民族语";对于在外地工作或学习几年后回到家乡,不再说母语,所有人都表示"反感"。由此可见,景颇族对待母语的态度有多么坚决。

但在调查过程中,我们发现年轻一代对母语态度有些松动。16 岁的尹春燕告诉我们,她

家里人都会讲汉语,但在家里一般都只讲景颇语。在父母面前讲汉话是会挨骂的,如果父母不在场,她们兄弟姐妹更多时候使用汉语交流。

2. 载瓦支系母语使用情况

迈东组只有 3 人是载瓦支系:麻真和关马途是外地嫁过来的媳妇,途散是户主麻拥的姐姐。表 3 是她们三人的母语使用情况。

表 3

家庭关系	姓名	民族(支系)	年龄	文化程度	第一语言及水平
妻子	麻真	景颇(载瓦)	31	初中	载瓦语,熟练
妻子	关马途	景颇(载瓦)	38	小学	载瓦语,熟练
姐姐	途散	景颇(载瓦)	40	小学	载瓦语,熟练

上表显示,她们三人的母语水平都达到"熟练"水平。她们来到迈东组后,讲载瓦语的机会很少,主要讲景颇语。但她们从小在载瓦寨子长大,母语能力已经形成,虽然现在不怎么讲,但载瓦话母语能力依然保存,随时可以用母语进行交流。

3. 勒期支系母语使用情况

迈东组勒期支系只有 1 人。董江雷,25 岁,初中文化,是沙金虎的妻子。她的母语水平是"熟练"。嫁到迈东组之后,很少讲勒期语,已基本转用景颇语。

4. 汉族母语使用情况

迈东组共有 2 个汉族,都是从外地嫁过来的。下面是她们两个人的具体情况。李连率,24岁,初中文化,麻翁的媳妇,汉语水平"熟练"。嫁过来时间不长,她正在学习景颇语,目前只能听懂一点点。家里有她在的场合使用汉语,她不在的时候其他家人使用景颇语交流。胡家满,24 岁,初中文化,沙威建的媳妇,汉语水平"熟练"。因为嫁过来时间较长,景颇语水平也达到"熟练",家里交流完全使用景颇语。

(二) 兼用语使用情况

1. 景颇支系兼用语使用情况

景颇支系除使用母语外,还兼用汉语、缅语、载瓦语。

(1) 兼用汉语情况

汉语作为通用语,在迈东组具有很强的语言活力,多数人能使用汉语进行交流。表 4 为景颇支系兼用汉语具体情况:

表 4

年龄段(岁)	调查人数	熟练		略懂		不懂	
		人数	百分比(%)	人数	百分比(%)	人数	百分比(%)
6—19	69	62	89.9	1	1.4	6	8.7

20—39	91	82	90.1	1	1.1	8	8.8
40—59	51	32	62.7	7	13.7	12	23.6
60 及以上	7	4	57.1	0	0	3	42.9
合计(166 人)	218	180	82.6	9	4.1	29	13.3

上表数据显示,82.6％景颇支系能熟练掌握汉语,4.1％略懂汉语,13.3％不懂汉语。汉语是景颇支系兼用语人数最多的语言,是迈东组日常交际中第二重要的语言。我们发现景颇支系兼用汉语具有一个特点:在不同年龄段,熟练掌握汉语的人与年龄大小成反比,即年龄越小的掌握汉语的熟练度越高,年龄越大的掌握汉语的熟练度越低。不懂汉语的人与年龄成正比,年龄越高,不懂汉语的人越多。这种现象可能与受教育程度有关。因为学校教育以汉语授课为主,除部分小学在三年级以前使用民族语授课外,其余全部使用汉语授课。学校里各民族学生都有,同学之间交流最好的语言工具就是汉语。孩子们在学校里使用汉语的时间远远超过母语,所以在 6—19 这个年龄段,汉语熟练的比例可以达到 80％以上。我国九年义务教育从 1986 年开始实施,30 岁以上受教育人群的数量远远少于 30 岁以下。

(2) 兼用缅语情况

景颇支系共有 7 人能够兼用缅语。表 5 是兼用缅语情况:

表 5

家庭关系	姓名	民族(支系)	年龄	文化程度	第一语言及水平	第二语言及水平
户主	木然相迈	景颇(景颇)	32	小学	景颇语,熟练	缅语,熟练
妻子	腊帮途	景颇(景颇)	24	小学	景颇语,熟练	缅语,熟练
户主	麻直	景颇(景颇)	42	小学	景颇语,熟练	汉语,熟练
侄媳	麻途	景颇(景颇)	31	小学	景颇语,熟练	缅语,熟练
户主	龙相	景颇(景颇)	33	初中	景颇语,熟练	缅语,熟练
侄子	供胖腊	景颇(景颇)	28	小学	景颇语,熟练	缅语,熟练
长女	沙相买	景颇(景颇)	11	小五在读	景颇语,熟练	缅语,熟练

如上表所示,这 7 人兼用缅语全部达到“熟练”水平。其中有 4 个是从缅甸嫁过来的景颇族媳妇。她们是:木然相迈、腊帮途、麻直和麻途。供胖腊和龙相常年在缅甸做生意,供胖腊还娶了个缅甸媳妇,缅语是他们工作和生活中必不可少的交际工具。沙相买从小跟母亲麻直学缅语,目前在缅甸读书。

调查结果显示,缅语在迈东组不具有语言活力,只被个别生活在缅甸或曾在缅甸居住过的人所掌握。他们在村子里一般只讲景颇语或汉语,而很少使用缅语。只有与缅甸人交流的时候才使用缅语。

(3) 兼用载瓦语情况

迈东组景颇支系只有雷保 1 人兼用载瓦语,他能够熟练使用自己的母语,同时还熟练掌握汉语和载瓦语。雷保是户主麻拥的外甥,从小生活在载瓦寨子里,不久前刚迁到他舅舅户下。

表 6 是他的语言使用情况：

表 6

家庭关系	姓名	民族（支系）	年龄	文化程度	第一语言及水平	第二语言及水平	其他语言及水平
外甥	雷保	景颇（景颇）	9	小二在读	景颇语，熟练	汉语，熟练	载瓦语，熟练

2. 载瓦支系兼用语使用情况

迈东组载瓦支系的三个居民全部都是多语人，每个人最少掌握三种语言。表 7 是这三个人的语言使用情况：

表 7

家庭关系	姓名	民族（支系）	年龄	文化程度	第一语言及水平	第二语言及水平	其他语言及水平
妻子	麻真	景颇（载瓦）	31	初中	载瓦语，熟练	汉语，熟练	景颇语、缅语，熟练
妻子	关马途	景颇（载瓦）	38	小学	载瓦语，熟练	汉语，熟练	景颇语、傈僳语、缅语，熟练
姐姐	途散	景颇（载瓦）	40	小学	载瓦语，熟练	汉语，熟练	景颇语，熟练

上表数据显示，她们三人除了熟练掌握载瓦语之外，普遍兼用景颇语和汉语，而且全部达到"熟练"水平。这是因为迈东组是景颇支系聚居的寨子，景颇语是最重要的交际工具，而且她们的家庭成员全部都是景颇支系，家庭内部语言也是景颇语，所以她们能够很快地学会景颇语。她们三人的文化水平是小学或初中，在校期间她们的汉语水平就能够达到"熟练"水平。关马途除兼用汉语和景颇语外，还能够兼用缅语和傈僳语。她的多语能力是由她的工作环境决定的，她在口岸工作，每天要与不同民族及支系的人打交道，会讲民族语有助于工作。

3. 勒期支系兼用语使用情况

迈东组只有董江雷 1 人是勒期支系。她初中毕业，母语熟练、汉语熟练，嫁到迈东组四年多，不仅能够讲一口流利的景颇语，还识景颇文。表 8 是她的语言使用情况：

表 8

家庭关系	姓名	民族（支系）	年龄	文化程度	第一语言及水平	第二语言及水平	其他语言及水平
三子媳	董江雷	景颇（勒期）	25	初中	勒期语，熟练	景颇语，熟练	汉语，熟练

4. 汉族兼用语使用情况

迈东组的两个汉族媳妇除使用汉语外，都兼用景颇语。但景颇语熟练程度有所不同。李连率因嫁来不久，景颇语还不熟练，只能听懂一些简单的对话，说一些简单的句子，所以有李连率在的场合，家人一般选择说汉语。胡家满已经嫁过来四年多，景颇语水平"熟练"，可以与

家人用景颇语进行正常的交流,家庭内部语言以景颇语为主。下表是她们两人的语言使用情况:

表 9

家庭关系	姓名	民族(支系)	年龄	文化程度	第一语言及水平	第二语言及水平
长子媳	李连率	汉族	24	初中	汉语,熟练	景颇语,略懂
三子媳	胡家满	汉族	24	初中	汉语,熟练	景颇语,熟练

(三)景颇文使用情况

迈东组大部分村民掌握景颇文,为景颇文的历史传承做出了榜样。其学习景颇文的途径主要有四个。

1. 夜校学习

调查数据显示,40 岁以上的村民除文盲外都会景颇文。经过了解,他们都是在 20 世纪七八十年代政府开办的夜校扫盲班里学会了景颇文。现在虽然不经常使用,但是并没有忘记,景颇文报纸和书刊都还能够读懂。

2. 学校学习

草坝完小是盈江县唯一一所保留双语教学的试点学校。多年来,草坝完小一直从小学一年级开始用景颇语辅助教学,四年级开始学习景颇文。迈东组的孩子上小学都要到草坝完小。因此,迈东组 10 岁以上从草坝完小毕业的村民都会景颇文。

3. 家庭学习

景颇族对待自己民族的语言有着深厚的情感。他们认为学习和掌握自己民族的语言和文字是每个景颇人义不容辞的责任。这个寨子景颇文的掌握情况具有家族性特点,即如果一个家庭的长辈会景颇文,他们的子女也都会景颇文;如果家长不会景颇文,孩子也多数不会景颇文。这说明家庭在景颇文的传承上起着重要作用。

4. 培训班学习

迈东组学习景颇文的另一个重要途径就是利用寒暑假进行集中培训。今年暑假,在德宏州民族语言委员会的带动下,景颇文培训班正开展得如火如荼,德宏州各县、市、乡镇甚至村寨都在纷纷开办免费景颇语培训班,一时间在德宏州掀起了一场学习景颇文的浪潮。迈东组的村民学习景颇文的热情高涨,他们有的到卡场镇参加由景颇族发展进步研究学会卡场分会出资开办的景颇语培训班,有的在本寨参加由村民自发组织的培训班。

(四)小结

通过以上分析,迈东组语言使用情况可归纳出以下特点:

1. 景颇语使用频率高。在这样一个几乎是纯景颇人的聚居区里,再加上周边的寨子里包括卡场镇政府所在地吾帕村也是景颇支系人占大多数,景颇语自然成为当地的强势语言。无论家庭内还是家庭外,人们普遍使用景颇语。在这里长期生活的汉族人,大多会说景颇语。

2. 迈东组语言使用主要有景颇语和汉语,超过两个语言的多语人数量很少。全组 6 岁以上具有稳定语言能力的 224 人中,景颇语、汉语都熟练的有 189 人;能掌握景颇语、缅语的 1 人;能掌握景颇语、汉语、缅语的 2 人;能掌握景颇语、汉语、载瓦语的 1 人;能掌握景颇语、汉语、载瓦语、缅语的 1 人;能掌握景颇语、汉语、载瓦语、傈僳语、缅语的 1 人。

3. 学校是汉语学习的主要途径。多数孩子上学前基本上是在自己的寨子里度过,虽然也看电视,但缺乏汉语交际环境,使用汉语的机会很少。一般是从 6 岁上学前班的时候才开始正规地学习汉语。如卡场镇政府武装部沙灵部长,从小在迈东长大,上小学时开始学汉语,参军二年,汉语水平得到了很大提高。

4. 重视景颇文的学习。这里的景颇人对母语的热爱不仅仅停留在会听会说的层面,还非常重视景颇文字的传承。民间组织经常自发地开办景颇文培训班。节假日期间家长会把孩子送到各类景颇文学习班学习,有的还专门请牧师来寨子里教景颇文。2010 年暑期景颇族发展进步协会在吾帕举办的景颇文学习班,报名人数达 100 多人,分大班、中班、小班。他们学习景颇文字的积极性都非常高。

三、卡场镇草坝村迈东组语言使用情况总表

编号	家庭关系	姓名	民族(支系)	年龄	文化程度	第一语言及水平	第二语言及水平	其他语言及水平	文字掌握情况
1	户主	麻都	景颇(景颇)	33	初中	景颇语,熟练	汉语,熟练		景颇文
	妻子	木腊东	景颇(景颇)	35	高中	景颇语,熟练	汉语,熟练		景颇文
	长子	李文论	景颇(景颇)	9	小二在读	景颇语,熟练	汉语,熟练		景颇文
2	户主	木然相迈	景颇(景颇)	32	小学	景颇语,熟练	缅语,熟练		
	长女	麻宽	景颇(景颇)	9	小二在读	景颇语,熟练			
	次女	保扎	景颇(景颇)	6	学前	景颇语,熟练			
3	户主	谭红秋	景颇(景颇)	31	高中	景颇语,熟练	汉语,熟练		
	长女	沙宽洁	景颇(景颇)	5		景颇语,熟练			
4	户主	腊保	景颇(景颇)	56	小学	景颇语,熟练	汉语,熟练		
	妻子	弄地介	景颇(景颇)	52	小学	景颇语,熟练	汉语,熟练		
	长子	沙贵富	景颇(景颇)	15	初二在读	景颇语,熟练	汉语,熟练		
	妹妹	勒麻鲁	景颇(景颇)	53	小学	景颇语,熟练			
	侄子	供胖腊	景颇(景颇)	28	小学	景颇语,熟练	汉语,熟练	缅语,熟练	
	侄媳	麻途	景颇(景颇)	31	小学	景颇语,熟练	缅语,熟练		

5	户主	麻拥	景颇（景颇）	37	小学	景颇语，熟练	汉语，略懂		
	妻子	王雪丽	景颇（景颇）	30	初中	景颇语，熟练	汉语，熟练		
	姐姐	途散	景颇（载瓦）	40	小学	载瓦语，熟练	汉语，熟练	景颇语，熟练	
	长女	闷扎	景颇（景颇）	9	小二在读	景颇语，熟练	汉语，熟练		
	长子	麻干	景颇（景颇）	7	小一在读	景颇语，熟练	汉语，熟练		
	外甥	雷保	景颇（景颇）	9	小二在读	景颇语，熟练	汉语，熟练	载瓦语，熟练	
6	户主	木如麻仁	景颇（景颇）	48	小学	景颇语，熟练			景颇文
	妻子	木然宽	景颇（景颇）	44	小学	景颇语，熟练			景颇文
	长子	麻翁	景颇（景颇）	24	初中	景颇语，熟练	汉语，熟练		景颇文
	长子媳	李连率	汉族	24	初中	汉语，熟练	景颇语，略懂		
	次子	代立旺	景颇（景颇）	22	初中	景颇语，熟练	汉语，熟练		景颇文
	三子	麻腊	景颇（景颇）	19	初中	景颇语，熟练	汉语，熟练		景颇文
7	户主	龙相	景颇（景颇）	33	初中	景颇语，熟练	汉语，熟练	缅语，熟练	
	妻子	麻真	景颇（载瓦）	31	初中	载瓦语，熟练	汉语，熟练	景颇语、缅语，熟练	
	长子	沙干买	景颇（景颇）	5					
	长女	沙相买	景颇（景颇）	11	小五在读	景颇语，熟练	汉语，熟练	缅语，熟练；英语，略懂	
8	户主	木直呀	景颇（景颇）	41	初中	景颇语，熟练	汉语，熟练		景颇文
	妻子	双波途	景颇（景颇）	48	小学	景颇语，熟练	汉语，熟练		景颇文
	长子	沙晓杰	景颇（景颇）	17	高二在读	景颇语，熟练	汉语，熟练		景颇文
	次子	沙伟强	景颇（景颇）	16	初二在读	景颇语，熟练	汉语，熟练		景颇文
9	户主	腊排途	景颇（景颇）	54	小学	景颇语，熟练			
	三子	沙金虎	景颇（景颇）	31	初中	景颇语，熟练	汉语，熟练		景颇文
	三子媳	董江雷	景颇（勒期）	25	初中	勒期语，熟练	景颇语，熟练	汉语，熟练	景颇文
	长女	麻宽	景颇（景颇）	31	小学	景颇语，熟练	汉语，熟练		景颇文
	次女	麻鲁	景颇（景颇）	25	中专	景颇语，熟练	汉语，熟练		景颇文
	长孙子	沙成德	景颇（景颇）	3					
10	户主	腊存莽	景颇（景颇）	36	小学	景颇语，熟练	汉语，熟练		景颇文
	妻子	勒戛松	景颇（景颇）	35	小学	景颇语，熟练	汉语，熟练		景颇文
	长女	武学春	景颇（景颇）	16	初中	景颇语，熟练	汉语，熟练		
	次女	腊存保迈	景颇（景颇）	8	小二在读	景颇语，熟练	汉语，熟练		
	长子	李永国	景颇（景颇）	6	小一在读	景颇语，熟练	汉语，熟练		
11	户主	关腊特	景颇（景颇）	50	小学	景颇语，熟练	汉语，略懂		景颇文
	妻子	王维英	景颇（景颇）	47	小学	景颇语，熟练	汉语，略懂		景颇文
	次子	麻弄	景颇（景颇）	25	小学	景颇语，熟练	汉语，熟练		景颇文
	次女	麻鲁	景颇（景颇）	21	初中	景颇语，熟练	汉语，熟练		景颇文
	三子	腾南	景颇（景颇）	9	小三在读	景颇语，熟练	汉语，熟练		

12	户主	腊存当	景颇(景颇)	38	小学	景颇语,熟练			景颇文
	妻子	关马途	景颇(载瓦)	38	小学	载瓦语,熟练	汉语,熟练	景颇语、缅语,熟练	景颇文
	母亲	吾麻宽	景颇(景颇)	73	文盲	景颇语,熟练			
	长子	麻干	景颇(景颇)	25	初中	景颇语,熟练	汉语,熟练		
	次子	李丛林	景颇(景颇)	15	初一在读	景颇语,熟练	汉语,熟练		
	长女	李兴英	景颇(景颇)	12	小五在读	景颇语,熟练	汉语,熟练		
	三子	李兴万	景颇(景颇)	10	小三在读	景颇语,熟练	汉语,熟练		
13	户主	木如犇东	景颇(景颇)	31	初中	景颇语,熟练	汉语,熟练		景颇文
	妻子	石儿过	景颇(景颇)	32	初中	景颇语,熟练	汉语,熟练		景颇文
	长子	李城海	景颇(景颇)	9	小一在读	景颇语,熟练	汉语,熟练		
	次子	李连杰	景颇(景颇)	7	小一在读	景颇语,熟练	汉语,熟练		
14	户主	木如腊	景颇(景颇)	26	小学	景颇语,熟练	汉语,熟练		景颇文
	妻子	宽直	景颇(景颇)	27	小学	景颇语,熟练	汉语,熟练		景颇文
	长女	宽布	景颇(景颇)	8	小一在读	景颇语,熟练	汉语,熟练		
	次女	麻鲁	景颇(景颇)	5					
15	户主	木如弄	景颇(景颇)	75	半文盲	景颇语,熟练	汉语,熟练		景颇文
	妻子	勒沙鲁	景颇(景颇)	73	半文盲	景颇语,熟练	汉语,熟练		景颇文
	四女	麻途	景颇(景颇)	38	小学	景颇语,熟练	汉语,熟练		景颇文
	五女	木如介	景颇(景颇)	35	初中	景颇语,熟练	汉语,熟练		景颇文
16	户主	犇参	景颇(景颇)	41	小学	景颇语,熟练	汉语,熟练		景颇文
	妻子	勒沙宽	景颇(景颇)	46	初中	景颇语,熟练	汉语,熟练		景颇文
	长子	李杰	景颇(景颇)	25	初中	景颇语,熟练	汉语,熟练		景颇文
	次子	木如波干	景颇(景颇)	22	初中	景颇语,熟练	汉语,熟练		景颇文
	次子媳	当都扎	景颇(景颇)	20	初中	景颇语,熟练	汉语,熟练		景颇文
	次孙子	李相卖	景颇(景颇)	1					
	长女	麻宽	景颇(景颇)	19	小学	景颇语,熟练	汉语,熟练		景颇文
	三子	李麻翁	景颇(景颇)	15	初二在读	景颇语,熟练	汉语,熟练		
17	户主	麻都	景颇(景颇)	48	初中	景颇语,熟练	汉语,熟练		景颇文
	妻子	麻精	景颇(景颇)	50	初中	景颇语,熟练	汉语,熟练		景颇文
	长子	麻干	景颇(景颇)	22	小学	景颇语,熟练	汉语,熟练		景颇文
	次子	沙剑宏	景颇(景颇)	18	高二在读	景颇语,熟练	汉语,熟练		
	三子	沙剑忠	景颇(景颇)	16	初一在读	景颇语,熟练	汉语,熟练		
	长女	沙剑是	景颇(景颇)	13	小六在读	景颇语,熟练	汉语,熟练		
18	户主	关犇宽	景颇(景颇)	52	小学	景颇语,熟练			景颇文
	妻子	腊帮途	景颇(景颇)	24	小学	景颇语,熟练	缅语,熟练		景颇文
	长子	供沙木娃	景颇(景颇)	19	小学	景颇语,熟练	汉语,熟练		景颇文
	孙女	麻宽	景颇(景颇)	8	小一在读	景颇语,熟练	汉语,熟练		
	孙子	麻干	景颇(景颇)	6	小学	景颇语,熟练			

19	户主	木腊都	景颇（景颇）	68	小学	景颇语,熟练	汉语,熟练		景颇文
	六子	麻约	景颇（景颇）	33	小学	景颇语,熟练	汉语,熟练		景颇文
	六子媳	麻鲁	景颇（景颇）	26	小学	景颇语,熟练			景颇文
	六孙子	麻干	景颇（景颇）	4	小学				
	七子	麻南	景颇（景颇）	25	初中	景颇语,熟练	汉语,熟练		景颇文
	八子	麻仁	景颇（景颇）	23	文盲	景颇语,熟练			
	八子媳	扫鲁	景颇（景颇）	24	小学	景颇语,熟练	汉语,熟练		景颇文
	八孙子	沙建伟	景颇（景颇）	1					
	七孙子	沙关相	景颇（景颇）	3					
20	户主	木然鲁	景颇（景颇）	74	小学	景颇语,熟练	汉语,熟练		景颇文
	长子	干扒	景颇（景颇）	47	初中	景颇语,熟练	汉语,熟练		景颇文
	长子媳	供扎宽	景颇（景颇）	46	小学	景颇语,熟练	汉语,熟练		景颇文
	长孙子	沙高幅	景颇（景颇）	20	初中	景颇语,熟练	汉语,熟练		景颇文
	长孙女	麻鲁	景颇（景颇）	17	高三在读	景颇语,熟练	汉语,熟练		景颇文
	次孙女	沙晓丽	景颇（景颇）	15	高三在读	景颇语,熟练	汉语,熟练		景颇文
	长孙媳	李宽东	景颇（景颇）	22	小学	景颇语,熟练	汉语,熟练		景颇文
	次孙子	麻干	景颇（景颇）	12	小学	景颇语,熟练	汉语,熟练		景颇文
	三子	麻腊	景颇（景颇）	37	初中	景颇语,熟练	汉语,熟练		景颇文
	三子媳	李麻敬	景颇（景颇）	32	初中	景颇语,熟练	汉语,熟练		景颇文
	三孙女	沙相迈	景颇（景颇）	10	小三在读	景颇语,熟练	汉语,熟练		景颇文
	四孙女	沙麻鲁	景颇（景颇）	1					
21	户主	腊存敬	景颇（景颇）	23	小学	景颇语,熟练	汉语,熟练		景颇文
	母亲	破奇鲁	景颇（景颇）	57	文盲	景颇语,熟练			
22	户主	金贵仙	景颇（景颇）	29	初中	景颇语,熟练	汉语,熟练		景颇文
	长子	乐喻	景颇（景颇）	2					
23	户主	吾热光	景颇（景颇）	47	小学	景颇语,熟练	汉语,熟练		景颇文
	妻子	格仁绿	景颇（景颇）	49	小学	景颇语,熟练	汉语,熟练		
	长子	麻干	景颇（景颇）	24	小学	景颇语,熟练	汉语,熟练		
	次子	麻弄	景颇（景颇）	18	小学	景颇语,熟练	汉语,熟练		
24	户主	沙麻都	景颇（景颇）	47	文盲	景颇语,熟练			
	妻子	米如宽	景颇（景颇）	47	小学	景颇语,熟练			
	次子	麻弄	景颇（景颇）	22	小学	景颇语,熟练	汉语,熟练		景颇文
	次子媳	王新春	景颇（景颇）	24	初中	景颇语,熟练	汉语,熟练		景颇文
	三女	麻直	景颇（景颇）	20	初中	景颇语,熟练	汉语,熟练		景颇文
	四女	沙剑金	景颇（景颇）	16	初中	景颇语,熟练	汉语,熟练		景颇文
	长孙子	沙富	景颇（景颇）	2					

25	户主	李新林	景颇（景颇）	42	初中	景颇语，熟练	汉语，熟练		景颇文
	妻子	麻 介	景颇（景颇）	38	初中	景颇语，熟练	汉语，熟练		景颇文
	长女	李宽楠	景颇（景颇）	17	高一在读	景颇语，熟练	汉语，熟练		景颇文
	长子	李成结	景颇（景颇）	15	初二在读	景颇语，熟练	汉语，熟练		景颇文
	次子	李弄平	景颇（景颇）	7	小二在读	景颇语，熟练	汉语，熟练		
26	户主	孙正东	景颇（景颇）	25	大专	景颇语，熟练	汉语，熟练		
	弟弟	孙正华	景颇（景颇）	20	中专	景颇语，熟练	汉语，熟练		
	妹妹	孙雨洁	景颇（景颇）	22	初中	景颇语，熟练	汉语，熟练		
27	户主	勒嘎宽	景颇（景颇）	67	文盲	景颇语，熟练			
	长子	犇 南	景颇（景颇）	47	文盲	景颇语，熟练	汉语，略懂		
	长子媳	麻 直	景颇（景颇）	47	文盲	景颇语，熟练	缅语，熟练		
	孙女	供杀翁迈	景颇（景颇）	11	小一在读	景颇语，熟练	汉语，熟练		
	孙子	供杀翁乱	景颇（景颇）	9		景颇语，熟练	汉语，熟练		
28	户主	腊存弄	景颇（景颇）	51	小学	景颇语，熟练	汉语，略懂		景颇文
	三子	麻 腊	景颇（景颇）	28	初中	景颇语，熟练	汉语，熟练		景颇文
	三子媳	麻 宽	景颇（景颇）	25	小学	景颇语，熟练	汉语，熟练		景颇文
	长孙女	麻 宽	景颇（景颇）	6	学前	景颇语，熟练	汉语，略懂		
	长孙子	李双全	景颇（景颇）	4					
	次孙子	李双伟	景颇（景颇）	4					
29	户主	李建成	景颇（景颇）	36	初中	景颇语，熟练	汉语，熟练		景颇文
	妻子	李永兰	景颇（景颇）	35	初中	景颇语，熟练	汉语，熟练		景颇文
	长女	相 布	景颇（景颇）	10	小三在读	景颇语，熟练	汉语，熟练		
	长子	麻 干	景颇（景颇）	8	小一在读	景颇语，熟练	汉语，熟练		
30	户主	麻 鲁	景颇（景颇）	53	文盲	景颇语，熟练			
	次子	木直弄	景颇（景颇）	17	小学	景颇语，熟练	汉语，熟练		
31	户主	腊存鲁	景颇（景颇）	78	文盲	景颇语，熟练	汉语，不懂		
	次子	保 弄	景颇（景颇）	52	小学	景颇语，熟练	汉语，略懂		景颇文
	次子媳	吾麻麻图	景颇（景颇）	46	小学	景颇语，熟练	汉语，熟练		景颇文
	长孙子	小木如干	景颇（景颇）	27	初中	景颇语，熟练	汉语，熟练		景颇文
	长子媳	达忙丁	景颇（景颇）	31	小学	景颇语，熟练	汉语，熟练		景颇文
	长孙女	麻 宽	景颇（景颇）	3					
32	户主	麻 扒	景颇（景颇）	45	小学	景颇语，熟练	汉语，熟练		景颇文
	长女	麻 宽	景颇（景颇）	20	初中	景颇语，熟练	汉语，熟练		
	三子	沙 扎	景颇（景颇）	19	高二在读	景颇语，熟练	汉语，熟练		
	姐姐	麻 果	景颇（景颇）	50	文盲	景颇语，熟练			

33	户主	腊 卡	景颇(景颇)	44	小学	景颇语,熟练	汉语,熟练		景颇文
	妻子	腊桑麻买	景颇(景颇)	42	初中	景颇语,熟练	汉语,熟练		景颇文
	长子	李贵财	景颇(景颇)	22	高中	景颇语,熟练	汉语,熟练		景颇文
	次子	李 朝	景颇(景颇)	19	高二在读	景颇语,熟练	汉语,熟练		景颇文
34	户主	弄 散	景颇(景颇)	36	小学	景颇语,熟练	汉语,熟练		景颇文
	妻子	阿独途	景颇(景颇)	32	小学	景颇语,熟练	汉语,熟练		景颇文
	长女	沙迎春	景颇(景颇)	13	小五在读	景颇语,熟练	汉语,熟练		
	次女	沙迎娟	景颇(景颇)	10	小三在读	景颇语,熟练	汉语,熟练		
	三女	沙直迈	景颇(景颇)	8	小一在读	景颇语,熟练	汉语,熟练		
35	户主	弄 卖	景颇(景颇)	43	小学	景颇语,熟练	汉语,熟练		景颇文
	妻子	麻 保	景颇(景颇)	41	初中	景颇语,熟练	汉语,熟练		景颇文
	长女	麻 宽	景颇(景颇)	11	小四在读	景颇语,熟练	汉语,熟练		
	长子	麻 乱	景颇(景颇)	12	小五在读	景颇语,熟练	汉语,熟练		
36	户主	小关干	景颇(景颇)	51	小学	景颇语,熟练	汉语,熟练		景颇文
	妻子	木日鲁	景颇(景颇)	58	小学	景颇语,熟练	汉语,熟练		景颇文
	侄女	沙金春	景颇(景颇)	21	初中	景颇语,熟练	汉语,熟练		
	长子	代 立	景颇(景颇)	37	初中	景颇语,熟练	汉语,熟练		景颇文
	长子媳	勒施宽	景颇(景颇)	36	小学	景颇语,熟练	汉语,熟练		
	长孙子	沙成万	景颇(景颇)	14	小六在读	景颇语,熟练	汉语,熟练		
	长孙女	沙成美	景颇(景颇)	13	小五在读	景颇语,熟练	汉语,熟练		
37	户主	登嘎腊	景颇(景颇)	54	小学	景颇语,熟练	汉语,略懂		景颇文
	妻子	麻 果	景颇(景颇)	47	小学	景颇语,熟练	汉语,略懂		景颇文
	长子	麻 干	景颇(景颇)	22	小学	景颇语,熟练	汉语,熟练		
	三子	麻 力	景颇(景颇)	21	小学	景颇语,熟练	汉语,熟练		
	四子	麻 都	景颇(景颇)	17	小学	景颇语,熟练	汉语,熟练		
	侄子	麻 翁	景颇(景颇)	17	小学	景颇语,熟练	汉语,熟练		
38	户主	沙老三	景颇(景颇)	49	初中	景颇语,熟练	汉语,熟练		景颇文
	妻子	雷木东	景颇(景颇)	46	初中	景颇语,熟练	汉语,熟练		景颇文
	长子	沙建华	景颇(景颇)	25	初中	景颇语,熟练	汉语,熟练		景颇文
	长女	沙建美	景颇(景颇)	19	初三在读	景颇语,熟练	汉语,熟练		
39	户主	麻 直	景颇(景颇)	42	小学	景颇语,熟练	汉语,熟练		
	长女	余迎春	景颇(景颇)	9	小二在读	景颇语,熟练	汉语,熟练		
40	户主	阿关岳英	景颇(景颇)	52	小学	景颇语,熟练	汉语,熟练		
	妻子	格热腾南	景颇(景颇)	52	小学	景颇语,熟练	汉语,熟练		
	三女	沙晓梅	景颇(景颇)	20	小学	景颇语,熟练	汉语,熟练		
	长子	沙晓东	景颇(景颇)	22	初中	景颇语,熟练	汉语,熟练		

41	户主	草 宽	景颇（景颇）	52	小学	景颇语,熟练	汉语,熟练		景颇文
	长女	麻 宽	景颇（景颇）	29	小学	景颇语,熟练	汉语,熟练		景颇文
	长子	犇 双	景颇（景颇）	32	初中	景颇语,熟练	汉语,熟练		景颇文
	长子媳	相 板	景颇（景颇）	21	小学	景颇语,熟练	汉语,熟练		
	五子	麻 当	景颇（景颇）	21	小学	景颇语,熟练	汉语,熟练		
	外孙	麻 弄	景颇（景颇）	4					
	长孙子	翁 论	景颇（景颇）	1					
42	户主	麻 都	景颇（景颇）	38	初中	景颇语,熟练	汉语,熟练		景颇文
	妻子	波 卖	景颇（景颇）	36	小学	景颇语,熟练	汉语,熟练		景颇文
	长女	沙宽东	景颇（景颇）	9	小二在读	景颇语,熟练	汉语,熟练		
	次女	沙保伞	景颇（景颇）	5					
	外甥	翁 扎	景颇（景颇）	9	小二在读	景颇语,熟练	汉语,熟练		
43	户主	麻 腊	景颇（景颇）	22	小学	景颇语,熟练	汉语,熟练		景颇文
	妻子	麻 宽	景颇（景颇）	23	小学	景颇语,熟练	汉语,熟练		景颇文
	长子	沙翁南	景颇（景颇）	3					
44	户主	革仁腊	景颇（景颇）	27	小学	景颇语,熟练			景颇文
45	户主	关都腊	景颇（景颇）	45	小学	景颇语,熟练	汉语,熟练		景颇文
	妻子	岳 英	景颇（景颇）	45	小学	景颇语,熟练	汉语,熟练		景颇文
	长子	沙 伟	景颇（景颇）	18	小学	景颇语,熟练	汉语,熟练		景颇文
	妹妹	麻 介	景颇（景颇）	35	小学	景颇语,熟练	汉语,熟练		景颇文
	妹妹	伞 迈	景颇（景颇）	18	小学	景颇语,熟练	汉语,熟练		
46	户主	弄 捌	景颇（景颇）	53	小学	景颇语,熟练	汉语,熟练		景颇文
	妻子	达忙锐	景颇（景颇）	50	小学	景颇语,熟练	汉语,熟练		景颇文
	长子	麻 干	景颇（景颇）	28	小学	景颇语,熟练	汉语,熟练		景颇文
	长子媳	格然宝	景颇（景颇）	27	小学	景颇语,熟练	汉语,熟练		景颇文
	次子	沙晓华	景颇（景颇）	27	初中	景颇语,熟练	汉语,熟练		
	三子	沙威建	景颇（景颇）	26	初中	景颇语,熟练	汉语,熟练		景颇文
	三子媳	胡家满	汉族	24	初中	景颇语,熟练	汉语,熟练		景颇文
	长孙女	沙麻巴	景颇（景颇）	9	小二在读	景颇语,熟练	汉语,熟练		
	长孙子	麻 宽	景颇（景颇）	8	小一在读	景颇语,熟练			
	次孙女	麻 干	景颇（景颇）	6	学前	景颇语,熟练			
	次孙子	麻 干	景颇（景颇）	4					
	三孙子	麻 弄	景颇（景颇）	3					
47	户主	犇 努	景颇（景颇）	32	小学	景颇语,熟练	汉语,熟练		景颇文
	妻子	左焕地	景颇（景颇）	31	初中	景颇语,熟练	汉语,熟练		景颇文
	长子	沙麻干	景颇（景颇）	10	小三在读	景颇语,熟练	汉语,熟练		
	长女	沙麻宽	景颇（景颇）	9	小二在读	景颇语,熟练	汉语,熟练		

48	户主	都 南	景颇(景颇)	50	小学	景颇语,熟练	汉语,熟练		景颇文
	妻子	左棒音	景颇(景颇)	35	小学	景颇语,熟练	汉语,熟练		景颇文
	六弟	麻 拥	景颇(景颇)	34	小学	景颇语,熟练	汉语,熟练		景颇文
	六弟媳	卡赞锐	景颇(景颇)	33	小学	景颇语,熟练	汉语,熟练		
	二妹	麻 沾	景颇(景颇)	34	小学	景颇语,熟练	汉语,熟练		景颇文
	长子	木如翁	景颇(景颇)	11	小四在读	景颇语,熟练	汉语,熟练		
	次子	木如弄	景颇(景颇)	6	学前	景颇语,熟练	汉语,熟练		
	侄子	苏 众	景颇(景颇)	6	学前	景颇语,熟练			
	侄女	木如果	景颇(景颇)	2					
49	户主	阿关宽	景颇(景颇)	59	小学	景颇语,熟练	汉语,熟练		景颇文
	儿媳	金麻途	景颇(景颇)	27	初中	景颇语,熟练	汉语,熟练		
	次子	供沙诺	景颇(景颇)	33	高中	景颇语,熟练	汉语,熟练		景颇文
	长女	李兴梅	景颇(景颇)	32	初中	景颇语,熟练	汉语,熟练		景颇文

附:访谈录

访谈一:迈东村民小组组长阿关干扒访谈录

访谈对象:阿关干扒,景颇族景颇支系

访谈时间:2010 年 8 月 4 日

访谈地点:迈东小组沙灵家

访谈、整理者:王跟国

问:请您介绍一下迈东小组的地理位置和人口分布。

答:这个寨子在草坝村的东北方向,距离草坝村 3 公里。这个寨子里有 49 户人家,共 225 人。他们大都是景颇族景颇支系人,3 个载瓦人和 2 个汉族都是从别的寨子里嫁过来的媳妇。

问:经济情况和生活情况如何?

答:村民们主要以种植业为生。水田一户平均 4 亩左右,旱田平均 10 亩左右。农作物主要有水稻、苞谷、红米(主要用来做水酒)、油菜子(主要是榨油供自己吃)等,旱地主要用来种植经济作物,有草果、八角、红花油茶、西南桦、杉木、少量的茶叶、核桃、竹子等,年收入人均 1000 元左右。

人们的生活水平有了明显提高,电视机,手机普及率达 80%,60% 的家庭有摩托车,多半人出行时骑摩托车,全寨子有 5 辆汽车。

问：请您介绍一下这里的教育情况。

答：寨子里原来有小学，但学生人数不多。2006 年撤销，合并到下面的腾拉拱小学。两地相距 1 公里多一些，孩子们走小路走也就是八九百米。从三年级起得到草坝村去上学，小学毕业后升入初中的要到吾帕村去上。村民大多数人小学毕业，少数是文盲，初中毕业的有二十多人，高中在读的 4 人，高中毕业的 1 人，中专毕业的 1 人，大专毕业的 1 人。

问：听说这里的文化娱乐活动搞得很好，是吗？

答：我们这里成立了妇女联欢队。在 2010 年五四青年节卡场镇举办的各村民小组文艺比赛时，她们获得全镇第二名的成绩。每逢国庆节、春节、目瑙纵歌节、三八妇女节、五四青年节等重大节日，她们会在寨子里举行集体演出，演唱景颇族歌曲、跳景颇族舞蹈。

问：请您谈谈这里的宗教婚丧习俗情况。

答：信教的人不多，有 7 户。其中基督教 6 户，1 户是天主教。每个星期都要到教堂做一次礼拜，不忙时去一天，农忙时少去一会儿。

结婚时按照民俗，许多人吟唱史诗，内容包括万物是怎么来的，火、水是怎么来的等等。办丧礼时要跳祭祀舞，举行仪式，然后念诵。

第十一节　盈江县卡场镇草坝村盆都组语言使用个案调查

一、卡场镇草坝村盆都组概况

草坝村委会盆都村民小组位于卡场镇政府西北，距镇政府约 13 公里，离缅甸第三大城市密支那仅 86 公里。东依找勐崩山，西邻石竹河。石竹河是中缅国界河，盆都与缅甸的昔马工村隔河相望。天空晴朗无云时，能看到对面山上的人和房屋。南、北两面分别是草坝村委会功劳村民小组和黑河村委会木文村民小组。

盆都组是一个景颇族和傈僳族杂居的村民小组。全组共 62 户 287 人，其中，傈僳族 191 人，景颇族 96 人。景颇族人口中，载瓦支系有 3 户，其余全是景颇支系。据该村的老人介绍，景颇族在此地生活已有四五百年，傈僳族是 1958 年才迁移至此。两个民族关系融洽，和睦共处。大家一起生产劳动，相互通婚，共同庆祝对方民族的节日。全组现有 3 户景颇族和傈僳族通婚的家庭。

盆都组村民的经济收入，一部分来源于种植和养殖，一部分则依靠外出打工。养殖方面，一般是各家都畜养一些猪、牛、鸡、鹅。种植方面，有传统的粮食作物水稻、玉米，还有新开发的经济作物竹子、核桃以及澳洲坚果。经济作物是 2009 年在政府的支持下开始种植的。树苗由政府免费发放，村民只需出点运费。全组共种了 50 亩竹子、150 亩核桃、350 亩澳洲坚果。因为该组田地少，且多分布在山坡上，粮食作物产量较低，人均只有 200 来斤，仅够村民吃四五个月。不够的部分要靠打工赚钱补贴。全村的青壮年男子几乎全都外出打工。有的在缅甸砍伐、加工木材,有的就在周边村寨修电站。全村人均年收入 600 元左右。二十多家有摩托车,四十多家有电视,五十多家有手机。由于该组海拔高,地处偏僻,这里只能接收到电信的手机信号,别的信号在这里无法收到。

寨子里现有一所小学,只有学前班到三年级,四年级以上要到草坝村小去上。中学则去卡场镇上。寨子里的小学现有两名教师,一名民办教师和一名公办教师。民办教师是本村的景颇族,她的工资由村里发;公办教师的工资由政府发。村里人文化程度多数为小学,文盲大概占 1/3,初中文化程度的有十几个,高中文化程度的有 6 个,去年考上了一个本科生。

盆都组景颇族的传统文化习俗发生了一些变化,但也有所保留。比如:结婚要"过草桥";送葬时要请董萨念经;进新房要邀请全村的人和其他寨子的亲戚朋友,大家欢聚一起敲铓锣、跳舞。宗教信仰有一些改变。以前信原始宗教,现在很多人信基督教。村里有一个教堂,每周星期三、六的晚上,信徒要到教堂去念圣经、唱赞美诗,周日则全天都要去教堂。圣诞节、复活节也都会开展一些活动。

景颇族传统的服饰、建筑也有所改变。服饰方面,日常的穿着大多跟汉族差不多,不过也有一些人喜欢穿民族服装,平常就穿那种没有银泡的便装,男的还戴头帕。会手工制作景颇族服装的人已不多了,老人会做,年轻人会的少。建筑方面,茅草顶的房子已经很少见了,多数是泥巴或木头房子,屋顶有瓦片、石棉瓦、铁皮三种。老一辈喜欢住泥巴房子,他们喜欢在火塘里烧火;年轻一代则喜欢住木头房子。

会讲景颇族的民间故事、历史传说的人也不多了,只有几个老人还会一点,比如宁贯娃的故事。董萨祭词只有董萨会念,一般是寨子里有人去世的时候,或目瑙纵歌节等一些节庆的时候才念。

盆都组通行的语言是景颇语、傈僳语和汉语,这三种语言多数人都懂。一般是景颇族之间使用景颇语,傈僳族之间使用傈僳语。开村民小组会议的时候,两种语言都使用。不同民族之间,根据交际双方的不同语言条件,三种语言都有可能使用。

盆都组民风淳朴、社会治安状况良好。寨子里没有偷盗、打架斗殴等事件发生。村民家的摩托车可以随处安心停放,不用上锁。全组没有吸毒、贩毒的,被卡场镇政府评为"无毒村民小组"。

二、卡场镇草坝村盆都组语言使用现状

为了解卡场镇草坝村盆都组的语言使用现状,我们对全组 62 户共 287 人进行了穷尽式的入户调查。除去语言能力还不成熟的 6 岁以下儿童 34 人,以及有语言障碍的 1 人外,共调查统计了 252 人的语言使用现状。在这 252 人中,傈僳族 166 人,景颇支系 70 人,载瓦支系 16 人。以下是对这 252 人的语言使用现状的统计、分析。

(一)母语使用现状

入户调查统计的结果显示,盆都组的傈僳族、景颇族景颇支系和载瓦支系全部能熟练使用

各自的母语。表1是傈僳族傈僳语使用情况统计,表2是景颇支系景颇语使用情况统计,表3是载瓦支系载瓦语使用情况统计。

表 1　傈僳族傈僳语使用情况

年龄段（岁）	调查人数	熟练		略懂		不懂	
		人数	百分比（%）	人数	百分比（%）	人数	百分比（%）
6—19	49	49	100	0	0	0	0
20—39	58	59	100	0	0	0	0
40—59	49	49	100	0	0	0	0
60 及以上	10	10	100	0	0	0	0
合计	166	166	100	0	0	0	0

表 2　景颇支系景颇语使用情况

年龄段（岁）	调查人数	熟练		略懂		不懂	
		人数	百分比（%）	人数	百分比（%）	人数	百分比（%）
6—19	23	23	100	0	0	0	0
20—39	22	22	100	0	0	0	0
40—59	21	21	100	0	0	0	0
60 及以上	4	4	100	0	0	0	0
合计	70	70	100	0	0	0	0

表 3　载瓦支系载瓦语使用情况

年龄段（岁）	调查人数	熟练		略懂		不懂	
		人数	百分比（%）	人数	百分比（%）	人数	百分比（%）
6—19	6	6	100	0	0	0	0
20—39	7	7	100	0	0	0	0
40—59	1	1	100	0	0	0	0
60 及以上	2	2	100	0	0	0	0
合计	16	16	100	0	0	0	0

我们在寨子里调查时的所见所闻,也反映了这一现状。课题组到达盆都后,受到村民的盛情款待,有2位身着傈僳族服装的傈僳姑娘和2位身着景颇族服装的景颇姑娘热情地为我们端茶倒水,安排我们到不同的地方做调查。我们注意到,当她们需要商量事情时,2位傈僳姑娘之间说的是傈僳语,2位景颇姑娘之间说的是景颇语。我们还看到,组长卡牙干家的双胞胎女儿和他一个亲戚的孩子在院子里跑进跑出地玩耍,她们都只有六七岁的样子,在一起说的也是她们的母语载瓦语。

盆都组有一户傈僳族家庭的孩子第一语言已转为景颇语,但还能熟练使用自己的母语傈僳语。这户家庭的语言使用情况见表4。

表 4

编号	家庭关系	姓名	民族(支系)	年龄	文化程度	第一语言及水平	第二语言及水平	其他语言及水平	文字
30	户主	栋四	傈僳	39	初中	傈僳语,熟练	景颇语,熟练	汉语,熟练	傈僳文
	妻子	麻途	景颇(景颇)	38	小学	景颇语,熟练	傈僳语,熟练		景颇文
	长女	栋木大	傈僳	15	缅甸教育	景颇语,熟练	傈僳语,熟练		景颇文
	长子	栋文华	傈僳	7	缅甸教育	景颇语,熟练	傈僳语,熟练		景颇文

栋木大和栋文华姐弟的母亲是景颇族,他们的语言受母亲的语言影响更大,第一语言已转为景颇语,但仍能熟练使用傈僳语。

特别值得注意的是,盆都组的载瓦支系只有 3 户人家,共 16 人,是这个组人口最少的,仅占全组人口的 6.3%。但是他们仍坚持使用自己的母语,对下一代也只教母语,不教更强势的傈僳语或景颇语。因此,载瓦支系的这 16 人中,无论年龄大小,100% 都能够熟练使用自己的母语。我们课题组即将离开盆都时,我们邀请村民与我们合影留念,有一家载瓦支系的爷爷让儿子去叫孙子快点来,孙子很快就来了。我们看到,三代人之间的交流用的都是载瓦语。

根据以上调查统计的情况,我们将盆都组各民族、各支系的母语使用现状定性为"全民稳定使用各自母语"型。即:该组傈僳族 100% 熟练使用傈僳语,景颇支系 100% 熟练使用景颇语,载瓦支系 100% 熟练使用载瓦语。这三个民族(支系)的母语水平都不存在代际差异,代际传承稳定。在盆都组,母语是家庭内部以及与同族(同支系)人之间最重要的交际工具。

(二)兼用语使用现状

1. 兼用汉语现状

通用语汉语是盆都组村民与外界、外族人交流的最重要的交际工具,因此该组傈僳族、景颇支系、载瓦支系大部分能不同程度地兼用汉语。表 5、6、7 分别是这三个民族(支系)兼用汉语的统计数据。

表 5 傈僳族兼用汉语情况

年龄段(岁)	调查人数	熟练		略懂		不懂	
		人数	百分比(%)	人数	百分比(%)	人数	百分比(%)
6—19	49	26	53.1	14	28.6	9	18.3
20—39	58	46	79.3	7	12.1	5	8.6
40—59	49	30	61.2	18	36.8	1	2
60 及以上	10	3	30	5	50	2	20
合计	166	105	63.3	44	26.5	17	10.2

表 6 景颇支系兼用汉语情况

年龄段（岁）	调查人数	熟练		略懂		不懂	
		人数	百分比（%）	人数	百分比（%）	人数	百分比（%）
6—19	23	17	74	3	13	3	13
20—39	22	14	63.6	3	13.6	5	22.7
40—59	21	13	61.9	5	23.8	3	14.3
60 及以上	4	0	0	2	50	2	50
合计	70	44	62.8	13	18.6	13	18.6

表 7 载瓦支系兼用汉语情况

年龄段（岁）	调查人数	熟练		略懂		不懂	
		人数	百分比（%）	人数	百分比（%）	人数	百分比（%）
6—19	6	1	16.7	4	66.6	1	16.7
20—39	7	5	71.4	1	14.3	1	14.3
40—59	1	1	100	0	0	0	0
60 及以上	2	1	50	1	50	0	0
合计	16	8	50	6	37.5	2	12.5

上述统计数据显示，盆都组 80% 以上村民能不同程度地兼用汉语。其中，傈僳族能熟练使用汉语的有 105 人，占傈僳族统计人口的 63.3%；略懂汉语的共 44 人，占傈僳族统计人口的 26.5%；不会汉语的仅 17 人，占傈僳族统计人口的 10.2%。景颇支系能熟练使用汉语的有 44 人，占景颇支系统计人口的 62.8%；略懂汉语的共 13 人，占景颇支系统计人口的 18.6%；不会汉语的仅 13 人，占景颇支系统计人口的 18.6%。载瓦支系能熟练使用汉语的有 8 人，占载瓦支系统计人口的 50%；略懂汉语的共 6 人，占载瓦支系统计人口的 37.5%；不会汉语的仅 2 人，占载瓦支系统计人口的 12.5%。

据了解，盆都组村民习得汉语的途径主要有四种：一、学校教育是学习汉语的主要途径。盆都组的孩子在上学之前除了看电视学一点汉语之外，没有接触汉语的环境，所以低年级的孩子汉语水平一般不太好，要到四、五年级后汉语水平才能达到熟练程度。二、外出打工与外族人交流提高了汉语的能力。盆都因田地少，粮食不够吃，很多人不得不外出打工挣钱，全组的青壮年男子几乎全在外打工。在外地生存使得他们不得不主动去学习汉语。三、外地汉族来盆都租地搞种植，与村民交往较为频繁，也为他们学习汉语起到了一定的作用。村民告诉我们，近 10 年来，有不少外地的汉族到寨子里来租地种香茅草，村民与他们用汉语交流的机会比较多。四、电视的普及，使村民足不出户就能每天接触到汉语。

汉语在盆都组是一种通行范围较广的语言，不同民族之间，如果交际双方兼用对方的语言水平都不高，出现通话困难时，往往会借助汉语来沟通。村民尹努草告诉我们，傈僳族有人不会说景颇语，他们见面就说汉语；载瓦支系的人都会说景颇语，但是有时候一些词语或者意思没办法解释清楚也会用汉语交流。另外还有很多汉族人来到寨子,打交道的时候肯定就用汉语。所以,寨子里汉语的使用范围仅次于景颇语。

汉语在年轻一代中使用更为频繁。据中学生尹春艳告诉我们,她从小学三年级起就在卡场镇的学校住读,在学校说汉语的时间很多。她现在如果与父母不说景颇语就会挨骂,但是与兄弟姐妹之间就以说汉语为主了。

　　2. 兼用景颇语现状

　　盆都组的傈僳族和载瓦支系多数能不同程度地兼用景颇语。其中,载瓦支系兼用比例高达100%,傈僳族兼用比例为80.7%。具体统计数据见表8和表9。

表 8　傈僳族兼用景颇语情况

年龄段（岁）	调查人数	熟练		略懂		不懂	
		人数	百分比(%)	人数	百分比(%)	人数	百分比(%)
6—19	49	19	38.8	22	44.9	8	16.3
20—39	58	42	72.4	4	6.9	12	20.7
40—59	49	31	63.3	8	16.3	10	20.4
60 及以上	10	7	70	1	10	2	20
合计	166	99	59.6	35	21.1	32	19.3

表 9　载瓦支系兼用景颇语情况

年龄段（岁）	调查人数	熟练		略懂		不懂	
		人数	百分比(%)	人数	百分比(%)	人数	百分比(%)
6—19	6	3	50	3	50	0	0
20—39	7	7	100	0	0	0	0
40—59	1	1	100	0	0	0	0
60 及以上	2	2	100	0	0	0	0
合计	16	13	81.25	3	18.75	0	0

　　为了解兼用景颇语的水平,我们随机抽测了两名傈僳族,给他们做了景颇语400词测试。测试结果见表10:

表 10

姓名	年龄	A 级	B 级	C 级	D 级	A+B	等级
栋列	42	385	2	13	0	387	优秀
曹大	54	397	1	2	0	398	优秀

　　上表统计数据显示,栋列和曹大这两位傈僳族的景颇语400词测试结果均为"优秀",说明二人均能熟练使用景颇语。测试过程中我们发现,二人的景颇语发音都很标准,傈僳语中没有的塞音韵尾-p、-t、-k和鼻音韵尾-m、-n、-ŋ都能发出,而且对词义区分细致。

　　傈僳族和载瓦支系兼用景颇语的原因主要有:

（1）景颇支系是这里居住时间最长的民族,其语言在后迁入的民族（支系）中有较大的影响力。据了解,盆都组的景颇族早在四五百年前就已在此定居,傈僳族是 1958 年才来到此地。载瓦支系是在 20 世纪 70 年代后期才迁居至盆都的,是一个家族。尽管现在盆都组的人口以傈僳族为最多,但是论语言的影响力,最强的还是景颇语。

（2）景颇语是跨境语言,在与盆都组一河之隔的缅甸得到广泛的使用。盆都组距缅甸仅 4 公里,与昔马工村隔河相望;离缅甸第三大城市密支那也只有 86 公里,这里有大量景颇族分布。该组村民有不少人去过缅甸,还有些人的亲戚仍在缅甸生活。而村里很早就有送孩子去缅甸上学的传统。据统计,该组曾接受过缅甸学校教育的有 9 人。景颇语在缅甸的强大影响力对盆都组傈僳族和载瓦支系兼用景颇语产生了积极的作用。

（3）和谐的民族关系是景颇语得到广泛兼用的基础

景颇支系与傈僳族和载瓦支系的关系融洽,和睦相处。景颇支系从不以盆都组主人的身份自居来对待其他后来的民族（支系）。因此,那些后来的民族（支系）也乐于接受景颇支系的语言文化。现在,盆都组三个民族（支系）一起生产劳动,有什么事情互帮互助,还互过对方的节日,互相通婚,连一些生活习惯包括饮食、住房建筑都开始趋同。和谐的民族关系促进了不同民族（支系）之间频繁、密切的交往,而交往、交际的需要成为语言习得的强大动力。

3. 兼用傈僳语现状

傈僳族是盆都组人口最多的民族,占全组人口的 66.6%。人口优势使得傈僳语在景颇和载瓦支系中得到较广泛的使用。表 11 和表 12 分别是景颇支系和载瓦支系兼用傈僳语的统计数据。

表 11　景颇支系兼用傈僳语情况

年龄段（岁）	调查人数	熟练		略懂		不懂	
		人数	百分比（%）	人数	百分比（%）	人数	百分比（%）
6—19	23	17	73.9	0	0	6	26.1
20—39	22	13	59.1	2	9.1	7	31.8
40—59	21	12	57.1	3	14.3	6	28.6
60 及以上	4	0	0	2	50	2	50
合计	70	42	60	7	10	21	30

表 12　载瓦支系兼用傈僳语情况

年龄段（岁）	调查人数	熟练		略懂		不懂	
		人数	百分比（%）	人数	百分比（%）	人数	百分比（%）
6—19	6	1	16.7	2	33.3	3	50
20—39	7	4	57.1	1	14.3	2	28.6
40—59	1	1	100	0	0	0	0
60 及以上	2	1	50	1	50	0	0
合计	16	7	43.75	4	25	5	31.25

上述统计数据显示,景颇和载瓦支系兼用傈僳语的比例均在 50% 左右。其中,景颇支系熟练兼用傈僳语的有 42 人,占景颇支系统计人口的 60%;载瓦支系熟练使用傈僳语的有 7 人,占载瓦支系统计人口的 43.75%。

据了解,景颇和载瓦支系的傈僳语多是在村寨中自然学会的。因村寨里面傈僳族多,走到哪里都会碰到傈僳族,在日常接触中自然就学会了。据景颇族学生尹春艳说,她小学三年级前都是在寨子里的小学上的,班上全是傈僳族,她很快就能讲一口流利的傈僳语了。景颇族村民麻腊也告诉我们,他是景颇支系,他的妻子是傈僳族,但是他们都不教孩子说傈僳语,只教景颇语。孩子在寨子里玩耍时,自然而然就学会了讲傈僳语。

4. 兼用载瓦语现状

载瓦支系在盆都组人口最少,只占全组人口的 6.3%,因此,能兼用载瓦语的也只有少数傈僳族和景颇支系。具体统计数据见表 13 和表 14。

表 13　傈僳族兼用载瓦语情况

年龄段（岁）	调查人数	熟练		略懂		不懂	
		人数	百分比（%）	人数	百分比（%）	人数	百分比（%）
6—19	49	1	2	0	0	48	98
20—39	58	1	1.7	0	0	57	98.3
40—59	49	3	6.1	2	4.1	44	89.8
60 及以上	10	0	0	0	0	10	100
合计	166	5	3	2	1.2	159	95.8

表 14　景颇支系兼用载瓦语情况

年龄段（岁）	调查人数	熟练		略懂		不懂	
		人数	百分比（%）	人数	百分比（%）	人数	百分比（%）
6—19	23	0	0	0	0	23	100
20—39	22	2	9.1	1	4.5	19	86.4
40—59	21	3	14.3	0	0	18	85.7
60 及以上	4	0	0	0	0	4	100
合计	70	5	7.1	1	1.4	64	91.5

上述统计数据显示,傈僳族兼用载瓦语的比例不到 5%,景颇支系兼用载瓦语的比例不到 10%。这说明载瓦语在盆都组的使用范围很窄,基本上只在本支系内部使用。

5. 兼用缅语现状

盆都组因与缅甸仅一河之隔,过去寨子里没有学校的时候,有些重视教育的村民就把孩子送到缅甸读书。在缅甸上过学的,一般都能兼用缅语。此外,盆都组还有一些是从缅甸嫁进来的媳妇,或是去缅甸打工的村民,他们中也有懂缅语的。表 15、16、17 分别是傈僳族、景颇支系、载瓦支系兼用缅语的统计数据。

表 15　傈僳族兼用缅语情况

年龄段（岁）	调查人数	熟练		略懂		不懂	
		人数	百分比（%）	人数	百分比（%）	人数	百分比（%）
6—19	49	0	0	0	0	49	100
20—39	58	1	1.7	0	0	57	98.3
40—59	49	3	6.1	1	2	45	91.9
60 及以上	10	0	0	0	0	10	100
合计	166	4	2.4	1	0.6	161	97

表 16　景颇支系兼用缅语情况

年龄段（岁）	调查人数	熟练		略懂		不懂	
		人数	百分比（%）	人数	百分比（%）	人数	百分比（%）
6—19	23	1	4.3	0	0	22	95.7
20—39	22	4	18.2	0	0	18	81.8
40—59	21	0	0	0	0	21	100
60 及以上	4	0	0	0	0	4	100
合计	70	5	7.1	0	0	65	92.9

表 17　载瓦支系兼用缅语情况

年龄段（岁）	调查人数	熟练		略懂		不懂	
		人数	百分比（%）	人数	百分比（%）	人数	百分比（%）
6—19	6	0	0	0	0	6	100
20—39	7	2	28.6	0	0	5	71.4
40—59	1	0	0	0	0	1	100
60 及以上	2	0	0	1	50	1	50
合计	16	2	12.5	1	6.25	13	81.25

　　从上述统计数据来看,盆都组兼用缅语的比例较低,各民族(支系)都不到20%。从年龄段来看,20—39岁年龄段的相对更多,傈僳族中40—59岁年龄段的兼用缅语的比例也相对较高。兼用缅语的有三种情况:1.缅甸嫁过来的景颇族或傈僳族媳妇,在缅甸时就学会了缅语。如:孙保散(36岁,景颇支系)、早木列(40岁,傈僳族)。2.过去盆都没有学校,少数几个人曾到缅甸上过学,学会了缅语。如:卡牙弄(65岁,载瓦支系)、梁七(41岁,傈僳族)。3.去缅甸打工学会缅语。如:余二(41岁,傈僳族)在缅甸打工多年,学会了缅语,妻子栋木六(45岁,傈僳族)就是他在缅甸打工时认识的。

(三) 景颇文、傈僳文使用现状

　　景颇文、傈僳文在盆都组推行情况较好,约有一半的村民能够使用其中的一种或两种文字。据盆都组组长卡牙干介绍,村民学习景颇文的途径主要有三种:一是去缅甸上学或在缅甸人开办的景颇文学校学会景颇文。20世纪70年代以前,盆都这边没有学校,有重视教育的村民就送孩子去缅甸上学,缅甸学校教景颇文。像卡牙干的父亲卡牙弄(65岁,载瓦支系)就是这样学会景颇文的。另外,80年代,缅甸发生动乱,缅甸难民逃到盆都这边,开办了景颇文学校,有一些人去跟着学习了一段时间。二是跟着懂景颇文的父母或亲友学会。如尹努草(50岁,景颇支系)就是跟着自己的三舅学会的;卡牙干(42岁,载瓦支系)则是跟自己的父亲学会的。三是信仰基督教的信徒,由传教士教会,通过这种途径学会的人约在40%。如麻途(38岁,景颇支系)信教后学会了景颇文,又将两个孩子栋木大(15岁,傈僳族)和栋文华(7岁,傈僳族)送到缅甸接受教育,姐弟俩在学习《圣经》的同时学会了景颇文。

　　学习傈僳文的途径则主要由传教士教会。盆都组是基督教传入较早的地区之一,现全组42户傈僳族中只有4户不信基督教。村中教堂里有一位傈僳族传教士,信徒每周三、周六的晚上和周日全天都要去教堂,念圣经、唱赞美诗。《圣经》有傈僳文和景颇文两种版本。傈僳族就看着傈僳文版本的《圣经》,用傈僳语念、唱。

　　表18、19、20是盆都组不同民族(支系)掌握景颇文和傈僳文的统计数据。

表 18　各民族(支系)只掌握傈僳文的统计数据

年龄段 (岁)	调查 人数	傈僳族		景颇支系		载瓦支系	
		人数	百分比(%)	人数	百分比(%)	人数	百分比(%)
6—19	10	20.4	0	0	0	0	0
20—39	27	46.6	0	0	0	0	0
40—59	22	44.9	0	0	0	0	0
60及以上	5	50	0	0	0	0	0
合计	64	38.6	0	0	0	0	0
共计	64(25.4%)						

表 19　各民族(支系)只掌握景颇文的统计数据

年龄段 (岁)	调查 人数	傈僳族		景颇支系		载瓦支系	
		人数	百分比(%)	人数	百分比(%)	人数	百分比(%)
6—19	2	4.1	3	13	2	33.3	
20—39	3	5.2	14	63.7	5	71.4	
40—59	0	0	12	57.1	1	100	
60及以上	0	0	1	25	1	50	
合计	5	3	30	42.9	9	56.3	
共计	44 (17.5%)						

表 20　各民族（支系）景颇文、傈僳文都掌握的统计数据

年龄段（岁）	调查人数	傈僳族		景颇支系		载瓦支系	
		人数	百分比（%）	人数	百分比（%）	人数	百分比（%）
6—19	1	2	0	0	0	0	0
20—39	9	15.5	2	9.1	0	0	0
40—59	8	16.3	3	37.5	0	0	0
60 及以上	1	10	0	0	0	0	0
合计	19	11.4	5	7.1	0	0	0
共计	24（9.5%）						

从上述统计数据来看，盆都组村民掌握景颇文和傈僳文的情况有如下特点：

1. 全组半数以上能使用其中的一种或两种文字。其中，掌握傈僳文的有 64 人，掌握景颇文的有 44 人，两种文字都掌握的有 24 人，合计为 132 人，占调查统计总人口的 52.4%。

2. 从人数和比例来看，掌握傈僳文的人数和比例都高于掌握景颇文的。掌握景颇文的共有 68 人，掌握傈僳文的共有 88 人。掌握景颇文的比例占全组统计人口的 27%，掌握傈僳文的比例占全组统计人口的 35%。其原因有二：一是傈僳族总人口在盆都组占优势。二是寨子里有傈僳族传教士，每周可以给村民教傈僳文，而景颇文则没有专职人员来教。

3. 从各民族（支系）掌握本民族（支系）文字的情况看来，景颇支系掌握景颇文的共 35 人，占景颇支系统计人口的 50%；傈僳族共 83 人掌握傈僳文，占傈僳族统计人口的 50%；载瓦支系则无人懂载瓦文。载瓦文在此地没有得到推行的原因有二：一是盆都组载瓦人最少，来到此地的历史最短，其语言文字没有得到盆都组村民的普遍通用。载瓦人即使学了也无处可用，因此他们学习本支系文字的积极性不高。二是寨子里没有懂载瓦文的，无人能教。三是盆都与缅甸接壤，受缅甸景颇族影响较大。而缅甸景颇族以景颇支系为主，通行的是景颇文。因此，载瓦支系要学习文字的都选择学习景颇文。从统计数据来看，16 名载瓦人无一人懂载瓦文、傈僳文，但有 9 人懂景颇文。

4. 从不同年龄段来看，掌握本民族（支系）文字的比例最低的是 6—19 岁的青少年（载瓦支系除外，所有载瓦人都不懂载瓦文）。其中，傈僳族 6—19 岁年龄段掌握傈僳文的有 11 人，占这一年龄段傈僳族统计人口的比例为 22.4%；景颇支系 6—19 岁年龄段掌握景颇文的有 3 人，占这一年龄段景颇支系统计人口的比例为 13%。均远低于这两个民族（支系）掌握本民族（支系）文字的平均值。这说明，青少年的民族文字使用情况令人担忧，有必要采取一定的措施来加强民族文字的教学。

三、卡场镇草坝村盆都组语言使用情况总表

编号	家庭关系	姓名	民族（支系）	年龄	文化程度	第一语言及水平	第二语言及水平	其他语言及水平	文字
1	户主	熊木四	傈僳	53	文盲	傈僳语，熟练	汉语，略懂		
	丈夫	栋 大	傈僳	41	文盲	傈僳语，熟练	景颇语，熟练	汉语，熟练	傈僳文、景颇文
	长女	栋木大	傈僳	24	文盲	傈僳语，熟练	景颇语，熟练	汉语，略懂	傈僳文、景颇文
	次女	栋木列	傈僳	22	文盲	傈僳语，熟练	景颇语，熟练		傈僳文、景颇文
	三女	栋木三	傈僳	21	小学	傈僳语，熟练	汉语，熟练		傈僳文
	四女	栋木四	傈僳	17	小学	傈僳语，熟练	景颇语，略懂		
	长子	栋德永	傈僳	5					
	次子	栋德文	傈僳	5					
2	户主	卡牙干	景颇（载瓦）	42	初中	载瓦语，熟练	景颇语，熟练	汉语，熟练；傈僳语，熟练	景颇文
	妻子	李木宝	景颇（载瓦）	27	小学	载瓦语，熟练	景颇语，熟练	傈僳语，略懂	
	长子	卡牙早里	景颇（载瓦）	9	小四在读	载瓦语，熟练	景颇语，熟练	汉语，略懂；傈僳语，略懂	景颇文
	次子	麻 弄	景颇（载瓦）	7	学前	载瓦语，熟练	景颇语，略懂	汉语，略懂；傈僳语，略懂	景颇文
	长女	排扎珑	景颇（载瓦）	6	学前	载瓦语，熟练	景颇语，略懂	汉语，略懂	
	次女	排扎英	景颇（载瓦）	6	学前	载瓦语，熟练	景颇语，略懂	汉语，略懂	
3	户主	铁将列	傈僳	38	小学	傈僳语，熟练	景颇语，熟练	汉语，熟练	傈僳文
	妻子	早木二	傈僳	39	小学	傈僳语，熟练	汉语，熟练		
	长子	栋文进	傈僳	12	小四在读	傈僳语，熟练	景颇语，略懂	汉语，熟练	
	长女	栋文翠	傈僳	12	小四在读	傈僳语，熟练	景颇语，略懂	汉语，熟练	
	次子	栋文瑞	傈僳	8	小三在读	傈僳语，熟练	景颇语，熟练	汉语，略懂	
4	户主	栋 大	傈僳	26	初中	傈僳语，熟练	景颇语，熟练	汉语，熟练	傈僳文
	妻子	早木大	傈僳	26	小学	傈僳语，熟练	汉语，熟练		傈僳文
	长女	栋木列	傈僳	5					
	次女	栋文芳	傈僳	3					
5	户主	阿级腊	景颇（景颇）	46	文盲	景颇语，熟练	载瓦语，熟练	汉语，熟练；傈僳语，熟练	
	妻子	麻 鲁	景颇（景颇）	43	文盲	景颇语，熟练			景颇文
	长子	麻 干	景颇（景颇）	14	初一在读	景颇语，熟练	缅语，熟练	汉语，熟练	景颇文
	次子	麻 弄	景颇（景颇）	13	小三在读	景颇语，熟练	傈僳语，熟练	汉语，熟练	景颇文
	长女	李仙美	景颇（景颇）	8	小三在读	景颇语，熟练	傈僳语，熟练	汉语，熟练	

6	户主	曹 三	傈僳	27	小学	傈僳语,熟练	景颇语,熟练	汉语,熟练	傈僳文
	妻子	余 香	傈僳	25	初中	傈僳语,熟练	汉语,熟练		傈僳文
	长子	曹永富	傈僳	1					
7	户主	腊排都	景颇(景颇)	65	文盲	景颇语,熟练	傈僳语,略懂	汉语,略懂	
	妻子	恩空宽	景颇(景颇)	66	文盲	景颇语,熟练			
	三子	麻 腊	景颇(景颇)	38	文盲	景颇语,熟练	傈僳语,略懂	汉语,略懂	
	三子媳	立邦东	景颇(景颇)	23	缅甸教育	景颇语,熟练	缅语,熟练		景颇文
	长孙女	相 布	景颇(景颇)	4					
	次孙女	保 伞	景颇(景颇)	0					
8	户主	麻 都	景颇(景颇)	33	文盲	景颇语,熟练	傈僳语,熟练	汉语,熟练	景颇文
	妻子	鲁 东	景颇(景颇)	31	缅甸教育	景颇语,熟练	缅语,熟练		景颇文
	弟弟	麻 当	景颇(景颇)	24	小学	景颇语,熟练	傈僳语,熟练	汉语,熟练	
	长子	孟 空	景颇(景颇)	17	小学	景颇语,熟练	傈僳语,熟练	汉语,熟练	
	长女	那 迈	景颇(景颇)	8	小三在读	景颇语,熟练	傈僳语,熟练	汉语,熟练	
	次女	鲁 散	景颇(景颇)	5					
9	户主	吴热双	景颇(景颇)	40	文盲	景颇语,熟练	傈僳语,熟练	汉语,熟练	景颇文
	妻子	破者包	景颇(景颇)	41	小学	景颇语,熟练	傈僳语,熟练	汉语,熟练	景颇文
	长女	排相迈	景颇(景颇)	4					
10	户主	余 三	傈僳	38	初中	傈僳语,熟练	景颇语,熟练	汉语,熟练	傈僳文、景颇文
	妻子	栋木三	傈僳	28	小学	傈僳语,熟练	景颇语,熟练	汉语,熟练	傈僳文、景颇文
	长子	余 翔	傈僳	3					
11	户主	梁 九	傈僳	29	小学	傈僳语,熟练	景颇语,熟练	汉语,熟练	傈僳文、景颇文
	妻子	熊建美	傈僳	30	初中	傈僳语,熟练	景颇语,熟练	汉语,熟练	傈僳文、景颇文
	母亲	栋木大	傈僳	77	文盲	傈僳语,熟练	景颇语,熟练		傈僳文、景颇文
	兄	梁 五	傈僳	43	缅甸教育	傈僳语,熟练	景颇语,熟练	汉语,熟练	傈僳文、景颇文
	长子	曹福德	傈僳	3					
12	户主	曹木三（女）	傈僳	30	缅甸教育	傈僳语,熟练	景颇语,熟练		傈僳文、景颇文
	长女	早会兰	傈僳	8	小二在读	傈僳语,熟练	景颇语,熟练	汉语,略懂	
	次女	早会芹	傈僳	3					

13	户主	阿吉弄	景颇（景颇）	51	小学	景颇语，熟练	傈僳语，熟练	汉语，熟练	景颇文、傈僳文
	妻子	勒麻锐	景颇（景颇）	47	文盲	景颇语，熟练			
	长子	阿吉干	景颇（景颇）	29	小学	景颇语，熟练	傈僳语，熟练	汉语，熟练	景颇文、傈僳文
	长子媳	吾麻鲁	景颇（景颇）	30	初中	景颇语，熟练	汉语，熟练		景颇文
	孙女	锐　南	景颇（景颇）	2					
14	户主	岳英干	景颇（景颇）	57	文盲	景颇语，熟练	傈僳语，熟练	汉语，熟练	
	妻子	木为果	景颇（景颇）	59	文盲	景颇语，熟练	傈僳语，熟练	汉语，熟练	
	长子	排文杰	景颇（景颇）	14	小学	景颇语，熟练	傈僳语，熟练	汉语，熟练	
	五女	麻　介	景颇（景颇）	11	小四在读	景颇语，熟练	傈僳语，熟练	汉语，熟练	
15	户主	余　大	傈僳	46	文盲	傈僳语，熟练	景颇语，略懂	汉语，熟练	傈僳文
	妻子	早木大	傈僳	45	文盲	傈僳语，熟练	景颇语，略懂	汉语，熟练	傈僳文、景颇文
	长子	余兴龙	傈僳	30	小学	傈僳语，熟练	景颇语，略懂	汉语，熟练；缅语，熟练	傈僳文、景颇文
	三子	余兴文	傈僳	14	小学	傈僳语，熟练	景颇语，略懂	汉语，熟练	傈僳文、景颇文
16	户主	栋枝英（女）	傈僳	39	初中	傈僳语，熟练	汉语，熟练		傈僳文
	长子	曹　勇	傈僳	10	小三在读	傈僳语，熟练	景颇语，熟练	汉语，熟练	
	长女	曹　丽	傈僳	4					
17	户主	熊文胜	傈僳	49	文盲	傈僳语，熟练	汉语，熟练		傈僳文
	妻子	栋木大	傈僳	43	文盲	傈僳语，熟练	景颇语，熟练	汉语，熟练	傈僳文
	次女	熊木二	傈僳	19	小学	傈僳语，熟练	景颇语，熟练	汉语，熟练	傈僳文
	长子	熊　二	傈僳	20	小学	傈僳语，熟练	景颇语，熟练	汉语，熟练	傈僳文
	三女	熊成会	傈僳	17	小学	傈僳语，熟练	景颇语，熟练	汉语，熟练	
	三子	熊成旺	傈僳	16	小学	傈僳语，熟练	景颇语，熟练	汉语，熟练	
18	户主	小栋五	傈僳	28	小学	傈僳语，熟练	景颇语，熟练	汉语，熟练	傈僳文、景颇文
	妻子	熊木二	傈僳	26	小学	傈僳语，熟练	景颇语，略懂	汉语，熟练	傈僳文
19	户主	吴热弄	景颇（景颇）	40	初中	景颇语，熟练	汉语，熟练		景颇文
	妻子	哦　咪	傈僳	37	文盲	傈僳语，熟练	景颇语，熟练	汉语，熟练	
	长女	排小龙	景颇（景颇）	17	高中	景颇语，熟练	傈僳语，熟练	汉语，熟练	
	次女	排小凤	景颇（景颇）	16	初中	景颇语，熟练	傈僳语，熟练	汉语，熟练	
20	户主	麻东（女）	景颇（景颇）	37	文盲	景颇语，熟练	汉语，略懂		景颇文

21	户主	余木五（女）	傈僳	47	初中	傈僳语,熟练	景颇语,熟练	汉语,熟练	傈僳文
	三女	早木三	傈僳	22	小学	傈僳语,熟练	景颇语,熟练	汉语,熟练	傈僳文
	次子	早 二	傈僳	22	小学	傈僳语,熟练	景颇语,熟练	汉语,熟练	傈僳文
	四女	早春花	傈僳	15	小学	傈僳语,熟练	景颇语,熟练	汉语,熟练	傈僳文
22	户主	小栋四	傈僳	57	文盲	傈僳语,熟练	景颇语,熟练	汉语,熟练	
	妻子	熊木四	傈僳	41	文盲	傈僳语,熟练	景颇语,熟练	汉语,熟练	
	三女	栋良花	傈僳	20	小学	傈僳语,熟练	景颇语,熟练	汉语,熟练	
23	户主	曹文忠	傈僳	50	初中	傈僳语,熟练	景颇语,熟练	汉语,熟练	傈僳文、景颇文
24	户主	破折当	景颇（景颇）	72	文盲	景颇语,熟练	傈僳语,略懂		景颇文
	妻子	等撒宽	景颇（景颇）	58	文盲	景颇语,熟练	傈僳语,略懂	汉语,略懂	景颇文
	长子	破折干	景颇（景颇）	37	初中	景颇语,熟练	汉语,熟练	载瓦语,熟练;傈僳语,熟练	景颇文
	长子媳	仙 宽	景颇（景颇）	31	文盲	景颇语,熟练	汉语,熟练	傈僳语,熟练;缅语,熟练	景颇文
	四女	破折途	景颇（景颇）	28	小学	景颇语,熟练	汉语,熟练	载瓦语,略懂;傈僳语,略懂	
	长孙	如 兵	景颇（景颇）	1					
25	户主	织崩宽	景颇（景颇）	59	文盲	景颇语,熟练			景颇文
	次子	李永平	景颇（景颇）	9	小五在读	景颇语,熟练	傈僳语,熟练	汉语,熟练	
26	户主	曹 三	傈僳	50	文盲	傈僳语,熟练	景颇语,熟练	汉语,熟练	
	妻子	曹木大	傈僳	49					有语言障碍
	长子	栋 大	傈僳	27	小学	傈僳语,熟练	景颇语,熟练	汉语,熟练	
	长子媳	麻 净	景颇（景颇）	27	文盲	景颇语,熟练	傈僳语,熟练		景颇文
	次子	栋 二	傈僳	26	小学	傈僳语,熟练	景颇语,熟练	汉语,熟练	
	三子	栋 三	傈僳	22	小学	傈僳语,熟练	景颇语,熟练	汉语,熟练	傈僳文
	长女	栋木大	傈僳	19	小学	傈僳语,熟练	景颇语,熟练	汉语,熟练	
	次女	栋木列	傈僳	18	小学	傈僳语,熟练	景颇语,熟练	汉语,熟练	
	四子	栋 四	傈僳	14	小学	傈僳语,熟练	景颇语,熟练	汉语,熟练	
	长孙	栋 大	傈僳	5					
	次孙	栋 二	傈僳	3					
	长孙女	栋木大	傈僳	1					
27	户主	曹 大	傈僳	54	小学	傈僳语,熟练	景颇语,熟练	汉语,熟练	傈僳文
	妻子	栋木四	傈僳	52	文盲	傈僳语,熟练	景颇语,略懂	汉语,熟练	傈僳文
	四子	曹 四	傈僳	26	小学	傈僳语,熟练	景颇语,熟练	汉语,熟练	傈僳文
	五子	曹 五	傈僳	22	小学	傈僳语,熟练	景颇语,熟练	汉语,熟练	傈僳文
	长孙子	曹有大	傈僳	6	学前	傈僳语,熟练	景颇语,略懂	汉语,略懂	

28	户主	阿吉宽	景颇（景颇）	59	文盲	景颇语，熟练	傈僳语，熟练	汉语，熟练；载瓦语，熟练	景颇文
	长子	勒安麻南	景颇（景颇）	38	文盲	景颇语，熟练	傈僳语，熟练		景颇文
	次子	麻腊	景颇（景颇）	30	小学	景颇语，熟练	傈僳语，熟练	汉语，熟练	景颇文
	长孙子	武春妹	景颇（景颇）	8	小一在读	景颇语，熟练	傈僳语，熟练	汉语，略懂	
	次孙子	武金妹	景颇（景颇）	1					
	长子媳	栋木列	傈僳	27	小学	傈僳语，熟练	景颇语，熟练		傈僳文
29	户主	卡牙弄	景颇（载瓦）	65	小学	载瓦语，熟练	景颇语，熟练	汉语、傈僳语，熟练；缅语，略懂	景颇文
	妻子	康织锐	景颇（载瓦）	61	小学	载瓦语，熟练	景颇语，熟练	汉语、傈僳语，略懂	
	六子	卡牙用	景颇（载瓦）	33	小学	载瓦语，熟练	景颇语，熟练	汉语、傈僳语，熟练；缅语，熟练	景颇文
	六子媳	李木端	景颇（载瓦）	26	小学	载瓦语，熟练	景颇语，熟练	汉语、傈僳语，熟练；缅语，熟练	景颇文
	七子	卡牙卡	景颇（载瓦）	28	本科在读	载瓦语，熟练	景颇语，熟练	汉语、傈僳语，熟练	景颇文
	八子	石糯	景颇（载瓦）	19	职中在读	载瓦语，熟练	景颇语，熟练	汉语、傈僳语，熟练	
	次女	卡牙鲁	景颇（载瓦）	23	初中	载瓦语，熟练	景颇语，熟练	汉语、傈僳语，熟练	景颇文
	长孙子	卡牙早翁	景颇（载瓦）	2					
30	户主	栋四	傈僳	39	初中	傈僳语，熟练	景颇语，熟练	汉语，熟练	傈僳文
	妻子	麻途	景颇（景颇）	38	小学	景颇语，熟练	傈僳语，熟练		景颇文
	长子	栋文华	傈僳	7	缅甸教育	景颇语，熟练	傈僳语，熟练		景颇文
	长女	栋木大	傈僳	15	缅甸教育	景颇语，熟练	傈僳语，熟练		景颇文
31	户主	栋列	傈僳	42	半文盲	傈僳语，熟练	景颇语，熟练	汉语，熟练	景颇文、傈僳文
	妻子	早木四	傈僳	40	小学	傈僳语，熟练	景颇语，熟练	汉语，略懂	
	长女	栋文秀	傈僳	15	高一在读	傈僳语，熟练	景颇语，熟练	汉语，熟练	
	次女	栋海燕	傈僳	14	初一在读	傈僳语，熟练	汉语，熟练	景颇语，略懂	
	三女	栋海星	傈僳	10	小三在读	傈僳语，熟练	汉语，熟练	景颇语，略懂	
	侄子	栋文俊	傈僳	7	小一在读	傈僳语，熟练	汉语，略懂	景颇语，略懂	
32	户主	李大	傈僳	51	文盲	傈僳语，熟练	景颇语，熟练	汉语，熟练	
	妻子	曹木二	傈僳	40	文盲	傈僳语，熟练	景颇语，熟练	汉语，熟练	
	长子	栋文学	傈僳	2					

33	户主	早六	傈僳	27	文盲	傈僳语,熟练	景颇语,熟练	汉语,熟练	景颇文
	妻子	余木五	傈僳	46	文盲	傈僳语,熟练	景颇语,熟练	汉语,熟练	
	长子	早金豪	傈僳	6	学前	傈僳语,熟练			
34	户主	小栋四	傈僳	30	文盲	傈僳语,熟练	汉语,略懂		
	妻子	曹木大	傈僳	23	文盲	傈僳语,熟练	汉语,略懂		景颇文
	长子	栋文胜	傈僳	3					
	次子	栋文亮	傈僳	2					
35	户主	岳文生(女)	景颇(载瓦)	29	文盲	载瓦语,熟练	景颇语,熟练	汉语,略懂	
	长子	麻攀	景颇(载瓦)	5					
36	户主	尹努草	景颇(景颇)	50	文盲	景颇语,熟练	汉语,熟练	傈僳语,熟练	景颇文
	妻子	吴热宽	景颇(景颇)	49	文盲	景颇语,熟练	傈僳语,熟练	汉语,略懂	景颇文
	母亲	吴热鲁	景颇(景颇)	72	文盲	景颇语,熟练	汉语,略懂		
	次女	尹春丽	景颇(景颇)	22	高中	景颇语,熟练	汉语,熟练	傈僳语,熟练	景颇文
	三女	尹春艳	景颇(景颇)	17	初中	景颇语,熟练	汉语,熟练	傈僳语,熟练	景颇文
	四女	尹春香	景颇(景颇)	14	初中	景颇语,熟练	汉语,熟练	傈僳语,熟练	
	弟弟	尹诺散	景颇(景颇)	41	初中	景颇语,熟练	汉语,熟练	傈僳语,略懂	景颇文
	弟媳	孙保散	景颇(景颇)	36	小学	景颇语,熟练	缅语,熟练	汉语,熟练	景颇文
	侄女	尹翁扎散	景颇(景颇)	12	小五在读	景颇语,熟练	汉语,熟练		
	侄子	尹旦洪	景颇(景颇)	6	小一在读	景颇语,熟练	汉语,熟练		
37	户主	李七	傈僳	46	文盲	傈僳语,熟练	景颇语,略懂	汉语,略懂	
	妻子	熊木大	傈僳	47	文盲	傈僳语,熟练	景颇语,略懂	汉语,略懂	
	长子	栋大	傈僳	24	小学	傈僳语,熟练	景颇语,熟练	汉语,熟练	
	长子媳	早木大	傈僳	19	文盲	傈僳语,熟练	汉语,略懂		
	孙女	栋根新	傈僳	4					
	孙子	栋根红	傈僳	2					
	次子	栋立宁	傈僳	14	小六在读	傈僳语,熟练	汉语,熟练	景颇语,略懂	
	次女	栋木丽	傈僳	20	文盲	傈僳语,熟练	汉语,熟练	景颇语,略懂	
	三女	栋立玲	傈僳	16	小四在读	傈僳语,熟练	汉语,熟练	景颇语,略懂	
38	户主	栋大	傈僳	69	文盲	傈僳语,熟练	汉语,熟练	景颇语,熟练	
	妻子	早木四	傈僳	63	文盲	傈僳语,熟练	景颇语,熟练	汉语,略懂	
	五子	栋五	傈僳	33	文盲	傈僳语,熟练	景颇语,熟练	汉语,略懂	景颇文
	五子媳	曹木四	傈僳	31	小学	傈僳语,熟练	景颇语,熟练		
	孙女	栋文慧	傈僳	6	学前	傈僳语,熟练	景颇语,略懂	汉语,略懂	
	孙女	栋文秋	傈僳	1					

39	户主	熊木大（女）	傈僳	53	文盲	傈僳语，熟练	景颇语，熟练	汉语，熟练	
	丈夫	栋　大	傈僳	41	小学	傈僳语，熟练	景颇语，熟练	汉语，熟练	
40	户主	栋　四	傈僳	58	文盲	傈僳语，熟练	景颇语，熟练	汉语，熟练	傈僳文
	妻子	早木四	傈僳	57	文盲	傈僳语，熟练	汉语，略懂		
	长女	栋木列	傈僳	25	中专	傈僳语，熟练	景颇语，熟练	汉语，熟练	傈僳文
	五女	栋木五	傈僳	20	小学	傈僳语，熟练	景颇语，熟练	汉语，熟练	傈僳文
41	户主	栋文忠	傈僳	36	小学	傈僳语，熟练	景颇语，熟练	汉语，熟练	傈僳文
	妻子	早木三	傈僳	40	小学	傈僳语，熟练	景颇语，熟练	汉语，熟练	
	长子	栋文明	傈僳	15	小五在读	傈僳语，熟练	景颇语，略懂	汉语，熟练	傈僳文
	次子	栋文能	傈僳	13	小五在读	傈僳语，熟练	景颇语，略懂	汉语，熟练	傈僳文
42	户主	栋　大	傈僳	50	文盲	傈僳语，熟练	景颇语，熟练	汉语，熟练	傈僳文
	妻子	早木六	傈僳	41	文盲	傈僳语，熟练	景颇语，熟练	汉语，略懂	傈僳文
	三子	栋文忠	傈僳	20	初中	傈僳语，熟练	景颇语，熟练	汉语，熟练	
	四子	栋文健	傈僳	15	小六在读	傈僳语，熟练	景颇语，熟练	汉语，熟练	
43	户主	栋　二	傈僳	48	半文盲	傈僳语，熟练	景颇语，熟练	汉语，熟练	傈僳文
	妻子	犇木利	傈僳	53	文盲	傈僳语，熟练	汉语，略懂		傈僳文
	长子	栋　大	傈僳	26	半文盲	傈僳语，熟练	景颇语，熟练	汉语，熟练	傈僳文
	次女	栋文艳	傈僳	23	初中	傈僳语，熟练	景颇语，熟练	汉语，熟练	傈僳文
	三子	栋　三	傈僳	20	小学	傈僳语，熟练	景颇语，熟练	汉语，熟练	
44	户主	李　三	傈僳	43	文盲	傈僳语，熟练	景颇语，熟练	汉语，熟练	傈僳文
	妻子	曹莲芝	傈僳	44	小学	傈僳语，熟练	载瓦语，熟练	景颇语，略懂；汉语，略懂	
	长子	栋良宏	傈僳	15	初中	傈僳语，熟练	景颇语，熟练	汉语，熟练	
	三女	栋良丽	傈僳	14	小六在读	傈僳语，熟练	景颇语，熟练	汉语，熟练	傈僳文
	次子	栋文星	傈僳	13	小三在读	傈僳语，熟练	景颇语，熟练	汉语，熟练	
45	户主	早木大	傈僳	43	文盲	傈僳语，熟练	景颇语，熟练	汉语，略懂	傈僳文
	次女	栋木二	傈僳	22	小学	傈僳语，熟练	景颇语，熟练	汉语，略懂	傈僳文
	长子	栋　大	傈僳	18	小学	傈僳语，熟练	景颇语，熟练	汉语，熟练	傈僳文
	次子	栋　二	傈僳	15	小四在读	傈僳语，熟练	景颇语，熟练	汉语，熟练	
46	户主	栋　五	傈僳	53	文盲	傈僳语，熟练	景颇语，熟练	汉语，熟练	
	妻子	李木大	傈僳	50	文盲	傈僳语，熟练	汉语，略懂		
	次女	栋木二	傈僳	25	初中	傈僳语，熟练	汉语，熟练	景颇语，略懂	傈僳文
	三女	栋木三	傈僳	22	小学	傈僳语，熟练	景颇语，熟练	汉语，熟练	
	三子	栋　三	傈僳	20	小学	傈僳语，熟练	景颇语，熟练	汉语，略懂	傈僳文
47	户主	熊　四	傈僳	76	文盲	傈僳语，熟练	景颇语，熟练	汉语，略懂	傈僳文

48	户主	余 二	傈僳	61	文盲	傈僳语，熟练	景颇语，略懂	汉语，略懂	傈僳文
	妻子	余木三	傈僳	61	文盲	傈僳语，熟练			傈僳文
	次子	余 二	傈僳	41	缅甸教育	傈僳语，熟练	景颇语，熟练	缅语，熟练；汉语，略懂	傈僳文、景颇文
	次子媳	栋木六	傈僳	45	缅甸教育	傈僳语，熟练	景颇语，熟练	缅语，熟练；汉语，略懂	傈僳文、景颇文
	孙子	哦 大	傈僳	20	初中	傈僳语，熟练	汉语，熟练		傈僳文
49	户主	早 大	傈僳	40	文盲	傈僳语，熟练	景颇语，熟练	载瓦语、汉语，略懂	傈僳文
	妻子	曹德英	傈僳	43	文盲	傈僳语，熟练	载瓦语，熟练	汉语，略懂	
	母亲	栋木大	傈僳	60	文盲	傈僳语，熟练	汉语，略懂		
	长女	早木大	傈僳	18	小学	傈僳语，熟练	载瓦语，熟练	景颇语、汉语，略懂	
	长子	早 大	傈僳	16	小学	傈僳语，熟练	汉语，熟练		傈僳文
	次女	早木列	傈僳	14	小六在读	傈僳语，熟练	汉语，熟练	景颇语，略懂	傈僳文
50	户主	呵吉都	景颇（景颇）	44	初中	景颇语，熟练	傈僳语，熟练	汉语、载瓦语，熟练	景颇文、傈僳文
	妻子	麻布	景颇（景颇）	43	缅甸教育	景颇语，熟练	傈僳语，略懂	汉语，略懂	景颇文
	长女	宽 扎	景颇（景颇）	18	小学	景颇语，熟练	傈僳语，熟练	汉语，略懂	
	长子	孔建伟	景颇（景颇）	14	初一在读	景颇语，熟练	傈僳语，熟练	汉语，熟练	
51	户主	破者东	景颇（景颇）	45	文盲	景颇语，熟练	傈僳语，熟练	汉语，熟练	景颇文、傈僳文
	长子	郭折干	景颇（景颇）	27	本科	景颇语，熟练	傈僳语，熟练	汉语，熟练	
	长女	郭折宽	景颇（景颇）	23	初中	景颇语，熟练	傈僳语，熟练	汉语，熟练	景颇文、傈僳文
	次女	明祖丽	景颇（景颇）	18	高中	景颇语，熟练	傈僳语，熟练	汉语，熟练	
52	户主	早 旺	傈僳	42	半文盲	傈僳语，熟练	景颇语，略懂	汉语，略懂	傈僳文
	妻子	曹木四	傈僳	51	文盲	傈僳语，熟练	载瓦语，熟练	汉语，略懂	
	长女	早兰花	傈僳	10	小三在读	傈僳语，熟练	景颇语，略懂	汉语，略懂	
53	户主	李 二	傈僳	46	文盲	傈僳语，熟练	景颇语，略懂	载瓦语、汉语，略懂	傈僳文
	妻子	熊木四	傈僳	45	文盲	傈僳语，熟练	汉语，略懂		傈僳文
	四子	栋 四	傈僳	19	小学	傈僳语，熟练	景颇语，略懂	汉语，略懂	傈僳文
	五子	栋 五	傈僳	14	小六在读	傈僳语，熟练	景颇语，略懂	汉语，略懂	
	六子	栋 六	傈僳	14	小六在读	傈僳语，熟练	景颇语，略懂	汉语，略懂	

54	户主	夏买腊	傈僳	64	文盲	傈僳语,熟练	景颇语,熟练	汉语,熟练	傈僳文
	三女	栋木三	傈僳	26	文盲	傈僳语,熟练	景颇语,熟练	汉语,熟练	
	六子	栋六	傈僳	24	小学	傈僳语,熟练	景颇语,熟练	汉语,熟练	
	六子媳	余木三	傈僳	25	文盲	傈僳语,熟练	景颇语,熟练	汉语,熟练	
	孙子	栋波	傈僳	7	学前	傈僳语,熟练			
	孙子	栋文祥	傈僳	1					
55	户主	早四	傈僳	31	小学	傈僳语,熟练	景颇语,熟练	汉语,熟练	
	妻子	熊木大	傈僳	28	小学	傈僳语,熟练	汉语,熟练		
	长子	早伟	傈僳	7	学前	傈僳语,熟练			
	次子	早银海	傈僳	3					
56	户主	麻犇	景颇(景颇)	40	小学	景颇语,熟练	傈僳语,熟练	汉语,熟练	景颇文
	妻子	麻途	景颇(景颇)	41	小学	景颇语,熟练	汉语,略懂		
	长子	波折干	景颇(景颇)	14	小学在读	景颇语,熟练	傈僳语,熟练	汉语,略懂	
	次子	麻糯	景颇(景颇)	8	小二在读	景颇语,熟练	傈僳语,熟练		
	三子	麻腊	景颇(景颇)	7	学前	景颇语,熟练			
57	户主	卡牙当	景颇(载瓦)	36	初中	载瓦语,熟练	景颇语,熟练	汉语,熟练	景颇文
	妻子	宽散	景颇(景颇)	30	小学	景颇语,熟练	载瓦语,熟练	汉语,熟练	景颇文
	长女	排家燕	景颇(载瓦)	7	学前	载瓦语,熟练	景颇语,熟练		
	长子	排家正	景颇(载瓦)	3					
58	户主	早列	傈僳	66	小学	傈僳语,熟练	景颇语,熟练	汉语,熟练	傈僳文
	妻子	栋木列	傈僳	67	小学	傈僳语,熟练	景颇语,熟练	汉语,略懂	
	长子	早大	傈僳	45	小学	傈僳语,熟练	景颇语,熟练	汉语,熟练	傈僳文
	长子媳	余木大	傈僳	43	初中	傈僳语,熟练	汉语,熟练		傈僳文
	长孙女	早木三	傈僳	19	小学	傈僳语,熟练	景颇语,略懂	汉语,略懂	傈僳文
	次孙女	早关妹	傈僳	11	小五在读	傈僳语,熟练			
	孙子	早春福	傈僳	8	小二在读	傈僳语,熟练	景颇语,略懂		
59	户主	阿关果	景颇(景颇)	53	小学	景颇语,熟练	汉语,略懂		
	长子	麻干	景颇(景颇)	26	小学	景颇语,熟练	傈僳语,熟练	汉语,略懂	
	长子媳	曹明会	傈僳	25	小学	傈僳语,熟练	景颇语,熟练	汉语,熟练	
	孙子	尤诗龙	景颇(景颇)	7	学前	景颇语,熟练			
	次女	麻鲁	景颇(景颇)	21	小学	景颇语,熟练	汉语,熟练		
	三子	麻腊	景颇(景颇)	17	小学	景颇语,熟练	汉语,熟练		
60	户主	栋三	傈僳	34	小学	傈僳语,熟练	景颇语,熟练	汉语,熟练	傈僳文
	妻子	曹木四	傈僳	29	小学	傈僳语,熟练	汉语,略懂		傈僳文
	长女	栋洁	傈僳	5					
	长子	栋文宽	傈僳	3					

61	户主	李 八	傈僳	45	小学	傈僳语,熟练	景颇语,熟练	汉语,熟练	傈僳文
	妻子	哦 咪	傈僳	31	小学	傈僳语,熟练	载瓦语,熟练	汉语,熟练	
	哥哥	李 六	傈僳	51	小学	傈僳语,熟练	景颇语,熟练	汉语,熟练	傈僳文
	长子	栋林财	傈僳	11	小五在读	傈僳语,熟练	汉语,略懂		
	次子	栋林忠	傈僳	7	学前	傈僳语,熟练	汉语,略懂		
62	户主	梁 七	傈僳	41	小学	傈僳语,熟练	景颇语,熟练	汉语、缅语,熟练	傈僳文、景颇文、缅文
	妻子	早木列	傈僳	40	小学	傈僳语,熟练	缅语,略懂		
	长女	梁 咪	傈僳	8	学前	傈僳语,熟练	景颇语,略懂		
	次女	曹德美	傈僳	5					
	长子	梁 大	傈僳	3					

附:访谈录

草坝村委会盆都村民小组组长卡牙干访谈录

访谈对象:卡牙干,景颇族载瓦支系,能熟练使用载瓦语、景颇语、傈僳语和汉语,并略懂景颇文

访谈时间:2010 年 8 月 5 日

访谈地点:草坝村委会盆都组卡牙干家

访谈、整理者:朱艳华

问:您好,请您先做一下简单的自我介绍。

答:我 1968 年 3 月 22 日出生在盈江县苏典乡鲁苗小组,这是一个载瓦和景颇支系杂居的村寨。我 9 岁之后搬到盆都,因为我奶奶是盆都人。我初中毕业之后,在家务农 10 年。1989 年去缅甸丁嘎打工,帮缅甸人看山地,在那儿生活了五六年。1995 年回来继续务农。2004 年当选为盆都村民小组组长。

问:您的家庭语言使用情况怎样?

答:我家有 6 口人,除了我,还有妻子和 4 个孩子。妻子是鲁苗人,跟我一样,也是景颇族载瓦支系。她载瓦语和景颇语都很熟练。4 个孩子里面,老大 9 岁,在盆都村小上四年级。最初学会的是载瓦语,然后是景颇语,两种语言都很熟练。上学后跟同学一起玩还学会了一点傈僳语,汉语主要是课堂上老师教的。老二 7 岁,上学前班,最先学的也是载瓦语,然后是景颇语,都很熟练,还懂一点傈僳语和汉语。老三和老四是双胞胎,今年 6 岁,上学前班,语言情况

跟老二一样。我们全家人在家里都说载瓦语；在村寨里，遇到傈僳族就说傈僳语，遇到景颇支系就说景颇语，遇到载瓦支系就说载瓦语。基本上不说汉语。

我是载瓦人，所以最初学的是载瓦语。因为我们小时候生活的那个寨子还有很多景颇支系的，所以我从小也学了景颇语。傈僳语是搬到这个寨子之后学会的。汉语是上小学后开始学的。这两种语言都很熟练。1992 年去缅甸打工时又学会了一点缅语，只会听不会说。我懂景颇文，是初中时跟爸爸学的。他以前在缅甸读书，学景颇文，读到四年级就不读了。他小时候这边没有学校，要到缅甸去上学。

问：你们组的民族构成情况怎样？民族关系怎样？

答：主要是景颇族和傈僳族。根据 2009 年的统计数据，傈僳族有 190 人，景颇族有 84 人。其中，载瓦支系有 3 户，勒期有 2 户，其余都是景颇支系。我们景颇族和傈僳族之间关系很好。田地都在一起，生产劳动也在一起；有什么事情都互相帮忙。两个民族的节日大家都一起过。比如我们景颇族的目瑙纵歌节，傈僳族也一起参加，唱我们景颇族的歌，跳我们景颇族的舞蹈。傈僳族的节日，我们也跟他们一起过。两个民族之间没有什么大的纠纷，相处融洽。在我们村子里，傈僳族和景颇族通婚的有 3 家。

问：你们两个民族在这里生活多长时间了？

答：景颇族在这里生活大概四五百年了。傈僳族是 1958 年才到这里。当时搬过来的有 6 家，八几年又来了四五家，发展到现在有 42 家。"大跃进"时期有些景颇人跑出去了，那时候景颇族只剩下五六户。傈僳族来了，就让他们住下来了。

我们两个民族在一起生活有四五十年了，关系一直很好。没有发生什么大的纠纷。小的摩擦有一些，但不是因为民族问题，只是一些个人之间的纠纷。

村寨里的人主要讲景颇语和傈僳语，大多数人都懂这两种语言。景颇族碰到傈僳族，如果对方会景颇语，就跟他讲景颇语，如果不会景颇语，就跟他说傈僳语。

问：村里的经济情况怎样？

答：我们主要的经济来源是靠外出打工。因为我们这里水田少，广种薄收，产量低。人均口粮只有 200 来斤。我们主要种植水稻、玉米，田地好的产量高一点，基本够吃；田地不好的就不够吃了。今年的粮食产量大概只够吃四五个月，不够的部分就靠出去打工挣点钱来补贴了。青壮年男人都出去打工了，有的在缅甸，有的在寨子周围建电站的地方。去缅甸打工的主要是伐木、装车、加工木料等，大概有二三十人。全村人均年收入 600 元左右。有 20 来户有摩托车，40 来户有电视，50 来户有手机。手机信号主要是电信的，别的信号都没有。

我们组 2009 年开始种植竹子、核桃，是政府鼓励种的，能种多少亩政府就给多少亩的苗，自己只需要出运费。全组种了 50 来亩竹子、150 亩核桃、350 亩澳洲坚果。听说坚果四五年就开始挂果，核桃五六年开始挂果。

但是现在林权有问题。其实，1983 年林权就已经划归各家各户，各家各户都有林地使用证，分自留山和责任山。1994 年被收归国有了。我们手里都还有林地使用证。我们已经将这个问题反映到县上,县上的意见是给我们返回15000亩。我们还是希望能回到1983年的状况。

问:村民受教育的情况怎样?

答:家长都支持娃娃读书。我们寨子里1976年就有学校了,大概1982年的时候,因为上面没有安排老师,学校就倒闭了。有六七年的时间村里的小孩没有学上,所以现在二三十岁的文盲很多。我们反映之后,1987年又把学校建起来了。现在学校有两名教师,一个民办教师,是本村的景颇族。她的工资由村里发,村里租地给外人种,收取一点地租,拿一部分出来给她发工资。现在每个月发700元,以前是500元。还有一个公办教师,她是梁河县人。她的工资由政府发。现在村里人一般都读到小学。学历最高的一个2008年考上了云南民族大学,读到了本科。高中学历的有6个,读到初中的有十几个,文盲大概有1/3。

问:景颇族的传统文化习俗保留得怎样?

答:保留得还可以。比如结婚要"过草桥";死人要请董萨念经;进新房要邀请全村的人,还有其他寨子的亲戚朋友来,敲铓锣、跳舞。但是宗教信仰有一些改变。以前我们景颇族信原始宗教,现在多数信基督教,信基督教的占70%。村里有一个教堂,每周星期三、六的晚上,信徒要到教堂去念圣经、唱赞美诗,周日则全天都要去教堂。圣诞节、复活节一般会开展一些活动。

问:景颇族掌握景颇文的情况如何?

答:我们寨子的景颇族90%懂景颇文。他们学会景颇文有三种情况:第一种是像我父亲那一辈的老人,他们是在缅甸学的。那时候我们这边没有学校,只好到缅甸去上学。第二种是20世纪80年代,缅甸动乱,有40多户缅甸景颇族难民跑到我们这边来避难,他们在这边开办了景颇文学校,我们寨子的人就跟着去学。第三种情况是信教之后学会的。我们寨子是卡场镇基督教传进来最早的地区之一,大概在70年代就传过来了。基督教传教士会给信教的村民教景颇文,有40%是信教后学会的。

信教的人家里都有《圣经》,我们这里的《圣经》有景颇文、傈僳文、汉文三种版本。景颇族就看景颇文的圣经,傈僳族就看傈僳文的圣经。汉文的圣经看得少,主要是懂汉文的人读懂之后,用景颇文和傈僳文翻译给村民看。

我们在一起做礼拜念圣经时,各个民族用各自的语言,没有谁规定要统一用什么语言去念。景颇族用景颇语念,傈僳族用傈僳语念。音乐一样,内容也一样,念的时候听起来还是比较整齐的。

问:你信基督教吗?

答:我信。但是我父母和兄弟都是信董萨。在我的小家庭里面,有什么事就按基督教的仪式去做。比如,我的两个双胞胎女儿出生一个月就做了洗礼。但是景颇族不喜欢用基督教的名字,还是用景颇名字。我的那两个女儿,一个叫扎珑,一个叫扎英。没取基督教的名字。村里取了基督教名字的只有3个小孩子。

问:您对村里未来的发展有什么期望?

答:有两个期望。一是教育方面,希望以后的娃娃个个能读到高中,这样,不管是个人还是寨子,才有希望。没有文化就没有希望。我们的寨子要发展,最重要的还是教育。二是种植方面,我们希望林权问题能得到解决,这是我们社群众的心声,林权问题解决了,农民发展林业才有积极性。

第十二节 瑞丽市弄岛镇等嘎村伍陆央淘宝村语言使用个案调查

等嘎村委会是弄岛镇地处偏僻山区唯一的一个景颇族聚居村,也是一个由原始社会直接过渡到社会主义的行政村。它位于弄岛镇西北部,附近都是傣族寨。北与户育乡的邦岭村相连,南与南碗河和雷允村相接。距镇政府11公里,县城40公里,海拔650—1250米。

这个村景颇语保留得很好,而且多年来本族语言文字的教学也搞得比较好,民族语与汉语的双语教学取得了许多成绩和经验。1990年经验收,等嘎村被定为民族文字无盲村。

我们课题组选择等嘎村伍陆央淘宝村(以下简称"淘宝村")为重点,进行了微观而系统的调查。伍陆央淘宝村是等嘎村的一个组,地处瑞丽市西部,距瑞丽市区30公里,镇政府北面7公里。它是瑞丽市重点培植的一个新农村建设示范村。

一、弄岛镇等嘎村伍陆央淘宝村概况

伍陆央淘宝村(Wuluyang Seng Ngai Mare)的前身是弄岛镇等嘎村委会第二村民小组,与缅甸隔河相望,是以景颇族为主体民族的村寨,在等嘎村委会西南10公里,位于现新村北面山上13公里处。现有67户,273人,其中景颇族231人,汉族40人,傣族2人。景颇族中,景颇支系223人,载瓦支系8人。

全村现有耕地和林地2400多亩,水田255亩。村寨自然地形北高南低,是典型的台地。村头最高海拔为841米,村脚最低海拔为783.72米。区内平均气温22℃,年均降雨量1195毫米,年均日照总时数2400时,属南亚热带湿润性季风气候。

那里虽然山清水秀、鸟语花香,但由于交通不便、信息闭塞,曾分散为9个"独家村",占地面积300多亩。经济收入主要靠种田、找野菜以及山草药、红菌、茶叶为主,属季节性收入。水、电、路不畅通,特别是雨季赶集时需走3个小时。人均年收入只有400元。

2000年,景颇青年木然南回乡担任组长以来,积极向党委、政府申请实施异地搬迁方案。2004年,搬迁方案正式实施,历时四年,2008年完成异地搬迁工作。现村内道路硬化(水泥路)300米,还有1600米有待硬化。异地搬迁到新村后,水、电、路通了,广播电视、电话都有了,每日可以赶早市,看病、购物都方便得多了。村民开始有作息时间观念,也形成了讲环境卫生和个人卫生的好习惯。

　　现在,淘宝村经济作物以种植水稻、小春玉米、香料烟、甘蔗和冬季作物——麻竹为主。主要种植业经济收入约占总收入的 31.4%,麻竹业占经济总收入的 30%。麻竹是 2004 年增加的种植品种,现有 1200 多亩,每年收入达 60 多万元—80 多万元。其他外来收入还有采摘菌子、中草药等,有的旺季一天就可收入三四百块。近一两年开始种植橡胶。该寨多数人务农,也有少数人从事木材、珠宝、运输等生意,贫富差距较大。现在人均年收入 1080 元。在景颇族地区属中等水平。

　　村内婚姻状况有族内婚姻、族际婚姻和跨国婚姻三种形式。由于淘宝村地处边境线,地理位置特殊,与缅甸人通婚较为盛行,全寨有缅甸媳妇三四十个。

　　寨内节日有目瑙纵歌节、新米节、圣诞节、元旦、春节等。全组有 27 户信仰基督教,24 户信仰天主教,汉族家庭和一些景颇族不信教。每逢景颇族传统祭祀活动,全组村民都参加。青年人还经常组织一些歌舞活动。

　　淘宝村的儿童都到一组所在地读小学,距离学校远,读学前班就得住校。四到六年级在弄岛镇中心完小就读。这两所学校坚持教景颇文,每周一课时。此外,村委会和基督教会在每年暑假都组织开办一个月的景颇文培训班。

二、弄岛镇伍陆央淘宝村语言使用现状

　　为了解弄岛镇伍陆央淘宝村的语言使用现状,我们对全组 67 户共 273 人进行了穷尽式的入户调查。除去语言能力还不成熟的 6 岁以下儿童 24 人和智障 1 人外,共调查统计了 248 人的语言使用现状。在这 248 人中,景颇族 207 人,汉族 40 人,傣族 1 人。景颇族中景颇支系有 199 人,占统计人数的 80.3%;载瓦支系有 8 人。以下是对这 248 人的语言使用现状的统计、分析。

(一)景颇族的语言使用现状

1. 景颇支系的语言使用现状

(1)使用母语情况

全组景颇支系人均以景颇语为第一语言,具体统计数据见表1。

表 1

年龄段（岁）	调查人数	熟练		略懂		不懂	
		人数	百分比（%）	人数	百分比（%）	人数	百分比（%）
6—19	55	54	98.2	1	1.8	0	0
20—39	88	88	100	0	0	0	0
40—59	38	38	100	0	0	0	0
60 及以上	18	18	100	0	0	0	0
合计	199	198	99.5	1	0.5	0	0

　　上表数据显示,母语使用能力达到"熟练"级的占 99.5%,只有 0.5%的人"略懂"。无论年

龄大小,几乎均能熟练使用景颇语;4 个不同年龄段的景颇支系人,其母语水平没有出现明显代际差异。由此可见,该地景颇语的传承没有出现断层的迹象。

6—19 岁年龄段中有 1 人略懂景颇语,与其家庭语言使用情况有关。保散家庭情况如表 2:

表 2

编号	家庭	姓名	民族(支系)	年龄	文化	第一语言及水平	第二语言及水平	其他语言及水平
51	户主	杨万金	汉	31	初中	汉语,熟练	缅语,熟练	傣语,熟练
	妻子	勒排鲁	景颇(景颇)	24	初中	景颇语,熟练	汉语,熟练	
	长女	保散	景颇(景颇)	10	小四在读	汉语,熟练	景颇语,略懂	

据了解,保散的父亲是缅甸汉族,不会说景颇语。与保散的母亲只能用汉语交流。家里的语言环境一直是汉语,只有在出去跟小伙伴玩的时候才学会一些景颇语。所以,保散虽然是景颇族,但是第一语言已转为汉语,母语使用能力下降。

(2)兼用汉语情况

淘宝村的景颇支系在兼用汉语方面存在以下特点:

1)过半数村民能够熟练兼用汉语

穷尽式的入户调查显示,199 人中有 124 人能够熟练兼用汉语,占 62.3%;汉语水平为"略懂"的有 53 人,占 26.6%;有 22 人不会汉语,占 11.1%。

2)兼用汉语的比例存在代际差异

具体统计数据见表 3:

表 3

年龄段(岁)	调查人数	熟练		略懂		不懂	
		人数	百分比(%)	人数	百分比(%)	人数	百分比(%)
6—19	55	45	81.8	6	10.9	4	7.3
20—39	88	53	60.3	23	26.1	12	13.6
40—59	38	22	57.9	16	42.1	0	0
60 及以上	18	4	22.2	8	44.5	6	33.3
合计	199	124	62.3	53	26.6	22	11.1

从不同年龄段的汉语使用情况来看,60 岁以上能够兼用汉语的比例最低,"熟练"和"略懂"的合计为 12 人,占这一年龄段总人口的 66.7%;其次是 20—39 岁年龄段的,"熟练"和"略懂"的合计为 76 人,占这一年龄段总人口的 86.4%;再次是 6—19 岁的青少年,"熟练"和"略懂"的合计为 51 人,占这一年龄段总人口的 92.7%;最高的是 40—59 岁年龄段的,"熟练"和"略懂"的合计为 38 人,占这一年龄段总人口的 100%。

　　淘宝村景颇支系兼用汉语的比例规律是:40—59 岁＞6—19 岁＞20—39 岁＞60 岁及以上,代际差异明显。这与兼用汉语能力随年龄增大而递减的一般规律不同。为什么?

　　具体分析的情况是:6—19 岁年龄段有 4 人不会汉语,是因为这 4 个人(木拢宽玲、达西努娅、勒希诺迈和勒排回仁)都是学前班的,均为 6 岁。他们都出生在纯景颇族家庭,虽然家庭成员有人能熟练使用汉语,但在家庭内部都无一例外地使用景颇语。在这样家庭环境长大的儿童只有进入学校后,才开始学习汉语,所以都不会汉语。相比之下,同为 6 岁的排兆翔,由于进了小学一年级,汉语已略懂。经了解,20—39 岁年龄段中,不会汉语的 12 人全部都是从缅甸嫁过来的媳妇。

　　(3)景颇支系兼用其他语言的情况

　　淘宝村景颇支系除了兼用汉语之外,还有一部分人能够兼用载瓦语、傣语、缅语等。兼用的特点是:一、6—19 岁青少年兼用其他语言的比例明显少于其余几个年龄段。说明青少年的语言掌握情况趋向单一,除了使用自己的母语和兼用汉语外,很少会使用其他语言的。二、兼用载瓦语和傣语的集中在 40 岁以上,兼用缅语的集中在 20—39 岁。兼用语言的具体情况如下列各表(表 4 为景颇支系兼用载瓦语情况,表 5 为景颇支系兼用傣语情况,表 6 为景颇支系兼用缅语情况):

表 4

年龄段（岁）	调查人数	熟练		略懂		不懂	
		人数	百分比（%）	人数	百分比（%）	人数	百分比（%）
6—19	55	1	1.8	1	1.8	53	96.4
20—39	88	7	8	6	6.8	75	85.2
40—59	38	8	21.1	8	21.1	22	57.8
60 及以上	18	4	22.2	2	11.1	12	66.7
合计	199	20	10.1	17	8.5	162	81.4

表 5

年龄段（岁）	调查人数	熟练		略懂		不懂	
		人数	百分比（%）	人数	百分比（%）	人数	百分比（%）
6—19	55	0	0	4	7.3	51	92.7
20—39	88	4	4.5	11	12.5	73	83
40—59	38	9	23.7	5	13.1	24	63.2
60 及以上	18	2	11.1	4	22.2	12	66.7
合计	199	15	7.5	24	12.1	160	80.4

表 6

年龄段（岁）	调查人数	熟练		略懂		不懂	
		人数	百分比（%）	人数	百分比（%）	人数	百分比（%）
6—19	55	0	0	0	0	55	100
20—39	88	11	12.5	1	1.1	76	86.4
40—59	38	2	5.3	3	7.9	33	86.8
60 及以上	18	1	5.6	0	0	17	94.4
合计	199	14	7	4	2	181	91

表4—表6的统计数据显示,能兼用载瓦语的有37人,能兼用傣语的有39人,能兼用缅语的有18人。该小组原居住地比较分散,周围分布的多是傣族寨子,村民尤其是40岁以上的受傣族影响较大,会傣语的相对较多。兼用缅语的18人中,20—39岁有12人,占能兼用缅语总数的67%。这是因为这个年龄段的人中有一些是从缅甸嫁过来的景颇族媳妇,她们来之前已能不同程度地使用缅甸语。

6—19岁能兼用其他语言的仅有6人,掌握程度是1人"熟练",5人"略懂"。如9岁的勒排加英(三年级在读),父母都能熟练地使用载瓦语,她也跟着学会了载瓦语。她的家庭语言使用情况见表7:

表 7

编号	家庭	姓名	民族（支系）	年龄	文化	第一语言及水平	第二语言及水平	其他语言及水平
45	户主	跑样果（女）	景颇（景颇）	33	初中	景颇语,熟练	载瓦语,熟练	汉语,熟练
	丈夫	勒排早迈	景颇（景颇）	61	小学	景颇语,熟练	载瓦语,熟练	汉语,略懂
	长女	勒排加英	景颇（景颇）	9	小三在读	景颇语,熟练	载瓦语,熟练	汉语,熟练

2. 载瓦支系的语言使用现状

淘宝村现有载瓦支系8人。其母语和兼用语的使用情况如下。

(1) 使用母语的情况

这些人均以载瓦语为第一语言,100%熟练,不存在代际差异。母语使用详情见表8:

表 8

年龄段（岁）	调查人数	熟练		略懂		不懂	
		人数	百分比（%）	人数	百分比（%）	人数	百分比（%）
6—19	1	1	100	0	0	0	0
20—39	2	2	100	0	0	0	0
40—59	5	5	100	0	0	0	0
60 及以上	0	0	0	0	0	0	0
合计	8	8	100	0	0	0	0

(2) 兼用景颇语

8人均以景颇语为第二语言,不存在代际差异,100%熟练。景颇语使用详情见表9:

表 9

年龄段（岁）	调查人数	熟练		略懂		不懂	
		人数	百分比（%）	人数	百分比（%）	人数	百分比（%）
6—19	1	1	100	0	0	0	0
20—39	2	2	100	0	0	0	0
40—59	5	5	100	0	0	0	0
60 及以上	0	0	0	0	0	0	0
合计	8	8	100	0	0	0	0

（3）兼用汉语的情况

淘宝村载瓦支系兼用汉语的比例存在代际差异，呈现出随年龄增大而递减的规律。即：6—19 岁＞20—39 岁＞40—59 岁＞60 岁及以上。具体统计数据见表 10：

表 10

年龄段（岁）	调查人数	熟练		略懂		不懂	
		人数	百分比（%）	人数	百分比（%）	人数	百分比（%）
6—19	1	1	100	0	0	0	0
20—39	2	2	100	0	0	0	0
40—59	5	2	40	1	20	2	40
60 及以上	0	0	0	0	0	0	0
合计	8	4	50	2	25	2	25

（4）兼用其他语言的情况

这 8 人中有腊努 1 人傣语略懂，排早冬 1 人缅语熟练。这两人家庭情况见表 11、12：

表 11

编号	家庭	姓名	民族（支系）	年龄	文化	第一语言及水平	第二语言及水平	其他语言及水平
61	户主	麻级（女）	景颇（景颇）	30	小学	景颇语，熟练	汉语，熟练；	傣语，略懂
	丈夫	腊努	景颇（载瓦）	49	小学	载瓦语，熟练	景颇语，熟练	傣语，略懂；缅语，熟练

腊努从缅甸入赘到此多年，周围傣族寨子较多，受傣族影响，他和妻子都能说一般的傣语。

表 12

编号	家庭	姓名	民族（支系）	年龄	文化	第一语言及水平	第二语言及水平	其他语言及水平
57	户主	排早冬	景颇（载瓦）	37	小学	载瓦语，熟练	景颇语、缅语，熟练	汉语，熟练
	妻子	刀结麻级	景颇（景颇）	37	高中	景颇语，熟练	汉语、载瓦语，熟练	傣语，略懂
	长子	排兆翔	景颇（景颇）	6	小一在读	景颇语，熟练	汉语，略懂	

排早冬出生在缅甸曼江,来到淘宝村已经十多年。父亲是载瓦支系,母亲是景颇支系,父母的语言都会。排早冬的妻子是景颇支系,会景颇文、汉字,两人平时在家只用景颇话交流。跟孩子排兆翔说景颇语和汉语。在我们调查的时候,孩子在旁边跟排早冬只说景颇语。排早冬认为自己是同时学会载瓦语和景颇语的。我们对他进行了景颇语 400 词汇测试,测试成绩是"优秀"。统计结果见表 13:

表 13

姓名	年龄	测试等级、各级占 400 词的比例								母语水平
		A		B		C		D		
		数量	百分比(%)	数量	百分比(%)	数量	百分比(%)	数量	百分比(%)	
排早冬	37	385	96.25	12	3	3	0.75	0	0	优秀

测试过程中,排早冬能很快地说出被测词语,有些词语还能细分。如:"蚯蚓 kǎ³³ tʃin³³ tʃɑi³³",他说在缅甸还有一个说法"kǎ³³ tʃin³³ ʒeŋ³³";"抽(出)So²³¹"是指从下面抽出来,如果说"从地底下抽出嫩芽"的"抽出"就要用"poi⁵⁵"。他的 C 级词汇只有 3 个,经提示后能想起来,他说:"这些词在缅甸不很说了(不经常用)。"见表 14:

表 14

序号	例词	景颇语	等级
15	土	ka⁵⁵	C
104	绵羊	sǎ⁵⁵ ku⁵¹	C
151	梨	mǎ³³ ko³³ si³¹	C

3. 景颇支系和载瓦支系兼用汉语的比例存在文化程度的差异

从不同文化程度的人兼用汉语的情况来看,文化程度与兼用汉语的比例和水平有密切的关系。文化程度越高,兼用汉语的比例和水平越高。高中及以上文化程度的有 7 人,全都能熟练兼用汉语。初中文化程度的有 66 人,也是全部能够兼用汉语。小学文化程度的有 131 人,能熟练兼用汉语的有 64 人,占 48.9%;略懂汉语的有 46 人,占 35.1%;不会的有 21 人,占 16%。没上过学的兼用汉语的比例和水平最低,3 人都不懂汉语。景颇族不同文化程度的汉语水平具体统计数据见表 15。

表 15

文化程度	人数	汉语熟练		汉语略懂		汉语不懂	
		人数	百分比(%)	人数	百分比(%)	人数	百分比(%)
文盲	3	0	0	0	0	3	100
小学	131	64	48.9	46	35.1	21	16
初中	66	57	86.4	9	13.6	0	0
高中及以上	7	7	100	0	0	0	0
合计	207	128	61.8	55	26.6	24	11.6

(二) 非景颇族的语言使用现状

在淘宝村,除景颇族外,还有汉族、傣族共 41 人,占全寨统计人口的 16.6%。

1. 汉族的语言使用现状

在 248 名被调查对象中,汉族有 40 人,约占统计人口的 16.2%。其语言使用情况如下:

(1) 使用母语的情况

全组汉族人均以汉语为第一语言,且 100% 熟练。具体统计数据见表 16。

表 16

年龄段（岁）	调查人数	熟练		略懂		不懂	
		人数	百分比(%)	人数	百分比(%)	人数	百分比(%)
6—19	8	8	100	0	0	0	0
20—39	19	19	100	0	0	0	0
40—59	12	12	100	0	0	0	0
60 及以上	1	1	100	0	0	0	0
合计	40	40	100	0	0	0	0

上表数据显示,汉族无论年龄大小,均能熟练使用汉语。4 个不同年龄段的汉族,其母语水平没有出现代际差异。

(2) 兼用其他语言的情况

汉族兼用其他民族语言的特点是:兼用景颇语的能力明显高于兼用载瓦语、傣语和缅语。总体情况见表 17。

表 17

语种 \ 程度	熟练		略懂		不懂	
	人数	百分比(%)	人数	百分比(%)	人数	百分比(%)
景颇语	11	27.5	9	22.5	20	50
载瓦语	2	5	0	0	38	95
傣语	1	2.5	2	5	37	92.5
缅语	1	2.5	2	5	37	92.5

如上表所示:汉族能兼用景颇语的有 20 人,能兼用载瓦语的有 2 人,能兼用傣语和缅语的各 3 人。兼用的年龄段分布见下表 18—表 21。

表 18 兼用景颇语情况

年龄段（岁）	调查人数	熟练		略懂		不懂	
		人数	百分比(%)	人数	百分比(%)	人数	百分比(%)
6—19	8	3	37.5	1	12.5	4	50

20—39	19	5	26.3	5	26.3	9	47.4
40—59	12	3	25	3	25	6	50
60 及以上	1	0	0	0	0	1	100
合计	40	11	27.5	9	22.5	20	50

表 19 兼用载瓦语情况

年龄段（岁）	调查人数	熟练		略懂		不懂	
		人数	百分比（%）	人数	百分比（%）	人数	百分比（%）
6—19	8	0	0	0	0	8	100
20—39	19	0	0	0	0	19	100
40—59	12	2	16.7	0	0	10	83.3
60 及以上	1	0	0	0	0	1	100
合计	40	2	5	0	0	38	95

表 20 兼用傣语情况

年龄段（岁）	调查人数	熟练		略懂		不懂	
		人数	百分比（%）	人数	百分比（%）	人数	百分比（%）
6—19	8	0	0	0	0	8	100
20—39	19	1	5.3	0	0	18	94.7
40—59	12	0	0	2	16.7	10	83.3
60 及以上	1	0	0	0	0	1	100
合计	40	1	2.5	2	5	37	92.5

表 21 兼用缅语情况

年龄段（岁）	调查人数	熟练		略懂		不懂	
		人数	百分比（%）	人数	百分比（%）	人数	百分比（%）
6—19	8	0	0	0	0	8	100
20—39	19	1	5.3	0	0	18	94.7
40—59	12	0	0	2	16.7	10	83.3
60 及以上	1	0	0	0	0	1	100
合计	40	1	2.5	2	5	37	92.5

2. 傣族的语言使用情况

统计对象中傣族只有 1 人，名叫干喊。他的家庭详细情况如表 22。

表 22

编号	家庭	姓名	民族（支系）	年龄	文化	第一语言及水平	第二语言及水平	其他语言及水平
57	户主	洋弄鲁（女）	景颇（景颇）	40	初中	景颇语，熟练	汉语，略懂	傣语，略懂
	丈夫	干喊	傣族	48	小学	傣语，熟练	景颇语，略懂	汉语，略懂
	长子	喊拉	景颇（景颇）	16	初中	景颇语，熟练	傣语，略懂	汉语，熟练
	次女	香布	景颇（景颇）	13	初一在读	景颇语，熟练	傣语，略懂	汉语，熟练

干喊傣语熟练，景颇语和汉语略懂。平时与妻子各说各的语言，能互相听得懂。与孩子用景颇语或汉语交流，用景颇语的时候更多。

综合上述情况，各民族兼用语的情况见表 23。

表 23

兼用语 民族（支系）	景颇语		汉语		载瓦语		傣语		缅语	
	人数	百分比（%）	人数	百分比（%）	人数	百分比（%）	人数	百分比（%）	人数	百分比（%）
景颇（景颇）		·	177	88.9	37	18.6	39	19.6	18	·9
景颇（载瓦）	8	100	6	75			1	12.5	1	12.5
汉族	20	50			2	5	3	7.5	3	7.5
傣族	1	100	1	50					37	92.5
总计	29	59.1	184	88.5	39	16.3	43	17.4	59	23.8

（总人数 248 人，非景颇支系 49 人，非载瓦支系 239 人，非汉族 208 人，非傣族 247 人。百分比＝兼用人数/非本民族支系人数×100%）

上表显示：能兼用景颇语的有 29 人，占非景颇支系人数的 59.1%；能兼用汉语的有 184 人，占非汉族人数的 88.5%；能兼用载瓦语的有 39 人，占非载瓦支系人数的 16.3%；能兼用傣语的有 43 人，占非傣族人数的 17.4%。248 名被调查对象中，能兼用缅语的有 59 人，占 23.8%。其兼用语的能力顺序是：汉语 > 景颇语 > 缅语 > 傣语 > 载瓦语。这表明在淘宝村，汉语和景颇语是强势语言，载瓦语是弱势语言。

（三）景颇文使用现状

淘宝村 248 名调查对象中，有 128 人能够不同程度地掌握景颇文，占 51.6%。统计情况见表 24。

表 24

年龄段（岁）	调查人数	景颇（景颇）		景颇（载瓦）		汉族		傣族	
		人数	百分比（%）	人数	百分比（%）	人数	百分比（%）	人数	百分比（%）
6—19	64	13	20.3	0	0	0	0	0	0

20—39	109	61	60	1	0.9	3	2.8	0	0
40—59	56	35	62.5	3	5.4	1	1.8	0	0
60 及以上	19	7	36.9	0	0	4	21.1	0	0
合计	248	116	46.8	4	1.6	8	3.2	0	0

如表 24 所示,56 名 40—59 岁调查对象中,会景颇文的有 39 人,占 69.6％。其比例高于其他年龄段。会景颇文程度最低的集中在 6—19 岁,64 人中只有 13 人掌握景颇文,占 20.3％。总的来看,淘宝村能较好地掌握景颇自己的文字,主要有以下几个因素:

一是民族感情深厚。在穷尽式的入户调查过程中,我们了解到所有村民都明确表示热爱自己的民族及自己的语言文字。他们说,"不懂自己的语言就不是自己的民族了"、"不懂文字,自己民族的东西不懂就不是自己的民族了,起码要学会写自己的名字啊,平常用的词啊"、"本民族的语言文化不懂,一代代地模糊下去,民族就会慢慢消失了"。

二是基层政府比较重视。学校坚持在三年级以下教景颇文字,每周一课时;村委会自发组织,每年暑假开办一个月的景颇文培训班,群众自愿参加。

三是宗教因素。全组有 27 户信仰基督教,24 户信仰天主教。教会平时聚会都教景颇文,以便看懂景颇文圣经。

但据了解,民族语言的学前教育已经暂停,相应的民族语教材也很难找到。即使有人想来学习民族文字也很难实现。曾经有人大代表提议恢复民族语言教学,没有得到响应。

三、弄岛镇等嘎村伍陆央淘宝村语言使用情况总表

编号	家庭关系	姓名	民族(支系)	年龄	文化程度	第一语言及水平	第二语言及水平	其他语言及水平	文字掌握情况
1	户主	宝福卫	汉	41	初中	汉语,熟练	景颇语,熟练	载瓦语,熟练;缅语、傣语,略懂	景颇文
	妻子	尹菊芳	汉	42	小学	汉语,熟练	景颇语,略懂		
	长子	宝寿龙	汉	19	初中	汉语,熟练	景颇语,熟练		
	次女	宝玲艳	汉	18	初中	汉语,熟练	景颇语,熟练		
2	户主	宝福相	汉	55	小学	汉语,熟练	景颇语,略懂	缅语,略懂	
	妻子	李连生	汉	56	小学	汉语,熟练	景颇语,熟练		
	母亲	尹美芹	汉	77	小学	汉语,熟练			
	妹妹	宝水香	汉	36	中专	汉语,熟练	景颇语,熟练		景颇文
	长女	宝寿花	汉	27	高中	汉语,熟练	景颇语,熟练		景颇文
	次子	宝秋国	汉	24	大学	汉语,熟练	景颇语,熟练		景颇文

3	户主	跑米宽（女）	景颇（景颇）	54	小学	景颇语,熟练	傣语,熟练	汉语,略懂	景颇文
	次子	勒希腊	景颇（景颇）	27	小学	景颇语,熟练	汉语,熟练	傣语,熟练	景颇文
	次子媳	张么宽芳	景颇（景颇）	24	小学	景颇语,熟练	缅语,熟练		景颇文
	孙子	早对仁	景颇（景颇）	2					
4	户主	宝福章	汉	48	小学	汉语,熟练	景颇语,熟练	傣语,略懂	
	妻子	董香兰	汉	44	小学	汉语,熟练	载瓦语,熟练		
	长子	宝寿红	汉	21	大学	汉语,熟练			
	次子	宝寿生	汉	18	高三在读	汉语,熟练			
5	户主	勒希干	景颇（景颇）	33	小学	景颇语,熟练	汉语,熟练	缅语、傣语,熟练	景颇文
	妻子	勒向锐	景颇（景颇）	29	小学	景颇语,熟练	汉语,熟练		景颇文
	长女	勒希果	景颇（景颇）	11	小四在读	景颇语,熟练	汉语,熟练		
6	户主	勒排干	景颇（景颇）	60	小学	景颇语,熟练	汉语,熟练	载瓦语、缅语、傣语,熟练	景颇文
	妻子	木然果	景颇（景颇）	60	小学	景颇语,熟练	汉语,熟练	载瓦语,熟练;傣语,略懂	景颇文
	长子	勒排干	景颇（景颇）	39	小学	景颇语,熟练	汉语,熟练	傣语,略懂	景颇文
	长子媳	勒西加	景颇（景颇）	41	小学	景颇语,熟练	汉语,熟练	傣语,熟练	景颇文
	孙女	勒排相迈	景颇（景颇）	18	初中	景颇语,熟练	汉语,熟练		景颇文
	孙子	勒排腊仁	景颇（景颇）	15	初二在读	景颇语,熟练	汉语,熟练		景颇文
7	户主	干则糯	景颇（景颇）	45	小学	景颇语,熟练	汉语,熟练	傣语,熟练;载瓦语、缅语,略懂	景颇文
	妻子	木然鲁	景颇（景颇）	43	初中	景颇语,熟练	汉语,熟练	傣语,熟练;载瓦语,略懂	景颇文
	长女	干则鲁	景颇（景颇）	21	初中	景颇语,熟练	汉语,熟练		景颇文
	次女	干则锐	景颇（景颇）	13	小五在读	景颇语,熟练	汉语,熟练		景颇文
8	户主	干则果（女）	景颇（景颇）	40	初中	景颇语,熟练	汉语,熟练		景颇文
	长女	李佳若	景颇（景颇）	4					
9	户主	木然腊	景颇（景颇）	52	初中	景颇语,熟练	汉语,熟练	傣语,熟练;缅语,略懂	景颇文
	妻子	木边鲁	景颇（景颇）	47	小学	景颇语,熟练	汉语,略懂		景颇文
	长子	木然散翁	景颇（景颇）	12	小五在读	景颇语,熟练	汉语,熟练		景颇文
	侄女	宽尘	景颇（景颇）	24	初中	景颇语,熟练	汉语,熟练		景颇文
	大侄子	木然帮东	景颇（景颇）	23	初中	景颇语,熟练	汉语,熟练		景颇文
	小侄子	木然糯礼	景颇（景颇）	20	初中	景颇语,熟练	汉语,熟练		景颇文

10	户主	跑杨果（女）	景颇（景颇）	50	初中	景颇语，熟练	缅甸语，熟练	汉语，熟练；傣语，略懂	景颇文
	长女	木然退布	景颇（景颇）	25	初中	景颇语，熟练	汉语，熟练	傣语，熟练	景颇文
	长女婿	尹玉强	汉	33	小学	汉语，熟练	景颇语，略懂		
	次女	木然佳奴	景颇（景颇）	23	初中	景颇语，熟练	汉语，熟练		景颇文
	外孙子	尹小毕	景颇（景颇）	7	学前班	景颇语，熟练	汉语，熟练		
11	户主	木拢糯	景颇（景颇）	48	小学	景颇语，熟练	汉语，熟练	载瓦语，熟练；傣语，略懂	景颇文
	妻子	木然鲁	景颇（景颇）	48	小学	景颇语，熟练	汉语，熟练	载瓦语，熟练	景颇文
	次子	木拢诺	景颇（景颇）	28	小学	景颇语，熟练	汉语，略懂		景颇文
	次子媳	答西途三	景颇（景颇）	32	小学	景颇语，熟练	缅语，熟练	汉语、傣语，略懂	景颇文
	孙女	木拢宽玲	景颇（景颇）	6	学前	景颇语，熟练			
12	户主	跑中宽	景颇（景颇）	48	小学	景颇语，熟练	汉语，熟练	载瓦语，熟练；缅语，略懂	景颇文
	长女	跑样麻三	景颇（景颇）	24	初中	景颇语，熟练	汉语，熟练		景颇文
	长子	跑样干	景颇（景颇）	21	初中	景颇语，熟练	汉语，熟练		景颇文
	长子媳	跑中保底	景颇（景颇）	27	小学	景颇语，熟练	缅语，熟练	汉语，略懂	景颇文
	次女	跑样相买	景颇（景颇）	17	小学	景颇语，熟练	汉语，熟练	傣语，略懂	景颇文
	孙女	加香南	景颇（景颇）	3		景颇语，熟练			
13	户主	米东都	景颇（景颇）	47	小学	景颇语，熟练	汉语，略懂	载瓦语，略懂	景颇文
	妻子	跑结介	景颇（景颇）	43	初中	景颇语，熟练	汉语，熟练	载瓦语，略懂	景颇文
	长女	米冬果	景颇（景颇）	25	初中	景颇语，熟练	汉语，熟练	载瓦语，略懂	景颇文
	长子	米冬干	景颇（景颇）	21	初中	景颇语，熟练	汉语，熟练	载瓦语、傣语，略懂	景颇文
	次子	米冬糯	景颇（景颇）	20	小学	景颇语，熟练	汉语，略懂		景颇文
14	户主	翁买	景颇（景颇）	39	小学	景颇语，熟练	汉语，熟练		景颇文
	妻子	木然果	景颇（景颇）	40	小学	景颇语，熟练	汉语，熟练	载瓦语，略懂	景颇文
	长子	木日苗散	景颇（景颇）	17	初中	景颇语，熟练	汉语，熟练		景颇文
	次子	木日诺	景颇（景颇）	12	小五在读	景颇语，熟练	汉语，熟练		
15	户主	跑样都	景颇（景颇）	45	初中	景颇语，熟练	汉语，熟练	载瓦语，略懂	景颇文
	妻子	刀结宽	景颇（景颇）	36	初中	景颇语，熟练	汉语，熟练	傣语，略懂	景颇文
	长女	跑样美娅	景颇（景颇）	16	初三在读	景颇语，熟练	汉语，熟练		景颇文
	次女	生桑	景颇（景颇）	9	小三在读	景颇语，熟练	汉语，略懂		
	侄子	散利	景颇（景颇）	23	初中	景颇语，熟练	汉语，熟练	傣语，略懂	景颇文
	侄女	保加	景颇（景颇）	21	初中	景颇语，熟练	汉语，熟练	载瓦语，略懂	景颇文

16	户主	刀结腊	景颇（景颇）	54	初中	景颇语，熟练	汉语，熟练	傣语，熟练	景颇文
	妻子	跑样鲁	景颇（景颇）	47	初中	景颇语，熟练	汉语，略懂		景颇文
	长女	刀结果	景颇（景颇）	28	初中	景颇语，熟练	汉语，略懂		景颇文
	次子	刀结腊	景颇（景颇）	25	文盲	景颇语，熟练	汉语，略懂		
	孙子	刀结诺龙	景颇（景颇）	7	小一在读	景颇语，熟练	汉语，略懂		
17	户主	勒向麻干	景颇（景颇）	27	小学	景颇语，熟练	汉语，熟练		
	妻子	木然宽争	景颇（景颇）	28	小学	景颇语，熟练	缅语，熟练	汉语，略懂	景颇文
	长子	勒向板佳	景颇（景颇）	4					
18	户主	勒向麻糯	景颇（景颇）	25	初中	景颇语，熟练	汉语，熟练		
	妻子	恩孔介	景颇（景颇）	24	小学	景颇语，熟练	缅语，熟练		景颇文
	母亲	恩孔鲁	景颇（景颇）	44	小学	景颇语，熟练	缅语，熟练	汉语，略懂	景颇文
	外甥	赵仁端	景颇（景颇）	3					
19	户主	勒毛锐（女）	景颇（景颇）	50	小学	景颇语，熟练	载瓦语，略懂	汉语，略懂	景颇文
	长女	勒向果	景颇（景颇）	31	小学	景颇语，熟练	载瓦语，熟练	汉语，略懂	景颇文
	次女	勒向途散	景颇（景颇）	26	初中	景颇语，熟练	载瓦语，略懂	汉语，熟练	景颇文
	次女婿	杨云荣	汉	26	初中	汉语，熟练	景颇语，熟练		
	外孙女	勐妹	景颇（景颇）	5					
20	户主	勒排糯	景颇（景颇）	32	小学	景颇语，熟练	汉语，熟练		景颇文
	妻子	进统果	景颇（景颇）	27	小学	景颇语，熟练	汉语，略懂		景颇文
	长子	勒排岁苏	景颇（景颇）	12	小学	景颇语，熟练	汉语，熟练		
	次子	勒排回仁	景颇（景颇）	6	学前	景颇语，熟练			
	母亲	梅括锐	景颇（景颇）	55	小学	景颇语，熟练	汉语，略懂		景颇文
21	户主	勒向当	景颇（景颇）	35	小学	景颇语，熟练	汉语，熟练		景颇文
	妻子	勒排鲁	景颇（景颇）	33	初中	景颇语，熟练	汉语，熟练		景颇文
	母亲	勒毛鲁	景颇（景颇）	82	文盲	景颇语，熟练	载瓦语，略懂		景颇文
	长女	相伴	景颇（景颇）	14	初中	景颇语，熟练	汉语，熟练		
	长子	退佳	景颇（景颇）	9	小学	景颇语，熟练	汉语，熟练		
	侄子	努翁	景颇（景颇）	23	小学	景颇语，熟练	汉语，熟练		
22	户主	排早利	景颇（景颇）	50	小学	景颇语，熟练	汉语，略懂		景颇文
	妻子	勒珍果	景颇（景颇）	47	小学	景颇语，熟练	汉语，略懂		景颇文
	次女	排扎对	景颇（景颇）	20	初中	景颇语，熟练	汉语，熟练		
	姆姆	跑中鲁	景颇（景颇）	84	文盲	景颇语，熟练			景颇文
23	户主	刀结约	景颇（景颇）	47	初中	景颇语，熟练	汉语，熟练	载瓦语，略懂	景颇文
	妻子	跑结卡	景颇（景颇）	40	初中	景颇语，熟练	汉语，略懂	载瓦语，熟练	景颇文
	长女	刀结麻加	景颇（景颇）	21	初中	景颇语，熟练	汉语，略懂		景颇文
	次子	刀结糯	景颇（景颇）	18	初中	景颇语，熟练	汉语，熟练	载瓦语，略懂	景颇文

24	户主	刀结帮南	景颇(景颇)	25	小学	景颇语,熟练	汉语,略懂		景颇文
	妻子	勒帮鲁	景颇(景颇)	24	小学	景颇语,熟练	汉语,略懂		景颇文
	母亲	给热鲁	景颇(载瓦)	46	小学	载瓦语,熟练	景颇语,熟练	汉语,略懂	景颇文
	长妹	刀结麻果	景颇(景颇)	25	中专	景颇语,熟练	汉语,熟练		景颇文
	次妹	刀结布鲁	景颇(景颇)	22	初中	景颇语,熟练	载瓦语,熟练	汉语,熟练	景颇文
	长子	刀结贡散翁	景颇(景颇)	2					
25	户主	干则刚	景颇(景颇)	47	小学	景颇语,熟练	傣语,熟练	汉语,熟练	
	妻子	勒排相美	景颇(景颇)	23	小学	景颇语,熟练	缅语,熟练		景颇文
	次子	麻胖	景颇(景颇)	13	在读	景颇语,熟练	汉语,熟练		
26	户主	干则双	景颇(景颇)	67	小学	景颇语,熟练	傣语,略懂	汉语,略懂	
	妻子	木贝鲁	景颇(景颇)	65	小学	景颇语,熟练	傣语,略懂	汉语,略懂	
	女儿	干则锐	景颇(景颇)	35	初中	景颇语,熟练	汉语,熟练		
	女婿	达西仃南	景颇(景颇)	36	小学	景颇语,熟练	缅语,熟练		
	外孙子	达西翁吨	景颇(景颇)	10	小学	景颇语,熟练	汉语,略懂		
	外孙女	达西努娅	景颇(景颇)	6	学前	景颇语,熟练			
27	户主	木然南	景颇(景颇)	40	中专	景颇语,熟练	汉语,熟练		景颇文
	妻子	勒排佳忕	景颇(景颇)	32	小学	景颇语,熟练	缅语、汉语,熟练	傣语、载瓦语,略懂	景颇文
	长子	木然旺鹏	景颇(景颇)	12	在读	景颇语,熟练	汉语,熟练		景颇文
	次女	木然雯樱	景颇(景颇)	8	小学	景颇语,熟练	汉语,略懂		
28	户主	跑样腊	景颇(景颇)	28	小学	景颇语,熟练	汉语,熟练		
	妻子	木日宽佳	景颇(景颇)	24	小学	景颇语,熟练	缅语,熟练		景颇文
	侄子	帮双	景颇(景颇)	23	小学	景颇语,熟练	汉语,熟练		
	长子	跑样孟耽翁	景颇(景颇)	2					
29	户主	木然相	景颇(景颇)	57	初中	景颇语,熟练	傣语,熟练	汉语,熟练	景颇文
	妻子	翁草途	景颇(载瓦)	54	小学	载瓦语,熟练	景颇语,熟练		景颇文
	母亲	跑样果	景颇(景颇)	84	小学	景颇语,熟练			
	长女	木然锐	景颇(景颇)	31	高中	景颇语,熟练	傣语,熟练	汉语,熟练	景颇文
	长女婿	孟必玉	汉	25	初中	汉语,熟练			
	外孙子	孟成	景颇(景颇)	3					
	次女	木然介	景颇(景颇)	23	小学	景颇语,熟练	汉语,熟练		
30	户主	木然宽(女)	景颇(景颇)	35	初中	景颇语,熟练	汉语,熟练		景颇文
	丈夫	杨枝发	汉	36	初中	汉语,熟练			
	长女	杨克丽	景颇(景颇)	5					

31	户主	那破锐	景颇(景颇)	69	小学	景颇语,熟练	傣语,略懂		
32	户主	勒希果	景颇(景颇)	78	小学	景颇语,熟练	汉语,略懂	载瓦语,略懂	景颇文
	孙子	排早康	景颇(景颇)	12	初一在读	景颇语,熟练	汉语,熟练	傣语,略懂	
33	户主	宝福存（女）	汉	42	小学	汉语,熟练	景颇语,略懂		
	丈夫	张玉宽	汉	44	小学	汉语,熟练			
	长女	张丽娇	汉	20	初中	汉语,熟练	景颇语,略懂		
	次子	张满行	汉	17	初中	汉语,熟练	景颇语,略懂		
34	户主	勒向都	景颇(景颇)	47	小学	景颇语,熟练	汉语,略懂		景颇文
	长子	麻 腊	景颇(景颇)	17	小学	景颇语,熟练	汉语,熟练		景颇文
	侄女	麻 途	景颇(景颇)	14	初中	景颇语,熟练	汉语,熟练		景颇文
35	户主	刀结锐（女）	景颇(景颇)	32	小学	景颇语,熟练	汉语,略懂		景颇文
	丈夫	喊排都	景颇(景颇)	32	小学	景颇语,熟练	汉语,略懂		景颇文
	长女	喊排果	景颇(景颇)	9	小五在读	景颇语,熟练	汉语,熟练		
36	户主	宝寿忠	汉	29	初中	汉语,熟练	景颇语,略懂		
	妻子	跑样麻史	景颇(景颇)	29	小学	景颇语,熟练	汉语,略懂	载瓦语,略懂	景颇文
	长女	宝会祖	景颇(景颇)	7	小三在读	景颇语,熟练	汉语,熟练		
	长子	宝显捷	景颇(景颇)	1					
37	户主	木然翁	景颇(景颇)	35	高中	景颇语,熟练	汉语,熟练		景颇文
	妻子	恩宏宽	景颇(景颇)	26	小学	景颇语,熟练	汉语,略懂		景颇文
	长子	木然双拉	景颇(景颇)	12	初一在读	景颇语,熟练	汉语,熟练		景颇文
	次女	木然宽东	景颇(景颇)	8	小二在读	景颇语,熟练	汉语,熟练		
38	户主	洋弄鲁（女）	景颇(景颇)	40	初中	景颇语,熟练	汉语,略懂	傣语,略懂	
	丈夫	干 喊	傣	48	小学	傣语,熟练	景颇语,略懂	汉语,略懂	
	长子	喊 拉	景颇(景颇)	16	初中	景颇语,熟练	傣语,略懂	汉语,熟练	景颇文
	次女	香 布	景颇(景颇)	13	初一在读	景颇语,熟练	傣语,略懂	汉语,熟练	景颇文
39	户主	跑样腊	景颇(景颇)	69	小学	景颇语,熟练	汉语,略懂		景颇文
	妻子	南保	景颇(景颇)	67	初中	景颇语,熟练	汉语,略懂		景颇文
	长子	跑样杉	景颇(景颇)	35	初中	景颇语,熟练	汉语,略懂	载瓦语,略懂	景颇文
	长子媳	跑结宽迈	景颇(景颇)	25	小学	景颇语,熟练	载瓦语,熟练	汉语,略懂	景颇文
	孙女	跑样佳	景颇(景颇)	3					
40	户主	排早扎	景颇(景颇)	26	小学	景颇语,熟练	汉语,略懂		景颇文
	妻子	翁草鲁	景颇(景颇)	25	小学	景颇语,熟练	汉语,略懂		景颇文
	女儿	佳生东	景颇(景颇)	4					

户号	称谓	姓名	民族(支系)	年龄	文化程度				
41	户主	米冬乱	景颇(景颇)	47	初中	景颇语,熟练	汉语,熟练	傣语、载瓦语,熟练	景颇文
	妻子	鲁扎	景颇(景颇)	47	小学	景颇语,熟练	载瓦语,熟练	汉语,略懂	景颇文
	长女	米冬果	景颇(景颇)	14	小六在读	景颇语,熟练	汉语,熟练		
	次女	米冬鲁	景颇(景颇)	11	小四在读	景颇语,熟练	汉语,熟练		
	外甥	退散	景颇(景颇)	19	小学	景颇语,熟练	汉语,熟练		
42	户主	进统腊	景颇(载瓦)	54	小学	载瓦语,熟练	景颇语,熟练	汉语,熟练	
	妻子	思孔胖	景颇(景颇)	50	小学	景颇语,熟练	载瓦语,熟练	汉语,略懂	
	长子	进统干	景颇(载瓦)	20	小学	载瓦语,熟练	景颇语,熟练	汉语,熟练	
	次女	进统图	景颇(载瓦)	16	初二在读	载瓦语,熟练	景颇语,熟练	汉语,熟练	
	岳母	木若来	景颇(景颇)	80	文盲	景颇语,熟练	载瓦语,熟练		
43	户主	小跑样腊	景颇(景颇)	58	小学	景颇语,熟练	载瓦语,熟练	汉语,熟练	
	妻子	木日锐	景颇(载瓦)	53	小学	载瓦语,熟练	景颇语,熟练	汉语,熟练	
	长女	跑样锐	景颇(景颇)	27	初中	景颇语,熟练	载瓦语,熟练	汉语,熟练	
	长婿	杨河瑞	汉	29	高中	汉族,熟练			
	外孙女	杨素萍	景颇(景颇)	2					
44	户主	跑样干	景颇(景颇)	25	初中	景颇语,熟练	载瓦语,熟练	汉语,熟练	
	妻子	跑热卡娅	景颇(景颇)	26	小学	景颇语,熟练			
	长女	跑样润佳	景颇(景颇)	3					
	次子	路样刚润	景颇(景颇)	3					
45	户主	跑样果(女)	景颇(景颇)	33	初中	景颇语,熟练	载瓦语,熟练	汉语,熟练	
	丈夫	勒排早迈	景颇(景颇)	61	小学	景颇语,熟练	载瓦语,熟练	汉语,略懂	
	长女	勒排加英	景颇(景颇)	9	小三在读	景颇语,熟练	载瓦语,熟练	汉语,熟练	
46	户主	跑样旦腊	景颇(景颇)	38	小学	景颇语,熟练	汉语,熟练	傣语,略懂	
	妻子	跑洁锐	景颇(景颇)	39	小学	景颇语,熟练			
	母亲	跑洁锐果	景颇(景颇)	73	小学	景颇语,熟练			
	长子	跑样干	景颇(景颇)	19	初中	景颇语,熟练	汉语,熟练		
	侄女	跑样果	景颇(景颇)	16	初中	景颇语,熟练	汉语,熟练		
47	户主	木日糯东	景颇(景颇)	38	高中	景颇语,熟练	汉语,熟练		
	妻子	鲁退	景颇(景颇)	37	小学	景颇语,熟练			
	父亲	李生胜	景颇(景颇)	67	小学	景颇语,熟练	汉语,熟练		
	母亲	木然途	景颇(景颇)	61	初中	景颇语,熟练	汉语,熟练		
	长女	扎娅	景颇(景颇)	13	初一在读	景颇语,熟练	汉语,熟练		
	次女	省买	景颇(景颇)	9	小三在读	景颇语,熟练	汉语,熟练		
48	户主	德毛糯	景颇(景颇)	43	小学	景颇语,熟练	汉语,略懂		
	妻子	干则鲁	景颇(景颇)	38	小学	景颇语,熟练	汉语,略懂		
	长女	德毛麻果	景颇(景颇)	21	初中	景颇语,熟练	汉语,略懂		
	次女	德毛麻鲁	景颇(景颇)	16	初中	景颇语,熟练	汉语,熟练		

序号	称谓	姓名	民族(语言)	年龄	文化程度				
49	户主	勒希汤	景颇(景颇)	67	小学	景颇语,熟练	傣语,熟练	汉语,略懂	
	妻子	跑样东	景颇(景颇)	61	小学	景颇语,熟练	汉语,略懂		
	孙女	勒希果	景颇(景颇)	14	初一在读	景颇语,熟练	汉语,熟练		
50	户主	勒希腊	景颇(景颇)	34	小学	景颇语,熟练	汉语,熟练		
	妻子	木土保梅	景颇(景颇)	33	小学	景颇语,熟练			
	长子	勒希干	景颇(景颇)	11	小四在读	景颇语,熟练	汉语,熟练		
	次子	勒希诺迈	景颇(景颇)	6	学前	景颇语,熟练			
	侄女	勒希怒	景颇(景颇)	22	初中	景颇语,熟练	汉语,熟练		
51	户主	杨万金	汉	31	初中	汉语,熟练	缅语,熟练	傣语,熟练	
	妻子	勒排鲁	景颇(景颇)	24	初中	景颇语,熟练	汉语,熟练		
	长女	保散	景颇(景颇)	10	小四在读	汉语,熟练	景颇语,略懂		
52	户主	木扰干	景颇(景颇)	34	小学	景颇语,熟练	汉语,熟练		
	妻子	木然宽龙	景颇(景颇)	34	小学	景颇语,熟练			
	长子	木扰干	景颇(景颇)	10	小四在读	景颇语,熟练	汉语,熟练		
53	户主	米冬翁	景颇(景颇)	35	小学	景颇语,熟练	汉语,熟练		
	妻子	木日途	景颇(景颇)	25	小学	景颇语,熟练			
	长女	米冬果	景颇(景颇)	8	小一在读	景颇语,熟练	汉语,略懂		
	次女	相美	景颇(景颇)	2					
54	户主	干则果	景颇(景颇)	40	小学	景颇语,熟练	汉语,熟练		
	长子	李斌	景颇(景颇)	13	小六在读	景颇语,熟练	汉语,熟练		
	长女	李仙	景颇(景颇)	12	小五在读	景颇语,熟练	汉语,熟练		
55	户主	米冬锐	景颇(景颇)	40	小学	景颇语,熟练	汉语,熟练		
	丈夫	赵德刚	汉	40	小学	汉语,熟练			
	长子	赵小兵	景颇(景颇)	10	小四在读	景颇语,熟练	汉语,熟练		
56	户主	跑样果(女)	景颇(景颇)	27	初中	景颇语,熟练	傣语,略懂	汉语,略懂	景颇文
	丈夫	诺佳	景颇(景颇)	35	小学	缅语,熟练	景颇语,熟练	汉语,略懂	景颇文
	长女	梦佳	景颇(景颇)	4					
	侄女	相板	景颇(景颇)	14	小五在读	景颇语,熟练	汉语,熟练		
57	户主	排早冬	景颇(载瓦)	37	小学	载瓦语,熟练	景颇语、缅语,熟练	汉语,熟练	景颇文
	妻子	刀结麻级	景颇(景颇)	37	高中	景颇语,熟练	汉语、载瓦语,熟练	傣语,略懂	景颇文
	长子	排兆翔	景颇(景颇)	6	小一在读	景颇语,熟练	汉语,略懂		
58	户主	木然鲁	景颇(景颇)	33	高中	景颇语,熟练	汉语,熟练		景颇文
	丈夫	闫春林	汉	31	初中	汉语,熟练			
	长女	严生萍	景颇(景颇)	1					
59	户主	尚朝龙	汉	43	初中	汉语,熟练			
	妻子	寸梅芳	汉	41	初中	汉语,熟练			
	长子	张满从	汉	16	高一在读	汉语,熟练			
	次女	张丽磊	汉	15	高一在读	汉语,熟练			

60	户主	勒向东	景颇（景颇）	22	小学	景颇语,熟练	汉语,熟练	傣语,略懂	
	妻子	跑结散	景颇（景颇）	29	小学	景颇语,熟练	缅语,略懂		景颇文
	长子	勒向孔	景颇（景颇）	3					
61	户主	麻级（女）	景颇（景颇）	30	小学	景颇语,熟练	汉语,熟练	傣语,略懂	景颇文
	丈夫	腊努	景颇（载瓦）	49	小学	载瓦语,熟练	景颇语,熟练	傣语,略懂	景颇文
	长女	宽拥	景颇（景颇）	4					
62	户主	勒向果龙（女）	景颇（景颇）	24	初中	景颇语,熟练	汉语,熟练		
	丈夫	赵新周	汉	24	初中	汉语,熟练	景颇语,略懂		
	长子	赵仁瑞	景颇（景颇）	3					
63	户主	鲁彩云（女）	汉	36	小学	汉语,熟练			
	丈夫	杨瑞	汉	40	初中	汉语,熟练			
	长女	杨艳	汉	16	初三在读	汉语,熟练			
	次女	杨国强	汉	9	小一在读	汉语,熟练			
64	户主	宽南	景颇（景颇）	24	初中	景颇语,熟练	汉语,熟练		景颇文
	丈夫	雷景凡	汉	24	初中	汉语,熟练	景颇语,略懂		
	长女	美佳	景颇（景颇）	1					
65	户主	扎保（女）	景颇（景颇）	23	初中	景颇语,熟练	汉语,熟练		景颇文
	丈夫	罗杨兵	汉	27	初中。	汉语,熟练			
	长女	杨国玺	景颇（景颇）	2					
66	户主	刀结果（女）	景颇（景颇）	44	小学	景颇语,熟练	汉语,熟练;傣语,略懂		景颇文
	丈夫	增瓦干	景颇（景颇）	47	小学	景颇语,熟练	汉语、傣语,略懂		景颇文
	长女	曾瓦果	景颇（景颇）	19	初中	景颇语,熟练	汉语,熟练		
	次女	香班	景颇（景颇）	16	小学	景颇语,熟练	汉语,熟练		
	三女	锐佳	景颇（景颇）	8	小四在读	景颇语,熟练	汉语,熟练		
67	户主	李天兰	汉	38	初中	汉语,熟练			
	妹妹	杨加连	汉	34	初中	汉语,熟练			

第四章 景颇族语言生活分析

景颇族的语言生活主要由以下几部分组成:一是使用自己的母语;二是不同支系以自己的支系语言作为自己的母语;三是兼用汉语;四是部分人出现支系语言的转用。本章按这几部分分别论述景颇族语言生活的特点及其成因。

第一节 景颇族母语使用现状及其成因分析

德宏州共有景颇族人口 13.54 万人(截至 2007 年年末),占全国景颇族总人口 95% 以上。我们从芒市、盈江县、瑞丽市选取 11 个有代表性的景颇族村民小组,对其进行景颇族语言使用情况调查。这 11 个村民小组既有聚居型,又有杂居型和边境型。通过调查,我们对德宏州景颇族的语言使用情况有了一定的认识。本章根据调查数据,对景颇族母语使用现状进行定性分析,并分析形成这种现状的成因。

一、景颇族全民稳定地使用自己的母语

11 个村民小组的调查数据显示,99.7% 景颇族能够熟练掌握自己的母语。根据这个数字,再参照入户调查、问卷调查、专访等所得材料,我们把德宏州景颇族使用母语的类型定为全民稳定使用母语型。

各村民小组母语使用情况见表 1。

表 1

调查点	总人口	熟练		略懂		不懂	
		人口	百分比(%)	人口	百分比(%)	人口	百分比(%)
芒市五岔路乡弯丹村拱母组	220	220	100	0	0	0	0
芒市五岔路乡弯丹村白岩组	225	224	99.5	0	0	1	0.5
芒市五岔路乡弯丹村勐广汉寨	13	9	69.3	3	23.0	1	7.7
芒市五岔路乡遮旦村民小组	93	93	100	0	0	0	0
芒市三台山乡允欠拱岭小组	148	148	100	0	0	0	0
芒市三台山乡允欠三组	6	6	100	0	0	0	0

芒市三台山乡邦外拱别小组	266	266	100	0	0	0	0
盈江县卡场镇吾帕村丁林寨	246	246	100	0	0	0	0
盈江县卡场镇草坝村迈东组	222	222	100	0	0	0	0
盈江县卡场镇盆都小组	86	86	100	0	0	0	0
瑞丽市弄岛镇等嘎村伍陆央淘宝村	207	206	99.5	0	0	1	0.5
合计	1732	1726	99.7	3	0.15	3	0.15

上表显示,11 个村民小组共有景颇族 1732 人,母语①水平达到"熟练"的人数为 1726,占总人口的 99.7%,"略懂"级的 3 人,占 0.15%,"不懂"母语的有 3 人,占 0.15%。这说明绝大多数景颇族都能熟练使用自己的母语进行交际,"略懂"或"不懂"母语的只是个别现象。他们的母语是生活中最主要的交际工具,在景颇族地区具有很强的语言活力。

在景颇族聚居区,许多汉族和傈僳族能够兼用景颇族语言。芒市五岔路乡弯丹村勐广汉寨主要居民是汉族,但这个寨子的周围是景颇族寨子,即西面的中寨、北面的张寨、西北方的小六仰、东边的白岩都是景颇族聚居的寨子。勐广汉寨的汉族,在长期与景颇族交往中,渐渐学会了景颇族语言,汉寨中有 52.2% 的汉人兼用载瓦语、39.2% 兼用浪峨语。如:番在然今年 51岁,在汉寨长大,从小与景颇族小朋友一起玩,不知不觉学会了景颇族语言。

下面再分年龄段,进一步分析景颇族母语使用的现状。表 2 为 40 岁以下景颇族母语使用情况,表 3 为 40 岁及以上的景颇族母语使用情况。

表 2

调查点	总人口	熟练		略懂		不懂	
		人口	百分比(%)	人口	百分比(%)	人口	百分比(%)
芒市五岔路乡弯丹村拱母组	147	147	100	0	0	0	0
芒市五岔路乡弯丹村白岩组	143	142	99.3	0	0	1	0.7
芒市五岔路乡弯丹村勐广汉寨	10	6	60	3	30	1	10
芒市五岔路乡遮旦村民小组	60	60	100	0	0	0	0
芒市三台山乡允欠拱岭小组	92	92	100	0	0	0	0
芒市三台山乡允欠三组	4	4	100	0	0	0	0
芒市三台山乡邦外拱别小组	173	173	100	0	0	0	0
盈江县卡场镇吾帕村丁林寨	181	181	100	0	0	0	0
盈江县卡场镇草坝村迈东组	163	163	100	0	0	0	0
盈江县卡场镇盆都小组	58	58	100	0	0	0	0
瑞丽市弄岛镇等嘎村伍陆央淘宝村	146	145	99.3	0	0	1	0.7
合计	1177	1171	99.5	3	0.25	3	0.25

---

① 景颇族有景颇、载瓦、浪峨、勒期和波拉等支系,每个支系都有自己的语言。景颇族中,有的人使用的母语转用别的支系语言,我们在统计中将转用的支系语言视为其母语。

表 3

调查点	总人口	熟练		略懂		不懂	
		人口	百分比(%)	人口	百分比(%)	人口	百分比(%)
芒市五岔路乡弯丹村拱母组	73	73	100	0	0	0	0
芒市五岔路乡弯丹村白岩组	82	82	100	0	0	0	0
芒市五岔路乡弯丹村勐广汉寨	3	3	100	0	0	0	0
芒市五岔路乡遮旦村民小组	33	33	100	0	0	0	0
芒市三台山乡允欠拱岭小组	56	56	100	0	0	0	0
芒市三台山乡允欠三组	2	2	100	0	0	0	0
芒市三台山乡邦外拱别小组	93	93	100	0	0	0	0
盈江县卡场镇吾帕村丁林寨	65	65	100	0	0	0	0
盈江县卡场镇草坝村迈东组	59	59	100	0	0	0	0
盈江县卡场镇盆都小组	28	28	100	0	0	0	0
瑞丽市弄岛镇等嘎村伍陆央淘宝村	61	61	100	0	0	0	0
合计	555	555	100	0	0	0	0

上表数据显示,景颇族母语水平达到"熟练"水平的,40岁及以上的是100%;40岁以下的是99.5%。这说明在不同的年龄段上,母语能力无较大差异,也说明青少年母语水平并未出现衰退。

下面把母语水平为"略懂"和"不懂"者的个人信息及语言使用情况列表叙述如下:

表 4

家庭关系	姓名	民族(支系)	年龄	文化程度	第一语言及水平
长女	保散	景颇(载瓦)	10	小三在读	载瓦语,略懂
长女	番成波	景颇(载瓦)	13	小六在读	载瓦语,略懂
妻子	排召弟	景颇(载瓦)	33	小学	载瓦语,略懂
长子	番成强	景颇(载瓦)	7	学前	汉语,熟练
长子	番孝维	景颇(浪峨)	8	小二在读	汉语,熟练
长女	李远美	景颇(浪峨)	10	小三在读	汉语,熟练

说明:保散的父亲是汉族,母亲是景颇族载瓦支系,家里主要使用汉语交流,母亲偶尔会教她一些载瓦语,所以她的载瓦语水平为"略懂"。番成波、排召弟、番成强、番孝维都是在族际家庭中长大的,家庭语言环境以汉语为主,所以景颇族语言都讲不好。李远美虽然是景颇族浪峨支系,但从小生活在芒市,在汉语的环境中长大,几乎不会讲浪峨语。

母语水平为"略懂"和"不懂"的案例分别出现在芒市五岔路乡弯丹村白岩组、芒市五岔路乡弯丹村勐广汉寨和瑞丽市弄岛镇等嘎村伍陆央淘宝村。这三个小组的共同点是杂居。白岩组是由载瓦支系、勒期支系、浪峨支系构成。汉寨的主要居民是浪峨支系和汉族。等嘎村伍陆央淘宝村是景颇支系和汉族杂居的寨子。

在瑞丽市弄岛镇等嘎村伍陆央淘宝村,景颇族有 231 人,汉族 40 人,傣族 2 人。景颇族中,景颇支系 223 人,载瓦支系 8 人。景颇语是等嘎村伍陆央淘宝村的强势语言,汉语、傣语和载瓦语都是弱势语言。调查数据显示,8 个载瓦支系的载瓦语水平全部是"熟练",均能熟练使用景颇语。汉族中有 50% 能兼用景颇语,从小在等嘎村伍陆央淘宝村长大的汉族都能熟练掌握景颇语。保福卫,今年 41 岁,3 岁时随父母搬迁到等嘎村伍陆央淘宝村,之后一直生活在这里。他不仅能熟练兼用景颇语,还会一些景颇文。傣族成年人只有一人,名叫干喊,他的景颇语水平是"略懂"。不懂景颇语的汉族均是嫁来不久的媳妇、入赘不久的女婿或语言能力未完全成熟的孩子。

在景颇族聚居的寨子里,景颇族语言是最重要的交际用语。我们调查的 6 个聚居寨子的母语掌握情况为 100% 熟练,没有"略懂"和"不懂"的情况。盈江县卡场镇草坝村迈东组是个景颇支系聚居的村民小组。虽然全组 80% 的村民能够兼用汉语,但村民之间聊天、开会、买东西等场合从来不讲汉语,而是使用景颇语,只有遇到外族人才讲汉语。调查过程中,村民与我们交谈使用汉语,但转身与同组村民交谈时,马上转用景颇语,语码转换应用自如。这说明他们已经完全成为双语人,不会因使用汉语而影响母语水平。

二、景颇族母语使用现状的成因分析

根据调查,我们清楚地看到景颇族语言具有很强的语言活力,是景颇族日常生活中最重要的、使用频率最高的交际工具。其母语类型属于全民稳定使用母语型。本节将分析景颇族母语保持活力的成因。

1. 相对聚居是景颇族稳定使用母语的客观条件

同一民族高度聚居,是景颇族稳定使用母语的重要保障。我们调查的 11 个村民小组中,有 6 个景颇族聚居小组,其景颇族母语水平为 100%"熟练"。

芒市五岔路乡弯丹村拱母组、五岔路乡遮旦村民小组、三台山乡允欠拱岭小组、三台山乡邦外拱别小组、盈江县卡场镇吾帕村丁林寨、卡场镇草坝村迈东组都是景颇族高度聚居的村民小组,景颇族人口占有绝对优势。拱母组总人口 245 人,除一个汉族外,全部是景颇族。遮旦小组景颇社现有居民 30 户 112 人,其中景颇族 106 人,占总人口 94.6%。拱岭小组共有居民 39 户 166 人,其中,景颇族 156 人,约占全组总人口的 94%。拱别小组共有居民 78 户 286 人,景颇族 281 人,占总人口 98.3%。丁林寨总人口 278 人,景颇族 277 人,汉族 1 人。迈东组总人口 245 人,景颇族 243 人,占 99.2%。这 6 个村民小组,景颇族的母语是第一交际用语,人们交流思想、沟通感情、召开会议、广播通知等都在使用他们的母语。景颇族的母语在聚居区保持着鲜活的生命力。

杂居区一般由多个民族成分组成,各民族内部使用本民族母语交流。我们调查的杂居村民小组中,景颇族的母语同样保存良好。其原因主要有以下两点。

一是"大杂居,小聚居"的分布特点是景颇族母语保持语言活力的有利条件。即便是在杂居区,景颇族也喜欢同族人相对靠近建房,便于联系。所以,杂居的村民小组通常可以按民族分成不同的区域,这对景颇族母语的保存是有利的。如,芒市五岔路乡弯丹村勐广汉寨,主要居民是汉族和景颇族,居住区以五岔路镇通往弯丹村委会的公路为界,公路北面住着景颇族,公路的南面住着汉族。在各自的生活区域内,景颇族使用景颇族语言,汉族使用汉语。汉族和景颇族之间的交流有时使用汉语,有时使用景颇语。

二是良好的外部语言环境是景颇族保存母语的有利保障。在杂居的村民小组,无论是景颇族人占多数还是占少数,他们都能完好地保存母语,并保证母语在代际之间稳定传承。这是与强大的外部环境分不开的。以芒市三台山乡允欠三组为例,允欠三组是德昂族、景颇族、汉族杂居的寨子。其中德昂族人数最多,占总人口的74%。景颇族只有9人,仅占总人口的7%。在寨子里使用德昂语的时间远多于使用母语。但这9个景颇族的母语水平全部是"熟练",没有一个人出现母语水平衰退的现象。究其原因,是因为寨子周围有大片的景颇族分布区。与允欠三组相邻的允欠一组和二组都是景颇族聚居的寨子,附近的几个寨子里也住着大量景颇族居民。

2. 深厚的母语情感是景颇族保存母语的心理基础

语言是民族的重要特征之一,是传承和发扬民族习俗、传统文化的重要载体,是民族同胞交流思想、沟通情感的重要手段。景颇族对自己的母语有着深厚的情感,认为景颇族的语言是景颇族的象征,是老祖宗留下的宝贵遗产,是景颇族文化传统中最重要的部分,只有景颇族的语言一代代不间断地传承下去,景颇族才会延续。

德宏州民语委主任跑承梅何腊在谈到家庭母语使用情况时说道:"我们一家人在家都说载瓦语,出去才说汉语。因为我担心我们民族的语言失传,所以要求她们经常说载瓦语。我的侄孙女现在7岁,上小学二年级。她懂三种语言:汉语、浪峨语、载瓦语,这三种语言都说得很好。"

景颇族不会说或不愿说母语会受到父母责骂、族人鄙视。走访中,一位在芒市打工的景颇族小姑娘告诉我们,她虽然在芒市生活了7年,但母语一点都不敢忘记。因为回家后如果不说母语,会被父母骂的。她姐姐嫁给了一个傣族,她的爸爸说将来一定要教他的外孙学景颇话。在盈江县卡场镇景颇文培训班,当我们问及为什么要学习景颇文时,小朋友们踊跃举手回答,"为了发扬景颇族文化","不会景颇文害羞","学景颇文,景颇族就会越来越多,就不会全变成汉族","景颇文是景颇族的传统,不会景颇文就等于丢了景颇族的传统"。可见,景颇族对母语的深厚感情从小就在心中根深蒂固。

景颇族热爱自己的母语,如同热爱自己的民族。使用母语交流能增加民族认同感。无论在什么地方,景颇族听到有人讲自己的母语会备感亲切。外族人如果能兼用景颇族语言,会被景颇族当作同胞看待。我们在瑞丽市弄岛镇与等嘎村一位领导会面时,他由于公务繁忙,对我们不是非常热情。当我们课题组的成员用景颇语与他交流时,他的态度立刻变得热情起来,待我们如上宾,并主动提出带我们参观等嘎村。五岔路乡计划生育办公室宣传员董勒定告诉我们："在景颇族聚居区用景颇族语言做工作比用汉语效果好。会讲民族语是一个重要的有利因素，能拉近跟村民的感情，村民更容易接受。语言是一种感情的纽带，感情上认同了，工作起来就比较顺了。"

强烈的支系意识是景颇族热爱母语的另一个重要体现。景颇族的不同支系都有自己的语言，并把本支系的语言作为自己的母语来学习、使用和传承。景颇族聚居区通常杂居着不同支系，支系间兼用对方语言的现象普遍存在，而且兼用语并不影响母语的保存和传承。弯丹村委会主任杨木兰告诉我们，白岩组里虽然景颇族支系很多，但是相处和谐。交流的时候都各用各的支系语言，互相都听得懂。家里父母教自己的孩子学说话都是教自己的支系语言，不会教别的支系语言。别的语言都是在寨子里自然学会的。

在盆都组，景颇语和傈僳语是主体语言，大部分村民都能兼用这两种语言。盆都小组组长卡牙干一家全部是载瓦支系，他们家的成员都能兼用傈僳语和景颇语，但在家中，卡牙干一家仍然坚持使用载瓦语交流，载瓦语保存良好。在我们调查过程中，卡牙干与家人一直使用载瓦语交流，足见景颇族支系意识之强烈。景颇族虽然支系意识强烈，但不同支系间关系非常融洽、和谐。

3. 应用价值是景颇族语言得以稳固传承的重要基础

语言的价值在于能够满足人们的交际需要。如果一种语言的交际功能完全被另一种语言所取代，这种语言就失去了存在的价值。景颇族语言之所以具有强大的生命力，是因为景颇族语言具有广泛的使用空间，具备很高的应用价值。

在景颇族地区，无论是在家庭内部，还是在村寨间，不论是聚居区，还是杂居区，不管是县、州一级的领导，还是高级知识分子，与同族人在一起时都要说自己的母语。当问及为什么时，回答是"这是习惯，不说自己的语言会感到怪怪的""说自己的语言才拉近了距离"。所以，在景颇族地区景颇语的使用频率很高，是维持社会交际、社会发展的一个不可缺少的语言工具。

景颇族非常认亲，不管相距多远，亲属之间都会保持联系。我们在调研的过程中，遇到这样一件事：五岔路乡弯丹村汉寨的一位百岁老人于当日上午离开了人世，下午的时候五岔路村遮旦村民小组的亲戚就得到消息，并且四处奔告，召集亲友，连夜赶往汉寨奔丧。这种浓浓亲情是保证景颇族稳定发展的有力保障，同时也是保持景颇族语言充满活力的重要因素。

境外缅甸有大量景颇族居民分布，对景颇语的保持和传承也有一定的作用。我国景颇族有十多万人，但缅甸的景颇族在 150 万以上。中国景颇族与缅甸景颇族同宗共源，语言相同，交往频繁。有缅甸亲戚的景颇族每年都要到缅甸去探亲，有的把孩子送到缅甸去读书，缅甸亲属也常来中国购物、探亲，也把子女送到中国读书。他们之间交流，全部使用景颇族语言。边民互通的政策使中缅贸易往来大幅增加，越来越多的景颇人前往缅甸，从事玉石生意和木材生意。不懂景颇族语言就无法到缅甸做生意。缅甸的景颇族也常来德宏州赶集、购物。盈江县卡场镇草坝村迈东组村民供胖腊常年在缅甸做生意，缅语水平"熟练"，不仅生意红红火火，而且还娶了一个缅甸媳妇。

第二节 景颇族支系语言使用现状分析

一、国内景颇族支系分布概况

景颇族虽然是一个人口比较少的民族,但其内部却有着不同支系的区分。他们对其他民族,都以"景颇族"自称,而在本民族内部,则以不同的支系名称自称。人们对自己以及自己的亲属属于什么支系都十分清楚,就连十来岁的孩子也都知道自己是属于哪个支系。支系的差别在景颇族人们的意识中相当牢固,成为一种"无形的"民族特征,它对景颇族的语言、婚姻、家庭以及其他特征的发展变化都有着一定的影响。

景颇族的支系主要有五个:景颇、载瓦、勒期、波拉、浪峨。在我国,这五个支系中以载瓦支系的人口为最多,其次是景颇支系,勒期、浪峨、波拉三个支系的人口较少。

我国不同支系人口的分布大致是:1.景颇支系约38900人,主要分布在盈江县的铜壁关、卡场、太平、平原、姐帽、芒允、昔马、那邦、莲花山、弄璋、新城、油松岭等乡镇;瑞丽市的弄岛、勐秀、姐勒、户育、畹町等乡镇;陇川县的清平、护国、弄巴、王子树、景坎、城子、章风、户撒等乡镇;芒市的芒海镇;临沧市耿马县的货派、孟定、耿马等乡镇。2.载瓦支系约76500人,主要分布在陇川县的城子、勐约、清平、弄巴、王子树、章风、景坎等乡镇;盈江县的支那、盏西、新城、莲花山等乡镇;芒市的西山、东山、五岔路、中山、芒海、遮放、三台山等乡镇及城郊镇的桦树林等地;瑞丽市的户育、勐秀、弄岛、畹町等乡镇;梁河县的芒东、勐养等乡镇以及西双版纳州勐海县勐海乡,思茅地区的澜沧县、孟连县等。3.勒期支系约10700人,主要分布在盈江县的盏西、麻刀、喇哸董、大云坡等山区;陇川县的护国等地;芒市的西山、中山、东山、三台山、邦各、别弄、营盘和石板等地;瑞丽市的勐力、南京里,梁河县的勐养、芒东等乡镇以及怒江州的泸水县片马镇也有分布。4.浪峨支系约5600人,主要分布在芒市的营盘、勐广、引欠、弄龙、党扫、拱卡及中山部分地区;梁河县的邦外、红场一带;陇川县的护国、拱瓦、垒良等部分地区;瑞丽市的南京里、勐秀、户兰等地;盈江县的盏西、铜壁关的部分地区。5.波拉支系约450人,是景颇族中人数最少的一个支系,主要分布在芒市三台山乡的允欠村和五岔路乡勐广村、弄弄村、项丘、西山乡板栽二组、城郊的桦树林,梁河县的邦外,陇川县的双窝铺、王子树、帕浪弄村等地。

不同支系的分布,总的是交错杂居的局面。载瓦和景颇两个支系,各自有几块较大的聚居区。如:芒市的西山区、盈江县的盏西区、陇川县的邦瓦区是载瓦支系的聚居区;盈江县的铜壁关区、瑞丽县的等嘎村是景颇支系的聚居区;勒期、浪峨、波拉三个支系,多与别的支系杂居。单一支系的聚居区都以村寨为单位,就多数地区而言,都是不同支系杂居一起的。许多村寨都居住着两个或两个以上的支系,只有少数村寨是单一支系的。在几个支系杂居的村寨,多数是以一个支系为主,并夹杂一些别的支系。如芒市三台山乡允欠村就是一个典型的多支系杂居的地区。这个乡的各个村寨都有几个不同的支系,但在不同的支系中,则有一个支系人口最多。如邦瓦寨以载瓦支系为主,允欠寨以浪峨支系为主,广林寨以勒期支系为主,孔家寨以波拉支系为主。也有一些村寨是由人数大致相等的不同支系组成的。不同支系共居组成的村寨,许多家庭也是由不同的支系结合一起的,即这个家庭的男户主是一个支系,女户主是另一个支系。家庭的支系归属一般随男户主。子女的支系归属一般随父,即父亲是什么支系,子女也属什么支系。

二、景颇族各支系使用本支系语言情况

为了了解景颇族支系的语言使用情况,我们对云南省德宏傣族景颇族自治州芒市五岔路乡弯丹村白岩小组、芒市三台山乡允欠村拱岭小组、盈江县卡城镇吾帕村丁林小组、瑞丽市弄岛镇等嘎村伍陆央淘宝村等 11 个地点的语言使用情况进行了穷尽式的调查统计,并抽样调查了芒市城区景颇族支系的语言使用情况。

景颇族 5 个不同支系的差别,主要表现在语言上。各个支系都有自己的、不同于别的支系的语言,不同支系的区别同使用语言的界限是完全一致的。因此可以说,使用不同的语言,是景颇族不同支系之间最明显和最主要的区别和特征。要识别一个景颇人属何支系,最简便的也是最准确的方法,就是看他使用哪种语言。景颇族的不同支系的人,在日常生活中,都各自坚持使用本支系的语言,并且认为本支系语言就是自己的民族语言,对它有着一种特殊的感情。他们认为,作为一个少数民族成员,首先要懂得自己民族的语言,尊重自己民族的语言,否则是对不起自己的祖上。所以,这里的孩子都要首先学习父亲所属民族支系的语言,形成了景颇人坚持使用自己语言的传统。景颇语就这样以家庭为单位,代代传承,相沿习用。以下是我们各调查点的景颇族支系使用本支系语言的情况。

1. 五岔路乡弯丹村白岩小组景颇族使用本支系语言情况:

表 5

民族及支系	人数	第一语言使用情况			
		第一语言为本支系语言的人数	百分比(%)	第一语言为非本支系的人数	百分比(%)
景颇族勒期支系	82	82	100	0	0
景颇族浪峨支系	24	21	87.5	3	12.5
景颇族载瓦支系	116	116	100	0	0
景颇族波拉支系	2	2	100	0	0
景颇族景颇支系	1	1	100	0	0

2. 五岔路乡弯丹村拱母小组景颇族使用本支系语言情况:

表 6

民族及支系	人数	第一语言使用情况			
		第一语言为本支系语言的人数	百分比(%)	第一语言为非本支系的人数	百分比(%)
景颇族勒期支系	1	1	100	0	0

| 景颇族浪峨支系 | 8 | 6 | 75 | 2 | 25 |
| 景颇族载瓦支系 | 211 | 211 | 100 | 0 | 0 |

3. 五岔路乡遮旦村景颇社景颇族使用本支系语言情况：

表 7

民族及支系	人数	第一语言使用情况			
		第一语言为本支系语言的人数	百分比(%)	第一语言为非本支系的人数	百分比(%)
景颇族勒期支系	1	1	100	0	0
景颇族浪峨支系	16	4	25	12	75
景颇族载瓦支系	75	75	100	0	0
景颇族景颇支系	1	1	100	0	0

4. 弯丹村勐广汉寨景颇族使用本支系语言情况：

表 8

民族及支系	人数	第一语言使用情况			
		第一语言为本支系语言的人数	百分比(%)	第一语言为非本支系语言的人数	百分比(%)
景颇族浪峨支系	5	2	40	3	60
景颇族载瓦支系	8	4	50	4	50

5. 三台山乡允欠村拱岭小组景颇族使用本支系语言情况：

表 9

民族及支系	人数	第一语言使用情况			
		第一语言为本支系语言的人数	百分比(%)	第一语言为非本支系的人数	百分比(%)
景颇族勒期支系	64	64	100	0	0
景颇族浪峨支系	58	58	100	0	0
景颇族载瓦支系	24	24	100	0	0
景颇族波拉支系	1	1	100	0	0
景颇族景颇支系	1	1	100	0	0

6. 三台山乡邦外村拱别小组景颇族使用本支系语言情况：

表 10

民族及支系	人数	第一语言使用情况			
		第一语言为本支系语言的人数	百分比(%)	第一语言为非本支系的人数	百分比(%)
景颇族勒期支系	13	6	46.15	7	53.85

景颇族浪峨支系	59	27	45.76	32	54.24
景颇族载瓦支系	181	181	100	0	0
景颇族波拉支系	6	4	66.7	2	33.3
景颇族景颇支系	7	5	71.43	2	28.67

7. 三台山乡允欠村三组景颇族使用本支系语言情况:

表 11

民族及支系	人数	第一语言使用情况			
		第一语言为本支系语言的人数	百分比(%)	第一语言为非本支系语言的人数	百分比(%)
景颇族勒期支系	1	1	100	0	0
景颇族浪峨支系	1	1	100	0	0
景颇族载瓦支系	1	1	100	0	0
景颇族波拉支系	2	2	100	0	0
景颇族景颇支系	1	1	100	0	0

8. 盈江县卡场镇吾帕村丁林小组景颇族使用本支系语言情况:

表 12

民族及支系	人数	第一语言使用情况			
		第一语言为本支系语言的人数	百分比(%)	第一语言为非本支系语言的人数	百分比(%)
景颇族勒期支系	2	2	100	0	0
景颇族载瓦支系	11	11	100	0	0
景颇族景颇支系	232	232	100	0	0

9. 盈江县卡场镇草坝村迈东小组景颇族使用本支系语言情况:

表 13

民族及支系	人数	第一语言使用情况			
		第一语言为本支系语言的人数	百分比(%)	第一语言为非本支系语言的人数	百分比(%)
景颇族勒期支系	1	1	100	0	0
景颇族载瓦支系	3	3	100	0	0
景颇族景颇支系	218	218	100	0	0

10. 盈江县卡场镇草坝村盆都小组景颇族使用本支系语言情况:

表 14

民族及支系	人数	第一语言使用情况			
		第一语言为本支系语言的人数	百分比(%)	第一语言为非本支系语言的人数	百分比(%)
景颇族载瓦支系	16	16	100	0	0
景颇族景颇支系	70	70	100	0	0

11. 瑞丽市弄岛镇等嘎村伍陆央淘宝村景颇族使用本支系语言情况：

表 15

民族及支系	人数	第一语言使用情况			
		第一语言为本支系语言的人数	百分比(%)	第一语言为非本支系语言的人数	百分比(%)
景颇族载瓦支系	8	8	100	0	0
景颇族景颇支系	199	199	100	0	0

调查结果表明,几个支系大多以自己支系的语言为第一语言。转用其他支系语言的,以浪峨人比较多。此外拱别小组的 7 名勒期人也发生了转用。总的看来,不论是聚居区还是杂居区,各支系基本上还是使用自己的支系语言。以草坝村盆都小组为例,盆都小组是一个景颇族和傈僳族杂居的村民小组。全组共 62 户 287 人,其中,傈僳族 191 人,景颇族 96 人。景颇族人口中,载瓦支系有 3 户,其余全是景颇支系。值得注意的是,盆都组的载瓦支系 3 户 16 人,是这个组人口最少的,仅占全组人口的 6.3%。但是他们仍坚持使用自己的母语,对下一代也只教母语,不教更强势的傈僳语或景颇语。因此,载瓦支系的这 16 人中,无论年龄大小,100%都能够熟练使用自己的母语。课题组即将离开盆都时,邀请村民与我们合影留念,有一家载瓦支系的爷爷让儿子去叫孙子快点来,孙子很快就来了,三代人之间交流用的都是载瓦语。可见,景颇族支系语言的传承具有极强的生命力,能够在或单一或复杂的语言环境中进行。

三、景颇族各支系兼用其他支系语言情况

景颇族各支系除了使用本支系的语言外,有相当一部分人还兼用别的支系语言,有的人能兼用一种,有的人能兼用两三种,这就构成景颇族使用语言的一种重要特点——兼用性。在整个景颇族地区,除去一些大片的、单一支系的聚居区只使用本支系的语言外,在广大多支系的杂居区和小片单一支系的聚居区,许多人都能兼用另一种或两三种别的支系语言。其兼用程度一般都较好,达到能听、会说、较流畅地进行思想交流的水平。总的来说,杂居地区的各支系,兼用语言的程度比聚居区高。下面是各支系兼用其他支系语言的情况。

1. 景颇支系(共 729 人)兼用其他支系语言情况：

表 16

	兼用的支系语言	熟练		略懂	
		人数	百分比(%)	人数	百分比(%)
景颇支系	载瓦语	53	7.27	38	5.21
	浪峨语	2	0.27	1	0.14
	勒期语	6	0.82	3	0.41
	波拉语	0	0	0	0

2. 载瓦支系(共 657 人)兼用其他支系语言情况:

表 17

载瓦支系	兼用的支系语言	熟练		略懂	
		人数	百分比(%)	人数	百分比(%)
	景颇语	40	6.09	5	0.76
	浪峨语	62	9.44	304	46.27
	勒期语	118	17.96	151	22.98
	波拉语	0	0	15	2.28

3. 勒期支系(共 162 人)兼用其他支系语言情况:

表 18

勒期支系	兼用的支系语言	熟练		略懂	
		人数	百分比(%)	人数	百分比(%)
	载瓦语	131	80.86	0	0
	浪峨语	67	41.36	51	31.48
	景颇语	4	2.47	0	0
	波拉语	1	0.62	4	2.47

4. 浪峨支系(共 172 人)兼用其他支系语言情况:

表 19

浪峨支系	兼用的支系语言	熟练		略懂	
		人数	百分比(%)	人数	百分比(%)
	载瓦语	142	82.56	0	0
	景颇语	2	1.16	1	0.58
	勒期语	69	40.12	17	9.88
	波拉语	8	4.65	1	0.58

5. 波拉支系(共 11 人)兼用其他支系语言情况:

表 20

波拉支系	兼用的支系语言	熟练		略懂	
		人数	百分比(%)	人数	百分比(%)
	载瓦语	10	90.91	1	9.10
	浪峨语	6	54.55	3	27.27
	勒期语	1	9.10	6	54.55
	景颇语	0	0	0	0

6. 五种支系总体(共 1731 人)兼用其他支系语言情况:

表 21

五种支系	兼用的支系语言	熟练		略懂	
		人数	百分比(%)	人数	百分比(%)
	载瓦语	336	19.41	39	2.25
	勒期语	194	11.21	174	10.05
	浪峨语	155	8.95	359	20.74
	景颇语	46	2.66	6	0.35
	波拉语	9	0.52	30	1.73

从上表可以看出,载瓦语、勒期语、浪峨语是兼用人数最多的语言,景颇语、波拉语兼用人数很少。

能够操多种支系语言的人们在一起,什么情况下使用本支系的语言,什么情况下使用别的支系的语言,都不是任意的,而是由某种特定的条件决定的。这里所谓的条件,有的与语言交际的环境有关,即在不同的环境下使用不同的语言;有的与说话人的辈分、年龄、性别、职业等因素有关。可以概括为几个原则:

1. 尊重母语原则

在一个由不同支系的人结合而组成的家庭内,各个成员在什么情况下,使用什么语言都有比较严格的界限。子女以何种语言为自己的语言,一般是随父不随母。在这种家庭里,父亲和子女使用一种语言,母亲是用另一种语言。父母双方虽然都能较好地掌握对方的语言,但在相互交谈时却各自使用自己的支系语言,只听对方说的语言,而不说对方的语言。子女们虽然以父亲的语言为自己的语言,但在家里交谈时,同父亲说父亲的语言,同母亲说话时情况不同,要看居住地的主流语言,如果居住地是以父亲所属支系为主体,那就使用父亲的语言,如果居住地是以母亲所属支系为主体,那就使用母亲的语言,兄弟姐妹之间则使用父亲的语言。其母亲虽然长期坚持使用自己支系的语言,但对子女们则要求他们之间或他们与父亲之间必须使用父亲使用的语言。我们的合作人云南民族大学何勒腊老师,景颇族载瓦人,第一语言是载瓦语,兼用浪峨语、景颇语、汉语,母亲是浪峨人,讲浪峨语,但他们在家庭中都是各讲各的母语。

2. 主动套近原则

不同支系的人在一起的时候,如果有甲方是要主动接近乙方的时候,甲方往往要使用乙方的语言,以拉近感情。不同支系的青年男女在恋爱期间,如果双方都熟悉对方的语言,他们交谈时往往是男方主动使用女方的语言,以示爱慕之情。但成立家庭后,男方则用本支系的语言,恢复"各说各的语言"。成年男性经常外出打工或是做生意的,往往要用对方或顾客的语言,主动套近乎,有利于他们做成事情,用他们自己的话说是"到什么山唱什么歌"。

3. 交际有效原则

如果是对不同支系的小孩讲话,害怕小孩听不懂,要用小孩的语言,以便能够互相听懂,保证交际行为的有效性。

　　景颇族一个支系兼用另一个支系语言的特点,反映景颇族在形成统一民族后的进一步融合。一般说来,一个统一的民族要保持民族内部的交往,必须要有大家都懂得的语言。无疑,支系语言的存在,是不利于民族内部交流的。支系语言的兼用,就是为了解决这个矛盾而出现的。随着景颇族各地人们相互交往的不断加强,以及整个民族文化科学水平的不断提高,能够兼用别的支系语言的人越来越多,特别是近几十年来,语言兼用现象有了较大发展。

四、景颇族各支系转用其他支系语言情况

　　改革开放之后,随着人员的流动、迁居、族际婚姻的增多,人们的交际范围逐步扩大,景颇族的语言使用情况有了一些松动,出现了语言转用现象,即有些支系成员放弃本支系语言而转用其他支系语言。有的是初学语言的时候,第一语言用了其他支系的语言,我们称之为本支系语言的转用。有的是第一语言是本支系语言,但在使用中退居到次要地位,其他支系的语言成了常用语言,我们称之为本支系语言的退位。我们的调查对象孔德华,波拉支系人,父亲是波拉人,讲波拉语,母亲是载瓦人,讲载瓦语,奶奶是载瓦人,讲载瓦语、波拉语,孔德华从小随家庭迁居到载瓦人聚居的寨子里,第一语言变成载瓦语。父亲去世早,波拉语是后来奶奶教的。在景颇族支系非常聚居的寨子里,从别的支系嫁过来的媳妇,本支系语言退位现象十分明显,我们调查过的盈江县卡场镇吾帕村丁林小组、草坝村迈东小组都是景颇族景颇支系聚居的寨子,从别的支系和汉族嫁过来的媳妇,时间一长,他们的常用语言就转用成景颇支系语言了,本支系语言反而退居到次要地位。我们着重考察一下本支系语言转用的情况,综合各调查点的母语转用情况如下表:

表 22

民族及支系　　　转用的第一语言	景颇支系	载瓦支系	勒期支系	浪峨支系	波拉支系
景颇语	—	0	0	0	0
载瓦语	3	—	27	53	2
勒期语	0	3	—	4	0
浪峨语	0	4	0	—	0
波拉语	0	0	0	0	—

　　从上表可以看出,发生母语转用最多的支系是浪峨和勒期,转用后的语言主要是载瓦语。在调查中可以发现,人口的绝对数量好像不太影响母语的保存。三台山县允欠村拱岭小组,世居民族是勒期和浪峨,只有一户载瓦人,但加上外来的载瓦媳妇,全组有完全语言能力的载瓦人 24 人,而最多的勒期人、浪峨人也分别是 64 人、58 人,人数没有太大的悬殊,在这里,勒期语、浪峨语、载瓦语三种语言平行使用。母语转用现象比较明显的是三台山乡邦外村拱别小

组,全组 266 人,载瓦 181 人,浪峨 59 人,勒期 13 人,波拉 6 人,其他支系同载瓦支系人数相差较大,载瓦语在全组占绝对优势,成为这里的通用语言,所以,影响到儿童第一语言的学习,发生本支系语言转用现象相对较多。当然,家庭语言环境也是影响母语转用的一个重要因素,如五岔路乡弯丹村白岩小组浪峨支系的转用情况,浪峨支系是白岩组一个较小的支系。全组 6 岁以上语言能力稳定的浪峨支系有 24 人。4 人的第一语言转为别的语言。其中,1 人转为汉语,1 人转为载瓦语,2 人转为勒期语。第一语言已转用为载瓦语、勒期语的 3 名浪峨人的语言使用情况见下表:

表 23

家庭编号	家庭关系	姓名	民族(支系)	年龄	文化程度	第一语言及水平	第二语言及水平	其他语言及水平
4	妻子	全木南	景颇(浪峨)	38	初中	载瓦语,熟练	浪峨语,熟练	勒期语、波拉语、汉语,略懂
19	长子	孔志况	景颇(浪峨)	12	小五在读	勒期语,熟练	载瓦语,熟练	汉语,熟练;浪峨语,略懂
19	次子	孔坤	景颇(浪峨)	6	学前	勒期语,熟练	载瓦语,熟练	汉语,熟练

全木南是从西山嫁过来的。她的母亲是载瓦支系,在语言习得的最初阶段,她受母亲语言的影响较大,以载瓦语为第一语言。

孔志况和孔坤两兄弟,他们的父亲孔志恩是浪峨支系,母亲是勒期支系。孔志恩在家里与家人都说勒期语,出去了则遇到什么人就说什么话。孔志况和孔坤从小生活在一个以勒期语为家庭交际用语的环境中,所以勒期语成了他们的第一语言。

可见,生活环境、家庭环境是影响母语转用的重要因素。

五、景颇族各支系语言生活的特点

综合以上景颇族各支系语言使用情况的分析,可以看出景颇族的语言生活有如下一些特点:

1. 高度重视母语的传承

从调查结果看,不论是聚居区还是杂居区,景颇族各支系基本上以自己的支系语言为第一语言,他们的母语得到很好的传承。这与他们对母语的重视态度有极大的关系。景颇人普遍认为,作为景颇人,就应该学会自己的语言,他们害怕丢失自己的根。典型的例子如我们的调查对象穆锐直(西山载瓦人)谈到她爸爸(曾是他们村的村长)时说:"我爸爸不允许我们忘掉自己的语言,我姐姐出嫁了,嫁给了傣族,我的外甥女现在才八个月,但我爸爸要求我姐必须教会她女儿景颇话。"穆锐直还说,"听到收音机里的景颇语节目感到很欣慰,有时候觉得景颇语的节目时间短还会产生想法,是不是歧视景颇人?我经常听收音机主要是为听景颇语。"

现在景颇人对于景颇语的传承不仅仅满足于口语的传承,他们认为要想更好地传承自己的母语,还应该努力推行景颇文。所以,德宏州民语委、景颇族发展进步协会等利用节假日期间开办景颇文培训班,深受景颇人的欢迎,他们愿意让自己的孩子学会景颇文,而且在这里学习,只花几元的资料费就可以了。我们调查的盈江县卡场镇景颇族发展进步协会举办的景颇文培训班,分大班、中班、小班,这里不仅是景颇族的孩子学习景颇文,汉族孩子也来学习景颇文。另外,许多村寨里也自行组织景颇文学习班,请外地的牧师来教景颇文,村里的大人、小孩都可以参加,也都是免费的。如瑞丽市弄岛镇等嘎村伍陆央淘宝村的村民组长,媳妇是缅甸的医学大专生,景颇族,嫁过来以后,自愿担任村里的景颇文教师,免费教村民们景颇文。

2. 兼容并包的语言态度

景颇人除了熟练掌握自己的支系语言及汉语外,多数还能兼用其他支系的语言,且杂居的村寨要比聚居的村寨兼用程度高,有的能兼用一种,有的能兼用两种、三种,兼用程度都较好,达到能听、会说、较流畅地进行思想交流的水平。比如盈江县卡场镇草坝村盆都小组的卡牙当,36 岁,载瓦人,第一语言是载瓦语,兼用汉语、景颇语、傈僳语、缅语,我们有意对其进行了景颇语 400 词的熟练程度测试,测试结果几乎全部是 A,说明其景颇语水平确实达到他自己所说的熟练水平。

景颇族支系之间的语言兼用呈现双向性,或者是说,是相互兼用的,不存在一种支系语言替代另一种支系语言的情况。例如芒市三台山乡允欠村拱岭小组,勒期、浪峨是当地的世居支系、载瓦人多是外来的媳妇,在这里,除汉语外,勒期、浪峨、载瓦三种语言并列通行,没有说哪种语言更占优势。在盈江县草坝村盆都小组,有景颇族景颇支系、载瓦支系,还有傈僳族,他们相互之间几乎都能讲对方的语言。

不同支系语言的熟练兼用,说明景颇族各支系之间的平等和睦。在他们的意识中,没有哪个支系占优势、哪个支系处于劣势的想法。各支系是平等的,他们都是景颇族。当我们问到景颇人的民族成分时,无论是谁,都会脱口而出,说自己是景颇族。只有当我们再继续追问是大山、小山时,他们才会分辨自己的支系。表现在对待语言的态度上,他们认为自己是什么族的人就应该使用什么语言,所以既能尊重自己的语言,又能尊重对方的语言。小伙伴们在一起玩时,有意无意地学会了对方的语言。没有支系之间的平等团结,这一点是绝对做不到的。

3. 令人叹服的语言能力

景颇人的语言能力是很强的,在我们的调查过程中,许多人非常自然地说自己会几种语言,我们开始还有点纳闷,经过 400 词的测试,果不其然。在测试过程中他们往往会主动说,某个词在景颇话里怎么读、在载瓦话里怎么读等等。而且许多父母,尤其是混合支系家庭里的父母往往要求孩子学习不同支系的语言。我们问过几个家长,这样做不会给孩子增加负担吗?她们都说,这有什么负担?很简单的事嘛!这些人的语言能力我们实在是不得不佩服。

第三节 景颇族汉语使用现状及其成因分析

一、景颇族汉语使用现状

德宏的景颇族大多生活在农村山区,其村寨呈相对聚居态势,母语保存相对完好。随着现代化进程的加快,景颇山寨与外界的沟通更加频繁,越来越多的人都能够不同程度地兼用汉语。景颇族兼用汉语具有如下特点:

(一) 景颇族 80% 以上的人都能不同程度地兼用汉语

下表 24 反映的是两市一县 9 个景颇族寨子景颇族兼用汉语的情况。

表 24

调查点	总人口	熟 练		略 懂		不 懂	
		人口	百分比(%)	人口	百分比(%)	人口	百分比(%)
芒市五岔路乡弯丹村拱母组	220	133	60.5%	71	32.3%	16	7.3%
芒市五岔路乡弯丹村白岩组	225	206	91.6%	17	7.6%	2	0.8%
芒市五岔路乡遮旦村民小组	93	86	92.5%	7	7.5%	0	0%
芒市三台山乡允欠拱岭小组	148	137	92.6%	11	7.4%	0	0%
芒市三台山乡邦外拱别小组	266	244	91.7%	16	6%	6	2.3%
盈江县卡场镇吾帕村丁林寨	245	183	74.7%	59	24.1%	3	1.2%
盈江县卡场镇草坝村迈东组	222	184	82.9%	9	4.1%	29	13.1%
盈江县卡场盆都小组	86	52	60.5%	19	22.1%	15	17.4%
瑞丽市弄岛镇等嘎村伍陆央淘宝村	207	128	61.8%	55	26.6%	24	11.6%

从上表可知,82.6% 以上的景颇族都能不同程度地兼用汉语。但各个村寨由于自身的特点,兼用汉语状况并不平衡。根据掌握汉语的熟练程度,可以把 9 个村寨分为三种类型。

1. 靠近城市或距离汉族村寨近的景颇族熟练掌握汉语的比例较大

属于这个类型的有遮旦、白岩、拱岭、拱别和迈东。这几个小组汉语熟练程度达到 80% 以上,有的可以达到 90%。遮旦小组与汉族小组紧挨在一起,加上村寨四面有马掌田、中寨、回龙、新寨等汉族寨子,村中老小平时与汉族接触较多;白岩组距五岔路乡政府 10 公里,距弯丹村委会不到 1 公里。附近有弯丹明德小学,小学以汉语为教学语言。汉语是白岩组村民在村寨外活动时的主要交际工具。拱别小组是原来的乡政府所在地,距离 320 国道很近,交通便利,村民接触汉语机会很多。此外与德昂、汉族寨子相邻,汉语是沟通彼此的重要工具。迈东组距离盈江县卡场镇政府很近,大约 1 公里路程,很多人都到卡场镇九年一贯制学校读书。总的看来,这些景颇族寨子距离城镇中心较近,交通便利,有的还和汉族寨子相邻,所以多数人都能熟练掌握汉语。

2. 较偏僻、交通不便的地区的景颇族熟练掌握汉语程度稍低

属于这种类型是丁林、盆都、拱母，这几个小组的汉语熟练程度约在 60%—70%。这些寨子距离城镇中心较远，交通不便。如盆都村民小组位于卡场镇政府西北，距镇政府约 13 公里，距缅甸 4 公里，与草坝其他寨子距离较远，处于相对封闭的状态中。寨子里受教育程度普遍较低，很多人没有接触多少学校教育。所以这里能熟练掌握汉语的不多。丁林寨距离卡场镇政府 5 公里，多是道丁石路，大部分人还需要步行去镇上。此外丁林寨紧邻景颇族寨子，与汉族寨子相距较远。拱母村民小组位于五岔路乡政府的西南部，距离乡政府约 20 公里，地理位置很偏僻。路况较差，多为砂石土路，晴天一身灰，雨天一身泥。天气晴朗时，步行需三个小时，骑摩托车也要一个多小时。雨天时，道路泥泞、湿滑，村民出行较为困难。地理环境造成这些村寨与外界说汉语的人接触较少，熟练掌握汉语程度"一般"。

3. 靠近边境的地区，跨国婚姻影响景颇族熟练掌握汉语程度

等嘎村伍陆央淘宝村有 61.8% 的人能熟练掌握汉语，有 11.6% 的人不懂汉语。寨子中虽有很多汉族，但景颇族母语保存完好，家庭及村寨一般交流用语都是景颇语。由于等嘎村伍陆央淘宝村地处边境线，地理位置特殊，与缅甸人通婚较多，全寨有缅甸媳妇三四十个。这些缅甸媳妇的民族成分都是景颇族，她们基本不懂汉语。只有在中国生活几年后，才学会说一些汉语。由于这个原因，等嘎村伍陆央淘宝村只有一半多的人能熟练掌握汉语。

（二）不同年龄段熟练掌握汉语的程度具有层次性

我们统计了 9 个景颇族寨子的少年（6—19 岁）、青壮年（20—39 岁）、中年（40—59 岁）和老年（60 岁以上）四个不同年龄段，共 1712 人的汉语掌握情况，统计结果见下表：

表 25

年龄段（岁）	调查人数	熟练		略懂		不懂	
		人数	百分比（%）	人数	百分比（%）	人数	百分比（%）
6—19	404	334	82.7	55	13.6	15	3.7
20—39	759	656	86.4	72	9.5	31	4.1
40—59	415	307	74	82	19.8	26	6.3
60 及以上	134	57	42.5	54	40.3	23	17.2
合计	1712	1354	79.1	263	15.4	95	5.6

从上表可知，少年和青壮年中，有 80% 多的人能熟练掌握汉语，只有 4% 左右的人不懂汉语。在中年段，有 74% 的人能熟练掌握汉语，6.3% 的人不懂汉语。而在老年段，只有 42.5% 的人能熟练掌握汉语，17.2% 的人不懂汉语。

少年和青壮年绝大多数人能熟练掌握汉语。景颇寨子的孩子一般 6 岁进入学校学习汉语后，大部分能完成九年义务教育。6—10 岁的孩子刚入学接触汉语，大都能略懂汉语。随着受教育程度的增高，汉语掌握程度提高。青壮年大部分也受过学校教育，随着阅历的增加和谋生的需求，与外界接触较为频繁，汉语水平也会提高。两个年龄段的人大多能熟练掌握汉语。

中年和老年人受教育程度较低,很多是文盲或只上过几年小学。这两个年龄段的人与外界接触较少,很多人从来没有离开过所在的村寨,很少有机会学习和使用汉语。所以他们熟练掌握汉语的比例较低。

总之,不同年龄段熟练掌握汉语的程度与年龄大体上呈反比,中老年人与少年、青少年相比,熟练掌握汉语的比例低。受教育程度与熟练掌握汉语的能力成正比,受教育程度越高,越能熟练掌握汉语。

(三) 在景颇族村寨汉语也是重要的交际工具之一,与母语构成功能互补

景颇族很多人都兼用多种语言,各种语言的使用有其功能差异。景颇族的母语是其交际的主要用语,汉语也是景颇人生活中重要的交际工具之一。第一,汉语是与外界交流的重要工具。在村寨里景颇语(各支系语言)虽然是主要交际工具,但如果有外人来到村寨,或者走出村寨,汉语则是不可替代的交际工具。如允欠三组王腊内所说:"我们小组平时开会用汉语。出去遇到景颇族的就讲载瓦话,遇到其他民族的就讲汉语。"除了本民族及相邻的民族,与其他人都需要用汉语交流。第二,汉语作为通用语,是彼此沟通的重要工具。景颇族支系复杂,有的支系之间不懂彼此语言,汉语是重要的沟通渠道;如邦外村委下辖汉族寨子、景颇族寨子、德昂族寨子,如果需要广播通知,为了满足所有民族听众,汉语就是必要的选择。在家庭内部,不同民族或支系的夫妻之间在学习彼此语言之初,都会用汉语做翻译学习对方语言。如三台山邦外小组尚麻翁所说:"无论见面打招呼、聊天、生产劳动、到集市或店铺买卖东西,还是去医院看病,一般是碰见本民族的就说本民族语言,碰到不是本民族的就说汉语。"

二、景颇族汉语使用现状的成因分析

从景颇族兼用汉语的现状可以看出,青壮年是熟练使用汉语的中坚力量,少年是使用汉语的生力军。可以预见的是,随着社会的发展,汉语在景颇族的生活中将起到更加重要的作用。景颇族兼用汉语主要有以下几个方面的原因。

1. 汉语是全国通用语言,在交际使用中处于强势的地位

在一般交际场合,汉语是通用的交际语言。景颇族只要走出山寨,都要接触和使用汉语。在问到汉语和本族母语哪个更重要时,相当多的一部分人都认为汉语更重要,因为在工作和求学的过程中,不懂汉语是行不通的。如允欠三组景颇族明道内认为,在母语和汉语之间,汉语更重要。因为汉语是通用语,人人都要会说,如果不说就没法生存和发展。

2. 九年义务教育是景颇族掌握汉语的重要途径和保证

景颇族孩子入学前大都不懂汉语,进入学校之后,学校教学用语是汉语,还要求说普通话。在入学 2—3 年后,学生都已能掌握日常的汉语用语,过了九年义务教育,就可以熟练掌握汉语。如据弯丹村会主任杨木兰说,白岩小组里的孩子都集中到明德小学上学,从 6 岁上学前班时就开始住读。明德小学的学生来自五岔路弯丹村、石板村、西山芒东村,共 13 个村民小组,

有载瓦、勒期、波拉、浪峨等支系,约占 70％,还有 30％左右的汉族,德昂族有 3 个。明德小学有 16 个老师,景颇族的有 7 个,还有一个傣族老师,其他都是汉族,学前班、低年级一般都是景颇族老师教。学前班、一年级以汉语为主,夹杂一点民族语。到二年级就全部用汉语上课了。有点听不懂,但还是慢慢习惯。白岩组的孩子到学校都要求学汉语、说汉语,学校教育是景颇族掌握汉语的重要途径和保证。

3. 媒体的普及为景颇族学习汉语提供了便利条件

随着电视在农村地区的普及,普通话的电视节目进入千家万户,这为学习汉语的人提供了便利条件。如三台山拱岭组家家户户都有电视,据他们介绍说能收看 50 多个频道,人们喜欢看新闻广播、连续剧以及丰富多彩的娱乐节目。人们在看电视的过程中耳濡目染,汉语水平不断地得到巩固和提升。五岔路拱母小组何弄兰说:"我们一般会看德宏台的载瓦语节目,还有一些汉语节目。我喜欢看中央电视台的新闻节目。"总之,电视的普及,使广大边远地区的村民能足不出户就接触到汉语。

4. 社会的发展拓宽了景颇人的视野,使他们认识到了学汉语的重要性

随着社会经济的发展,越来越多的景颇人走出村寨,涌向城镇,去求取财富和知识。在走出去的过程当中,人们越来越认识到汉语的重要性。不懂汉语,就没有办法学习先进的知识和技术,不能更好地建设新农村。在农村,有些家长为了让孩子更好地掌握汉语,从小教孩子汉语。如拱岭电丁崩所说:"有时候如果会讲景颇族语言不会讲汉语,那么我们会刻意地教他们汉语。因为现在社会上主要用汉语与外界沟通交流,什么都会一点可能会更好点。"他还认为,"现在汉语更重要一些。现在的社会,什么都是用汉语交流,不会汉语就连家门都出不了。所以应该是汉语更重要一点。"这说明汉语在人们的心目中越来越重要。

5. 开放包容的态度、务实的精神使得景颇族渴望掌握好汉语

景颇族是一个乐观的、开放的民族,善于吸取别的民族的优点来发展自己。对语言也是如此。他们对学习汉语有着强烈的渴望和要求,并不担心汉语会与自己的母语发生冲突。正如拱别小组尚麻翁所说:"对于孩子的母语,在语言上不担心,因为有很多人说,有语言的大环境""我们是很赞成娃娃学汉语的,现在学校要求讲普通话,这就很好。"另外,据等嘎村村长木然南说,他们村很多缅甸嫁过来的媳妇,自己不怎么会说汉语,但只要会一句,都会教给自己的孩子,学汉语的求知欲很强。景颇族的思想观念很务实,只要是有利于自己发展的,都可以借鉴学习。

第四节　景颇文、载瓦文使用情况分析

一、景颇文使用情况

景颇文是景颇族使用的两种文字之一,是记录景颇语的一种拉丁字母拼音文字。景颇文

通行于中国、缅甸、印度等国的景颇族分布地区。经过一个多世纪的推广和使用,在景颇族社会文化建设中发挥了积极的作用。本节在介绍景颇文概况的基础上,对其使用现状进行分析,并就其存在的问题做初步探讨,提出相关建议。

(一) 景颇文创制的历史沿革

景颇文字已有 100 多年的历史。19 世纪上半叶,一些传教士为了传教来到缅甸景颇族地区做景颇文的创制工作。1834 年,美国传教士布朗森先生(Brownson)用拉丁字母拼写景颇语,但是这个初步的尝试由于各种原因没有取得成功。后来,弗朗辛·玛逊先生(Francis Mason)、卡逊先生(Cushing)、罗伯特先生(Robert)、弗莱谷森先生(Ferguson)等传教士在 1870—1880 年改用缅文字母试图拼写景颇语。可是,因为用缅文字母不能准确地拼写景颇语音,所以也没有取得成功。再到 1895 年,美国传教士欧拉·汉森(Ola Hanson)和缅甸景颇族知识分子在缅甸八莫一带共同创制了景颇族第一套比较成熟的景颇文字方案。这套文字于 1895 年开始在缅甸景颇族地区推行,也传到中国边境的景颇族地区。

据汉森在《克钦语法》(1896:13)一书所述,这套方案共有 45 个字母,其中 14 个元音字母、31 个辅音字母。例表如下:

元音字母:a、ă、e、ē、è、i、o、ö、u、ŭ、ai、au、aw、oi

辅音字母:b、ch、chy、d、g、gy、h、j、k、ky、hk、kh、hky、l、m、n、ng、ny、p、hp、pf、r、s、sh、t、ts、ht、v、w、y、z

但这个字母表不完整,不包括 6 个卷舌化声母 br、pr、hpr、gr、kr、hkr,也不包括三个腭化声母 by、my、py。这 9 个声母都出现在《克钦语法》的词汇部分。

汉森这套文字虽然能够较好地拼写景颇语,但也存在一些缺点:①有些文字如 ö、ŭ、kh、pf、v 不用来拼景颇语,而用来拼其他民族或景颇族其他支系语言的词语(后来不用了)。②有个别多余的字母。如"ch"在《克钦语法》里被汉森认为与"hky"没有什么区别,在 1906 年出版的《克钦辞典》就不出现了。③有些语音特点,如喉塞音韵尾和声调文字上没有表示。④元音符号过多。同一个元音用两种符号表示,如元音[o]写成"o"或"aw"。⑤三个元音"e"、"ē"、"è"的区别没有语音根据。

20 世纪 50 年代,中国语言学家和景颇族知识分子根据汉语拼音方案试图对景颇文进行修订。如 1955 年云南省民族语文工作者和景颇族知识分子曾提出对景颇文做以下六点改动:①增加标调符号;②规定在非塞音、塞擦音声母后的紧喉元音用重写元音字母表示;③用字母"o"代替"aw";④将字母"chy"简化为"c";⑤将字母"hp"、"ht"、"hk"改为"ph"、"th"、"kh";⑥增加了 4 个专拼汉语借词的字母"zh"、"ch"、"h"、"f",如:fun "分",zhun "寸",Chang kyang "长江",ha "哈气"。这六点改动中,后来只有第三和第六被实行了。

1964 年 10 月,德宏州召开景颇文字问题座谈会。会上,自治州政府主持制定了现行的《景颇文字方案(草案)》。该草案与境外使用的原景颇文方案基本一致,并补充了以下几项内容:①确定了以盈江县潼壁关地区景颇语恩昆方言为景颇文的标准;②修订充实了字母表和规定了字母名称与发音;③根据文字使用和语言发展情况,对景颇文的声母表、韵母表的系统做了调整、安排;④规定了书写规则的一般原则。1965 年 2 月 2 日,根据云南省委的批复,德宏州正式公布了景颇文改进方案。

(二) 现行景颇文介绍

1. 字母表

景颇文共有 23 个字母。它们的名称如下:

表 26

文字	A,a	B,b	C,c	D,d	E,e	F,f	G,g	H,h	I,i	J,j	K,k	L,l
名称	*a*	*ba*	*chya*	*da*	*e*	*fa*	*ga*	*ha*	*i*	*ja*	*ka*	*la*
文字	M,m	N,n	O,o	P,p	R,r	S,s	T,t	U,u	W,w	Y,y	Z,z	
名称	*ma*	*na*	*o*	*pa*	*ra*	*sa*	*ta*	*u*	*wa*	*ya*	*za*	

2. 声母表

景颇文有 40 个声母,其中 17 个单声母、18 个双字声母、5 个三字声母。声母列表如下:

表 27

b	p	hp	m	w	f
d	t	ht	n	l	
g	k	hk	ng	h	
j	chy	ch	sh	r	y
z	ts	zh	s		
by	py	hpy	my		
gy	ky	hky	ny		
br	pr	hpr			
gr	kr	hkr			

3. 韵母表

景颇文有 39 个韵母。除 5 个单元音韵母 a、e、i、o、u 和 4 个复元音韵母 ai、au、ui、oi 以外、5 个单元音可以跟韵尾-m、-n、-ng、-p、-k、-t 结合。列表如下:

表 28

a	e	i	o	u
ai	au	ui	oi	
am	em	im	om	um
an	en	in	on	un
ang	eng	ing	ong	ung
ak	ek	ik	ok	uk
ap	ep	ip	op	up
at	et	it	ot	ut

景颇文在半个多世纪的使用中已经证明:它基本上能反映景颇语的特点,学习、使用也比较方便。景颇文虽然不标调,但实践证明是科学的、可行的,便于使用、交流。

但也存在一些问题:①有些语音特点,如喉塞音韵尾和声调文字上没有表示。②双字母和三字母过多,不符合经济原则。③松紧对立在非塞音、塞擦音做声母的音节里没有区分。④用来拼汉语借词的辅音字母 zh,所表的音与汉语拼音方案的 zh 不同。汉语拼音方案的 zh 表示 [tʂ],如"张"zhāng([tʂaŋ^{55}]);而景颇文表示 [tsh],如寸 zhun([tshun^{33}])

(三) 景颇文在景颇族社会文化建设中发挥了重要作用

景颇文自创制以来,逐渐被景颇人所使用,在景颇族的社会、文化、教育的发展中都起了一定的作用。

1. 学校教育:景颇文创制以后,在缅甸创立了很多景颇文教学和传教的学校。到了 1914 年,在中国瑞丽县的等嘎景颇族村创立了一所景颇文学校。中华人民共和国成立后,政府大力发展少数民族语言教学。1952 年,中央民族大学(原名中央民族学院)开办了第一期景颇文班,为景颇语文的研究和教学培养了第一批人才。1955 年,德宏州确定了"少数民族学生应该首先学好民族语文,同时必须学会汉语文,使少数民族学生的本民族语文水平和汉语文水平都得到提高"的方针。1956 年云南民族大学(原名云南民族学院)开办景颇文班,1980 年 9 月正式招收景颇文本科生。这些学校的毕业生在文化教育、新闻出版、广播影视、外事翻译等系统中成为骨干力量。1961 年德宏州民族师范学校开设景颇文班,1985 年 9 月正式招收景颇文专科生。它为景颇族山区输送了一批教学人才,对提高景颇族地区的基础教育,特别是小学的入学率、巩固率、合格率均起到了积极作用。

2. 扫盲工作:1952 年以后,德宏州在景颇族地区开展社会扫盲工作。最初是民族工作队在深入到景颇族山寨开展工作时,一面宣传党的方针政策,一面组织群众办夜校,开展扫盲工作。到 1956 年,省、州、县各级成立了专门的扫盲机构,以教育部门为主,依靠社会各方面的力量,在景颇族地区有组织、有计划地开展景颇文扫盲工作。据 1995 年统计,景颇支系中 12 周岁至 15 周岁年龄段的脱盲率已达 90% 以上,其中 87% 以上人员是用景颇文脱盲的。早在 1990 年,等嘎伍陆央淘宝村就被验收为景颇文"无盲村"。用景颇文扫盲效率比较高,是提高景颇族文化水平的一个最佳途径。

3. 图书出版业:20 世纪 50 年代以前,中国没有编辑出版任何景颇文图书读物,少数流入中国的读物都是从缅甸来的。如《克钦辞典》(*Dictionary of the Kachin language*)、《新旧约全书》(*Chyoipra ai chyum laika*)、《赞美诗》(Mahkon manguibuk)、《教徒手册》、《小学课本》(Jong kaji laika buk)等。也有涉及景颇族文化的图书,如《景颇族源流》、《景颇族历史》、《景颇族传统文化》以及报纸杂志,如《景颇文报》等。

20 世纪 50 年代,中国开始编辑出版各种各样的景颇文读物。1955 年,德宏州团结报社开始出版《团结报》,很受景颇族的欢迎。1957 年,云南民族出版社成立后,也开始编辑出版涉及文化、科技、政治、教育等方方面面的出版物。德宏州出版社 1980 年成立后也出版了大量的景颇文读物。同一年,德宏州文联开始编辑出版至今被广泛推广的《文蚌》(Wunpong)杂志。该杂志给景颇族作家提供了舞台,对传承景颇族文化、传播先进文化、科技知识起了重要作用。

4. 广播影视:1973 年,德宏州开始用景颇语译制电影,很受景颇族的欢迎。1979 年,云南人民广播电台、德宏人民广播电台开始播放景颇语节目。

5. 电子文娱:最近用景颇文的网站越来越多,如德宏州的官方网站有景颇文新闻。国内外也有一些用景颇文的新闻、文化网站、博客等。这些网站对景颇族使用新媒体起了很大的作用,也促进国际交流。

在调查中我们还了解到住在边境地区的一些其他民族,都认识到学习景颇文的重要性,很多人愿意学习景颇文。如盆都的傈僳族、等嘎的汉族有一些人也会景颇文。见表 29:

表 29

年龄段(岁)	盆都(傈僳族)			等嘎(汉族)		
	调查人数	人数	比例(%)	调查人数	人数	比例(%)
6—19	49	3	6.1	8	0	0
20—39	58	12	20.7	19	3	15.8
40—59	49	8	16.3	12	1	8.3
60 及以上	10	1	10	1	0	0
合计	166	24	14.5	40	4	10

卡场镇盆都小组是一个傈僳族和景颇族杂居的寨子。在 166 名被调查的傈僳族当中,24 名学会景颇文,占 14.5%。等嘎村委会是一个景颇族聚居村,除了 231 个景颇族外,村子里还有 40 个汉族和 2 个傣族。调查结果显示,20 至 59 岁的汉族中有 10 名学会景颇文,占汉族人口的 10%。

"景颇族发展进步研究学会卡场分会"2010 年暑假首次主办的"景颇文培训班",共招了 156 名学生,其中 117 名景颇族,39 名汉族。汉族占总人数的 25%。在回答"你为什么来学景颇文"这一问题时,在场的几个汉族学生回答说:"掌握景颇文会帮助我找到更好的工作。"住在汉族和景颇族杂居的寨子的一位汉族学生说:"和小孩子在一起说景颇语没有问题,为了使景颇文发扬光大,父母让我来学,我很高兴。"从这里能看出景颇文在边境地区的重要性。

(四)当前景颇文使用中存在的一些问题

1. 目前,由于各种原因,景颇文的使用范围出现缩小的趋势。在我们所调查的个案里,掌握景颇文的人只达到 50%—60%。表 30 是四个寨子掌握景颇文的人数比例:

表 30

年龄段(岁)	丁林寨			迈东寨			盆都寨			等嘎寨		
	调查人数	人数	比例	调查人数	人数	比例	调查人数	人数	比例	调查人数	人数	比例
6—19	54	16	29.6	34	13	38.2	29	5	17.2	56	13	23.2

20—39	127	101	79.5	50	42	84	29	21	72.4	90	62	68.9
40—59	47	28	59.6	23	14	60.9	22	16	72.7	43	38	88.4
60 及以上	15	10	66.7	5	4	80	6	2	33.3	18	7	38.9
合计	243	155	63.8	112	73	65.2	86	44	51.1	207	120	58

从上表可知,景颇族有 50% 以上掌握景颇文,但不同年龄段的掌握情况有所不同。掌握比率最高的在 20 至 59 岁这个年龄段。19 岁以下的孩子比较差。有双语教学的寨子,如迈东和等嘎,或开办暑假培训班的寨子,如丁林情况好一些,青少年的景颇文掌握情况率超过 20%。老年人掌握景颇文的情况不一。在丁林寨和迈东寨,比率较高,丁林寨为 66.7%,迈东村达到 80%。但盆都村则只有 33.3%,主要原因是这个村子里面 70 年代以前没有小学,所以年纪大的人没有机会在学校里学景颇文。再说,盆都村里没进行过民族文字扫盲。此外,盆都村的地理位置比较偏僻,交通不便,人较难出村参加别的寨子或镇里面开的培训班。

2. 景颇文推行各地不平衡

有的学校有景颇文教学,如瑞丽市等嘎小学长期坚持景颇文教学,效果很好。但多数学校不开展景颇文教学。在一些地方,景颇文学习仅靠民间组织。但有条件的村寨能办,没有条件的村寨就没法办。

我们建议,小学凡以景颇族学生为主的班级,都应创造条件开设景颇文课。

3. 景颇文教学缺乏质量高的统一教材

虽然云南民族出版社和德宏州民族出版社已出版一些景颇文读物,可是大多数村寨到不了。一些边境村寨,使用的是缅甸景颇文教材。

4. 景颇语言文字师资匮乏

许多景颇族学校因招不到合格的教师而不能实行双语教学。如盆都村小学以前有过双语老师,现在只有汉语老师,不会景颇语。1987 年,州师范的傣语、景颇语、载瓦语三个民族语班被取消了,2009 年新开了三个班,但要等到 2012 年毕业。

我们建议,应加强双语师资的培养,对双语师资应有特殊待遇。

二、载瓦文使用情况

载瓦语是景颇族五个支系之一的载瓦支系使用的语言,也为其他支系部分人所使用。属汉藏语系藏缅语族彝缅语支缅语组,与勒期、波拉、浪峨、缅语等语言较为接近。载瓦文是记录载瓦语的拼音文字,是景颇族两种文字之一。载瓦文的创制和使用,经历了一段艰难曲折的历程。如今它已在景颇族载瓦支系中扎根,为景颇族的现代化建设发挥了一定的作用。

(一) 载瓦文的产生经历了艰难的历程

中华人民共和国成立前,曾有过两种拼写载瓦语的载瓦文;后来为了满足说载瓦语的人民的需要,中国政府曾设计了一套载瓦文字方案。但由于历史的原因,这套文字只在部分地区试行过,并没有得到全面推行。20 世纪 80 年代初,在原有载瓦文的基础上进行了修订,并在载瓦支系地区全面推行,取得了巨大成绩。

下面把几种文字方案介绍如下:

1. 大楷拉丁字母变体形式的载瓦文

1889 年前后,外国传教士为了传教的需要,曾在缅甸克钦(景颇)地区设计了一种载瓦文。这是一种以大楷拉丁字母的正写和倒写形式为基础的拼音文字。在缅甸,曾用这套文字翻译出版过《马可福音》、《宗教问答》、歌曲以及一些自编的教材、读物。1934 年,法国传教士威廉(William)等人到我国边境地区传教,在潞西市东山乡弄丘寨推行过这套文字。下图是用这套文字出版的《宗教问答》(MI TU ATSI CATECHISM AND HYMN BOOK)中部分内容的样本。

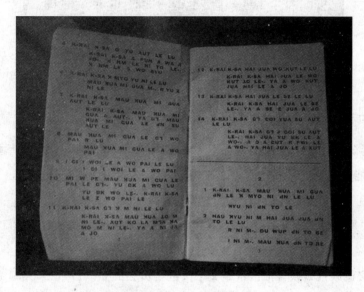

用大楷拉丁字母变体形式的载瓦文出版的《宗教问答》中部分内容的样本

这套文字共有 31 个字母,其中辅音字母 25 个,元音字母 6 个。不用声调符号。除人名音节连写外,其余都按音节分写;隔音符号用短横表示。

这套文字存在的主要缺点是:1. 字母形式零散、不规整,给认读、书写、印刷等造成不便。2. 松紧元音对立没有完全区分。出现在塞音、塞擦音后面的松紧元音用不同的声母表示,而出现在非塞音和非塞擦音后的松紧元音不予表示。这就使载瓦语中很多有词汇意义差别和语法意义差别的不同词,在文字中得不到区分,成为同形词。3. 喉塞音韵尾在文字上没有标示,难以辨读。

由于这套文字存在一定的缺陷,加上当时的历史条件未能提供良好的推行文字的环境,这套文字使用面很窄,只有极少数人懂这套文字,未能得到广泛推行。

2. 仿照旧景颇文设计的拉丁字母形式的载瓦文

这套文字是 1920 年前后由缅甸干郎地区的克钦(景颇族)载瓦支系知识分子春雷弄兰(Chumlut Nonglat)等人仿照旧景颇文设计的。曾用这套文字翻译出版了《旧约全书》、《上帝的回答》、《马可福音》和《赞美诗》等读物。下图是用这套文字出版的《马可福音》(marku mau sau)中部分内容的样本。

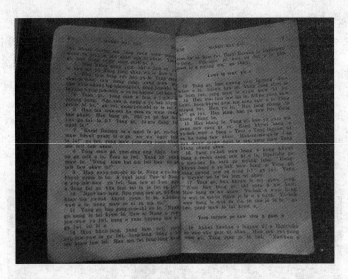

用仿照旧景颇文设计的载瓦文出版的《马可福音》中部分内容的样本

　　这套文字有 33 个声母，11 个韵母。不足之处是，简单套用景颇文而未能顾及载瓦语的实际语音特点，不能准确地表达载瓦语的语音，因此在社会上未能推广普及。

　　3. 现行载瓦文

　　现行载瓦文是新中国成立后创制的，其产生与推行曾有过一段曲折的历程。其形成经过大致如下：

　　1952 年德宏傣族景颇族自治区景颇文字改进委员会成立以后，在人大副主任排正清的主持下，先后草拟了两套《载瓦文方案》。一套是在 1889 年前后创制的大楷拉丁字母变体形式的载瓦文的基础上，经过改进与充实而形成的《载瓦文方案》。另一套是在 1920 年前后创制的载瓦文的基础上加以改进的、于 1955 年形成的《载瓦文方案》(初稿)。

　　1956 年，中国科学院少数民族语言调查第三工作队对载瓦语进行了全面的调查。根据调查所获得的知识，对 1955 年的《载瓦文方案》(初稿)进行了改进和充实，提出了《载瓦文试行方案》。这一方案曾试行了一段时间，取得了一定的效果，但也发现其中存在一些缺陷。主要有：1. 用两种不同的方法表示松紧元音的对立，给学习带来不便。具体是：同塞音、塞擦音声母结合的松紧元音用不同的字母表示，如 ba、da、ga 表示松元音音节[pa]、[ta]、[ka]，用 pa、ta、ka 表示紧元音音节[pa̠]、[ta̠]、[ka̠]。但同非塞音、非塞擦音声母结合的松紧元音则用元音重叠或不重叠的方式来表示，元音重叠表示紧元音，如 aa、oo、ii 表示[a̠]、[o̠]、[i̠]，元音不重叠则表示松元音，如 a、o、i 表示[a]、[o]、[i]。2. 没有制定出词的分连写规则和音节划分办法，从而出现同一个词不同的人有不同的写法，甚至同一个人写同一个词前后写法也不同的现象。

　　1957 年，为了与《汉语拼音方案》尽量取得一致，中国科学院少数民族语言调查第三工作队载瓦语组与云南省语文工作者对原设计的文字方案做了进一步改进,正式提出《载瓦文方案》(草案)。这一方案主要改进了以下几点:1.规定以潞西县西山乡的载瓦语为基础方言,以龙准土语为标准音。2.把原试行方案中表示紧元音的一套声母(即 p、t、k 等)用来表示吐气音声母,取消了原方案中表示吐气的双字母 ph、th、kh 等。3.制定了读音规则和拼写规则。4.把表示松紧元音的两种形式改为一种形式,即只用重叠元音字母表示紧元音,取消了用两套声母表示松紧的方法。后来在试行过程中,发现用重叠元音字母表示紧元音的方法不太理想,于是又改为在声母后加字母"v"表示紧元音。

　　1957 年 3 月,《载瓦文方案》(草案)经"云南省少数民族科学研究讨论会"通过,经省人民政府批准,报中央民委备案,准备试行。但是,由于极"左"路线的干扰,1958 年 7 月《载瓦文方案》被迫停止试行。

　　1978 年以后,民族语文政策得到了落实,景颇族载瓦支系的干部群众强烈要求恢复使用载瓦文。1979 至 1982 年间,景颇族载瓦支系的知识分子朵示拥汤、毛勒端、雷正明、丁腊对、赵为民、勒排早扎等和云南省民语委专家李振邦等人一起,对 1957 年的《载瓦文方案》(草案)进行了适当的修改和调整,使它能更好地表达载瓦语的语音特点。主要在以下两个方面进行了调整:1.将 1957 年方案中的 j[tʃ]、gy[kj]、ky[khj]3 个声母改为 zh[tʃ]、j[kj]、q[khj]。2.增加字母"x",表示载瓦语语音系统中的[xj]声母。调整之后的声母字母形式更系统,更便于学习和记忆。现行的《载瓦文方案》由此而形成了。

　　1982 年,云南省人民政府批复了德宏傣族景颇族自治州政府上报的《关于试验推行载瓦文的意见》。1987 年 4 月 2 日,德宏州人民政府办公室颁发了德政办复[1987]3 号文件,同意使用经过多次改进和完善的现行《载瓦文方案》,要求在推行使用过程中,进一步改进和完善这一方案。

(二)现行载瓦文在景颇族的社会生活中发挥了重要的作用

　　拥有并使用载瓦文是景颇族载瓦支系长期以来的迫切愿望。在各级党政领导的重视和支持之下,载瓦文的使用得到了迅速的发展,在景颇族的社会生活中发挥了重要的作用。

　　1.提高了景颇族聚居区的教学质量

　　长期以来,景颇族载瓦支系聚居区因缺乏汉语环境,学生上学前完全不懂汉语,入学后由于直接接受汉语教学,导致了"入学率低、巩固率低、合格率低、升学率低"等"四低"现象的出现。教学效果差,教学质量上不去。

　　从 1983 年开始,德宏州将载瓦文纳入小学正规的教学计划,用于载瓦支系聚居的小学。据州教育局民族语文教研编译室 1992 年的统计,全州共有 108 所学校开设了载瓦文课,占应开设载瓦文课的学校总数的 60.3%。

　　实施汉载双语文教学后,载瓦聚居区学校的教学质量明显提高,学生的入学率、巩固率、合格率也得到普遍提高。以潞西市西山乡营盘小学为例,1966—1985 年间,营盘小学学生的升学统考成绩,人均分都是在 10—20 分之间,最低时只有 2.6 分。1986 年,该校招收了 22 名景颇族载瓦支系学生进行汉载双语文教学实验。1989 年 7 月,潞西市教育局教研室命题对营盘小学汉载双语文教学实验班和西山乡各中心小学三年级汉语文教学班进行语文统考。考试结果见表 31:

表 31

学校	学生人数	总分	均分	及格人数	及格率
弄丙中心小学	27	771	28.6	2	7.4
邦角中心小学	33	1373	42	6	19
芒东中心小学	20	869	44	5	25
毛讲中心小学	15	615	41	7	46
崩强中心小学	11	423	38	2	19
营盘小学实验班	22	1668.5	75.8	20	91

营盘小学汉载双语文教学实验班的平均分数和及格率远高于其他中心小学的汉语文授课班。

1992 年 7 月,德宏州全州小学升学统考,营盘小学实验班有 20 人参加考试,其中,有 3 人考入潞西市民族中学,17 人考入遮放中学,升学率达 95.2%,合格率 100%,是营盘小学开办学校以来,巩固率、合格率、升学率最高的一次。

2. 加快了景颇族脱盲的进程

景颇族大多居住在高寒山区或边远地区,交通不便,信息闭塞,长期以来,与汉族交往少,大多数只懂自己的民族语言而不懂汉语,用汉文扫盲,“少”(脱盲数少)、“慢”(速度慢)、“费”(费资金)、“差”(效果差),难以推广。

载瓦文的扫盲工作始于 1952 年。现行载瓦文推行之后,教育部门和各级政府对载瓦文扫盲工作高度重视,群众积极性高涨,把扫盲看成是文化上得以翻身解放的大事。扫盲成了一项载瓦人全民参与的活动,“不懂本民族文字的都来学,懂本民族文字的都来教”,载瓦人聚居的村村寨寨都开办了扫盲夜校,扫盲工作成绩显著。据 1992 年统计,载瓦等四支系的农村人口中,15—40 周岁年龄段的脱盲率已超过 85%。

3. 丰富了景颇族的文化娱乐生活

载瓦文图书、报纸的出版、发行,载瓦语电影、广播、电视的放映和播出,还有载瓦语文艺节目的创作、演出等,都极大地丰富了景颇族群众的文化娱乐生活。

载瓦文图书读物主要由德宏州民族出版社出版。该社于 1985 年成立载瓦文编译室,据1993 年统计,共出版载瓦文图书 18 种,总印数 11.2 万册,内容涉及政治、法律、教育、文学、艺术等方面。

《德宏团结报·载瓦文版》创刊于 1985 年 8 月 1 日。到 1993 年 5 月,该报已发行 312 期。

载瓦语广播于 1985 年 5 月 1 日在德宏州广播电台开播。每天播音 90 分钟,占全部节目播音时间的 1/8。节目内容主要有新闻、专题、文艺、天气预报。潞西广播站载瓦语有线广播节目也于 1985 年开播,每天播出 30 分钟,占全部节目播出时间的 2/9。节目内容主要有新闻、文艺和天气预报。

载瓦语电视节目于 1991 年 1 月在芒市(自治州州府所在地)电视台开播,每周播放 20 分钟。主要内容有新闻、科技园地、广告和文艺等。德宏州电视台也于 1992 年 3 月开始播放载瓦语节目。每周播放 10 分钟,主要播一周要闻。

用载瓦语译制影片的工作始于 20 世纪 70 年代末。到 1992 年,共译制影片 110 部,放映 8000 余场,观众达 65 万余人次。其中,《喜鹊岭茶歌》荣获 1985 年国家民委颁发的优秀译制片奖,《无腿先生》荣获 1985 年云南省民委、云南省文化厅颁发的优秀制片奖。

德宏州的州、市、县级文艺团体每年都用载瓦文和其他民族语文创作歌曲、歌剧、话剧等,并编排、演出一批文艺节目。如石勒干作曲、朵示拥汤作词的《朋友,请你喝杯甜蜜的糯米香酒》《山间小路》《德宏是我美丽的家乡》等歌曲,何睹创编的现代景颇歌剧《婚事风波》《石头姑娘》,都深受景颇人欢迎。《朋友,请你喝杯甜蜜的糯米香酒》还被省、州电台录制为每周一歌节目。

4. 促进了景颇族社会的经济发展和科技进步

载瓦语文的各种图书、报纸、广播电视栏目、影视剧等的问世,将科技信息、先进技术传播到景颇山寨。如《德宏团结报》开办的"科普园地"专栏,侧重宣传农、林、牧等科技知识,介绍种菜、防治畜病、地膜玉米、配方施肥等具体方法。据勒排早扎《第一张载瓦文报》①记载,截至 1990 年,陇川县邦瓦乡农民通过学校载瓦文报纸、书刊,已有 20% 的人初步掌握了科学种田、使用化学除草的技术。赛号乡按照报纸介绍的方法进行科学种、养的农户占 20%;潞西西山乡农户按照载瓦文报介绍种茶的有 50%,种橡胶的有 30%。西山乡的领导订阅载瓦文报后,积极宣传报纸上登载的管理茶叶、种植八角、防治牛马病的知识,并专门开展科技知识培训,使全乡 50% 以上的人掌握了一门或几门农业技术。1990 年全乡粮食总产 4327100 公斤,人均 438 公斤,人均收入 550 元,基本解决了温饱问题。

5. 记录、传承民族传统文化

景颇族是历史悠久、文化遗产丰富的民族,民间故事、神话传说、叙事长诗等民族民间文学,千百年都是依靠口耳相传,其中有一些已经失传。载瓦文的推广、普及,使本民族部分优秀的文化遗产得到挖掘,得以永久地传承下去。

6. 成为景颇人社会生活中用于表情达意、传达信息、沟通感情、记录事情等的重要工具

景颇族群众掌握载瓦文之后,在社会生活中广泛应用。如书信往来,写借条、收据、留言条等,记录农业科技知识,记录中草药名和西药名,撰写新闻稿件,等等。有不少青年农民还当上了《德宏团结报·载瓦文版》的通讯员。

---

① 载《云南民族语文》(增刊)1991 年第 3 期。

7. 是部分景颇人学习汉语、汉文的桥梁

很多景颇族农村青年,学会载瓦文后,用载瓦文注音释义,学习汉语文。载瓦文成了他们学习汉语、汉文的桥梁。

(三) 现行载瓦文的使用现状

现行载瓦文自 20 世纪 80 年代正式推行以来,曾经历了一段蓬勃发展的时期。20 多年过去了,载瓦文的使用现状究竟如何? 为此,我们做了如下调查:

1. 村寨调查点

我们共调查了芒市、盈江县、瑞丽市的 11 个村寨,对这 11 个村寨调查点使用载瓦文的情况进行了统计。具体数据见表 32。

表 32

序号	调查点	统计人口	懂载瓦文的人数	百分比(%)
1	芒市五岔路乡弯丹村白岩组	226	113	50
2	瑞丽市弄岛镇等嘎村伍陆央淘宝村	248	4	3.2
3	芒市三台山乡允欠村拱岭组	158	9	5.7
4	芒市五岔路乡弯丹村拱母组	221	26	11.7
5	盈江县卡场镇吾帕村丁林寨	246	0	0
6	盈江县卡场镇草坝村盆都组	252	0	0
7	芒市五岔路乡弯丹村勐广组汉寨	182	0	0
8	盈江县卡场镇草坝村迈东组	224	0	0
9	芒市三台山乡邦外村拱别组	271	0	0
10	芒市三台山乡允欠村三组	100	0	0
11	芒市五岔路乡五岔路村遮旦组景颇社	99	0	0
	合计	2227	152	6.8

这 11 个村寨的民族构成情况分四种:1)景颇族单一支系聚居的;2)景颇族不同支系杂居的;3)景颇族与其他民族杂居的;4)不同民族、不同支系杂居的。其中,载瓦支系人口比例占优势的弯丹村白岩组和载瓦支系高度聚居的弯丹村拱母组掌握载瓦文的人数相对较多,景颇族各支系杂居的允欠村拱岭组、景颇支系聚居的等嘎村伍陆央淘宝村只有个别人懂载瓦文。其余调查点则无人懂载瓦文。

据了解,村民学习载瓦文的途径主要有 3 种:1)学校学习。90 年代中期以前,载瓦人聚居区的小学一般都开设有双语双文教学,每周上 1—2 节载瓦文课。在那个年代上过学的载瓦人,都懂载瓦文。2)夜校学习。20 世纪八九十年代,载瓦文推行工作开展得如火如荼,几乎各个村寨都设有载瓦文夜校,如今三四十岁以上的会载瓦文的人有很多是在夜校中学会载瓦文的。3)家庭学习。我们调查发现,载瓦文的掌握情况具有家族性特点,一个家庭中如果有一人懂载瓦文,往往会带动家庭中其他成员学习、使用载瓦文。如在芒市五岔路乡弯丹村拱母组,我们发现有 7 个家庭不止 1 人掌握载瓦文。

在 11 个村寨的调查中,我们看到景颇族群众对学习、掌握本民族的文字热情高涨,但是苦于无人组织、没有教师、缺乏教材,难以开展起来。

2. 城镇

我们在芒市抽样调查了 34 名景颇族,其中有 15 人掌握载瓦文,占抽样调查人口的44.1%。

城镇景颇族掌握载瓦文的多是从事民族语言文化事业的人员及其子女。他们对本民族的语言文字有着非常深厚的感情,希望载瓦语、载瓦文能一代代传承下去。如朵示拥汤、勒排早扎二人都曾参与过《载瓦文方案》的修订工作,是载瓦语文研究的专家,他们在家都坚持说载瓦语。勒排早扎对女儿勒排南革使用本族语言要求严格。今年暑假,他将女儿送到民语委开办的载瓦文学习班参加了培训。

3. 西山乡

芒市西山乡是载瓦支系分布最多的地方,有 11000 多人,占全乡总人口的 87.1%。全乡有 53 个村民小组,除 4 个汉族寨和 1 个德昂族寨之外,其余 48 个都是载瓦支系聚居的村寨。

现在,在西山乡政府的领导与督办下,全乡 48 个载瓦支系聚居的村民小组都开办了载瓦文培训班。培训班一般在农闲时开班,每周上 3 个晚上的课。老百姓学习载瓦文的积极性很高,有时因为报名参加的人太多而必须分班,每个班的人数多限定在 25 人以内。参加培训班的主要是农村青壮年,以前没有学过,或是学过之后因为不用又回生了。培训班所用的教材是《学前景颇文教材》(载瓦文)和《字母表》。学员学了之后要参加考试,考试通过的发合格证。考试内容主要是载瓦文的字母、声韵母、拼写规则等,还要写一篇短文。短文的内容不限,写满一张纸就行。很多学员就用刚学的载瓦文写景颇族民间故事或记叙身边发生的事情。据负责西山乡载瓦文培训工作的唐绍兴老师介绍,对会说自己母语的人来说,载瓦文很好学,学一个多星期就会了。

据了解,在村寨开办载瓦文培训班始于 2006 年。当时由西山乡政府召集各村寨有载瓦文基础的青年骨干参加乡里组织的师资培训,学成后再回到各村寨去办培训班。载瓦文教师每上一次课有 5 元钱的报酬,由乡政府发放。

村民学会载瓦文之后,在生活中的用处很大。如:用于收集、记录景颇族董萨唱词等传统文化、看载瓦文报纸、记账、写请柬、写信等。盖房子或因其他事情家里请客时,用本民族文字登记客人的名字,记音准确。随着手机的普及,不少载瓦人还学会了用载瓦文发短信。

4. 培训班

培训班有三种:(1)各级政府部门主办的。包括州内各县市政府部门及乡镇政府开办的载瓦文培训班。以下是部分政府部门开办载瓦文培训班的统计情况:

1993 年州委党校开办的芒市地区载瓦文培训班

1993 年芒市西山乡开办的载瓦文师资培训班

1995 年芒市西山乡开办的载瓦文中级培训班

1995 年盈江县弄璋乡上弄别村开办的载瓦文扫盲班

2007 年盈江县芒允(现太平)乡下帮瓦村开办的载瓦文扫盲班

2007 年芒市五岔路乡政府开办的载瓦文扫盲班

2007 年芒市遮放镇政府开办的载瓦文扫盲班

2009 年州民语委开办的载瓦文培训班

2010 年州民语委开办的载瓦文学习班

2010 年瑞丽市勐秀乡政府开办的载瓦文骨干教师培训班

2010 年 8 月 1 日—10 日,在德宏州民语委开办的载瓦文学习班,共有 69 人参加学习,年龄最大的 38 岁,最小的 8 岁。学员来自各行各业,中小学生、机关工作人员、个体经商人员等都有。经过 10 天的学习,90% 以上的学员能考到 90 分以上。还有 22 人考了 100 分。这说明,载瓦文对于母语人来说,是一种简单易学的文字,推广起来比较快捷。

（2）社会团体主办的。

德宏州景颇族发展进步研究学会及各地分会在载瓦文的培训方面发挥了重要的作用。近年来,州景颇族学会开办过三次载瓦文培训班,共培训 120 人左右;陇川景颇族学会开办过 12 次,培训了 600 人左右,培训后的学员回到村寨再教给村民。景颇族学会的活动主要依靠政府政策上的扶持和社会资本的赞助。

（3）村民自办的。

不少村寨村民学习载瓦文的热情高,自发组织培训班,教授载瓦文。如:芒市遮放镇的翁角村民小组、拱岭村民小组、弄丘村老帕连村民小组,都开办过载瓦文培训班。翁角小组是全州载瓦支系最多的寨子,约有 600 人。2007 年村民自发组织,自办了一期载瓦文培训班,共培训了 80 多人。老师就由村里懂载瓦文的村民担任。

5. 学校

目前,德宏州仍在开展载汉双语双文教学的学校仅有芒市的西山中心小学、毛讲小学、营盘小学,陇川县的民族小学、勐约中心小学、清平广外小学、城子曼冒小学、城子撒定小学,盈江县的盏西大田坝小学、畹町曼棒小学等 10 所学校。每周教学时间一般为 1—2 节课。如西山营盘小学,景颇族学生共 308 人,民文班只有 48 人,集中在一至三年级。

6. 图书、报纸、杂志

近年来,云南省各级出版部门共出版发行载瓦文图书约 60 种。内容涉及教育、科技、法律法规、卫生、文化、文学等方面。教育类有:《基础载瓦语教程》、《语文》、《数学》、《学前景颇文教材》(载瓦文)、《字母表》等;科普类读物有《农村适用常识》、《禁毒防艾知识手册》;政策法规类读物有《农村适用法律知识读本》、《中国共产党第十七次全国代表大会文件选编》、《德宏科学发展观活动学习内容精选读本》等;文化文学类有《载瓦谚语集》、《汉载成语集》、《山寨轶事》、

《景颇族史传经典古歌》、《景颇族传统婚姻习俗》、《景颇族目瑙纵歌节图谱》等；工具书类有《汉载词典》、《汉载新词术语集》等。《载汉词典》也即将面世。

《德宏团结报·载瓦文版》是全国唯一的一份载瓦文报纸。截至 2010 年 8 月 6 日，已出版 1165 期。现为周刊，每期 4 个版面，包括时事要闻、德宏新闻、法律常识、农业科技、卫生知识、文艺副刊等专栏。该报的主要发行对象为全州各县市的农村地区以及部分机关、企事业单位、厂矿等。稿源除了报社工作人员编译的稿件之外，还有部分干部、教师、农民投稿，投稿的人里面，以农民为主。《德宏团结报》近几年来的发行量稳步上升，2005 年的发行量为 756 份，2006 年 840 份，2007 年 925 份，2008 年 1200 份，2009 年 1350 份，2010 年 1426 份。

目前还没有一本载瓦文杂志。全国唯一的景颇文文学刊物《文蚌》杂志目前只刊登景颇文作品，德宏民语委曾向上级请求在《文蚌》上刊登载瓦文作品，但没有得到批复。

7. 广播、电影、电视、网站

德宏人民广播电台每天 9:00—10:00、14:00—15:00、21:00—22:00 播出三小时节目，内容包括新闻、农业科技、健康与卫生知识、法律知识、民族风情等。

德宏州电影发行放映公司从 1980 年起开始用载瓦语译制电影。截至 2010 年 8 月，共译制了 600 多部电影，放映 18000 多场次，观众约 76 万人次。其中，有 22 部获省级奖项、8 部获中央民委奖项。

译制、播出载瓦语电视节目的主要是德宏州少数民族语言电视译制中心，该中心成立于 1997 年 7 月。载瓦语节目于 1997 年 12 月 29 日正式开播，频道呼号为"德宏民语频道"，覆盖德宏州及周边地区近 150 万人。开设有《新闻联播》、《云南新闻》、《农村实用科技》、《今日说法》、《动物世界》、《走遍云南》等译制节目，还开办了《孔雀之乡》等自采节目及知识讲座节目。近几年译制不少深受广大观众喜爱的电影、电视剧、动画片等，如：由译制中心和云南省文化信息资源共享工程芒市支中心、景颇学会联手译制的电影《叶问》、动画片《米老鼠和唐老鸭》等。此外，德宏电视台每周三、六晚上都有载瓦语新闻播出。

随着互联网的普及，2007 年《德宏团结报》开设网络版，但目前点击率不高，影响力有待进一步扩大。德宏"孔雀之乡"网设有民语视频，其中载瓦语节目主要是来源于德宏民语电视台、德宏电视台以及民语译制中心的新闻节目。

总体上看来，德宏州载瓦文的推广普及工作有三个特点：1. 存在地域上的不平衡性，载瓦支系比较集中的西山乡开展情况较好，而其余地区推广普及情况不容乐观。2. 在国家"两基"计划的推动下，近年来，载瓦文的学习、使用有升温的趋势。3. 载瓦文作为一种拼音文字，对于母语人来说，易学易记，用载瓦文扫盲的效果是汉语文所不能取代的。

（四）存在的问题和对策

1. 部分领导干部认识上有偏差

早在 1983 年，德宏州就将载瓦文正式纳入小学教育，取得了很大的成绩。但后来有些学校的载汉双语教学被取消了,教育局教研科也被取消了,这就在一定程度上削弱了载瓦文的使用和推行,导致农村中这一时期的青少年不识载瓦文。

其主要思想障碍是,有的人认为又教汉语拼音,又教载瓦文,学生压力过大。他们想以牺牲载瓦文来提高汉语文质量。其实,这是不符合实际的。姑且不说载瓦文是民族文字应当得到保护,即使是从教学质量的角度来说,开展载汉双语文教学也有利于提高景颇族的整体文化教育水平,这在过去的教学实践中已经得到证明。双语文教学,有助于扫除载瓦支系聚居区学生的语言障碍。州政策研究室主任何春嵘以自己的切身经历告诉我们,他就是双语教学的受益者。他在上学之前不懂汉语,由于学校的老师上课用汉载双语文教学,生动有趣,他在学习上没有语言障碍,成绩一直很好,后来考上了云南民族大学民语系,这才有了今天的成就。我们在村寨的调查中也了解到,农村载瓦支系聚居区的孩子受语言环境所限,上学前基本不懂汉语。入学后,老师只会汉语,不会载瓦语,使他们在学习上产生困难,对学习没有兴趣。有的读完小学就不读了,最多读完初中就回家务农了。

2. 载瓦文的师资严重缺乏

过去,云南民族大学和德宏师专还设置载瓦语文专业,但后来被撤销了。老的载瓦文教师相继退休,新的又没有培养,出现了断档。没有载瓦文师资,载瓦文推广是无法做好的。

3. 载瓦文的教材、出版物缺乏

目前各地还没有一份大家都感到满意的载瓦文教材,需要组织人力去编写。国内出版物太少,脱盲人员看不到出版物容易复盲;境外非法出版物也容易乘虚而入,进行文化渗透。所以,现在急需增加出版物的品种和数量,供群众使用。

对于这些问题,相关部门已经有所认识。2010 年 5 月,德宏州签发了《关于加强德宏州新时期民族语言文字工作的意见》,提出了加强民族语言文字工作的三条意见:1. 加强党的民族语文政策的宣传工作和执法工作;2. 进一步做好民族语文的学习普及工作;3. 坚持民汉文并行、并重,强化民族文字的使用工作。

目前,德宏州正着力打造"中国面向西南开放桥头堡的黄金口岸","潞西市"这一地名也已获批恢复使用更具历史文化内涵的"芒市"之名。如果能把握好这一历史机遇,进行科学规划,解决思想观念上的偏差,德宏州的载瓦文推广普及工作将会更上一层楼。

第五节　景颇族的双语教育

一、景颇族教育的历史沿革

新中国成立前,德宏少数民族地区的教育事业十分落后,1949 年末,德宏州只有 34 所小学,景颇族学生只有 50 多人。少数民族聚居的山区,一所学校也没有。景颇族的双语教育始于清末民初的私塾教育、宗教教育。新中国成立以后,景颇族双语教育向正规化的学校教育发展,取得了巨大成绩。60 年来,景颇族的双语教育发展可分为四个阶段,分别是繁荣期、受挫期、发展期和调整期。

1. 繁荣期(新中国成立初期—60 年代中期)

从 50 年代初期开始,德宏积极帮助少数民族培养本民族的干部、教师和各种建设人才。民族教育发展空前繁荣。

在人才培养上,一批来自内地的汉族教师来到景颇山寨,支援边疆教育。这些汉族老师努力学习民族语言文字,与当地民族群众交朋友,做好事,赢得广大群众和学生的爱戴。到 1960年,潞西县小学教师达到 469 人,当地少数民族教师有 74 人,景颇族老师 20 人。

学校的数量也不断上升。1951 年春,潞西县政府协助东山山官排早利在翁角开办第一所景颇族汉文小学。第二年又在西山弄丙开办了省立潞西第二小学,对住宿的学生进行一定补助。到 1965 年,潞西县 300 所小学中,民办有 199 所,公办 101 所,学龄儿童 22065 人,民众学生 7943 人,占学生总数的 42%。1952 年,创办潞西民族中学,面向潞西、瑞丽等地招生。五六十年代只有这一所州属中学。办学形式呈多样化态势,出现了一些公办社助、社办公助、完全民办的学校、耕读学校以及工读学校。

1952 年,潞西县根据教育部颁行的《小学暂行规程(草案)》,实行理论与实际一致的教学方法,双语教学也得到肯定。1954 年,潞西县教育科在总结民族教育工作时指出,乡下民族学校的教师,一定要懂民族语言。在民族小学实行双语教学促进了民族学校的发展。1955 年州政府确定了"少数民族学生应当首先学好本民族语文,同时必须学好汉语文,使少数民族学生的本民族语水平和汉语文水平都得到提高"的方针。至 1956 年,潞西县民族小学教育大规模开展,民族小学教师学习民族语言文字、使用民语进行教学形成高潮。1956 年,弄丙、中山芒丙等 11 所景颇族小学开始景颇文教学。1957 年,创制载瓦文后,编写出载瓦文语文教材,但未能推行。1958 年受"大跃进"的影响,教学质量有所下降,但双语教学仍在摸索进行。1959年,遮放小学、新办不久的芒市景颇族小学(今芒市三小)提出民族小学"低年级教学以民族语言为主,中年级民、汉并举,高年级以汉语为主"的教学方法,并在全潞西县民族小学推广。1963 年,云南省第二次民族教育工作会议提出,"民族学校学习民语文和汉语文,是为了掌握语言文字工具,学好民语文对进一步学习汉语文也有帮助"。根据以上精神,州文教科成立了教研室,组织了一班人编写民语文教材,制订了教学计划。同年,24 所傣族小学在进行汉语文教学的同时进行傣语文教学。

2. 受挫期(60 年代中期—70 年代末)

"文革"开始后,德宏州民族教育遭受破坏。在此期间,民语文教学被迫停止,原国家编制的教材、教学计划均被废止,一般学校只开设语文、算术两门课,其中语文以学习毛主席语录为主,教学工作处于混乱之中。潞西县内小学教学秩序亦遭到严重破坏,一批老教师受到不公正待遇,被迫放弃多年积累起来的双语教学。这段时间直接用汉语教学,影响了教学质量。只有瑞丽县弄岛镇等嘎景颇族村等嘎小学仍长期坚持用景汉双语教学,摸索出了一套适合当地景颇族儿童的教学方法。[1]

3. 发展期(80年代初期—90年代中期)

经过70年代末的教育整顿,80年代初民族教育工作开始全面恢复发展。

进入80年代,根据省、州有关对发展民族教育的倾斜政策,通过对民族学生降低录取分数线、免收学杂费、积极推行双语文教学手段,加快了民族教育的步伐,从而带动小学教育向前发展。民族学校和学生的数量趋于稳定。

以潞西县为例,1980年有小学434所,其中民族小学231所,占小学校总数的53%。其中景颇族小学69所,占15.9%。民族小学总数与1948年相比,增长了27.8倍,与1956年相比增长了5.6倍。1989年,潞西县共有小学433所,其中民族小学262所,占学校总数的60.5%。景颇族小学81所,占18.7%。1989年,全县民族学生达16775人,占在校学生总数的48.8%,其中景颇族学生3973人。1993年,全州小学12199所(含316个教学点),在校学生有126263人,其中少数民族学生66962人,少数民族学生占在校学生总数的53.03%。全州普通中学(含初、高中)有68所,在校学生有30749人,其中少数民族学生有12167人,少数民族学生占在校学生总数的39.56%。

为了培养民族高层次人才,1980年9月,云南民族学院正式招收景颇文专业本科生。1985年起,德宏州师范学校每年增设2个民族语言中师班,其中一个是傣语班,一个是景颇语和载瓦语班。

师资数量也逐渐增多。1989年,潞西县小学教职工1507人,其中当地少数民族教师450人,少数民族教师中景颇族教师177人。1993年,全州小学教师有4787人,其中少数民族教师有1721人,少数民族教师占教师总数的35.95%;初、高中教师1999人,其中少数民族教师有282人,民族教师占教师总数的14.1%。

随着教育秩序的恢复,民族语文的教学工作也得到恢复和快速发展。1978年后,德宏州人民政府先后制定了"关于开设民族语文课的小学生,毕业升学考加试民文并以30%计入总分"和"关于当地少数民族生在本州招生、招工、招干考试中加试民文"的规定,民族语文教学得到很快恢复和发展。民族教育工作已有专门结构来指导和研究,双语文教学也有专人管理。1981年,潞西县文教局重新成立教研室。为了提高双语教学质量,1984年德宏州开展了"改进课堂结构,提高课堂教学效率"的教研活动。为了培养民汉兼通的人才,积极进行了一系列双语文教学的实验。

1985年春,州、县教育部门统一安排芒市三小开展"注音识字、提前读写"小学语文教学实验,以后逐步推广到各小学。同年,潞西县教研室进行"双语文独立识字培养能力"的教学改革实验。学生靠汉语拼音读准汉字字音,学好普通话;靠民语文对译读懂汉字词句意,借助它学

---

① 董艳《文化环境与双语教育——景颇族个案研究》,民族出版社,2002。

生可以独立识字。这项教学实验,在潞西县得到了逐步推广。1986 年,在省语委的支持下,在西山营盘小学用同样方法进行汉载双语文教学实验,正式将西山营盘小学列为载瓦语文及汉语文教学改革试点,由此确定了景颇族开展双语文教学的基本格式。这年潞西县有 79 所景颇族小学在进行汉语文教学的同时进行载瓦文教学,占景颇族小学的 67%。到 1989 年,潞西县"双语文独立识字培养能力"实验班 39 个,景颇族(载瓦文)4 个班 71 人,其余都是傣族。教学实验非常成功。随着双语双文教学实验的开展,1987 年,德宏州制定了一套适合少数民族学生学习特点的"民语—汉语"相结合的教学大纲,规定了民族小学的教学方法、教学内容和学制,初步建立了以学好汉语文为主要目标的双语双文教学体制。

随着双语教学的开展,对教材的研究也在积极进行中。1985 年,潞西县教研室多桐将汉语文五年制教材 1—4 册的生字词随课文出现,用分散识字的办法设计编印成有汉语拼音、汉字和民语文三行文字的《识字篇》,供民族学生学习汉语文使用。1987 年,《汉景载词语对译手册》首先在瑞丽弄岛小学试行,1988 年正式发行。1989 年,潞西县教研室唐绍兴同志编印了 1—10 册《汉载对译手册》供潞西县景颇族小学开展双语文教学。

据 1993 年统计,在全州有 12199 所小学中,应开设双语双文课的纯民族小学有 503 所,开设双语双文教学的学校有 313 所,接受民汉双语课学生有 25040 人。

4. 调整期(90 年代中期至今)

1993 年后,随着教育改革的不断深化,德宏州的双语双文教学面临着诸多挑战,需要对已有的教学体制和教学方法进行调整。

1993 年小学实行"五改六"学制后,原来成熟的双语教学模式和规划被打乱,双语教学面临着许多新问题。如:民语文基础学科的设置问题,双语教学课程体系与教材设置不合理的问题,教学程序与方法混乱不当的问题,以及双语师资数量和质量及投入不足等问题。这些问题都影响双语教学的稳步发展。面对新情况,人们对双语教学模式的认识也不尽一致,没有形成统一认识,新的双语教学改革方案迟迟不能确立。这些问题,导致了开设双语文课程的学校逐年减少。

目前,德宏州的少数民族教育大都是单一的"汉语式"语言教育。据 2009 年统计,德宏州 563 所(不含 166 所教学点)小学中,应该开设双语双文教学的纯民族小学有 251 所,但由于缺少双语教师等原因,实际上开设双语双文教学的学校只有 89 所。1993 年,为了片面追求民族学生能够掌握好汉语,跟上国家统一教学计划,许多地方减少了民族语教学,州县一级的双语教研室也随之被撤销。双语教师的数量越来越少。据 2008 年统计,全州义务教育六年段的小学教师有 7875 人,其中少数民族教师有 1555 人,少数民族教师仅占总数的 19.75%,而且其中能够胜任双语文教学的教师就更少。

双语教材方面,2004 年以前,开办学前双语教学班的学校都使用着德宏州编译的民语文、民汉会话和民文数学教材,进入义务教育阶段,有的学校直接使用全国统编的汉语文教材,并配套使用本州编译的《汉民词语对译手册》,民语文作为地方课程,每周上 2—3 节,使用教材是德宏州编译的民语文 1—6 册教材。2005 年后,省教育厅采纳了西双版纳州的双语教学方案,民汉双语教材由云南省根据新课改全国统编教材统一编译和出版。这种教材篇幅长,民族语对译出现很多新词术语阐释不当问题,不太适合德宏州的情况。原来德宏教育局教研室编的教材由于没有资金,无法再重版。目前,已经三年没有民族语文教材。

自 1980 年 9 月,云南民族学院正式招收景颇语专业本科生,但近年来由于生源缺乏,专业无法维持,已经停招。德宏师专从 2004 年起也停办民族语言选修课。2009 年,在德宏州相关部门的呼吁下,与云南民族大学签订了培养德宏州民族高层次人才的协议。协议规定,2009 年 8 月起至 2014 年 7 月止,德宏州政府投资 50 万元,与云南民族大学合作开办德宏傣族景颇族语言文学专业。云南民族大学每年向德宏州录取 40 名经高考并参加民语口试的傣族景颇族高中毕业生,进入德宏傣族景颇族语言文学专业学习。

随着现代化进程的加快,民族教育以及民族双语教学都面临着新的挑战,人们在摸索中不断调整,相关部门也在结合新课改,寻求实施新一轮民族小学双语教学的途径。德宏州打算从 2009 年开始,规划五年时间,对少数民族聚居区农村民族小学启动实施新一轮双语双文教学,力图把双语教学工作推上新台阶。

二、景颇族双语教学模式

(一) 新中国成立后推行过的双语教学模式

1. 新中国成立初期的民汉口译对译教学

新中国成立初期,主要是通过民汉对译进行汉语文的教学。具体做法是,老师先念一遍汉语文,然后用民族语逐字进行解释,以达到学习汉语文的目的。这种教学模式整个贯穿于基础教育阶段,民族语言使用逐年减少,直到学生掌握了汉语文。这种模式要求老师民汉兼通。

2. "双语教学,拼音学话,注音识字,提前读写"的教学实验

这种教学实验的具体做法是,从小学一年级上学期和下学期前半学期全学民族语文,每周 16 课时。下学期的后半学期民族语文课时减半,用来学汉语拼音。采用"注、提"教材教授汉语文课,直至六年级。课时和教材分量逐渐递增。

一年级教师教学用语以民族语言为主,二、三年级民汉两种语言并用,五、六年级以汉语为主,民族语言辅助教学。

3. 大纲型双语教学模式

1984 年制定的《云南省德宏傣族景颇族自治州全日制小学民族语文教学大纲》,标志着德宏州开始形成了完整规范的双语教育体制。大纲型教学模式就是按照大纲要求进行教学。具体做法是,在一年级主要开设民族语文课程,每周 14 课时,汉语会话课每周 4 课时;从二年级开始,转为以汉语文教学为主,每周开设 12 课时汉语文课程,2 课时民族语文课程。课堂双语教学使用《民汉对译手册》。1996 年有 33 所景颇族小学(景颇族学生占 60% 以上的学校为景颇族民族小学)使用大纲型教学模式。开设的学校如潞西县西山乡营盘小学。

4. 民汉同步型教学模式

这种教学模式的具体做法是,在一年级民族语文和汉语文同时开设,同步进行。一到六年级每周的民族语文课时依次是 6、6、4、3、3、2 课时。到高年级民族语文课程依次略有减少。畹町镇景颇族小学等用过这种模式。

5. 先汉后民型教学模式

又称"穿插型"。这种模式的具体做法是,在三年级或四年级开设一年的民族语文课程,每周开设 1—2 节,在教学过程中适当采用民族语辅助教学。瑞丽市民族小学、瑞丽市弄岛镇等嘎小学等用过这种模式。

6. 民文突击型教学模式

这种模式的做法是,在学生小学毕业前突击学习民族语文课程。

7. 民族语辅助型教学模式

这种类型主要存在于多民族杂居区。由于学生来自不同民族,各有自己的母语,所以难以开设民文课,只能在辅助课堂教学上根据不同的情况分别使用民族语辅导,懂民族语的教师在学生遇到语言困难时用民族语略加口头解释。

(二) 现行的景颇族双语教学模式

随着教育改革的推进,德宏州双语教学的模式也在不断调整中。目前,双语教学模式主要有以下几种。

1. 双语型教学模式

这种模式以汉语文教学为主。一至三年级时,学生语言障碍较大,所以结合教学重点、难点,利用少数民族语言进行辅助教学,分解学生学习的难度,提高学生学习的兴趣。潞西的毛讲小学和崩强小学采取这种模式进行教学。

2. 双语双文型教学模式

这种模式的具体做法是,在一年级专门学习一年的民族文字,采用民族语单行本教材。同时学习汉语简单会话。数学课本是汉语课本。二年级以后开始双语双文教学,以汉语文教学为主,每周开设 2 节民族语文课程。教材采用德宏州编写的双语双文教材。学生在学习汉文化的同时,又能全面地掌握本民族文字,使其民族文字得到继承和发扬。潞西县西山乡营盘小学是省、州、市"双语双文"载瓦文教学的示范点,现采取这种双语双文教学模式。但目前能采用双语双文教学的学校并不多。

这种双语双文型教学模式随着教学研究的深入,在有些学校有所变化。在卡场镇十几所小学中,只有草坝完小(省级双语双文教学点)把民族语文列入课程当中。他们的具体做法是,学前班采用景颇语和汉语双语教学,主要教授学生汉语拼音和汉语的 1—100 数字。教学方法是,先用汉语教授,然后用景颇语解释,必要时结合实物展示。一般在学前班,学生主要学习汉语会话和汉语拼音知识,一年级开始使用人教版汉语教材。因为学生语言障碍很大,所以只能采用双语教学的方式,教师每教一个生词都需要用景颇语翻译。二、三年级根据学生掌握汉语情况,逐年减少民族语的解释。四到六年级,课堂用语大部分是汉语,基本不用民族语,只有在学生实在不懂时才用民族语稍做解释。从四年级开始教授景颇文,一直持续到六年级,每周2节课。采用德宏州编写的教材,一般到六年级都能掌握文字。

草坝完小把民族语文的教授安排在四到六年级,是为了避免一年级学生汉语拼音与民族文字相混淆。

3. 传承型教学模式

这种教学模式的做法是,每周用1—2节课学习民族语文,主要是为了让学生能够掌握和传承本民族文字。

盈江县卡场镇九年一贯制学校也是采用这种教学模式。学校要求一、二年级的教师必须懂一点景颇语。一、二年级时用民族语辅助教学,民族语只做个别简单解释,解释汉语的比例要比双语双文型教学模式中使用民族语的比例低。从四、五年级开始,开设大课集中学习景颇文,一周一晚上。主要是让学生能够掌握本民族文字,传承本民族文化。

瑞丽市弄岛镇等嘎小学也属于这种类型。1995年至2007年期间,等嘎小学不开设景颇语文课程,要求教师不使用民族语教学。2007年后,双语教学逐步恢复到传承型教学模式。具体做法是,学生三年级到六年级,开设景颇文课程,每周1课时(45分钟)。但是近两年集中办学,学生四年级以后都集中去弄岛镇小学上寄宿学校,景颇文的课程已无法开设。现在等嘎小学的景颇语文教学,只能维持三年级一年。

此外,景颇族的教育模式中还有一种"学前班双语型"的双语教学模式。如潞西县五岔路乡弯丹明德小学属这种类型。明德小学有296名学生。有汉族、景颇族(载瓦、浪峨、波拉、勒期)、傣族、傈僳族、汉族。其中汉族38人,剩下的都是少数民族学生,景颇族载瓦支系的学生占多数,有100多人。学校有13位老师,懂民族语的老师只有7位。弯丹明德小学在学前班进行双语教学。上课时老师先用汉语说一遍,然后用民族语(载瓦语)解释。主要学习汉语拼音和汉语会话,以及1到20以内的加减算术。一年级以后全部使用汉语教学。教材是人教版的汉语教材,与汉族学校使用的一样。下课后老师一般都说汉语,学生也跟老师说汉语。但学生与学生玩的时候说民族语言。弯丹明德小学一到六年级不教载瓦文,不开设任何关于民族语言及文化的课程,俨然已变成一个单语制学校。

三、景颇族双语教学面临的挑战

新中国成立以来,德宏州民族教育事业伴随着新中国的发展,有了长足的进步。就民族教育自身发展历程来讲,八九十年代的民族教育规模最大、质量最好,是民族教育发展的黄金时期。近年来,面对着人口数量及结构的变化,教育改革的调整,德宏州民族教育、景颇族双语教学面临着新的挑战。

1. 民族语教学与以汉语成绩为衡量升学率的矛盾得不到好的调和

教育部门追求的是升学率,升学率以汉语成绩为衡量标准,民族语成绩与升学考试无关。这种状况势必造成人们片面强调汉语的重要性,从而忽视民族语的教学。这种矛盾如果长期得不到调和,将严重影响民族地区的教育水平以及民族语文的教育教学,进而影响到民族素质的提高。

2. 双语教学发展不稳定,存在着隐患

据我们调查,很多学校的双语教学不能很好地开展,呈逐年萎缩趋势。近些年随着集中办校的教育体制改革,双语教学的条件受到限制,且发展不稳定。如瑞丽市等嘎小学原来在三至六年级开设景颇文课程,但集中办学后,四年级的学生要到弄岛镇去上学,无法继续景颇文课程。

双语教学得不到很好的开展,带来许多问题。如:由于语言障碍,严重影响了学习成绩,造成学生产生厌学情绪。虽然都能完成小学教育,但初中教育很难全部完成。如弯丹明德小学,教师用汉语进行教学,进入初中后很多学生成绩不好,大都无法继续升入高中。卡场镇九年一贯制学校每年都有辍学现象发生,除去学生家庭困难的因素,"学不进"也是很重要的因素。每年10%的学生会辍学,实际还要更高一些,一般从初一下学期、初二上学期开始出现辍学现象。初中毕业或辍学回家的少年,如果不加以引导,加之德宏地处边境,很容易走入歧途,造成社会问题。

3. 缺少高素质、高层次人才

民族地区学生学习汉语往往输在了起跑线上,导致成绩跟不上,初中、高中很难念下去。这就严重影响高层次景颇族人才的培养。如卡场镇只有一所中学,每年有40个毕业生,2000年以前没有高中毕业的。现在每年有五六个考上普通高中就不错,还有一部分进入职业高中学习,一部分读中专。大部分人初中毕业后去打工,回到家里务农的占20%左右。这种状况造成景颇族高素质、高学历人才十分缺乏,不利于民族的长远发展。

4. 双语师资缺乏,教师流动性大

民族地区,特别是边疆偏远地区,教师的流动性很大,造成一些学校长期缺乏师资力量,严重影响了教学质量。现有的双语教师压力大,教学负担重,既要教汉语文又要教民语文,还要负责学生的安全。由于双语教师的待遇解决不了,所以教师不愿意承担双语教学。加之双语教学的学校地处边疆,各方面条件比较差,没有优惠政策,难以吸引双语教师到景颇山寨工作。许多在岗的双语教师不愿意在艰苦的景颇地区工作,大量流向条件好的城镇学校或者行政单位,这就造成双语教师队伍的流失。如卡场九年一贯制学校,老师每周至少要上22节课,什么课程都教,还不算晚自习,由于地处边疆,条件差,老师压力大,一年要走七八个。又如,卡场吾帕村委一师一校的村小,大部分老师是临时的,一个学年、一个学期或两个学年就换一次老师。

5. 双语教材不适用,配套设施不到位

据反映,现行的双语教材不太适合德宏州的双语教学。过去按照德宏州双语教学方案编写的双语教材,2003年以后省教育厅使用西双版纳州的双语教学方案,用小学六年级汉语文统编教材对译双语双文教材,导致很多学校不想用。篇幅长,翻译不太准确,书里插图是黑白的,不利于民族学生的形象教学。德宏州自编的教材没有资金投入,无法印制。此外教学配套设施缺乏。有些学校双语教学设施简陋,一个学校只有一台地球仪。

四、我们的建议

应该认识到,在景颇族地区开展双语文教学具有重要的意义和作用。它可以抵制境外不健康的文化渗透,对增强民族团结、巩固民族地区的稳定和国家安全有着积极的意义。它还可以提高民族群众的素质,增强民族自身竞争力,更好地适应现代化建设的需要。

我们还要看到,广大人民群众对双语教学有着强烈的渴望。他们有条件通过多渠道、多媒介进行双语文学习。如德宏人民广播电台民语综合频道开设《双语双学》节目,用傣语、缅语、景颇语、载瓦语翻译汉语,不懂民族语的可以学习民族语,不懂汉语也可以通过广播学习汉语。每年各种社会团体或者民众自发组织学习民族文字,进行自觉扫盲活动。

通过实际调查,我们建议在景颇族地区应当坚定不移地、持续开展双语文教学。要把双语文教学列入全州的民族教育体系,切实加强师资建设、改善教师待遇、完善教材建设、并与时俱进地解决双语教学中存在的各种矛盾。

第五章　结语

景颇族的语言生活是丰富的，又是复杂的。我们实地的第一线调查，对景颇族目前的语言生活初步有了一些了解、一些认识，并做了一些理论思考。下面谈几点认识。

一、景颇族各语言目前仍具有强劲的活力

景颇族使用的语言都是小语种，使用人口少，属于弱势语言。但从目前的使用情况看来，它们在与强势语言的竞争中都保存得很好，都具有强劲的活力，仍然是景颇族语言交际中的重要交际工具。我们实地调查的结论是：居住在农村的景颇族主体，普遍保留自己的语言，母语在日常生活中，在与境外同族人的交往中，都发挥了重要的、不可替代的作用。虽然在城镇，年轻一代的母语能力有所下降，但大多数仍然使用自己的母语。景颇族对本族语言都发自内心地热爱。他们说，热爱自己的民族，就会热爱自己的语言。把语言与民族紧密联系在一起。在我们所调查的对象中，所有的家长都希望自己的下一代能掌握好自己的语言。为此，有的家长因自己的子女在家不说自己的语言而发怒；有的家长利用孩子放假期间就把孩子送回老家一段时间学习自己的母语。

调查结果显示，景颇族的几种语言目前仍然具有以下三种价值。

一是实用价值。即这些语言仍然是景颇族社会生活中主要的传媒工具。家庭生活离不开它，经济生产活动也离不开它，发展教育科技也需要它。在景颇族地区到处都能看到：凡是有景颇人在的场合，都能听到景颇人在使用自己母语的话音。不仅是一般群众在日常生活中主要使用自己的母语，就是那些受过高等教育的领导、公务员和知识分子，也时时在用自己的母语。这就是说，景颇族语言是景颇族生活所必须依赖的、不可缺少的。在载瓦语使用的地区我们了解到，村民最喜欢看的电视节目是德宏电视台民族频道的载瓦语节目。晚上，大人、小孩都聚在屋子里看德宏台用载瓦语译制的电视剧。

我们还看到，在景颇族聚居的地区，与他们杂居的傈僳族有一些也会景颇语。如芒市五岔路盈江县卡场乡盘都村有 22 户景颇族、42 户傈僳族，这里的傈僳族有许多人都会讲一口流利的景颇语，特别是年老的一代，景颇语水平更高一些。他们大多是1958年搬迁到这个地方的，原来不会景颇语，是来到这个村寨才逐渐学会的。我们测试了 42 岁的栋列，他的景颇语与景颇族差不多。使我们惊讶的是，他不仅词汇量大，能区别不同的近义词如"洗（衣服、头）"、"借（还原物、不还原物）"，连傈僳语中没有的塞音韵尾、鼻音韵尾都能准确无误地发出。景颇语似乎成为他们日常生活中不可缺少的语言。

二是感情价值。景颇人对自己的母语都充满着深厚的感情。他们总是把语言与民族紧密地联系在一起，认为对语言的尊重就是对民族的尊重，同族人在一起说自己的语言在感情上感到更融洽，"拉近了距离"，不说自己的语言，就会感到"怪怪的"、"装腔作势的"。一次，课题组成员与州里几位景颇族中层领导在一起交流，他们与我们交谈时都用一口流利的汉语，但与几位本族人交谈时就立刻改用自己的语言，虽然他们之间完全能用汉语交流。这是一个到处可见的普遍现象。为什么，有的说这是习惯，有的说就应该这样，不这样就拉开了距离，连他们也无法说清。这就是语言感情，说不清道不尽，也就是我们所要尊重的母语感情。语言感情是个无形的东西，人们往往认识不到它的存在，而且容易忽视它的作用。

三是文化价值。景颇族有浩瀚的历史传说、史诗文学、童谣故事等传统文化遗产，是中华文化不可或缺的重要组成部分。语言是文化的重要形式和载体。失去语言，就要失去大部分文化。德宏州景颇族学者李向前先生在《景颇族文史画册》一书中说道："景颇族历史文化丰富灿烂。当我整理完创世纪《目瑙斋瓦》、《孔然斋瓦》后，更为景颇族历史文化的博大精深而震撼，并深深为自己民族的伟大创造力而自豪。"但是，景颇族的传统文化，要靠景颇族各种语言来表达、来承载，否则就会黯然失色。如反映景颇族古代史脉络的史诗《目瑙斋瓦》，是研究景颇族历史、文化的大百科全书，它那深邃而又广阔的内容只有用景颇语才能做出完美的表达。《目瑙斋瓦》①虽有汉译本，有其特殊的功用，但在表达的力度上，与原汁原味的景颇语版本相比已相去较远。

景颇地区流传着一首人人爱唱的《文崩同胞情》，歌曲婉转动听，内容感人肺腑。各地区的景颇族几乎人人会唱，个个爱唱。当在集会上或在聚会上一起唱起这首歌时，人人都为自己的民族振兴而无比激动，常常是热泪盈眶，一下子就拉近了距离。歌词唱道："哦！我们同奶生的同胞们啊！我们都是从目拽圣亚山发源而来的，从古到今都有相同的历史。正因为如此，同胞们啊！我们极需要团结。不但如此，我们还要把世界的知识学来。自己的民族需要自己来发展呀！即使遇到艰难困苦也需要努力。我们的脚要靠自己来站稳！"我们这些外族人听到他们唱这首歌时，也会情不自禁地为之震撼。这是什么力量？除了内容、曲调外，还有语言的力量。

以上这三种价值，构成了景颇族语言稳定使用的生命力，使其在现代社会共同性日益增长的今天，也能屹然不动，也能作为语言的多样性和其他强势语言一起得以生存，并为多民族的同一社会服务。

景颇族各界同胞对自己语言的延续普遍是有信心的，是乐观的。当我们问及"你认为自己的语言会衰退或消亡吗"时，无一例外地都回答："不会的！都在用嘛！"有的回答说："至少三五代不会有问题。"他们的预计是有依据的。

二、景颇族对待母语和通用语之间关系符合实际需要和语言发展的客观规律

语言的使用和发展有其客观规律，不以人们的主观意志为转移。人们的认识，要顺应客观

---

① 李向前收集整理《目瑙斋瓦》，2007 年 12 月。

规律,才有助于语言的使用和发展。违反规律,或"揠苗助长",都对语言的使用和发展不利。

我们采访的景颇族各界人士,对自己的母语都十分热爱,怀有特殊的感情。他们认为自己的母语必须继承,而且认为保护、发挥母语的作用应是最佳的选择。有的说:"尊重自己的语言就是尊重自己的民族!"从他们在民族内部坚持使用自己的支系语言,就能看出他们对本族语言的热爱。景颇族中有不少家庭是由不同支系组成的,但不同支系都坚持使用自己支系的语言,一辈子不改。即便各自会说对方的语言,也终身不改口。是什么原因呢? 有的说"是为了尊重自己的语言",这可能是其中的重要原因之一。

不仅如此,景颇族对通用语汉语也是同等热爱的。他们认识到,中国境内由于经济、文化、政治、人口、历史等多方面的原因,汉语早成为各族人民之间的通用语。熟练掌握汉语关系到各个民族自身的文化、经济的发展,关系到个人素质及能力水平的提高。认为景颇族应该尽快掌握通用语汉语,这有利于景颇族的根本利益。掌握好汉语已成为景颇族上上下下普遍的强烈愿望。

在母语和通用语的关系上,他们形成了以下两个认识:

一是母语和通用语同等重要,但各有各的作用。当调查中问及"你认为自己的母语和通用语哪个更重要"时,大都回答"都重要,各有各的用途"。德宏州民族第一中学谭德学副书记说得好:"汉语是主体、主流,各民族都要学好,学不好,要想进入社会是不可能的,这个是不能放松了。但民族语言也应该保持,放弃了民族语言,对本民族的感情,家乡的建设肯定会放松,会淡化,我觉得本民族语言应该保持,应该学会。这对国家、对个人都是有好处的。不爱自己民族、自己家乡的人,怎么会爱国家呢?"他还认为:"在小学阶段,尤其是小学一到三年级要进行双语教学。初中就没有必要了。""现在主要是学前班和小学要使用双语教学,初中、高中就不再需要了。使用双语教学,对民族聚居区有帮助,杂居区就不需要了,杂居区汉语比较普及,小孩个个听得懂汉语,不再使用双语进行教学。在聚居区,尤其是低年级,用汉语一种语言教学,学生听不懂。"多么客观、辩证的认识啊!

三台山乡允欠村三组的农民老大娘赵木问(景颇族勒期支系,嫁给德昂族 31 年),会勒期、载瓦、浪峨、波拉等语言,还会德昂语和汉语。她认为:"年轻人喜欢学什么语言就学什么语言,掌握的语言越多越好。这样出去读书啊、找工作啊、做事情啊,在哪里都可以跟人沟通,最好的就是见到哪个民族的人就说哪个民族的话。我不担心孩子不会说民族语。因为孩子们放学回家就又可以说民族语了。"多好的多语观念啊!

在村民中也有不少人认为汉语更重要。如三台山拱岭村景颇族村民电丁崩(39 岁)说:"现在么应该是汉语更重要一些。现在的社会,什么都是用汉语交流,不会汉语就连家门都出不了。所以应该是汉语更重要一点。"这种认识,虽然不够全面,但真实地反映了少数民族在现代化进程中对国家通用语的重视和热爱。

二是顺其自然,各就各位。语言关系是由各种因素决定的,有其特定的系统,特定的客观规律。所以,对待语言关系,绝不能违背客观规律而行。对不同语言的定位,以及在处理不同语言的关系时,都要遵守客观规律,顺其自然。但对不同的语言又必须区别对待。景颇族语言学家朵示拥汤说:"我认为汉语和民族语的关系不用刻意去处理,要让二者顺其自然地发展,具体情况具体对待。在农村,学习民族语的同时应该加强汉语的训练;在城市,则应该多加强民族语的学习。""我的第一语言是载瓦语。10岁上小学开始接触汉语,主要是通过母语载瓦语学习汉语。小学阶段汉语只会读、会写,口头表达并不好,上初中后汉语就可以流利地表达了。长大之后,随着生活环境的变迁,视野的扩大,还自然而然地学会了各支系的其他语言。"

景颇族对待母语和通用语关系的态度,是由其民族特性决定的。正如德宏州委政策研究室主任何春嵘所说:"我们景颇族是个开放、包容的民族。"景颇族这种开放、包容的民族特性,使得这一民族能够不拘一格地汲取外族先进的东西来充实自己。比如,他们为了在新的环境下生存、发展,吸收了傣族、汉族的稻作文化;在音乐、舞蹈等文化艺术上,他们也根据自己的需要和特点,广泛吸收周围民族的成分来丰富自己。在语言文字的使用上也是如此。在历史上,景颇族中已有一些人除了使用自己的母语外,还能兼用通用语汉语。还有许多人兼用别的支系语言和别的少数民族语言如傣语等,有的还会邻邦的缅甸语。他们认为,兼用别的语言是实际需要,是进步的表现。特别是对通用语汉语,他们普遍认为非学不可。何主任还说:"针对以上情况我认为应该实行集中办学。村寨里办个学前班,主要任务就是解决语言问题。乡一级的地方办好中心小学就可以了,初中、高中都应该在县城办。否则,一下课就是景颇语,缺乏环境,根本学不好汉语。再就是政府加大投入,提高师资质量,扩大学生的交流,比如边境学生送到内地学校学习汉语,让内地学生来边境学习少数民族语言等。"

三、景颇族语言文字的使用发展问题是值得借鉴的一个样板

我国是一个多语言、多文种、语文情况十分复杂的国家,处理好语文问题十分不易。这当中包含了许多理论问题和实际问题需要解决。半个多世纪以来,景颇族语言文字的使用和发展有了很大进展,景颇语文工作取得了一些可贵的经验,这对解决我国人数较少的少数民族语言文字的使用和发展问题都值得借鉴。德宏州景颇族语言文字发展问题有哪些经验呢?我们认为主要有以下两点:

1. 民族团结、民族和谐是语言和谐的前提和保证

语言是民族的一个重要特征,语言关系总是受民族关系制约的。民族和谐,语言也会和谐;反之亦然。德宏州各民族的团结非常好,我们所到各村各寨问及不同民族的关系时,他们不约而同地回答——"我们关系很好,从来没有发生过民族纠纷","不同民族都像一家人"。这是他们发自肺腑的真言!

德宏州委政策研究室主任何春嵘说:"德宏州的民族关系较好,各个民族团结、和谐,友好相处,在全国是比较典型的。长期以来,各民族之间没有发生任何矛盾。一是得益于党的政策好,对各民族在经济社会建设方面给予了大力支持,尤其是农田、水利、交通建设和文化教育等方面对边疆的发展有政策倾斜。在政治建设方面,强调平等、团结、互助,实行民族区域自治。

二是两个主体民族的特点,傣族信仰佛教,讲究从善积德做好事;景颇族的特性是开放、包容,具有多元文化特征,历史文化包袱少,容易接受新鲜事物。从历史上来看,景颇族生产技术比较落后,接受其他文化或其他民族的先进技术愿望强,尤其是向汉族学习生产工艺,并请来汉族的泥土匠、工匠结邻而居,互相学习生产技术,和傣族之间的关系也融洽。两个主体民族的文化促成了团结、和谐的良好局面。德宏的傣族、景颇族与其他人口较少的德昂族、阿昌族、傈僳族关系也较好,相处和睦。"

三台山乡党委书记线加强(德昂族,全国劳模)在描绘德宏州的民族关系时说:"在我们这里,首先是各民族之间你中有我,我中有你,你帮我,我帮你,大家互相帮助,互相关心。无论哪一座山起火了,我们附近的村民从来不问是哪家的,都去扑火,扑完各回各家。其次,我们这里各民族相互通婚的很多,彼此都是亲戚,都是一家人。第三,我们这里各民族的宗教信仰虽然不同,但各个民族之间从来不相互干预,德昂族过泼水节,汉族及其他民族都穿民族服装,共同祝愿美好幸福,景颇族过目瑙节,我们德昂族也穿民族服装,共同庆祝。第四,我们从来没有过民族与民族之间的斗殴事件,没有任何矛盾纠纷,从来没有到上级各有关部门上访闹事。这四个方面是我们民族大团结的具体表现,也是体现了党中央提出的民族大团结、民族和谐的目标。"

新中国建立以来,德宏州发生了翻天覆地的变化,这是各族群众有目共睹的。所有的城镇高楼林立,一条条柏油公路或水泥公路通向村村寨寨,电视机、摩托车、手机进入家家户户,谁都会感到伟大祖国的巨大变化。面对如此美好的现实,回忆对比过去,他们对国家、对政府都有深深的感激之情,共同汇成了"以感恩回报之情,推进社会主义新农村的建设"的强大心声。

和谐的民族关系伴随着和谐的语言关系。在德宏州,多语现象常见,许多人能说两三种甚至四五种语言。如三台山就是一个多语和谐的民族地区。各民族互相尊重、互相学习对方的语言,大家都以能够使用对方语言为骄傲。如居住在三台山乡的德昂族,有许多都会景颇族的支系语言。允欠三组副组长赖腊年(德昂族),除母语德昂语外,还会波拉语和汉语。他从小就开始学习德昂语,波拉语是从十几岁开始学习的,因为读书是在允欠景颇族寨子,那里波拉人较多。汉语是读书时开始学习的。他的父亲60岁,除了德昂语外,还会汉语、傣语,傣语是因为经常与傣族亲戚来往、交流就学会了。他的妻子30岁,是景颇族波拉支系,除了母语波拉语外,还会载瓦语、德昂语、汉语。结婚之后学会了德昂语。儿子9岁,读小学二年级,会德昂语、汉语、波拉语。

又如,芒市五岔路乡是一个景颇族聚居的乡,与他们居住一起的汉族有不少人也会说景颇族的一种或几种语言。弯丹乡汉族寨村民番在然,51岁,除了母语汉语外,景颇族的浪峨语、载瓦语、勒期语都说得很流利。经词汇测试,浪峨语达到优秀级。使我们惊讶的是,汉语中没有的语音如塞音韵尾、松紧元音等他都能发得出来,对浪峨语和载瓦语、勒期语之间的区别也能说得出来。问他为什么会这些语言,他不假思索地回答:"需要嘛!我们和景颇族就像一家人。种田、盖房都互相帮助,不叫就来了。他们的节日我们都参加。"他家的三个孩子也会浪峨语和载瓦语。盈江县卡场镇的汉族和傈僳族,有不少人也会说景颇语。如吾帕村的李兴达,汉族,24 岁,他和他的几个哥哥都会景颇语,而且比较熟练。李兴达会说一口流利的景颇语,连景颇语中的一些难发的音也能发出。他说,他的景颇语是从小与景颇族小朋友在一起学会的。

在现代化进程中,提倡各民族互相学习对方的语言对于民族团结、民族进步具有重要意义。德宏州不同民族相互学习语言的实例,对全国民族地区具有重要的借鉴意义。

2. 政府诚心诚意帮助少数民族发展自己的语言文字

宪法明确规定:"各民族都有使用和发展自己语言文字的自由。"这是我们对待少数民族语言文字的基本准则。德宏州政府不仅在口头上而且是在行动上切实帮助各少数民族发展自己的语言文字。这个州,有自治州民族语文工作指导委员会,有播放各少数民族语言的广播、电视,有出版少数民族文字的出版社,教育局有编写少数民族文字课本的教材编写组,芒市大街还有傣文、景颇文的路牌等,充分展现了各级政府对少数民族语言文字的尊重。景颇族虽然是一个只有十多万人口的小民族,但其语言文字的使用和发展都受到充分的重视,享受与大民族同等的待遇。

四、景颇族语言生活目前存在的问题

经过第一线的语言使用功能调查,虽然我们看到了景颇族语言还在广泛使用,仍保持有强劲的功能,并为之感到欣慰,但是,由于我国的景颇族毕竟是一个人口较少的民族,其语言使用范围是有限的,所以,在强势语言的包围下,在经济、科技日益发达的条件下,在居民人口流动不断增多的情况下,其语言的使用和发展必然会出现一些新的问题,面临着过去没有过的新挑战。问题是什么呢?

1. 在少数人中,景颇语的能力有所下降。主要是城镇居民、族际婚姻家庭的下一代。以芒市城镇的青少年为例,经测试证明其语言能力与农村相比已明显下降。在农村,懂得景颇族传统文学的人、长诗咏唱诗人已越来越少。

2. 懂景颇文、载瓦文的人太少。一种民族文字对民族的发展、民族文化的保留有着重要的作用。景颇文有上百年的历史,而且还通用在缅甸景颇族地区;载瓦文是新中国建立以后新创的一种推行效果较好的文字。经多年的推行使用,已证明这两种文字的可行性和科学性,证明它能为景颇族的文化发展发挥不可替代的作用。在调查中,我们广泛听到景颇族群众对学习本族文字的呼声。盈江县景颇族发展促进会为了帮助群众学习景颇文,自发组织景颇文学习班。参加者十分踊跃,已有 80 多人参加学习。有的反映,不掌握文字不利于语言的保存。虽然,全州各地群众已自发举办了一些景颇文、载瓦文的培训班,但这还不够,应当由有关政府、学校出面实施才有可能取得更大的成效。

3. 景颇族的教育发展令人担忧。从目前的情况看,景颇族高层知识分子的比例偏低。九年义务教育虽然保证了大多数人能接受完初中教育,但能继续升入高中的极少,能进入高等学校的更是寥寥无几。景颇族教育目前存在的问题主要有:一是随着商品经济的冲击,厌学现象在各地普遍存在。二是师资不足,特别是双语师资不足。他们需要大批汉族教师到景颇族地区工作,但留不住。三是经费不足,硬件差。所以,有必要采取一些特殊政策和特殊措施来保证景颇族教育水平的提高。比如,加强学前教育来打好进入小学的基础,保证儿童进入不同民族的小学不至于在起跑线上落后于汉族儿童。

在景颇族地区,必须下大力气办好教育。要大力推进景颇族地区中小学义务教育,实施中等专业、职业教育工程,使景颇族地区义务教育延伸到高中和职业教育。当前最迫切的问题,一是改善教育基础设施,改造危房,配备现代的教学工具,加强完善中、小学寄宿制学校的建设,加大对景颇族学生实行全免费教育。二是加强景颇族地区的教育师资队伍建设,提高民族教学水平。开展小学"双语教学",大力培养"双语双文"师资,开办教育学前班,改变因语言障碍而导致的教育质量低下的问题。三是结合农村经济发展需要大力发展职业教育,培养能实实在在为本乡本土服务的人才队伍。四是积极开展新型农民培训。利用乡村文化活动中心活动室开展普及科技知识和实用技术培训,增强自我发展能力,全面提高跨境民族地区的整体素质。

我们相信,景颇族的语言文字必将在今后更好地适应社会需要,得到发展,景颇族的文化教育将会迎来新的春天!

附　　录

一　访谈录

访谈一：盈江县委办公室主任李林山访谈录

访谈对象：李林山，35岁，景颇族，现任盈江县委常委、县委办公室主任，兼任盈江县景颇
族发展进步研究学会常务副会长

访谈时间：2010年8月6日

访谈地点：盈江县委办公室

访谈、整理者：朱艳华

问：李主任，您好！请您先做一个简单的自我介绍。

答：我于1996年7月从云南民族大学毕业（当时称云南民族学院），先后在盈江县纪委、那
邦镇、县人事局、县委组织部、县委办工作，先后担任过县委常委、人事局局长，县委常委、组织
部长，现任县委常委、县委办主任。

问：盈江县的民族构成情况怎样？民族关系和语言关系怎样？

答：2009年我县总人口299681人。有傣族、景颇族、傈僳族等25种少数民族，人口171962
人，占全县总人口的57.4%。其中五个世居民族人口及占全县总人口比率分别为：傣族101983
人，占34%；景颇族44170人，占14.7%；傈僳族19658人，占6.6%；阿昌族1109人，占0.4%；德
昂族417人，0.14%；其他民族2798人，占0.9%。盈江县是一个经济欠发达的边疆少数民族聚
居的农业县。各民族团结友爱，关系融洽。不同民族之间主要以汉语作为交际用语。

问：近年来，盈江县景颇族的社会经济发展状况如何？跟以前相比，主要有哪些变化？

答：新中国成立以来，党和国家十分重视景颇族地区各项事业的发展，开办了学校，改善了
医疗卫生条件，加强了基础设施建设，传统文化得到传承和发扬。2009年我县景颇族人均纯
收入为1100余元，为景颇族地区经济社会发展奠定了良好的基础。跟以前相比，首先是生产

方式发生了改变,生活水平有了较大改善;其次是居住环境有所改变,教育、卫生、医疗条件明显提高;第三是交通有所改变,信息快捷。目前,在我们县内的景颇族,已经彻底终结了刀耕火种,结束了几千年来依赖刀耕火种维系生活的历史。现在,他们主要靠种植业和养殖业来增加收入。从过去住的茅草房、叉叉房,变成了瓦房、楼房,有的家庭还用上了现代化的电话、手机,大部分家庭已有了电视机,有些人家还有了汽车和摩托车。他们正在稳步走向和谐富裕的美好生活。

问:在现代化进程中,景颇族作为一个人口较少的民族,其发展遇到了哪些问题? 如果已解决,请你谈谈你们是如何解决的。

答:目前,我们景颇族发展遇到的问题是:一是文化基础落后,教育落后,农业科学技术落后,人才发展滞后;二是居住分散,交通不便,信息不灵;三是社会快速发展与景颇族地区相对落后的生产、生活条件之间的矛盾逐渐凸显。我们的解决办法是:主要依靠国家的相关优惠扶持政策、扶贫项目来逐步改善。

问:盈江县景颇族的语言文字对景颇族的发展有过哪些促进作用? 其使用现状如何?

答:在教学中,通过双语双文的使用,能较好地帮助景颇族儿童对汉语内容的学习和理解,促进景颇地区的教育教学。用景颇文字翻译党和国家的各项方针政策及科技知识,使景颇族群众更好地理解和掌握党和国家的各项方针政策,能更好地学习应用科学技术,为景颇族地区经济社会发展起到积极的作用。目前在景颇族地区,书信往来、记事等使用景颇文字的还比较多。

问:在现代社会经济、科技、信息迅猛发展的今天,弱势语言必然会不同程度地受到强势语言的冲击,您是如何看待这个问题的? 请结合景颇语的情况谈一谈。

答:语言可以说是一个民族的灵魂,要源远流长。在我们盈江县景颇族集中地区,仍然通用景颇语言,强势语言冲击影响不大。但是已经存在语言纯度不高,青少年一代使用率逐步降低等问题。

问:景颇族青少年的母语水平跟他们的长辈比起来怎样? 担心过景颇族孩子的母语会出现衰退吗?

答:景颇族青少年的母语确实不如他们的长辈。深刻的语句,现在景颇族青少年听不懂,更不会说。如:董萨念语、斋瓦念语。如果不加强这方面的传承,景颇族的语言文化将会失传,所以我们一直在倡议,景颇族地区小学三至六年级期间应开设景颇文课。

问:在您的家庭里面,语言使用情况怎样? 在传承本民族语言文化方面,您对您的子女有怎样的期待?

答:在我的家庭里基本上是用景颇语言与家人交流,传承本民族语言。我希望女儿精通双语双文,准备到小学四年级聘请景颇文老师教女儿景颇文。

访谈二:德宏州民语委研究所研究员朵示拥汤访谈录

访谈对象:朵示拥汤,德宏州民族语文指导工作委员会民族研究所研究员
访谈时间:2010 年 7 月 19 日
访谈地点:民语委研究室
访 谈 者:朱艳华、范丽君、陆黛丽
整 理 者:范丽君

问:朵示拥汤先生,您好! 请您做一个简单的自我介绍。

答:我于 1950 年出生于陇川县清平乡广外村,那是一个景颇族中纯载瓦人聚居的地区。1959 年第一次办学校。我有幸进入学校读书,成为第一班学生,然后考入陇川中学。1969 年中学毕业后在邮电局工作。1970 年去参军,1973 年复员后,又考入云南师范大学历史系读书。大学毕业后,返回陇川,先后在教育局、中学工作。之后做《毛泽东选集》的翻译工作,留在州编译室工作。1981 年德宏成立德宏出版社,又调到出版社工作。1987 年担任《德宏团结报》报社副社长。1989 年参与组建州民族语文工作指导委员会,1999 年担任民语委主任,一直在民语委民族语言研究室做研究工作。

问:您的语言情况是怎样的? 您家庭语言使用情况怎样?

答:我的第一语言是载瓦语。10 岁上小学开始接触汉语,主要是通过母语载瓦语学习汉语。小学阶段汉语只会读、会写,口头表达并不好,上初中后汉语就可以流利地表达了。长大之后,随着生活环境的变迁,视野的扩大,还自然而然地学会了各支系的其他语言。

我妻子也是景颇族载瓦支系,讲载瓦话,儿子、女儿也都会说载瓦话,家里平时都用载瓦话交流,出去的时候用汉语交流。现在外孙女 12 岁,也会讲载瓦话。我们也有意识地教 1 岁零 7 个月的孙子讲载瓦话。我们的下一代在学习语言之初都是汉语和民族语同时学的。

问:作为民族研究所的研究员,您认为怎么才能处理好民族语和汉语的关系?

答:我认为汉语和民族语的关系不用刻意去处理,要让二者顺其自然地发展,具体情况具体对待。在农村,学习民族语的同时应该加强汉语的训练;在城市,则应该多加强民族语的学习。

问:您认为景颇族的各支系语言应该如何发展?

答:景颇族人口少,支系多,但景颇族内部很团结。在平时交流中,无论是哪个支系的同胞,哪里的人,大家都能相互找到自己的位置,关系非常融洽,民族认同感很强。

我认为现在各支系的语言都在正常地发展。人口最少的波拉支系,大概有四五百人,但语言也处于比较稳定的发展状态中,其子孙后代都会讲。其他支系人口多,语言传承发展应该不

成问题。

景颇支系的语言与载瓦、勒期、浪峨、波拉语言差别大,现在载瓦语中也有景颇语的成分,这与语言融合有关。

总之,还是要让各支系的语言顺其自然地发展。

问:景颇孩子的民族语水平跟成年人比起来怎样? 担心过景颇族孩子民族语会出现衰退没有?

答:在广大的农村地区,景颇族不会发生民族语衰退现象。城市的景颇族人口不多,现在还不能说城市生活的景颇族下一代有真正的语言衰退现象,城市的下一代语言状况只能算是属于双语阶段,也就是说进城的景颇人一两代语言传承不会衰退。

进入城市生活的景颇人,很多有生活在农村的亲戚,往来交流频繁,有利于景颇族语言的使用。但是城市的景颇孩子对民族语有许多只会听,讲不好,"只会听不会讲"这个现象不合理,不加强民族语学习就会丢失母语。将来,随着母语环境的缩小,到三四代的时候,语言可能会出现衰落,代际会出现鸿沟。

城市的景颇族一旦形成一个群体后,民族意识就会加强。我们的民族语文政策要密切观测语言传承会不会出现断层,采取必要的措施。今年暑假,我们德宏州在芒市举办景颇文、载瓦文教学培训班,组织城市群众学习民族语,就是加强民族语文教育的一个手段。民语委会景颇语和载瓦语的培训班各开展十天,所有感兴趣的人都可以报名参加,不收取费用。这种培训每年不定期举行,别的民族也会参加,群众热情还是很高。但没有硬性规定,凭自觉自愿。

问:您对少数民族掌握汉语是怎么看的?

答:我认为学汉语是大势所趋。现在要学习先进知识,有条件、有环境的都会学习汉语。不可能一辈子只讲民族语,不讲汉语。现在城市里懂民族语的人还很多,只要家庭中一方是少数民族的家庭,子女懂民族语的机会就很大,有些可能说得不太流畅,但是民族意识很强。

问:景颇文和载瓦文目前推行情况如何? 您认为景颇文和载瓦文的发展前景怎样?

答:在德宏州,所有民族文字的推行情况差不多。坚持没有中断,但是没有加强。由于民族群众对掌握本族文字的需求强烈,所以中断的话,就会受到外来文化很严重的冲击。

现在的语言文字处于空前繁荣状态。《德宏团结报》载瓦文报纸订报数量比例比其他民族文字的报纸要多。

总的来说,从载瓦文字推行情况来看,我感到十分欣慰。1993 年普查了载瓦文使用情况,改善后的载瓦文体系,更加成熟。通过不到 10 年时间,载瓦支系的文盲率下降到 8％左右。文字体系成熟、规整,是经过反复才走到规范的道路上来。这套方案固定下来,群众都感到很欣慰、很满意。同时,《汉载词典》《载汉词典》的出版对语言文字的规范起到了固定化、强化的作用。新创文字载瓦文成功的经验告诉我们:民族群众是非常需要本民族文字的,但怎么做好、怎么用好是我们这些研究者、政府决策者需要考虑的。

问:景颇文化的保留情况是怎样的? 面临哪些问题?

答:总的来说保留得比较完整,但是有些文化现象出现消失的迹象,许多文化要传到下面的二、三代就有困难了,有必要加强挖掘、抢救。物质文化很多都在消亡,如很多景颇族传统建筑的形式已不复存在。非物质文化形式更不容乐观。如:景颇族"经师"很多都失传了;景颇族姓氏也都向汉族靠拢,失去了民族内涵。

现在相关部门对文化保护并没有加大力度采取措施进行保护,对文化的精华没有进行好的抢救。保护的力度、措施、方法都有欠缺,有待改进。

问:你认为在信息与科技越来越发达的今天,德宏州少数民族语言面临着哪些挑战?

答:德宏州农村的景颇族地区,由于范围大,人口多,语言保存并没有受到什么威胁。城市的景颇人由于亲戚关系与农村联系密切,往来较多,第二、三代人与家乡的人民脱离不了关系,暂时也不用担心传承问题。但是城市语言断层现象还是需要重视。汉语难学,需要占用很多时间,这在一定程度上冲击了民族语的学习。城市与农村、民族语与汉语,需要从教育方面来加强、改善这方面的关系。同时,语言的传承和保护也需要政策的支持。

问:您认为在处理民族语言关系问题的政策上要把握哪些原则?

答:在处理民族语言关系问题上,首先要做实事。政策制定没有问题,但往往落实不到位,坚持不下来。领导替换岗位频繁,需要重新认识工作,往往导致政策失去连续性、导致执行的滞后性。

问:景颇族语言是种跨境语言,在与境外语言的关系上有哪些问题需要解决?

答:作为跨境语言,只能加强自我传承、保护,不加强的话,将会被侵吞。

问:德宏州双语推行情况如何?

答:双语推行现在只存在于村小,但并不是全部实行双语教学,只有一小部分在坚持双语双文教学,杂居的地方双语更难推广。

问:您对双语的概念是如何理解的?汉语和民族语的关系应该如何处理?

答:我认为双语只是会两种语言,双语双文即既懂语言又懂文字才是比较全面的。

访谈三:德宏州人民广播电台台长韩启祥访谈录

访谈对象:韩启祥,47岁,汉族,现任德宏传媒集团副总裁、德宏人民广播电台台长。从小在景颇山长大,会说一口流利的景颇语

访谈时间:2010年7月19日

访谈地点:德宏人民广播电台台长办公室

访 谈 者:李春风、黄平

整 理 者:李春风

问：请介绍一下您的个人情况。

答：我 1963 年 10 月出生在陇川县景罕镇，是景颇山上的汉族。1980 年参加工作，先后在陇川县景罕镇曼软、红光小学任教；1987 年进入县教育局工作；1991 年任陇川县直属机关党委纪委书记兼党支部书记；1992 年任陇川县委组织部副部长；1995 年任陇川县团委书记；1998 年任陇川县旅游局局长；1999 年任陇川县景罕镇党委书记；2001 年到县广电局任副局长，2002 年任州委宣传部干部科科长；2005 年 5 月任德宏州广播电视局党委成员、德宏人民广播电台台长，6 月兼任电台党总支部书记。2008 年 10 月机构改革组建传媒集团，任德宏传媒集团副总裁、德宏人民广播电台台长至今。

我生来就跟景颇族有不可解的渊源，熟悉景颇族生活习惯，会说一点景颇话。生长在民族地区的我，热衷民族文化。在任陇川县旅游局局长的时候，我提倡应该包装打造景颇族文化，并结合多年基层工作经验专门组织编写了长篇调研报告，得到了上级有关部门的支持。对待民族文化的开发，我们的态度是传统的东西要用现代理念包装，既不丢失传统，又要让现代社会接受。将"包、烧"等具有景颇族特色的饮食文化称之为"绿叶宴"。现已成为德宏景颇文化外宣的亮点之一了。很高兴能调到电台，可以更好地参与发扬德宏州各民族的文化。

问：德宏人民广播电台现在使用哪几种民族语播音？播音时长、播音内容如何？

答：德宏人民广播电台有汉语综合和民族语综合两套频率。原使用汉语、傣语、景颇语、载瓦语播音。2009 年 10 月，我们与中国国际广播电台达成合作协议，新增缅语播音。现在民族语综合频率播放四种民族语言——傣语、景颇语、载瓦语、缅语，四种语言全天播音 12 小时，每语种 3 小时。此外，有的语种不能开通专门的频率，我们民族语综合频率也会穿插其他如德昂族、傈僳族等民族语言的文艺节目。

民语节目除了译播中央、省、州的新闻以外，还涵盖法律知识、科技信息、卫生健康、民族风情、文艺、双语学习等方面。根据多年来的基层工作经验，我认为民族语广播运营模式要有新的突破，计划改版。在确保完成中央、省、州新闻的译制工作前提下，我们要让民族语记者用更多的时间深入民族村寨，把民族村寨感人的故事、生活生产变化包括新农村建设、民族文艺传承等传送给千家万户。力图通过民族语的广播节目，实现"贴近生活、贴近实际、贴近群众"这一改版目标。

问：民族语综合频率收听情况如何？群众有何反映，有何要求？

答：境内外很多听众都根据自己的语言需求收听我们的广播节目。

德宏是一个傣族景颇族自治州，辖 2 市 3 县、2 个经济开发区，少数民族约占总人口的 50%，主要有傣族、景颇族等主体少数民族。广大农村少数民族同胞不懂汉语，只会用民族语交流。我台的民族综合频率立足我州民族地区，面向特定的主体少数民族听众，全方位地传播各种知识、信息。所以，我们的节目在民族地区尤其为广大农村的民族聚居杂居区百姓所喜爱。如 2005 年那木镇 100 多户人家没有一部收音机，短短五年，广播已对农民们的生产生活产生深刻影响，有的老人甚至在教育晚辈的时候说："广播都响了，你还不起床？"说明我们的民族广播已经与老百姓日常生活息息相关,达到了一个质的变化。

德宏州全州有 11526 平方公里,地处边境。缅甸、泰国等很多跨境少数民族边民都非常喜欢听我们的节目,我台经常收到国外听众来电来访。如缅甸的克钦人就在收听我们的景颇语广播节目;我台在瑞丽设置了 1000 瓦的发射机,缅甸木姐等地全部能收听到。曾经有一名缅甸听众被火严重烧伤,留下大片疤痕,内心相当苦闷,甚至对生活失去信心,但当他收听了《德宏热线》民生栏目后,打电话到电台。主持人在了解他的苦楚以后,连线到州医疗集团的烧伤专家帮助他。这名听众遵医嘱用药,病情得到极大缓解,疤痕减轻后还特意打电话到电台表示感谢。以前电波信号能发射到泰国清迈,2005 年还有泰国人来找老播音员。

从听众反映情况来看,文艺节目尤其是文艺歌曲点播等节目大受欢迎。群众要求增加播放时间和播放内容。我对此事业抱有极大热情和信心。

问:电台民族语播音事业近期有哪些变化? 形成的原因是什么?

答:2005 年之前,电台的汉语、景颇语、傣语、载瓦语四个语种不分频率混播。导致很多听众听不懂,造成节目时间、资源的浪费。2005 年 7 月我台实行频率调整,大刀阔斧地用中波播民族语,单独把三个民族语调整出来,形成事实上的民族频率。这就由原来的混播时代变成专业频率。节目调整之初遇到很大阻力。事实证明民语频率影响力越来越大。2007 年 12 月,国家广电总局正式批准我台的民族语综合频率。

电台播音方式由过去的灌输式变为互动式,并将直播、点播等形式结合在一起。我们鼓励工作人员走出去。如今年国际性目瑙纵歌节那一天,让所有电台相关记者都大胆尝试用民族语直接采访,把一线现场的录音带拿回来不加工直接播放,减少译制过程。这样做,效果很好,受到广泛欢迎。傣族泼水节也如此。近年来,民语频率发展很不错。我台也充实了一批年轻的民族语采编人员,他们素质很高,做事踏实,对弘扬民族文化有很大促进作用。

近年来,我台更新了一批现代化装备。国家投入 100 多万用于加强我台民族语广播基础设施建设和设备更新,州委、州政府也高度重视民族广播事业发展,现办公条件也得到了很大的改善。在农村广播方面我们经过试点,先后在芒市拉老、陇川罕等、盈江莲花山、瑞丽吨洪、芒市华侨农场等 24 个村民小组和生产队进行无线接收有线试听,在村寨安装广播接收设备、公放和有线喇叭定点、定时自动收听民族语广播。如到播放傣语广播时段就自动播放傣语,当播放其他民族语的时候,广播停止播音。再如景颇族密集的盈江县卡场镇从前广播无法覆盖,2009 年我台花费 3 万多元安装一台 100 瓦发射机,让卡场景颇族人民能收听到民族语广播,受到了当地党委政府和群众的好评。其次,我们还安排专人购置电脑,用三年时间把三十年来民语广播胶带全部整理输入电脑,保护了传统的民族文化。

多年来,德宏人民广播电台都是靠财政全额拨款,广播的经济属性几乎没有体现。通过在实践中的探索,我台实现民族综合频率自负盈亏,已经有自由支配、使用资金,创收前景良好。但是我们也要求在改版前做充分的准备,认真调研,不能仓促改版。

问:播音员的素质和培养情况如何?

答:每个语种有八名采编播人员,所有人员由财政拨款。人员少,但任务重。民族语播音员主要靠挖掘和发现,从全州各个角落公开选拔招聘,很多播音员曾做过教师。对民族语播音员的要求是:一是能熟练地使用本族口语,二是具备一定的本民族文字写作功底。两种能力,缺一不可。播音模式由过去传统的单一播音方式变为播音员要同时具备播音和一定的译制能力,力争做到"采、编、播"一条龙。锻炼民族语播音员的汉语能力,将自学和专家指导结合,提高他们自身的业务素质。同时引导老播音员实现这些技能。

问:您认为德宏民族语的广播事业的发展有哪些困难?您有什么建议?

答:目前面临的困难主要有:一是缺乏专门维护网站的人才。虽然在 2007 年就实现了在线收听,但网站很小,只有一个页面。二是虽然国家已投入 100 多万用于民族语广播设备更新和建设,但是在很多地方广播信号覆盖不到位,很多偏僻的地方群众收听不到广播节目。

我建议,一是民族语言广播除了弘扬民族文化,还要加强把党的声音传到民族村寨。二是要转变电台运营模式,打造电台品牌,将电台推向市场。这就要做充分的准备,认真调研,不能仓促改版。要将传统的办公室办公的工作模式变为轮流(保障经费、交通)深入百姓生活,借助各级政府对广播关注的大环境,在现有基础上,进一步扩大、办好民族语广播。民语广播定位是农村,节目内容要面向百姓生活,让记者走到群众中去,播群众身边的事、自身文化的东西,让民族群众享受自己的文化元素成果。加大改版力度,切实做到三个"贴近"。上述困难,仅靠地方政府是解决不了的,国家应加大给予我们地方投入支持的力度。

我个人对我台的民族语广播有极大的热情,对我台的发展前景充满信心。

访谈四:德宏州传媒集团副总裁、德宏民族出版社社长舒生跃访谈录

访谈对象:舒生跃,傈僳族,德宏传媒集团副总裁,德宏民族出版社社长、总编辑
访谈时间:2010 年 7 月 21 日
访谈地点:德宏民族出版社会议室
访 谈 者:李春风、黄平
整 理 者:黄平

问:请介绍一下您的个人情况?

答:我 1969 年 9 月出生,1988—1990 年就读于云南农业大学园艺系茶学专业,1990 年 7 月—1998 年 3 月在盈江县芒允中学任教,期间曾担任教务主任、副校长。1998 年 4 月调转至盈江县委组织部,曾先后出任县委组织部办公室主任等职务。2004 年 10 月—2008 年 7 月任德宏市委宣传部干部科科长。2008 年 8 月至今在德宏传媒集团德宏民族出版社工作,任德宏

传媒集团副总裁,德宏民族出版社社长、总编辑。

问:德宏民族出版社的民族文字出版物都包括哪些民族语? 主要包括哪些方面内容?

答:德宏民族出版社自 1981 年成立以来,以德宏傣文、景颇文、载瓦文、傈僳文等文字为主,有计划地出版有利于民族团结、有利于提高各民族思想和科学文化水平、有利于发展生产和满足本民族特殊需要的图书,同时出版有民族特色和适合本民族读者阅读的汉文图书。

问:汉文和民族文出版物所占比例如何? 各民族文出版物的发行量比例如何?

答:建社以来,德宏民族出版社共出版各类图书 1490 多种,440 多万册,其中民族文字图书 135 万册。近年来,德宏民族出版事业得到长足发展,民族文字图书的出版数量和质量明显提高。2007 年出版图书 81 种,其中少数民族文字图书 40 种,占出书总数的 49.38%;2008 年出版图书 75 种,其中少数民族文字图书 38 种,占出版总数的 50.67%;2009 年出版图书 105 种,其中少数民族文字图书 54 种,占出书总数的 51.42%。

建社以来,出版发行的 135 万册民族文字图书中,德宏傣文所占比例达 35%左右、景颇文 25%、载瓦文 20%、傈僳文 20%。民族文字图书的发行主要以免费或者收取成本费的形式送到各级文化站和各族读者手中。近年来,按照中央、省委、州委"三下乡",为"三农"服务和"禁毒防艾"工作的要求,我社以各种形式向全州 27 个乡镇无偿捐赠图书 62780 册,合计人民币 72 万元。这些民文图书的赠送,丰富了当地少数民族的文化教育,有效地抵制了不健康文化的渗透。

问:请您谈谈民族文字出版物的重要性和意义。

答:我社出版的民文图书涵盖政治、经济、法律、农业、科技、民族民间文化、"禁毒防艾"等领域,对于宣传党的民族政策,增强人民群众的法律意识,普及、传播当地少数民族文化,挖掘整理民族文化、保障少数民族使用和发展本民族语言文字,弘扬优秀民族文化、推动农业科技知识的推广、加大"禁毒防艾"宣传,抵御境外不健康文化渗透,促进各民族间文化交流和共同繁荣,都起了汉文图书不可替代的作用。

问:近年来民族文字出版物的发行情况如何,哪些读物受欢迎? 有哪些特点和发展趋势?

答:德宏民族出版社是德宏州政府主办主管的公益性事业单位,民族文字图书出版经费主要来源于地方财政拨款和项目经费,所以民文图书的发行仍以赠阅或收取成本费的形式为主。目前,部分民文图书入选农家书屋,民文图书的发行量逐年攀升,经济效益有所显现。

近年来,我社用四种民族文字出版了《禁毒防艾知识手册》《农村适用法律知识读本》《新农村建设丛书》《祝词》《景颇族古典经诗》等大量农业科技类、法律知识类、民族民间文化类图书,这些图书受到边疆群众的普遍欢迎。

随着边疆各族群众生产生活水平的不断提高,单一的图书品种结构已远远不能满足少数民族群众信息传播和文化消费的需要。其发展趋势可用八个字概括:物美价廉、精彩纷呈。

物美价廉就是指生产生活中用得上、买得起的图书。这类图书的特点是适用性、指导性强,是民族群众生产生活中必备的工具书。精彩纷呈是指能承载本民族历史及宗教信仰、价值观念的纯精神文化产品。这类图书博大精深、影响深远,是一个民族灵魂的写照。

问:您认为民族文字出版物面临哪些挑战?

答:一是民族文字出版工作经费支持不足。由于地方财政困难,对少数民族文字图书出版经费投入不足,民文图书出版的数量和种类不足。

二是交通困难,少数民族群众生活贫困,制约民文图书发行。边疆少数民族群众居住分散,交通极为不便,发行成本增加,民文图书的发行受到极大限制,少数民族买书难、看书难的问题比较突出。

三是民文出版专业技术人才匮乏,民文编辑人员老龄化,有发稿权的青年编辑人员少。民文编辑力量不足已成为制约民文出版的突出问题。

四是民文图书市场萎缩,强势文化冲击和民族地区双语教学弱化,民文图书的使用人群和读者缩减,造成民文图书出版市场和发行市场萎缩。

问:您认为境外民族文字出版物对境内有哪些影响?

答:德宏州三面与缅甸接壤,国境线长503.8公里,有28个渡口、64条通道、9条公路通往缅甸,跨境而居的少数民族有傣族、景颇族、阿昌族、傈僳族、德昂族等。由于民族的同宗同源,中缅两国边民在风俗习惯、思想文化、宗教道德等方面相互影响、相互渗透。一方面,共同的文化对加强文化交流、促进共同进步和构建边疆民族和谐产生积极的作用;另一方面,境外敌对势力打着经商、旅游、探亲访友的名义携带我国明令禁止的非法出版物进入境内进行传播,对我境内文化安全也造成不良影响。

问:德宏州少数民族的人口少,民族文字出版物的发行不多,你们遇到困难是如何解决的?

答:德宏州少数民族人口少,加上历史、自然等多种原因,社会经济、文化发展相对滞后,导致民族文字出版物的购买力低、发行总量小。为了解决这个问题,我们主要采取以下措施:一是努力提高民文图书的编校质量,真正为各族群众提供买得起、用得上的有关生产生活类图书。二是加强发行网点建设,解决好各族群众买书难、看书难的问题。三是开展送书进寺活动。寺庙、教堂是少数民族人群相对集中的地方,自然成为民文图书发行的终端之一。事实上已经形成了民文图书发行对宗教场所的依赖性。四是利用民族节庆组织送书下乡活动,把书直接送到各族读者手中。

问:您认为做好德宏州民族文字的出版发行,应该采取哪些措施?

答:德宏边疆少数民族由于居住分散、交通不便,少数民族文字出版物的发行受到极大限制。近年来,随着内地强势文化和流行文化的发展,少数民族文化产品也受到冲击,导致民文的作用人群缩减,在此情况下,少数民族文字出版物大多依靠免费赠阅。

要解决以上问题,我认为应该从以下几个方面入手:一是切实落实国家的扶持发展政策,积极争取各级政府对民族文字出版经费的支持,创造有利于民族出版发展的外部环境,拓宽民文出版的覆盖面,有效促进民文出版事业的发展。二是积极争取把民族文字出版工作作为一项公益性文化事业建设的重要内容。在发展中给予政策扶持和工作指导,逐步改善民文出版与汉文出版相比滞后的状况,确保其与汉文出版同步发展。三是加大少数民族文字出版人才队伍培养力度。尤其是培养本土少数民族文化出版的高端人才,促进民文出版的跨越式发展。四是积极做好少数民族文字图书的项目储备工作,以项目促发展,以发展推进少数民族出版事业的全面繁荣。

访谈五:卡场镇居民宽南访谈录

访谈对象:宽南,21 岁,景颇族景颇支系,卡场镇居民
访谈时间:2010 年 8 月 3 日
访谈地点:卡场镇居民宽南家中
访谈、整理者:李春风

问:请介绍一下您的个人家庭情况。

答:我家有四口人。父母都是景颇族,说景颇语,会景颇文,都会一点载瓦语。妹妹 19 岁,在昆明读书。我 14 岁去盈江县职业学校学习管弦乐。毕业后当了三年幼儿园教师。后来经人介绍,又去北京中华民族园做了一年解说员。听说我们这里今年暑假要开办景颇文字培训班,家人特意让我回来学景颇文字。

问:您的家庭语言使用情况如何?

答:在家几乎都用景颇语,很少用汉语。有载瓦支系的亲戚来时会用载瓦语沟通,不过还是用景颇语的时候更多一些。

问:您是怎么学会汉语的?

答:我从小在镇上长大。在外面跟汉族小朋友一起玩,那时候一句汉语都不会说,只能听懂一点汉语。两岁半上幼儿园,学简单的汉语。上小学的时候可以和汉族小朋友交流。在盈江县上学的时候,班里只有一两个汉族学生,其余都是少数民族同学。民族间交流的时候就把汉语当中间交流的语言,说汉语的机会就多一点。

问:那您认为汉语水平高低会影响学习成绩吗?

答:应该不会的。有的小孩刚上学不会汉语,会影响成绩。但是不用特别的努力,后来都能追得上,最后成绩都差不多。因为身边都是用汉语交流。

问:同龄人在一起都用什么语言交流?

答:同龄人在一起差不多一半载瓦语一半汉语。已经习惯说汉语了。

问:家长的态度如何?

答:家长不喜欢这样。尤其希望我们在家里都说景颇语。

问:和周围人交流更喜欢哪种语言?

答:年轻人更喜欢用汉语,比较省力。有些时候用景颇语沟通比较困难,想了半天也想不到合适的词就用汉语。但是在父母面前还是尽量说景颇语。

问:镇上的人更多用什么语言交流?

答:镇上多数说景颇语。多数载瓦支系的人会说景颇语,很少有景颇支系的人会说载瓦语。

问:那镇上语言使用情况有变化吗?

答:有的。用汉语的场合越来越多了。比如:前些年,我妈妈刚开始做生意的时候,外面很少有人来,镇上和我妈妈打交道的人说景颇语多一些。现在外地来的汉族人多了一点,说汉语的时候比以前多了。

问:您没有持续在这里生活,语言会受影响吗?

答:还是有一点影响的。一些名称或怎么用景颇语称呼都不太了解。

问:您和妹妹的景颇语水平相同吗?

答:我俩掌握的词汇差不多。妹妹语音更标准一点,纯正一点。

问:为什么会这样呢?

答:我不喜欢在外面跑来跑去。从小就喜欢在家待着,或者跟汉族小朋友一起玩。妹妹性格更开朗,爱跑去乡下寨子,经常跟各民族朋友在一起玩。还有,我家有亲戚在缅甸,她经常跟缅甸朋友交流,这些都使她的景颇话说得比我的标准。

问:据您了解,比您年纪小的青少年景颇语水平有没有下降?

答:城镇里的孩子的景颇语水平可能还不如我,乡下的孩子水平更高一点。因为镇里汉族人开铺子的多一些,街道上大多数都用汉语。很多汉族人为了更好地交流或者做生意也学会说景颇语。现在,镇上很多十几岁的孩子景颇语说得也很好。一方面是因为这些孩子的家是从寨子里搬来的,另一方面现在的家长越来越重视培养孩子的民族语能力了。

问:与上一代人相比,你们这一代的景颇语水平下降了吗?您怎么看待这个现象?

答:自己现在的景颇语水平较父母一代已经下降了。有的词单说就一下子想不起来,在一句话里交流都说得很流利。这次回来学习景颇文,就是希望能多学一点,把景颇语水平提高,不想让水平继续下降。因为是本民族,自己的文字始终应该懂得的。民语是不能忘记的,汉语也要学。

问:担心景颇语在年轻人中会衰退吗?

答:担心。现在年轻人说景颇文有时候发音不标准,掌握的词汇也少多了。这也是受环境影响。

问:您想学景颇文吗?

答:很想学。这次是镇上第一次开办这样的景颇文培训班,我很珍惜这个机会。

问:您身边的同龄人都这么想吗?为什么?

答:如果有机会我们都愿意把自己的景颇语言和文字学好。我们班上还有几个人是在外面工作,被父母叫回来参加这个培训班。以前学校有民语班,现在都没有了,这很可惜。年轻一代受到影响了。我们想学好语言和文字,既是为了民族感情,也是为了出去更好地交流。

问:为什么有这么强烈的意识? 仅仅是意识到青年一代景颇语言能力衰退,有了危机感吗?

答:我在北京中华民族园做讲解员的时候,工作任务是给游客介绍景颇族的民居、民俗等民族传统文化。当游客问到"这个用景颇语怎么说"等问题时,觉得自己身上有了责任感,应该借此把自己民族的文化知识传播出去。可是有的我不会用自己的语言表达,感到很羞愧。

问:有信心学好景颇文吗?

答:当然有啦! 等以后我有小孩一定先教他学民族语。如果我们都没学好,就更没办法教孩子了。

问:为了更好地开展景颇文字的教学工作,您认为需要哪些条件呢?

答:我们会自发组织出钱学民语。但是更多地要靠当地政府的支持,多传播本民族文化。希望在学校能有这样的专门课程,老师最好是本地的,有专业的民语基础,方便教和学。

二　景颇族语言能力 400 词测试表

测试人的基本情况：

姓名_____年龄_____性别_____民族(支系)_____

出生地_____常住地_____第一语言_____第二语言_____

其他语言_____景颇文或载瓦文掌握情况_____

职业(职务)_____文化程度_____

父母的民族成分及语言使用情况_____

_____

家庭语言使用情况_____

_____

其他需要说明的情况_____

序号	汉义	景颇语	载瓦语	浪峨语	勒期语	波拉语
1	天	lă³¹ mu³¹	mau²² khuŋ⁵¹	muk⁵⁵	mou³³ khuŋ³³	mau³³ khauŋ³³
2	太阳	tʃan³³	pui⁵¹	pa³¹	pei³¹	pui⁵⁵
3	月亮	ʃă³³ ta³³	lɔ⁵⁵ mɔ⁵⁵	lɔ̱⁵⁵	lɔ⁵³	lɛ̄³⁵ ma³¹
4	星星	ʃă³³ kan³³	kji⁵¹	kji̠³¹	kji³³	kji⁵⁵
5	云	să³³ mui³³	mṳt⁵⁵ mau⁵⁵	tʃa̱m³¹ thɔi³⁵	tsɔ̱m⁵⁵ mou⁵⁵	tʃa̱m⁵⁵
6	风	n³¹ puŋ³³	lai⁵¹	la³¹	lei³¹	li⁵⁵
7	雨	mă³¹ ʒaŋ³³	mau²²	muk⁵⁵	mou³³ wɔ³¹	mau³¹ ɣɔ⁵⁵
8	火	wan³¹	mji²²	mji³⁵	mji³³	mi³¹
9	(火)烟	wan³¹ khut³¹	mji²² khau²²	mji³⁵ khuk⁵⁵	mji³³ khou⁵⁵	tʃhi³⁵
10	气	n³¹ saʔ³¹	sɔʔ⁵⁵	sɔʔ⁵⁵	sɔʔ⁵⁵	saʔ⁵⁵
11	山	pum³¹	pum⁵¹	pam³¹	pɔm³¹	pam⁵⁵
12	洞	khu³³	tɔŋ²²	tuŋ³⁵	tuaŋ³³	pṳŋ³⁵ ; tuŋ³¹
13	井	khaʔ³¹ thuŋ³³	i²² laŋ⁵¹	pə̆³¹ lɔ̄³⁵	kjei³¹ laŋ³¹	pə̆³¹ lɔ̄³¹

14	路	lam^{33}	khjɔ^{51}	khjɔ^{31}	khjo^{33}	khja^{55}
15	土	ka^{55}	mji^{55} tse̠^{22}	mjik^{35} tsa̠i^{35}	mji^{31} tsei^{55}	məi^{55} kauŋ^{55}；mi^{55} kauŋ^{55}
16	水田	khau^{33} na^{31}	jɔ̃^{51} thuŋ^{22}	jɔ̃^{31} thauŋ^{35}	jo^{31} thuŋ^{55}	ji^{31} thauŋ^{35}
17	石头	n^{31} luŋ^{31}	lu̠^{ʔ22} kɔk^{22}	lauk^{31} tsaŋ^{31}	luk^{31} tsəŋ^{31}	lau̠^{ʔ31} taŋ^{55}
18	沙子	tsai^{31} pʒu^{31}	să^{22} mui^{51}	ma^{31} ʃɔ^{31}	sə^{55} mui^{31}	mɛ^{55} ʃa^{55}
19	水	kha^{ʔ31}；n^{31} tsi̠n^{33}	i^{22} tʃam^{22}	ɤək^{31}	kjei^{31}	ɤəi^{55}
20	金子	tʃa^{31}	xəŋ^{51}	xaŋ^{31}	ʃəŋ^{33}	xaŋ^{55}
21	银子	kum^{31} phʒo^{31}	ŋun^{51}	ŋɔi^{31}	ŋə^{31}	ŋø^{55}
22	铜	mă^{31} kʒi^{33}	kji^{22}	kjik^{55}	kjei^{33}	kji^{31}
23	铁	phʒi^{31}	ʃam^{51} tɔ̠^{ʔ55}	ʃɛ̃^{31} tɔ̠^{ʔ55}	tʃɔ̠^{ʔ31} tɔ̠^{ʔ55}	ta̠^{ʔ55}；ʃɛ̃^{55} ta̠^{ʔ55}
24	盐	tʃum^{31}	i^{55} tʃum^{22}	tshɔ^{35}	tsho^{55}	tha^{35}
25	村子	kă^{31} thoŋ^{31}	va^{51}	vɔ^{31}	wo^{31}	tsɛ̃^{55}
26	桥	mă^{31} khʒai^{33}	tsam^{51}	tsɛ̃^{31}	tsam^{31}	tsɛ̃^{55}
27	坟	lup^{31}	lup^{22}	lap^{31}	lɔp^{31}	lap^{31}
28	身体	khum^{31}	kuŋ^{51} tu^{22}	ksuŋ^{31} tau^{35}	kuŋ^{31}	kauŋ^{55} tɔʔ^{31}
29	头	po^{33}	u^{22} lu̠m^{22}	au^{35} lam^{35}	wo^{55} lɔm^{53}	u^{35} lam^{31}
30	头发	kẵ^{55} ʒa^{55}	u^{22} tsham^{51}	tshɛ̃^{31}	tsham^{33}	tshɛ̃^{55}
31	辫子	sum^{55} pan^{51}	tsham^{51} pan^{22}	tshɛ̃^{31} pəŋ^{35}	tsham^{33} nək^{55}	tshɛ̃^{55} nak^{55}
32	眼睛	mji̠^{ʔ31}	mjɔ̠^{ʔ22} tʃ1^{35}	mjɔ^{31}ʔ tʃik^{55}	mjɔ̠^{ʔ31}	mja̠^{ʔ31} tʃ1^{35}
33	鼻子	lă^{55} ti^{51}	nɔ̠^{51}	nɔ̠^{31}	no̠^{33}	na̠^{55}
34	耳朵	na^{33}	nɔ̃^{22} phjɔ^{22}	nɔ̃^{31} khjɛʔ^{55}	nɔ̃^{33} khjap^{55}	nɔ̃^{31} khjɛʔ^{55}
35	脸	man^{33}	mjɔ̠^{ʔ22} tɔŋ^{22}	mjɔ̠^{ʔ31} khuŋ^{35}	mjo̠^{ʔ31} tuan^{33}	mja̠^{ʔ31} tuŋ^{31}
36	嘴	n^{31} kup^{31}	nu̠t^{55}	na̠t^{55}	nuat^{55}	nɔ̠t^{55}
37	脖子	tu̠^{ʔ31}	ləŋ^{51} tsəŋ^{22}	laŋ^{31} tsaŋ^{35}	ləŋ^{31} tsəŋ^{33}	laŋ^{55} taŋ^{31}
38	肩膀	kă^{31} pha^{ʔ31}	kɔ̠^{ʔ22} san^{51}	lɔ̠^{ʔ31} san^{31}	lɔ̠^{ʔ31} san^{33}	la̠^{ʔ31} sɛ̃^{55}
39	背	ʃiŋ^{31} ma^{33}	nuŋ^{22} khuŋ^{51}	kauŋ^{31} tɔ̄^{55}	nuŋ^{55} khuŋ^{33}	kauŋ^{31} tɔ̄^{35}
40	肚子	ka̠n^{33}	vam^{22}	vɛ̃^{35} tuk^{31}	wɔm^{33} tou^{33}	vɛ^{31} tau^{55}
41	肚脐	ʃã^{31} tai^{33}	tʃhɔ̠^{ʔ55}	tʃhɔ̠^{ʔ55}	tʃhɔ̠^{ʔ55}	tʃha̠^{ʔ55}
42	脚	lă^{31} ko^{33}	khji^{51}	khjik^{31}	khjei^{33}	khjik^{31}
43	手	ta̠^{ʔ55}；lă^{31} ta̠^{ʔ55}	lɔ̠^{ʔ22}	lɔ̠^{ʔ31}	lɔ̠^{ʔ33}	la̠^{ʔ31}
44	手指	lă^{31} juŋ^{33}	lɔ̠^{ʔ22} ŋju̠i^{22}	lo̠^{ʔ31} ŋju̠k^{55}	lɔ̠^{ʔ31} ŋjo^{55}	la̠^{ʔ31} ŋju̠ŋ^{31}
45	指甲	lă^{31} mjin^{33}	lɔ̠^{ʔ22} səŋ^{22}	lɔ̠^{ʔ31} saŋ^{35}	lɔ̠^{ʔ31} səŋ^{35}	la̠^{ʔ31} saŋ^{35}
46	血	sai^{31}	sui^{22}	sa^{35}	sui^{55}	sui^{35}
47	筋	lă^{55} sa^{55}	ʃɔ^{31} kji^{22}	ʃɔ̄^{35} kji^{31}	ʃɔ̄^{55} kji^{33}	ʃã^{35} kji^{31}

48	脑髓	nu^{755}	u^{22} nu^{755}	a̠u^{35} nauk^{31}	u^{55} nu^{731}	ŭ^{31} nauk^{55}
49	骨头	n^{31} ʒa^{33}	ʃɔ̃^{22} vui^{22}	ʃɔ̃^{35} ɣuk^{55}	ʃɔ̃^{55} jou^{33}	ʃã^{35} u^{31}
50	肋骨	kă^{31} ʒep^{31}	nam^{51} tʃham^{22}	nɛ^{31} tʃhɛ^{35} ɣuk^{55}	nam^{31} tʃham^{55}	nɛ̃^{55} tʃhɛ^{35}
51	牙齿	wa^{33}	tsui^{51}	tsɔi^{31}	tsɿ^{31}	tui^{55}
52	舌头	ʃiŋ^{31} let^{31}	ʃɔ^{51}	ʃɔ^{31}	jɔ^{33}	ʃa^{35}
53	喉咙	mă^{31} ju^{731}	khjuŋ^{22} tsui^{51}	khjuaŋ^{35}	khjuŋ^{55}	khjuaŋ^{35}
54	肺	sin^{31} wop^{55}	tsu̠t^{55}	tsa̠t^{55}	tsɔ̠t^{55}	tsɔ̠t^{55}
55	心脏	să^{31} lum^{33}	ni̠k^{55} lu̠m^{22}	na̠k^{55} lam^{35}	nə̠k^{55} lɔm^{33}	na̠k^{55} lam^{31}
56	肝	sin^{31} tʃa^{731}	səŋ^{22}	saŋ^{35}	səŋ^{55}	saŋ^{35}
57	胆	ʃã^{31} kʒi^{31}	səŋ^{22} kji̠$^{}$	kji̠k^{31}	kjei^{33}	kji^{55}
58	肠子	pu̠^{31}	u^{51}	a̠u^{31}	u̠^{33}	u^{55}
59	屎	khji^{55}	khji^{22}	khjik^{55}	khjei^{55}	khji^{35}
60	尿	tʃit^{31}	i^{22}	i̠k^{55}	jei^{55}	i̠^{35}
61	汗	să^{31} lat^{31}	pui^{51} pu^{51}	pau^{31} kjø^{35}	pei^{31} ky^{55}	pau^{31} kjø^{35}
62	鼻涕	nep^{31}	na̠p^{55}	nɛ^{755}	na̠p^{31}	nɛ^{755}
63	眼泪	mji^{755} pʒu̠i^{33} si^{31}	ŋau^{51} pji^{22}	ŋuk^{31} pik^{31}	ŋou^{31} pi^{31}	ŋau^{55} pi^{55}
64	脓	mă^{31} tʃui^{33}	pjiŋ^{51}	pjaŋ^{31} kjɔ̠^{755}	xua̠t^{55}	pjaŋ^{55} ɣaŋ^{31}
65	尸体	maŋ^{33}	maŋ^{51}	mɔ̃^{31}	maŋ^{31}	mɔ̃^{55}
66	汉族	mji^{31} wa^{31}	mji^{22} va^{22}	xa^{31} vɔ^{31}	lɔ̃^{31} xei^{33}	xɛ^{55} va^{31}
67	人	mă^{31} ʃa^{31}	pju^{51}	pju^{31}	pju^{31}	pju^{55}
68	小孩儿	ma^{31}	tsɔ̃^{22} ʃaŋ^{51}	tsɔ̃^{35} ʃɔ^{31}		tã^{31} ʃɔ̃^{55}
69	老头儿	tiŋ^{31} la^{33}	maŋ^{22} tsɔ^{22} phɔ^{55}	mɔ̃^{35} tsɔ^{35}	maŋ^{33} tsɔ^{33}	mɔ̃^{31} ta^{31} pha^{35}
70	老太太	kum^{31} kai^{33}	maŋ^{22} tsɔ^{22} mji̠^{55}	mɔ̃^{35} tsɔ^{35}	phji^{55} maŋ^{33}	mɔ̃^{31} ta^{31} mi^{35}
71	姑娘	mă^{31} khon^{33}	mji^{22} ve^{22} tsɔ^{22}	tsɔ̃^{35} mji^{35}	mji^{33} ji^{31} tso^{33}	mi^{31} ɣɛ^{31} nɔ^{35}
72	士兵	phjen^{33} ma^{31}	kje^{51}	kje^{31}	kji^{31}	kjɛ^{55}
73	巫师	tum^{31} sa^{33}	tum^{22} sa^{55}	tum^{31} sa^{35}	tɔm^{33} sa^{53}	tam^{31} sa^{35}
74	贼	lă^{31} kut^{31}	khau^{22} su^{51}	khuk^{55} xa̠p^{55}	khou^{55} xɔp^{55}	khau^{31} pju^{55}
75	朋友	mă^{31} naŋ^{33}	phji^{22} tsum^{55} ; pui^{22} num^{22}	pjiŋ^{31} tʃhɔ̃^{35}	pei^{31} nɔm^{31}	pji^{55} nam^{55}
76	瞎子	mji^{731} ti^{55}	mjɔ^{22} tʃit^{22}	mjɔ^{731} tʃik^{31}	mjɔ^{731} tʃɛt^{31}	mja^{731} tʃɔt^{31}
77	主人	mă^{31} tu^{731}	ju̠m^{51} sən^{51}	ja̠m^{31} saŋ^{31}	jɔm^{55} səŋ^{55}	ja̠m^{55} saŋ^{55}
78	客人	mă^{31} nam^{31}	pəŋ^{35}	paŋ^{55}	pəŋ^{55}	paŋ^{35}
79	爷爷	tʃi^{33} tui^{31}	a^{55} tʃi^{55}	a^{31} phuk^{55}	a^{31} phou^{55}	a^{55} phau^{35}
80	奶奶	tui^{31}	a^{55} vɔi^{55}	a^{31} phjik^{55}	a^{31} phji^{55}	a^{55} phi^{31}
81	父亲	wa̠^{51}	a^{55} va^{22}	a^{55} phɔ^{55}	a^{55} pho^{53}	a^{31} va^{55}

82	母亲	nu̠⁵¹	a⁵⁵ nu²²	a⁵⁵ mjḭ⁵⁵	a⁵⁵ mjḭ⁵³	a³¹ nuŋ⁵⁵
83	儿子	la³³ ʃa³¹	juʔ²² ke⁵¹ tsɔ²² ; tsɔ²² ʃaŋ⁵¹	jauk³¹ kai³¹ tsɔ³⁵ ; tso	tsə̃³³ saŋ³³	ta³¹
84	女儿	mun³³ ʃa³¹	mjḭ²² ve²² tsɔ²² ; tsɔ²² ʃaŋ⁵¹	mjḭ³⁵ ɤe³⁵ tsɔ³⁵ ; tso	mjḭ³³ tsɔ³³	ta³¹
85	女婿	ta³¹ maʔ⁵⁵	tsa²ʔ au⁵¹	tsɔ²¹ mɔʔ³⁵	tsə̃³³ mɔʔ⁵⁵	tã³¹ maʔ⁵⁵
86	孙子	ʃu⁵¹	a⁵⁵ ʃu²²	mjik³¹	mei³³ tso³³	məi³¹ ta³¹
87	哥哥	phu⁵¹	a⁵⁵ maŋ²²	a⁵⁵ mɔ̃³⁵	a⁵⁵ maŋ³³	a³¹ mɔ³¹
88	姐姐	na̠³³	a⁵⁵ na⁵⁵	a⁵⁵ pai³⁵	a⁵⁵ nɔ²³¹	a³¹ pai³¹ /⁵¹
89	嫂子	ʒat⁵⁵	a⁵⁵ ʒat⁵⁵（男称）; a⁵⁵ niŋ̠⁵⁵（女称）	a⁵⁵ pai³⁵	a³¹ pai³¹	a³¹ pai³¹
90	亲戚	tʃiŋ³¹ khuʔ³¹	pui⁵¹ num⁵¹	pa³¹ nam³¹	pei³¹ nɔm³¹	pju⁵⁵ nam⁵⁵
91	岳父	tsa⁵¹	a⁵⁵ tsa̠²²	jauk³¹ phɔ⁵⁵	juʔ³¹ pho⁵³	jauʔ³¹ pha³⁵
92	岳母	nḭ³³	au⁵¹ mɔ⁵⁵	jauk³¹ mjḭ⁵⁵	juʔ³¹ mjḭ⁵³	jauʔ³¹ mḭ³⁵
93	丈夫	mã³¹ tuʔ³¹ wa³³	laŋ⁵¹	lə̠³¹	laŋ³¹	jɔ̃³¹ lɔ̃⁵⁵
94	妻子	mã³¹ tuʔ³¹ tʃan³³	mji²²	mji³⁵	mji³³	jɔ̃³¹ mi³¹
95	寡妇	kai³¹ ta⁵⁵	tʃhui²² mɔ⁵⁵	tʃhuk⁵⁵ mɔ⁵⁵	tʃhou⁵⁵ mo⁵⁵	tʃhu³⁵ m³¹ mḭ³⁵
96	孤儿	tʃã³¹ khʒai³³	tʃhui⁵⁵ tsɔ²²	tʃhuk⁵⁵ tsɔ³¹	tshou⁵⁵ tso³³	tʃhu³⁵ ta³¹
97	牛	ŋa³³	nɔ²²	nuŋ³¹	no³³	nɔ³¹
98	黄牛	tum³¹ su³³	nɔ̆²² tʃuŋ⁵¹	nṵ̆³⁵ tʃauŋ³¹	nə̃³³ lo³³	nɔ̃³⁵ tʃauŋ⁵⁵
99	水牛	wã³³ loi³³	nɔ̆²² lui²²	nṵ̆³⁵ loi³⁵	nə̃³³ lə³³	nɔ̃³¹ lui³¹
100	犄角	n³¹ ʒuŋ³³	khjui⁵¹	khjuk³¹	khjou³³	khju⁵⁵
101	毛	mun³³	ʃɔ̃²² mau⁵⁵	ʃɔ̠³⁵ muk⁵⁵	ʃɔ̃⁵⁵ mou⁵⁵	ʃã³⁵ mau³⁵
102	尾巴	mai³¹	ʃɔ̃²² mji²²	ʃɔ̠³⁵ mji³³	ʃɔ̃⁵⁵ mji³³	ʃã³⁵ mi³¹
103	马	kum³¹ ʒa³¹	mjaŋ²²	mjɔ̃³⁵	mjaŋ³³	mjɔ̃³¹
104	绵羊	sã̆⁵⁵ ku⁵¹	pai²² nam⁵⁵	tʃhat⁵⁵ pɛ̠ʔ⁵⁵	tʃhɔt⁵⁵ pat³¹ nu⁵⁵	
105	山羊	pai³¹ nam³³	pai²² nam⁵⁵	tʃhat⁵⁵ pɛ̠ʔ⁵⁵		jɔ̃⁵⁵
106	猪	waʔ³¹	vaʔ²²	vɔʔ³¹	vuʔ³¹	vaʔ³¹
107	狗	kui³¹	khui²²	lə³¹ kha³⁵	khui⁵⁵	khui³⁵
108	猫	ŋjau³³	lă²² ŋjau⁵⁵	lə̃³¹ njau³⁵	lə̃³¹ njou³³	lə̃³¹ njau³⁵
109	兔子	pʒaŋ³¹ tai⁵⁵	paŋ²² tɛ̠i⁵¹	paŋ̠³⁵ tɛ̠i⁵⁵	paŋ⁵⁵ tɛi⁵⁵	paŋ³⁵ tai⁵⁵
110	鸡	u³¹	vɔʔ²²	ɤɔʔ³¹	kjoʔ³¹ pho⁵³	ɤaʔ³¹ pha³⁵
111	公鸡	u³¹ ʒa³³	vɔʔ²² pho⁵⁵	ɤɔʔ³¹ phɔ⁵⁵	kjoʔ³¹ pho⁵³	ɤaʔ³¹ pha³⁵
112	翅膀	siŋ³¹ ko³³	tuŋ⁵¹	tauŋ³¹	tuŋ³¹	tauŋ⁵⁵
113	鸭子	khai³³ pjek⁵⁵	pjɛt⁵⁵	pjɛt⁵⁵	pjɛt⁵⁵	pjɛt⁵⁵
114	鹅	khʒaŋ³³ ma³³	khjaŋ⁵⁵ mɔ⁵⁵	khjɔ̃⁵⁵ mɔ⁵⁵	khjaŋ⁵³ mo⁵⁵	khjɔ̃³⁵ ma³¹

115	鸽子	u³¹ ʒa⁵⁵	kai⁵⁵ kje²²	kai³⁵ kjɛ³¹	phəŋ⁵⁵ kjou⁵⁵	kai³⁵ kjɛ³⁵
116	老虎	ʒoŋ³¹ pa³¹	lɔ̄²² mo⁵⁵	lɔ̄³⁵	lo³³ ; lɔ̄³³ mo⁵⁵	la³¹
117	龙	pă³¹ ʒen³¹	man⁵¹ tʃum⁵¹	mɔ̄³¹ tʃauŋ³⁵	man³¹ tʃuŋ³³	mɔ̄⁵⁵ tʃauŋ³¹
118	猴子	woi³³	mju ʔ²²	mjauk³¹	mjuk³¹	mjau ʔ³¹
119	象	mă³¹ kui³³	a⁵⁵ phau²²	tsɛ̠³¹	tshaŋ³³	tshɔ̄⁵⁵
120	熊	tsa̠p⁵⁵	vam⁵¹	vɛ̄³¹	wɔm³¹	vɛ̄⁵⁵
121	野猪	wa ʔ³¹ tu³¹	va ʔ²² te̠²²	vɔ ʔ³¹ tʃauŋ³¹	vu ʔ³¹ ti̠⁵⁵	va ʔ³¹ tʃauŋ⁵⁵
122	麂子	tʃa̠³³ khji³³	tʃhi²² tʃhi⁵¹	ʃɔ³⁵ tʃhik⁵⁵		tʃhɛ̆t³¹ tʃhi⁵⁵
123	老鼠	ju⁵⁵	ŋɛ̆²² nɔ ʔ²²	ɤuk³¹ nɔ ʔ³¹	kjĭ³¹ nɔ ʔ³¹	ɤɔ ʔ³¹ na ʔ³¹
124	鸟	u³¹	ŋɔ̠ ʔ⁵⁵	ŋɔ̠ ʔ⁵⁵	ŋɔ̠ ʔ⁵⁵	ŋa̠ ʔ⁵⁵
125	老鹰	kă³¹ la³³	tsun⁵¹	tsum³¹	tsɔn³¹	tsɔn⁵⁵
126	猫头鹰	u³¹ khu⁵⁵	puk²² pĕ²² lui⁵¹	puk³¹ pə̆³¹ lui³¹	khuŋ⁵⁵ pɔp³¹	puk³¹ pu⁵⁵ lui⁵¹
127	麻雀	u³¹ tsa̠³³	tʃɔ⁵¹ khjaŋ⁵⁵	tʃɔ̄³¹ khjɔ̄⁵⁵	tʃɔ³¹ khjaŋ⁵³	tʃa̠ ʔ³¹ khjɔ̄³⁵
128	孔雀	u³¹ tɔŋ³¹	ŭ⁵⁵ tɔŋ⁵⁵		wo³³ tɔŋ³³	tɔ̄³¹ kjau ʔ⁵⁵
129	蛇	lă̄³³ pu̠³³	la̠ŋ⁵¹ mui⁵¹	lɔ̄⁵⁵ mɔi³¹	la̠ŋ³³ mju³¹	lɔ̄⁵⁵ mø⁵⁵
130	青蛙	ʃu ʔ³³	pɔ̄²² kje̠k⁵⁵	pɔ³⁵	pɔ̠⁵⁵	pa³⁵
131	鱼	ŋa⁵⁵	ŋɔ̆²² tsɔ²²	ŋə̆³¹ tsɔ³¹	ŋə̆³¹ tso³³	ŋə̆³¹ ta³¹
132	鳞	ŋa⁵⁵ sep³¹	ŋɔ̆²² kja̠p⁵⁵	ŋə̆³¹ kjɛ ʔ⁵⁵	ŋə̆³¹ pjɛn³³	ŋə̆³¹ kjɛ ʔ⁵⁵
133	虫	ʃiŋ³³ tai³³	pau²²	puk⁵⁵	pou³³	pau³¹
134	跳蚤	wa ʔ³¹ khă³³ li³³	khĕ⁵⁵ la̠i²²	khə̆³¹ la̠³⁵	khuk⁵⁵ le̠i⁵⁵	khə̆³¹ lui³⁵
135	苍蝇	mă̄⁵⁵ tʃi̠⁵¹	jaŋ⁵¹ khuŋ²²	jɔ̄³¹ khauŋ³⁵	jaŋ³¹ khuŋ⁵⁵	jɔ̄⁵⁵ khauŋ³¹
136	蚊子	tʃi ʔ³¹ kʒoŋ³¹	kja̠ŋ⁵¹	kjɔ̄³¹	kja̠ŋ³³	kjɔ̄⁵⁵
137	蚯蚓	kă̄³³ tʃin³³ tʃa̠i³³	tʃi⁵⁵ tʃin³⁵	vɔ ʔ³¹ tɔi³¹	vu ʔ³¹ ti³¹	va ʔ³¹ tai⁵⁵
138	蚂蟥	toŋ³¹ pjin³¹	la ʔ²² xam⁵⁵（水）；xup⁵⁵（旱）	xa̠p⁵⁵/ tɔŋ³¹ pjɛn³¹	fɛ⁵⁵ njuŋ⁵⁵ ; tɔŋ³¹ pjɛn³¹	
139	蚂蚁	kă̄³³ kjin³³	pau⁵¹ vɔ̄⁵⁵	phə̆³¹ ɤuk³¹	la³¹ jɛt⁵⁵	phə̆³¹ ɤɔ ʔ³¹
140	蜜蜂	lă̄³¹ kat³¹	pjɔ̄²² jaŋ²²	pjɔ̆³⁵ jɔ̄³¹	pjĭ³³ jaŋ³³	pja³¹
141	蝴蝶	phă̄⁵⁵ lam⁵¹ la ʔ⁵⁵	phə̆⁵⁵ la̠m⁵¹	phə̆³¹ lɛ̠³¹	phə̆⁵⁵ la̠m³³	phə̆³¹ lɛ̄⁵⁵
142	树	phun⁵⁵	sək⁵⁵	sak⁵⁵	sə̠k⁵⁵	sak⁵⁵
143	根	ʒu³¹	a²² pu̠n⁵¹ ; a²² mji̠t²²	a³¹ pa̠n³¹ ; pa̠n³¹	ɑ³¹ pɔn³³	sak⁵⁵ kji³¹
144	叶子	lap³¹	a²² xa ʔ⁵⁵	phɔ̄ ʔ⁵⁵ ; fɔ ʔ⁵⁵	a³¹ fu̠ ʔ⁵⁵	sak⁵⁵ fa ʔ⁵⁵
145	花	nam³¹ pan³³	pan²²	pəŋ³⁵	pan³³	pɛ̄³¹ pɔ³⁵
146	水果	nam³¹ si³¹	ʃ1²²	ʃi³⁵	ʃ1⁵⁵	ʃ1³⁵
147	松树	mă̆³¹ ʒau³³ phun⁵⁵	thaŋ⁵¹ xu²²	thaŋ⁵⁵ xi³¹	thaŋ⁵⁵ fu̠³³ kam³¹	fə̄tʃɛ ʔ⁵⁵ kɛ̄⁵⁵

148	竹子	kằ⁵⁵ wa⁵⁵	va²²	vɔ³⁵	wo³³	va³¹
149	藤	ʒi³³	nui⁵¹	nɔi³¹	nə³¹ tʃhɔm³³	mø⁵⁵
150	刺儿	tʃu⁵⁵	tsu²²	tsau³⁵	tsu³³	tu³¹
151	梨	mằ³³ ko³³ si³¹	ʃĩ⁵⁵ phuŋ²²	ʃĩ³⁵ phauŋ³⁵	ʃĩ⁵⁵ saŋ⁵⁵	ʃĩ³⁵ /31phauŋ³⁵
152	芭蕉	lằ³³ ŋu³³	ŋɔʔ⁵⁵ mju ʔ²²	ŋɔʔ³¹ mjauk³¹	ŋɔʔ⁵⁵ mju̠k⁵⁵	ŋaʔ³¹ mjauʔ³¹
153	甘蔗	ku̠m⁵⁵ ʃu⁵⁵	phuŋ²² tʃhui⁵¹	phauŋ³⁵ tʃhuk³¹	phən⁵⁵ tʃhou³¹	phauŋ³⁵ tʃhu⁵⁵
154	核桃	n³¹ pu³¹	pu⁵¹ ʃ1²²	pau³¹ ʃĩ³⁵	pu³¹ ʃ1⁵⁵	pu⁵⁵ ʃ1³⁵
155	水稻（大米）	mam³³	ji²² thuŋ²² ku ʔ²²	jŏ³¹ thauŋ³⁵ kauk³¹	kuk³¹	i³¹ thauŋ³¹ kau ʔ³¹
156	糯米	n³³ po³³	tsaŋ²² puŋ²² tʃhin⁵¹	tsɔ³¹ pauŋ³⁵	tuk³¹ ŋjaŋ³³ tʃhɛn³³	ta⁵⁵ pauŋ³¹ tʃhɔn⁵⁵
157	种子	li³³	a²² mji²²	mjuk⁵⁵	a³³ mjou³³	a³¹ mjuŋ³¹
158	秧	poŋ³¹	jaŋ²² tse²²	tsɔ³¹	jaŋ⁵⁵	jaŋ³¹
159	穗	n⁵⁵ si⁵¹	a²² na̠m⁵¹	nɛ̠³¹	a⁵⁵ na̠m³³	nɛ̠⁵⁵
160	稻草	ji ʔ⁵⁵ khu⁵⁵	khɔ̄⁵⁵ tu̠ŋ²²；tau³⁵ tshau²²（借汉）	tau³¹ tshau³¹	khŭ⁵⁵ xo³³	tau³⁵ tshau⁵¹
161	玉米	khai⁵⁵ nu³³	luŋ²² pum²²	khauŋ³⁵	la³³ mə⁵³	khauŋ³⁵
162	棉花	pằ³¹ si³¹	tə̄²² u⁵¹	tᷘ³¹ au³¹	ta ʔ³¹ u³³	tə̄³¹ u⁵⁵
163	辣椒	mằ⁵⁵ tʃap⁵⁵	tʃhɔ̄²² phjik⁵⁵	tʃhɔ̄³⁵ phjak⁵⁵	lằ³¹ ts1⁵⁵	tʃhɔ̄³⁵ phjak⁵⁵
164	葱	kau³¹ poŋ³³	xu²² khjɔŋ⁵⁵	xau³⁵ khjauŋ³⁵	xo⁵⁵ puŋ³³	xə³¹ pauŋ³¹
165	姜	ʃằ⁵⁵ nam⁵⁵	tʃhaŋ²²	tʃhɔ̄³⁵	tshaŋ⁵⁵ kɔ̠ ʔ⁵⁵	tʃhɔ̄³⁵
166	南瓜	kằ⁵⁵ khum⁵¹	phɔ̄⁵⁵ xum⁵¹	tʃa̠ŋ³⁵ ku̠³¹	tu̠ŋ³³ ku⁵³	xam⁵⁵ kɔ̠³¹
167	黄瓜	n³³ kjin³³	tuŋ⁵¹ khɔ²²	lằ³¹ khu³⁵	tuŋ³¹ khɔ⁵⁵	taŋ⁵⁵ khɔ³¹
168	黄豆	lằ⁵⁵ si⁵¹	nu ʔ²²	nauk³¹	nuk³¹ tsei⁵³	nau ʔ³¹ ma³¹
169	花生	ka⁵⁵ lằ⁵⁵ si⁵¹	mji⁵¹/²² nu ʔ²²/⁵⁵	mjik³¹ nauk³¹	mji³¹ nuk³¹	məi⁵⁵ nau ʔ³¹
170	芝麻	tʃiŋ⁵⁵ nam⁵¹	na̠m²² pji̠⁵¹	nɛ̠³⁵	na̠m⁵⁵ lə̄ŋ⁵⁵	nɛ̠³¹ /31 pi⁵⁵
171	草	tʃiŋ³³	ma̠ŋ²²	ma̠ŋ³⁵	ma̠ŋ⁵⁵	mɛ̄³⁵
172	蘑菇	mằ⁵⁵ ti̠⁵¹	mau⁵¹	muk³¹	mou³¹ lu³¹	mau⁵⁵
173	木耳	mằ⁵⁵ kʒa̠t⁵⁵	mau⁵¹ kjɔn²²	mau⁵¹ kjiŋ²¹	mou³¹ kjun³³	mau⁵⁵ kjɔn³¹
174	米	n³³ ku³³	tʃhin⁵¹	tʃhin³¹	tʃhɛn³³	tʃhɔn³¹
175	饭	ʃat³¹	tsaŋ²²	tsɔ³¹	wɔm³³	ta⁵⁵
176	粥（稀饭）	pha ʔ³¹	vui⁵¹ pu̠ ʔ⁵⁵	kằ³¹ tʃam³¹ lằ³¹ phɔ ʔ⁵⁵	la³¹ phɔ ʔ⁵⁵	kằ³¹ tʃam³¹
177	肉	ʃan³¹	ʃɔ²²	ʃɔ³⁵	ʃo⁵⁵	ʃa³⁵
178	花椒	mằ³³ tʃa̠ŋ³³ si³¹	tʃap²² ʃ1²²	tsɛ ʔ³¹ ʃi³⁵	tʃap³¹ ʃ1⁵⁵	tsɛ ʔ³¹ ʃ135
179	（鸡）蛋	ti³¹	a²² u⁵⁵	a̠u⁵⁵	u̠⁵³	u̠³⁵
180	酒	tʃằ⁵⁵ ʒu⁵¹	i⁵¹	ik³¹	jei³³ phei⁵⁵	i̠⁵⁵ phai⁵⁵

181	茶	pha^{ʔ31} lap^{31}	tʃha^{22}	tʃha^{31}	fu^{ʔ55} khjap^{55}	fa^{ʔ55} khjɛ^{ʔ55}
182	药	tsi̱^{31}	tʃhɿ^{22}	tʃhik^{55}	tʃhei^{55}	tʃhɿ^{35} ; mi^{31} tʃhɿ^{35}
183	线	ʒi^{31}	khjiŋ^{51}	khjaŋ^{31}	khjəŋ^{33}	khjaŋ^{55}
184	布	sum^{33} pa̱n^{33}	pa̱n^{55}	pə̱n^{35}	pa̱n^{33}	pɛ̃^{35}
185	衣服	pǎ^{33} lo̱ŋ^{33}	me^{51} pu^{22}		pji^{33}	pu^{31}
186	裤子	lǎ^{31} pu^{31}	lɔ^{22}	lɔ^{35}	lo̱^{55}	la^{35}
187	头帕	puŋ^{31} kho^{ʔ55}	ŭ^{22} thup^{55}	a̱u^{35} thap^{55}		ŭ^{35} thap^{55}
188	帽子	po^{33} tʃop^{55}	mu^{ʔ22} kjup^{55}	mauk^{31} kjap^{55}	muk^{31} kjɔp^{55}	mau^{ʔ31} kjap^{55}
189	鞋	lǎ^{31} pje^{ʔ31}	khji^{51} tsuŋ^{22} ; xai^{22} tse^{22}（借汉）	khjik^{31} tsa̱u^{35}	khjei^{31} tsuŋ^{55}	khji^{51} tsa̱uŋ^{35}
190	戒指	ta^{ʔ55} tʃop^{55}	lɔ^{ʔ22} tʃɔp^{55}	lɔ^{ʔ31} tʃɔ^{55}	lɔ^{ʔ31} tsɔp^{55}	
191	手镯	lǎ^{55} khon^{51}	lɔ^{ʔ22} thiŋ^{22}	lɔ^{ʔ31} thaŋ^{21}	lɔ^{ʔ31} thəŋ^{55}	la^{ʔ31} thaŋ^{35}
192	枕头	puŋ^{31} khum^{55}	u^{22} khu^{ʔ55}	a̱u^{35} khau^{55}	wo̱^{55} khuk^{55}	ŭ$^{35\ 31}$ khu^{35}
193	房子	n^{55} ta̱^{51}	jum^{51}	ja̱m^{31}	jɔm^{33}	ja̱m^{55}
194	墙	ʃǎ^{55} ku̱m^{51}	tshě̯^{55} vam^{51} ; tʃhiaŋ^{22}（借汉）	tshə̯̌^{31} ɣɛ̃^{31}	tshə̯̌^{53} jam^{31}	tsǎi^{55} tshaŋ^{31}
195	柱子	phun^{55} to̱ŋ^{33}	khum^{55} tsəŋ^{51}	khā̱u^{31} tsaŋ^{31}	khuŋ^{33} tsəŋ^{31}	khauŋ^{55} taŋ^{55}
196	门	n^{33} kha^{33}	khum^{22}	kham^{35}	khəm^{55}	kham^{35}
197	窗子	khǎ^{55} lap^{55}	khẽ^{22} xɔt^{55} ; tʃuaŋ^{55} tsɿ^{22}（借汉）	pɔ̄^{35} tsɔ^{55} kham^{35}	pɔ̌^{31} təŋ^{55} pɔk^{55}	tʃhɔŋ^{35} khu^{31}
198	园子	sun^{55}	sun^{55}	khjɛ̃^{31}	khjam^{33}	khjɛ̃^{55}
199	桌子	sǎ^{31} poi^{55}	phun^{55} ; tsɔ^{22} tsʔ^{22}	tʃɔ^{31} tsɛ^{31}	tso^{31} po^{55}	sak^{55} phuŋ^{31} ; tsɔ^{31} tsɛ^{31}
200	镜子	pa̱t^{55}	mjɔ^{ʔ22} tʃam^{51}	mjɔ^{ʔ31} tʃam^{31}	mjɔ^{33} tʃam^{53}	mja^{ʔ31} tʃam^{55}
201	扫帚	tiŋ^{31} je^{55}	pui^{22} ʃum^{22}	pan^{35} ʃam^{35}	pɔn^{33} ʃɔm^{55}	pɔn^{35} ʃam^{35}
202	盖子	mǎ^{31} kap^{31}	a^{22} mji^{22}	a^{31} mjik^{55}	a^{31} mjei^{55}	a^{31} mə̱i^{35}
203	蒸笼	puŋ^{31} khʒoŋ^{33}	puŋ^{22} khjuŋ^{51}	pauŋ^{35} khjauŋ^{31}	pɔŋ^{33} təŋ^{33}	pauŋ^{31} khjauŋ^{55}
204	刀	n^{31} thu^{33}	ʃam^{51}	ʃɛ̃^{31}	ʃa̱m^{33}	ʃɛ̃^{55}
205	勺子	tsun^{55}	kat^{35}	ʃɔ^{31}	mə̱t^{55} tsuk^{55}	phjau^{31}
206	三脚架	khʒa^{31}	kjɔ^{51}	kjɔ^{31}	kjo^{33}	kja̱^{55}
207	火钳	lǎ^{55} kap^{55}	mji^{22} ŋjap^{22}	njŋ^{ʔ31} tsai^{31}	njap^{31} tsei^{55}	njɛ^{ʔ31} tsai^{55}
208	钱（货币）	kum^{31} phʒo^{31}	ŋun^{51}	ŋø^{31}	ŋø^{31}	ŋø^{31}
209	针	sǎ^{55} mjit^{55}	ap^{55}	ŋɛ̃^{ʔ55}	ŋap^{55}	ŋɛ̃^{ʔ55}
210	梯子	lǎ^{33} ka̱^{33}	tsum^{51} thaŋ^{51}	tsam^{31} thɔ̄^{31}		tsam^{55} thɔ̄^{55}
211	船	li^{33}	la̱i^{51} ; pa̱u^{51}（竹筏）	la̱^{31}	po̱u^{33}	li̱$^{55\ 5+}$ pa̱u^{5+}
212	斧头	n^{31} wa^{33}	va^{22} tsuŋ^{22}	vǎ^{55} tsauŋ^{31}	wo^{33} tsuŋ^{33}	vǎ^{55} tsauŋ^{31}
213	锤子	sum^{31} tu^{33}	pat^{22} tu^{51}	pɛ̃^{ʔ31} tau^{31}	pat^{31} tu^{31}	pɛ̃^{ʔ31} tu^{55}

214	锯子	tsiŋ³¹ ʒet³¹	sik⁵⁵ jit²²	sik⁵⁵ jit²¹	sək⁵⁵ ʃək⁵⁵	sak⁵⁵ jɔt⁵⁵
215	锄头	na³¹ tʃe̠ʔ⁵⁵	ʃam⁵¹ khɔp⁵⁵	ʃɛ̄³¹	khɔp⁵⁵	ʃɛ̄⁵⁵ khø̠ʔ⁵⁵
216	绳子	sum³³ ʒi³³	tu̠i²²	tɔ̠i³⁵	tə̠⁵⁵	tu̠i³⁵
217	臼	thum³¹	tshum⁵¹	tshum³⁵ thauŋ³¹	tshɔm³³	tʃhɔ̄³¹ tsham⁵⁵
218	杵	thu³¹ mun³³	thuŋ⁵¹ kji̠⁵¹	tʃhum³⁵ thauŋ³¹ lɔ̠ʔ³¹	thuŋ⁵⁵ je̠i³³	tʃhɔ̄³¹ kji⁵⁵
219	枪	să⁵⁵ nat⁵⁵	mji²² um⁵¹	mji̠³⁵ a̠m³¹	mji³³ ɔ̠m³³	mi³¹ am⁵⁵
220	弓	n³¹ tan³³	lai²²	la³⁵	lei³³	li³¹
221	箭	pă⁵⁵ la⁵⁵	lai²² mjɔ²² ʃ1²²	la³⁵ mjɔk³¹	mjɔ³³ ʃ1⁵⁵	li³¹ ʃ1³⁵
222	书	lai³¹ ka̠³³	lai²² ka̠⁵⁵ puk²²; mau²² sau²²	muk³¹ suk⁵⁵	mou³¹ sou⁵⁵	mau³¹ sau³¹
223	话	ka³¹	taŋ²²	tɔ̄³⁵	taŋ³³ kje̠i⁵³	tɔ̄³¹
224	故事	mau³¹ mji³¹	mɔ̠⁵¹ mji²²	mɔ̆³¹ mjik⁵⁵	mɔ³³ mjei³³	mɔ̆³¹ məi³¹
225	鼓	tʃiŋ³³ / tʃɔŋ³¹	tsiŋ⁵¹	tsaŋ³¹ pauŋ³⁵	tsəŋ³¹	taŋ⁵⁵
226	锣	pau³¹	ut⁵⁵	mɔ̄⁵⁵	maŋ⁵⁵	mɔ̄³⁵
227	鬼	nat⁵⁵	nat²²	ø³¹	nat³¹	jui⁵⁵
228	灵魂	num³¹ la³³	sĕ²² pjɔ⁵¹	sə̆³¹ pjɔ³¹	sɔ̆⁵⁵ pju³¹	
229	力气	n³¹ kun³¹	vum²²	ɣam³⁵	jɔm³³	ɣam³¹
230	礼物	ku̠m⁵⁵ phaʔ⁵⁵	tʃu̠ŋ⁵¹ xuʔ⁵⁵	tʃau̠ŋ³¹ xu⁵⁵	tʃuŋ³¹ ʃuk⁵⁵	tʃau̠ŋ⁵⁵ xu³¹
231	名字	mjiŋ³³	mjiŋ⁵¹	maŋ³¹	mjiŋ³¹	maŋ⁵⁵
232	梦	laŋ³³ ʃă³¹ ʒa³¹	ju̠p⁵⁵ mɔ̠ʔ²²	ja̠p³¹ mɔʔ³¹	jɔ̠p⁵⁵ mɔʔ³¹	ja̠p⁵⁵ maʔ⁵⁵
233	中间	la³¹ a³³	ku̠ŋ²² kuŋ⁵¹	a³¹ kauŋ³⁵	a³¹ kuŋ³¹; a³¹ kjo³³	a³¹ kauŋ³¹
234	旁边	mă³¹ kau³³	a²² jam⁵¹	a³¹ jɛ̄³¹	a³¹ jam³¹	a³¹ jɛ̄⁵⁵
235	左	pai³³	lɔ̠ʔ²² pai²²	lɔ̠ʔ³¹ pa̠uŋ³⁵	lɔ̠ʔ³¹ pe̠i⁵⁵	la̠ʔ³¹ pauŋ³⁵
236	右	khʒa⁵⁵	lɔ̠ʔ²² jɔ⁵¹	lɔ̠ʔ³¹ jɔ³¹	lɔ̠ʔ³¹ jo³¹	la̠ʔ³¹ ja⁵⁵
237	前	ʃoŋ³³	xə⁵⁵	xak⁵⁵	ʃə̠k⁵⁵	xəi³⁵
238	后	phaŋ³³	thaŋ⁵¹	thɔ̄³¹	thaŋ³³	thɔ̄⁵⁵
239	今天	tai³¹ ni⁵⁵	khĕ⁵⁵ ŋji⁵⁵/³³	a³¹ na⁵⁵ mɛ̠ʔ³¹	khɔ̆⁵⁵ ŋjei⁵⁵	a³¹ khə̄³¹ mɛʔ³¹
240	昨天	mă⁵⁵ ni⁵⁵	a²² ŋji⁵⁵ nap²²	a³¹ ŋji³¹ nɛ³¹	a³¹ ŋjei⁵⁵ nap³¹	a³¹ ŋji³⁵ nɛ̠ʔ³¹
241	明天	phot⁵⁵ ni⁵⁵	na̠ʔ²² ma⁵⁵	nɛ̠ʔ³¹ mɔ⁵⁵ nɛ̠ʔ³¹	nap³¹ jɔ³¹ ŋjei⁵⁵	nɛ̠ʔ³¹ ma³⁵ nɛ̠ʔ³¹
242	早晨	tʃă³¹ phot³¹	nap²² sun⁵¹	nɛ̠ʔ³¹ sum³¹	nap³¹ sɔn⁵⁵	nɛ̠ʔ³¹ kɔ̄⁵⁵
243	晚上	ʃă³¹ naʔ⁵⁵	mjin³⁵	mji⁵⁵		mjɔn³⁵
244	月	ta̠³³ / ʃă³³ ta̠³³	khjap⁵⁵	lɔ̄⁵⁵	lə̆⁵⁵ mɔ⁵⁵	lɛ̄³⁵ ma³¹
245	年	niŋ³³	tsan⁵¹	tsəŋ³¹	tsan³¹	tɛ̄⁵⁵
246	今年	tai³¹ niŋ³³	khĕ⁵⁵ tsan⁵¹	a³¹ na⁵⁵ tsəŋ³¹	khɔ̆⁵⁵ tsan³¹	a³¹ khə̄³¹ tɛ̄⁵⁵
247	去年	mă³³ niŋ³³	a⁵⁵ ni̠k⁵⁵	a³¹ nak⁵⁵	a³¹ nək⁵⁵	a³¹ nak⁵⁵

248	明年	thă³¹niŋ³³	saŋ⁵¹ni̠k⁵⁵	sɔ̄³¹na̠k⁵⁵	saŋ³³na̠k⁵⁵	sɔ̄⁵⁵na̠k⁵⁵
249	从前	ʃoŋ³³te̠ʔ³¹	xə⁵⁵phjaŋ⁵¹	xək⁵⁵phjɔ̄³¹tə̄³¹pa³¹	ko⁵⁵na̠m⁵³	tə̄³¹pui⁵⁵
250	现在	ja̠ʔ⁵⁵	a²²khui⁵¹	a³¹na⁵⁵	a³¹khui⁵⁵	a³¹khui⁵⁵
251	一	lă⁵⁵ŋai⁵¹	ʒa²²	ta³¹	ta³¹	ta³¹
252	二	lă⁵⁵khoŋ⁵¹	i⁵⁵	ʃi̠k⁵⁵	ək⁵⁵	i̠³⁵
253	三	mă³¹sum³³	sum²²	sam³¹	sɔm⁵⁵	sam⁵⁵
254	四	mă³¹li³³	mji²²	pjik³¹	mei³³	məi³¹
255	五	mă³¹ŋa³³	ŋɔ²²	ŋɔ⁵⁵	ŋ³³	ŋa³¹
256	六	kʒu̠ʔ⁵⁵	khju̠ʔ⁵⁵	khjauk⁵⁵	khjuk⁵⁵	khjau̠ʔ⁵⁵
257	七	să³¹nit³¹	ŋi̠it⁵⁵	na̠t⁵⁵	ŋjɛt⁵⁵	nɔt⁵⁵
258	八	mă³¹tsa̠t⁵⁵	ʃit⁵⁵	ʃɛ⁵⁵	ʃɛt⁵⁵	ʃɛ̠ʔ⁵⁵
259	九	tʃă³¹khu³¹	kau²²	kuk³¹	kou³³	kau³¹
260	十	ʃi³³	tshe⁵¹	tshe³¹	tă³¹tshe³³	tă³¹thai⁵⁵
261	百	tsa̠³³	ʃɔ⁵¹	jɔ³¹	(ta³¹)ʃo̠³³	ja⁵⁵
262	千	khjiŋ³³	sin⁵⁵；tshen⁵⁵	tshɛn³⁵	(ta³¹)toŋ³³	tshɛn³⁵
263	万	mun³¹	wan²²；mun²²	van³⁵	(ta³¹)mun³¹	van³⁵
264	(一)堆(粪)	sum³¹pu̠m³¹	pum⁵¹	pam³¹	pɔm³¹	pam⁵⁵
265	(一)双(鞋)	man³³	tsum⁵⁵	tauŋ⁵⁵	khjap⁵⁵	khjɛʔ⁵⁵
266	(一)庹	lă³¹lam⁵⁵	lam⁵¹	lɛ̄³¹	lam³¹	lɛ̄⁵⁵
267	我	ŋai³³	ŋɔ⁵¹	ŋɔ³¹	ŋo³¹	ŋa⁵⁵
268	我们	an⁵⁵the³³	ŋa⁵⁵mɔ̠ʔ⁵⁵；ŋa⁵⁵nuŋ⁵⁵	ŋŏ³¹na̠k⁵⁵	ŋŏ³¹taŋ³³	ŋă⁵⁵nɛ̠⁵⁵
269	你	naŋ³³	naŋ⁵¹	nɔ̄³¹	naŋ³¹	nɔ̄⁵⁵
270	他	ʃi³³	jaŋ²²	jɔ̄³⁵	ŋjaŋ³³	jɔ̄³¹
271	自己	ti̠ʔ⁵⁵naŋ³³	ju̠m⁵¹səŋ⁵¹	ja̠m³¹saŋ³¹	jɔm³³sɛ̠ŋ³³	ja̠m⁵⁵saŋ³¹
272	这	n³³tai³³	ʃi⁵¹	tʃhɛ³¹	xjɛ³³	tʃhə⁵⁵
273	(近指)那	wo⁵⁵	xe⁵¹	thø³¹	thə³³	thɔi⁵⁵；xu⁵¹；ma⁵¹
274	谁	kă³¹tai³³	ɔ⁵⁵ju̠ʔ²²	khə̄³¹jauk³¹；khak⁵⁵	xaŋ⁵⁵	khak⁵⁵；khak⁵⁵jau̠ʔ³¹
275	哪里	kă³¹ʒa³¹ko̠ʔ⁵⁵	khə⁵¹ma⁵⁵	khə̄³¹mɛ³¹	khă³³mo³³	khăk⁵⁵khja⁵⁵
276	大	kă³¹pa³¹	ko̠²²	ɣə³⁵	kji³³	kɔ³⁵
277	小	kă³¹tʃi³¹	ti̠ʔ⁵⁵	ŋai³¹	ŋɛː³¹	ŋai⁵⁵
278	高	tso³¹	mjaŋ⁵¹	mjɔ̄³¹	mjaŋ³³	mjɔ̄⁵⁵
279	长	kă³¹lu	xəŋ⁵¹	xaŋ³¹	ʃəːŋ³³	xaŋ⁵⁵
280	短	kă³¹tun³¹	to̠t⁵⁵	laŋ⁵⁵	ʃəːŋ³³	laŋ³⁵

281	远	tsa̱n³³	ve²²	va³⁵	vɛː³³	ve³¹
282	近	ni³¹	tʃa̱ŋ⁵⁵	tʃɔ̱³⁵	tʃaŋ⁵³	tʃɔ̱³⁵
283	厚	that³¹	thu⁵¹	thau³¹	thuː³³	thu⁵⁵
284	薄	pha³¹	ja̱m⁵⁵	pɔ̱³⁵	pɔ̱ː⁵⁵	pa̱³⁵
285	深	sun³¹	nik²²	nɔʔ³¹	nəːk³¹	naʔ³¹
286	满	phʒiŋ⁵⁵	pjiŋ³⁵	pjaŋ⁵⁵	pjəːŋ⁵⁵	pjaŋ³⁵
287	弯（的）	mǎ³¹ koʔ³¹	kɔi³⁵	ŋa̱uk³¹	kɔːi⁵⁵	kuŋ³⁵
288	黑	tʃa̱ŋ³³；naʔ³¹	nɔ²²	nɔʔ³¹	nɔːʔ³¹	naʔ³¹
289	白	phʒo³¹	phju⁵¹	phju³¹	phjuː³³	phju⁵⁵
290	红	khje³³	ne⁵¹	nɛ³¹	nɛː³¹	ne⁵⁵
291	黄	thoi³³	xui⁵¹	xui³¹	xə³³	ŋju̱ŋ⁵⁵
292	绿	tsi̱t³¹	ŋjui⁵¹	ŋjuk³¹	njaːu³¹	ŋjuŋ⁵⁵
293	重	li³³	lai²²	la³⁵	laːi³³	li³¹
294	轻	tsa̱ŋ³³	sɔm²²	sum³⁵	suːm⁵⁵	sø³⁵
295	快	lǎ³¹ wan³³	lǎ²² van³⁵	xəŋ³¹	mja̱ːp³¹	xɛ̄⁵⁵
296	锋利	tai³³	thɔʔ⁵⁵	thoʔ⁵⁵	thɔːʔ⁵⁵	thaʔ⁵⁵
297	（猪）肥	phum³³	tshu⁵¹	tshau³¹	tʃuːʔ⁵⁵	tshu⁵⁵
298	瘦	lǎ³¹ si³¹	kji⁵⁵	ŋauŋ³⁵	kji⁵⁵	kji³⁵
299	干	khʒo⁷⁵⁵	xui⁵⁵	fai⁵⁵	kju̱ʔ⁵⁵	kja̱uʔ⁵⁵
300	湿	mǎ³¹ ti³³	te̱ʔ⁵⁵	tʃu̱k⁵⁵	tʃu̱ːʔ⁵⁵	tʃɔ̱ʔ⁵⁵
301	硬	tʃa̱ʔ³¹	than⁵¹	ɤɔ̄³¹	kjuːŋ³³	ɤɔ̄⁵⁵
302	错	ʃut⁵⁵	ʃut⁵⁵	ʃat⁵⁵	ʃuːt⁵⁵	ʃɔt⁵⁵
303	新	n³¹ nan³³	a²² sək⁵⁵	sa̱k⁵⁵	ʃəːk⁵⁵	sāk⁵⁵
304	旧	n³¹ sa³¹	a²² tshau²²	tshuk⁵⁵	tshaːu⁵⁵	tʃhau³⁵
305	好	kǎ³¹ tʃa³³	ke⁵¹	kai³¹	kɛː³¹	kai⁵⁵
306	坏	then³¹	a²² ke⁵¹；then²²	kɔi³⁵	pjɔːʔ³¹	a³¹ kai⁵⁵
307	（价钱）贵	phu³³	phau²²	phuk⁵⁵	phaːu⁵⁵	phau³⁵
308	热	kǎ³¹ thet³¹	ŋje³⁵	lauŋ³¹	ŋɛː⁵⁵	lauŋ⁵⁵
309	冷	kǎ³¹ ʃuŋ³³	kjɔ²²	kjo³¹	ŋaːm⁵⁵	kja³¹
310	酸	khʒi³³	tʃin⁵¹	tʃiŋ³¹	tʃiːn³³	tʃɔn⁵⁵
311	甜	dui³¹	tʃhui²²	tʃhuk³¹	tʃhaːu³³	tshu⁵⁵
312	苦	kha⁵⁵	khɔ²²	khɔ³⁵	khɔː⁵⁵	kha³⁵
313	辣	tʃap³¹	phjik⁵⁵	phjak⁵⁵	phjəːk⁵⁵	phjak⁵⁵
314	穷	mǎ³¹ tsan³¹	mjuŋ⁵¹	mjauŋ³¹	mjɔːŋ³¹	mjauŋ⁵⁵
315	好吃	mu³³	ŋam²²	mjɔ̱ʔ⁵⁵	ŋaːm⁵⁵	mja̱ʔ⁵⁵
316	耙（田）	po⁵⁵	pa³⁵	pa³⁵	paː³³	pa³⁵

317	饱	khʒu⁵⁵	kji²²	kji³⁵	kji³³	kji³⁵
318	抱	poṇ⁵⁵	pun⁵⁵	vɔʔ³¹	puːn⁵⁵	vɔʔ³¹
319	病	mǎ³¹ tʃiʔ⁵⁵	nɔ⁵¹	nɔ³¹	nɔː³¹	na⁵⁵
320	擦(桌子)	kǎ³¹ tsut⁵⁵	sut⁵⁵	sat⁵⁵	ʃuːt⁵⁵	ʃɔt⁵⁵
321	踩	kǎ³¹ pjeʔ³¹	naŋ²²	nɔ̃³⁵	naːŋ³³	nɔ̃³¹
322	唱	mǎ³¹ khon⁵⁵	thɔ⁵¹ ; khɔn⁵¹	thu³¹	khuːn⁵⁵	thɔ⁵⁵
323	炒	kǎ³¹ ŋau³³	ṇe̠⁵¹	la̠i³¹	nɛː³³	la̠i⁵⁵
324	吃	ʃa⁵⁵	tsɔ²²	tsɔ³⁵	tsɔ³³	ta³¹
325	舂	thu³¹	thuŋ²²	thauŋ⁵⁵	thuːŋ⁵⁵	thauŋ³⁵
326	抽(出)	ʃoʔ³¹	ʃe⁵¹	ʃɛ³¹	ʃɛː³³	ʃɛ⁵⁵
327	出去	pʒu̠³³ sa³³	thɔʔ⁵⁵ lɔ³⁵	thuk⁵⁵ jɛ³⁵ ; thuk⁵⁵ lɔ³⁵	thuːʔ⁵⁵ lɔ⁵⁵	thɔʔ⁵⁵ la³¹
328	穿(衣)	phun⁵⁵	vut²²	veʔ³¹	wuːt³¹	veʔ⁵⁵
329	吹(喇叭)	tum³¹	mut²²	mat³¹	muːt³¹	mɔt³¹
330	打(人)	kǎ³¹ jat³¹	pat²²	peʔ³¹	paːt³¹	peʔ³¹
331	掉(下)	khʒat³¹	kjɔ⁵⁵	pjik³¹ kjɔ⁵⁵	kjɔː⁵⁵	pjɔt³¹ kja³⁵
332	钓(鱼)	ton⁵⁵	tu̠i²²	tɔi³⁵	tɔː⁵⁵	tu̠i³⁵
333	叠(被)	kǎ³¹ thap³¹	tsaŋ⁵⁵		naːp⁵⁵	nɛ̠⁵⁵
334	懂	tʃe̠³³	se⁵⁵	se⁵⁵	sɛ⁵³	se⁵⁵
335	读	thi⁵⁵	ŋa̠p⁵⁵	ŋɛ̠ʔ⁵⁵	ŋaːp⁵⁵	ŋɛ̠ʔ⁵⁵
336	(线)断	tiʔ³¹	pit²²	pjik³¹	pjiːt³¹	pjɔt³¹
337	饿	koʔ⁵⁵ si³³	mut²²	mø̠ʔ³¹	muːt⁵⁵	vɛ̠³¹ mø̠ʔ⁵⁵
338	发抖	kǎ³¹ ʒiʔ⁵⁵	nan⁵⁵	nəŋ⁵⁵	naːn⁵⁵	nɛ̠³⁵
339	飞	pʒe̠n³³	taŋ²²	tɔ̃³⁵	taːŋ³³	tɔ̃³¹
340	分(东西)	kǎ³¹ ʒan⁵⁵	kam⁵¹	kɛ̃³¹		kɛ̃⁵⁵
341	缝	tʃu̠i³³	khjup⁵⁵	khjap⁵⁵	khjuːp⁵⁵	khjap⁵⁵
342	给	ja³³	pji²²	phjik⁵⁵	pje̠i³³	pi³¹
343	害羞	kǎ³¹ jaʔ³¹	xɔʔ⁵⁵	xɔʔ⁵⁵	ʃɔːʔ⁵⁵	xaʔ⁵⁵
344	害怕	khʒit³¹	kjuʔ²²	kjauk³¹	kjuːk³¹	kjauʔ³¹
345	换	ka³³¹ lai⁵⁵	thai⁵⁵	tha⁵⁵	thaːi⁵³	thai³⁵
346	回	wa³¹	lɔ⁵⁵ ; tau²²	lɔ⁵⁵	taːu⁵⁵	la³⁵
347	嚼	mǎ³¹ ja⁵⁵	ne̠²²	vɔ³³	ɹɛː⁵⁵	va³¹
348	教	ʃǎ³¹ ʒin⁵⁵	mɔʔ⁵⁵ pji²²	mɔʔ⁵⁵	mɔː⁵	ma³⁵
349	结婚	khin³¹ ʒan⁵⁵	mji²² xaŋ⁵⁵	mji³⁵ fɔ̃⁵⁵	mji³³ faːŋ⁵³	mi³¹ fɔ̃³⁵
350	借(钱)	khoi³¹	tʃi²²	tʃik⁵⁵	tʃe̠ːi⁵⁵	tʃɿ³⁵
351	借(工具)	ʃap³¹	ŋɔ²²	ŋɔ³⁵	ŋɔː⁵⁵	ŋa̠³⁵

352	开(门)	phoʔ³¹	phɔŋ⁵⁵	phuŋ⁵⁵	phaːŋ⁵³	phuŋ³⁵
353	看	ju³³	vu⁵⁵	vu⁵⁵	joː⁵⁵	u³⁵
354	看见	mu³¹	mjaŋ⁵¹	mjɔ̃³¹	mjaːŋ³¹	mjɔ̃⁵⁵
355	咳嗽	tʃã³¹ khʒu³¹	khjuŋ²² tsau²² tsau²²	khjauŋ³⁵ tsuk⁵⁵	khjuŋ⁵⁵ tsaːu⁵⁵	khjauŋ³⁵ tau³¹ tau³¹
356	渴	phaŋ³¹ kã³¹ ʒaʔ³¹	khjuŋ²² xui⁵¹	fai⁵⁵	khjuŋ⁵⁵ xəː⁵³	khjauŋ³⁵ fɛ³⁵
357	哭	khʒap³¹	ŋau⁵¹	ŋuk³¹	ŋaːu³¹	ŋau⁵⁵
358	累	pa⁵⁵	mjuŋ²²	mjauŋ³⁵	mjɔːŋ³³	mjauŋ³¹
359	骂	mǎ³¹ tsa̱³³	nik⁵⁵ jɔ²²	na̱k⁵⁵ jɔ³¹	nəːŋ⁵⁵	nak⁵⁵ ja³¹
360	埋	lup³¹	mju̱p²²	ŋjap⁵⁵	njuːp⁵⁵	ŋjap⁵⁵
361	买	ma³³¹ ʒi³³	vui⁵¹	vai³¹	ɤəː³¹	vɛ⁵⁵
362	卖	tut³¹	uŋ²²	auŋ³⁵	ɔːŋ⁵⁵	auŋ³⁵
363	摸	mǎ³¹ sop³¹	sop⁵⁵	sø⁵⁵	suːp⁵⁵	søʔ⁵⁵
364	呕吐	mǎ³¹ ton³³	phat⁵⁵	tauk³¹	phaːt⁵⁵	tauʔ³¹
365	跑	kat³¹	tin⁵¹	va⁵⁵	kəː³¹	vəi³⁵
366	欺骗	mǎ³¹ suʔ³¹	mau⁵⁵	mu̱k⁵⁵	maːu⁵³	ma̱u³⁵ xap⁵⁵
367	骑	tʃon³¹	tʃʅ²²	tʃui³⁵	tʃyː³³	tʃui³¹
368	扫(地)	je⁵⁵	ʃum²²	ʃam³⁵	ʃum⁵⁵	ʃam³⁵
369	杀	sat³¹	sat⁵⁵	sɛ̱ʔ⁵⁵	saːtt⁵⁵	sɛ̱ʔ⁵⁵
370	筛(米)	khiŋ³³	ʃai⁵⁵	ʃai³⁵	ʃaːi⁵⁵	ʃai³⁵
371	晒(衣服)	lam³³	la̱p⁵⁵	lɛ̱ʔ⁵⁵	laːp⁵⁵	lɛ̱ʔ⁵⁵
372	(饭)熟	khut³¹	ŋjɔʔ²²	ŋjɔ³¹	ŋjɔː³¹	ŋja³¹
373	数(数)	thi⁵⁵	ŋap⁵⁵	ŋɛ̱ʔ⁵⁵	ŋaːp⁵⁵	ŋɛ̱ʔ⁵⁵
374	睡	jup⁵⁵	ju̱p⁵⁵	jap³¹	juːp⁵⁵	ja̱p⁵⁵
375	说	tsu̱n³³	tai²²	ta⁵⁵；tʃau³¹	taːi⁵³	tʅ³⁵
376	躺	kǎ³¹ leŋ³¹	leʔ²²	laŋ³⁵	ləːŋ³¹	laŋ³⁵
377	舔	mǎ³¹ ta̱ʔ⁵⁵	jɔʔ²²	jɔʔ³¹	jɔːʔ³¹	jaʔ³¹
378	挑选	lǎ³¹ ta̱ʔ⁵⁵	khjiŋ⁵¹	khjiŋ³¹	khjːŋ³³	khjɔn⁵⁵
379	跳舞	ka̱³¹	mě²² khɔn⁵¹ kɔ³⁵	mě²¹ khɔn⁵⁵ kɔ⁵⁵	kɔ⁵⁵	mě³¹ khɔn⁵⁵ ka³⁵
380	听	mǎ³¹ tat³¹	kjɔ²²	kjɔ³⁵	kjɔː³³	kja³¹
381	听见	na³¹	vɔ³⁵ kjɔ²²	ɤɔ⁵⁵ kjɔ²¹	jɔː⁵⁵ kjɔː³³	ɤě³¹ kja³¹
382	停止	khʒiŋ³¹	nɔ⁵¹	tɔ³⁵	nɔː³³；thəːŋ⁵³	a³¹ tui⁵⁵
383	偷	lǎ³¹ ku⁵⁵	khau²²	khuk⁵⁵	khaːu⁵⁵	khau³¹
384	吞	mǎ³¹ ut⁵⁵	mji⁵¹	mjuk³¹		mjuŋ⁵⁵
385	(蛇)蜕皮	kǎ³¹ lai³³	kjut²²	khjet⁵⁵	khjuːt⁵⁵	khjɔt⁵⁵

386	挖	thu³¹ ; tʃeʔ⁵⁵	khai²²	tau³⁵	tuː³³ ; khaːi⁵³	khø̃ʔ³¹
387	忘记	mɐ̆³¹ lap³¹	tɔ̠²² mji⁵⁵	tɔ⁵⁵ mjik̠⁵⁵	tɔ̠⁵⁵ mje̠ːi⁵³	tɐ̆³¹ mə̠i³¹
388	闻(嗅)	mɐ̆³¹ nam⁵⁵	nam⁵¹	nɛ̃³¹	naːm³¹	nɛ̃⁵⁵
389	问	san⁵⁵	mji²²	mjik⁵⁵	mjeːi³³	məi³¹
390	洗(衣)	khʒut³¹	tʃhɿ²²	tʃhik⁵⁵	tʃheːi⁵⁵	tʃhɿ³⁵
391	笑	mɐ̆³¹ ni³³	vui⁵¹	ɣə³¹	jiː³¹	ɣəi⁵⁵
392	痒	kɐ̆³¹ ja⁵⁵	jɔ²²	phan³⁵	jɔː³³	phɔn³⁵
393	咬	kɐ̆³¹ wa⁵⁵	ŋat²²	pəŋ³⁵	ŋaːt³¹	pɛ̃³¹
394	站	tsap̠⁵⁵	jap²²	jɛʔ³¹	jaːp³¹	jɛʔ⁵⁵
395	蒸	kɐ̆³¹ po³³	puŋ²²	pauŋ³⁵	pɔːŋ³¹	pauŋ³¹
396	织	taʔ³¹	vɔʔ²²	ɣɔ̠ʔ³¹	jɔːʔ³¹	ɣaʔ³¹
397	煮	ʃɐ̃³¹ tu³³	tʃɔ̠ʔ⁵⁵	tʃɔ̠ʔ⁵⁵	tʃaːu⁵³	tʃaʔ⁵⁵
398	坐	tuŋ³³	tsuŋ⁵¹	tsauŋ³¹	tsɔːŋ³³	tsauŋ⁵⁵
399	做	kɐ̆³¹ lo³³	kut̠⁵⁵	ka̠t⁵⁵	kuːt⁵⁵	tui³¹
400	做(梦)	ma̠ŋ³³	(ju̠p⁵⁵ mɔ̠ʔ²²)mɔ̠ʔ²²	ja̠p³¹ mɔʔ³¹	mɔː ʔ³¹	jap⁵⁵ maʔ⁵⁵ maʔ⁵⁵

三 调查日志

2010 年 1 月 17 日至 5 月 30 日

　　"景颇族语言使用现状及其演变"课题组成立。分工负责下乡前的准备工作:查阅,录制文献资料,制定调查大纲,编制问卷和 400 词测试词表,拟订调查计划等。

2010 年 7 月 17 日

　　课题组成员戴庆厦、余成林、王跟国、朱艳华、范丽君、李春风、陆黛丽、黄平一行八人上午 9 时由北京乘飞机起飞,12 时到达昆明机场,云南民族大学文化学院院长刘劲荣、党委书记到机场迎接,在机场与课题组商议明年去老挝做跨境语言调查的有关事宜。下午 5 时 55 分,由昆明转机飞抵芒市。云南民族大学何勒腊老师(景颇族)到机场迎接,下榻长江宾馆。晚 7 时,德宏州党委政策办公室何春嵘主任设宴招待课题组。

　　晚 10 时,课题组召开第一次田野调查工作会议。领队戴庆厦教授强调此次调研的目的、任务及工作重点,讨论近几日工作计划,商定"选点"等问题。

2010 年 7 月 18 日

　　下午 3 时,德宏州党委政策办公室何春嵘主任为课题组介绍德宏州情况,并接受课题组访谈。下午 5 时,与州民语委跑承梅何腊主任会面,向他汇报了我们的来意,他还介绍了德宏州民族语言工作。随后,德宏州政府设宴盛情款待我课题组。

　　晚 10 时,课题组开会总结当日访谈的收获,并制订次日工作计划。

2010 年 7 月 19 日

　　上午 9 时,李春风、黄平到德宏人民广播电台采访台长韩启祥,了解民族语广播发展情况。朱艳华、范丽君、陆黛丽对民语委民族研究所朵示拥汤研究员进行访谈。中午,电台韩启祥台长及电台主要领导设宴款待我课题组,在席上介绍了德宏州民族语言广播的发展情况。

　　下午 3 时,朱艳华、陆黛丽、黄平访问民语委主任跑承梅何腊,向其了解德宏州民族语使用情况。王跟国、余成林、范丽君、李春风对前德宏州委宣传部长李向前进行访谈。

　　下午 5 时,民语委跑承梅何腊主任及其他领导用景颇族菜肴设宴欢迎课题组。

　　晚 10 时,课题组开会总结当日工作。

2010 年 7 月 20 日

　　上午,朱艳华、陆黛丽到民语委取资料。何勒腊联系到教育局、出版社、民一中等部门访谈。其他成员在宾馆整理访谈记录。

　　晚 9 时,课题组开会修订语言调查表,分派次日工作任务。

2010 年 7 月 21 日

　　上午,分别前往民语委、教育局、电台家属区找发音人做城镇景颇族语言能力测试和问卷调查。平均每人完成一个 400 词测试和一份问卷调查。

　　下午,李春风、黄平到德宏民族出版社访谈。

　　晚 9 点,开会总结当日调研情况。会后,各自整理当日的调查材料。

2010 年 7 月 22 日

　　上午,一部分外出做问卷调查,一部分留宾馆整理材料。何勒腊广泛通过亲戚网,挖掘芒市调查对象。

　　下午 5 时,课题组开会讨论近日调查中出现的问题:1.青少年母语能力衰退。2.支系语言的使用问题。3.弱势语支的语言转用问题等。

　　晚 10 时,课题组开会,谈论下农村前的准备工作。学唱景颇族歌曲《文崩同胞情》。

2010 年 7 月 23 日

　　上午,在宾馆整理材料。

　　中午,余成林、陆黛丽、黄平、李春风、保岩华随何勒腊到煤厂家属区找景颇族居民做问卷。在二叔何永生的帮助下,每个成员找到一名有典型性的发音合作人,完成一份质量很高的问卷。

　　晚 8 时,王跟国、李春风、黄平到民语委景颇语培训班做语言态度、家庭语言作用情况问卷调查。

　　晚 10 时,课题组开会,总结近日问卷调研经验,决定增加城镇景颇语使用情况章节,谈论章节框架,分配任务。分配任务过程中,课题组成员表现出很高的热情和积极性。

2010 年 7 月 24 日

　　上午 11 时,芒市委宣传部部长陶明(我校校友)来宾馆看望课题组,并带来芒市概况、潞西县志、德宏州志、教育志等重要材料。

　　午餐时,陶部长请五岔路乡党委书记杨顺昌和三台山乡党委书记线加强协助我课题组进行田野调查。在了解我课题组的调研任务后,两位书记表示,一定全力支持和配合我们的调研工作。

　　下午 3 时,在市委宣传部副部长李荣宽和旅游局副局长陈红宏、办公室主任刘朝荣的陪同下,参观《勐巴娜西》珍奇园和东南亚最大的佛教空心塔"大金塔"。

　　晚 21 时,课题组召开工作会议,讨论次日下乡前的准备工作。

2010 年 7 月 25 日

　　上午 9 时,课题组分两队分别前往三台山乡和五岔路乡进行田野调查。三台山小组成员:余成林、王跟国、李春风、范丽君、保岩华、穆勒弄。五岔路小组成员:戴庆厦、朱艳华、陆黛丽、何勒腊、黄平。

　　五岔路小组经过两个小时的跋涉,到达五岔路乡政府。午餐过后,奔赴弯丹村,汽车在泥泞的山路上走了两个小时。到达弯丹村,村主任杨木兰(景颇族)陪同我们一起前往调研目的地拱母组。

下午3时到达拱母组。稍事休息,就投入工作。对村寨领导进行访谈,对村民进行母语水平测试。通过调查,我们了解到,拱母组全民稳定使用自己的母语载瓦语,并且多数能够不同程度地兼用汉语。载瓦语是村寨及家庭内部的唯一交际用语,而汉语则担负着在村寨外进行交流的功能。

晚6时,拱母组村民为我们准备了只有远方亲戚来了才准备的绿叶宴,还有自家酿造的米酒。餐间,我们为他们唱景颇族歌曲;他们很感动,接连为我们唱了好多首景颇族歌曲。晚饭后,我们和拱母村民在文化活动站一起跳目瑙纵歌舞,其乐融融。晚,课题组成员都分别住在老乡家里。

三台山小组于上午10时到达三台山乡政府,在一家路边小旅馆入住。随后,在三台山乡人大主任鲍则陪同下,赶到允欠村委会拱岭村民小组进行语言使用情况调查。拱岭小组是一个勒期支系和浪峨支系占多数的景颇族村寨,据我们了解,无论哪个支系,村里大部分人都能用勒期语交流。午饭过后,为了了解景颇族母语保存情况,我们对这个寨子不同支系人员进行了400词测试。直到下午7时30分,才离开拱岭回到住处。晚餐后整理资料。这个寨子景颇支系语言使用情况很复杂,绝大部分村民都能操两种以上的景颇族支系语言,有的甚至达五种之多,课题组对支系语言的情况进行了调查。

2010年7月26日

五岔路小组继续在拱母组进行访谈和母语水平测试。至晚6时完成全部调研工作。拱母组村民为我们准备了饯行宴,歌声不断,不舍之情尽现容颜。临行前拱母村民给每个成员送上一个竹酒筒,祭师董萨亲手制作了一些精制的竹筷子送给我们。我们深受感动,与村民一一握手惜别。

晚9时,五岔路小组驱车到达弯丹村委会,驱车前往白岩寨了解语言使用情况至深夜,对白岩寨的语言使用情况有了初步的感性认识。这里除1名汉族外,其余均是景颇族,支系构成情况复杂,景颇族的5大支系均有分布,以载瓦和勒期支系为主,村寨里通行的语言也是载瓦语和勒期语。

三台山小组:上午8时30分,到达邦外村委拱别小组。分别对村主任尚麻翁、支部副书记董勒弄等人进行访谈。通过访谈我们了解到,拱别是载瓦支系占绝大多数的景颇族寨子,村寨人人都会说载瓦语,景颇支系的个别人已转用载瓦语,其他支系都还保留自己的母语。随后深入农户家进行调查。在尚麻翁主任大力帮助和支持下,工作效率很高。下午5时30分,完成该寨穷尽式语言使用情况调查。

晚上,与三台山乡党委书记线加强共进晚餐。餐间,线书记向我们简要地介绍了三台山乡的民族语使用特点及民族工作开展情况。餐后,在乡政府映着篝火,向线书记等乡干部了解三台山乡的风土人情。

2010 年 7 月 27 日

　　五岔路小组:9 时前往弯丹村勐广小组调查该小组勐广汉寨村民的景颇语使用情况。经过 3 个小时的紧张工作,基本上了解了所要了解的情况。勐广汉寨大多数汉族居民都能兼用至少一种景颇族语言,有的还能兼用多种。

　　下午 3 时,到达遮丹村民小组调查,受到遮丹村民小组组长何咪娃的周到接待。安顿下来后立即投入工作。了解全村情况、录入户口、语言能力测试,忙了一天。晚,整理材料至深夜,住在老乡家里。

　　三台山小组:上午 8 时 30 分到了允欠村三组。该村虽是德昂族聚居村,但是有嫁进来的景颇族媳妇,很多德昂族也都能掌握景颇族语言。上午主要进行入户语言情况调查。午后又继续对允欠三组村民进行语言 400 词测试,测试对象以族际婚姻家庭为主。村民都特别配合我们的工作,一位老大娘用两个小时做完语音测试以后,才告诉我们她家里母猪中午刚生了十一个小猪仔,可她还是坚持协助我们到最后,令我们十分感动。晚 11 时,开会讨论第二天的安排。

2010 年 7 月 28 日

　　五岔路小组:上午继续在遮丹小组做调研工作。遮丹村民小组组长何咪娃的母亲送给我们每人一个她亲手制作的景颇族筒帕,我们都非常感动。最后,与何家合影留念,握手惜别。

　　下午 3 时返回芒市。在过去的四天时间里,五岔路乡政府的五位工作人员赵弄刀、何波、杨木兰、郭兆顺、董勒定一直陪伴我们调研,他们在 7 月 25 日把我们接到五岔路,今天又将我们送回芒市。

　　三台山小组:上午,余成林和王跟国到乡政府做进一步调查了解工作,并对三台山乡党委书记线加强进行访谈。通过对线书记的访谈,我们对德昂族乡各少数民族的语言使用情况有了进一步的认识。其他人在住处整理调查材料。下午进行资料汇总。下午 5 时 30 分回到芒市与五岔路小组会合。

　　晚 10 时,课题组全体成员开会,总结本次下乡调研工作,分派下一步工作任务。

2010 年 7 月 29 日

　　课题组在宾馆整理三台山乡和五岔路乡的调研材料,通过两个小组的调查,我们收集了 7 个语言点的资料,通过分工,大家分头统计数据,撰写调查个案。

　　朱艳华、陆黛丽、黄平向弯丹村委会主任杨木兰、明德小学教师何汉民进一步了解白岩组的语言使用情况,充实调查材料。

2010 年 7 月 30 日

　　课题组继续整理材料、撰写书稿。中午德宏州文联主席沙红英宴请我课题组,我们向沙主席了解民族文学的发展情况。

　　下午 6 时,课题组宴请德宏市委宣传部和三台山乡相关领导,以答谢他们在本次调研中对我课题组的帮助和支持。

晚9时,课题组开会讨论第二阶段调研前期的准备工作,把任务落实到个人。

2010 年 7 月 31 日

在宾馆整理材料,撰写书稿。晚6时,课题组开会,讨论撰写个案分析应注意的问题。

2010 年 8 月 1 日

在宾馆整理材料,撰写文稿。个案大都基本完成。

2010 年 8 月 2 日

修改文稿。

上午11时,课题组开会研究次日前往卡场镇调研的准备工作及主要任务。

2010 年 8 月 3 日

上午8时30分,前往盈江县卡场镇。德宏州委大力支持我课题组工作,派专车全程协助调研。

上午11时,到达盈江县。盈江县委常委、县办公室主任李林山,县委宣传部副部长金华忠,县人事局孙珊珊,县委办公室沙宝星前来迎接,并宴请我课题组。

下午3时,到达卡场镇。晚饭前在镇政府周围了解语言、文化情况。

晚6时,景颇族发展进步研究学会卡场分会宴请我课题组,与宴者有会长排犇努、副会长岳兴广、李学英等。餐后,在镇政府文化活动广场举行篝火晚会。课题组成员陆黛丽(法国)连唱三首景颇族歌曲,深深感动景颇族同胞,使得晚会气氛异常热烈。景颇族同胞兴致益然,晚会持续到午夜。

2010 年 8 月 4 日

8时30分,前往吾帕村丁林小组进行田野调查。丁林小组组织乐队,奏乐欢迎我课题组。经过几个小时的调查、访问,基本了解丁林小组的语言使用情况。

随后,赶往草坝村迈东村民小组。课题组到达迈东后,马上投入工作。工作完成后,卡场镇武装部部长沙灵带领我们参观丁林小组的新寨和老寨。新寨和老寨可谓天壤之别,老寨在山上,全是茅草房;新寨在山下,是花费十几万用纯木打造的新式景颇族房屋。参观完毕,丁林小组以绿叶宴招待我课题组,宴后又举行歌舞晚会,表达对我们的欢迎。由丁林小组妇女组成的舞蹈队穿着景颇族服装为我们跳上一支又一支优美的舞蹈。陆黛丽、何勒腊、范丽君、李春风、王跟国等纷纷主动上台献歌。晚会以全体共跳目瑙纵歌舞落幕。

2010 年 8 月 5 日

上午9时,参观由景颇族发展进步研究学会卡场分会出资兴办的景颇文培训班。在对老师和学生的访问中了解到:卡场镇居民学习景颇文的热情很高。学员以6到22周岁的学生为主,有景颇族、也有汉族等其他民族。他们大多数是自愿来学习景颇文的。

中午11时,前往草坝村盆都小组调查景颇语使用情况。盆都小组是由景颇族和傈僳族组成的,位于中缅边境线上。两个民族十分和谐,都能兼用对方的民族语言。我们调查了该村语言兼用的特点及其成因。这个村是民族团结的先进村。

下午5时,返回卡场镇宾馆,整理材料。

2010年8月6日

上午8时30分,前往瑞丽市。

下午3时,到达瑞丽市弄岛镇政府。等嘎村党支部书记木贵当带领我课题组前往等嘎二组。等嘎村主任目然协助调查。调查中看到等嘎村经济快速发展,大片楼房耸立,但也带来了一些社会问题。

晚9时,调研结束,返回瑞丽市吃晚餐,找宾馆住下。

2010年8月7日

上午8时30分,起程返回芒市,途中参观了瑞丽口岸。

下午5时,返回芒市。

晚6时30分,课题组开会总结盈江、瑞丽之行的调查工作,计划在8月9日前完成个案写作、12日前完成专题写作、12日至14日集中改稿。

2010年8月8日

在宾馆整理材料,撰写个案研究。王跟国、黄平负责盈江县卡场镇草坝村迈东组个案、朱艳华、陆黛丽负责草坝村盆都组个案、范丽君负责吾帕村丁林组个案。李春风负责瑞丽市弄岛镇陆伍央淘宝新村(等嘎村二社)个案。

2010年8月9日

继续撰写个案。戴庆厦教授对已经完成的个案进行审稿、改稿。晚10时,课题组开会讨论个案写作过程中应注意的问题,如:民族关系在语言兼用、转用中的作用,突出每个村寨的语言使用特点等。

2010年8月10日

汇总个案,整理个案材料,统计数据,为专题写作做准备。

2010年8月11日

上午11时,课题组开会,讨论专题个案的写作思路和方法。修订《景颇族语言使用情况及演变》的目录。

晚9时,课题组开会,最后确定提纲,讨论撰写《景颇族母语使用现状及成因分析》和《景颇族兼用汉语现状及成因分析》两个专题时应注意的问题。

2010年8月12日

上午11时,课题组开会,讨论专题《景颇族不同支系语言使用现状分析》的写作思路和方法。

2010年8月13日

继续编写未完的章节;统一个案表格,包括栏目内容,家庭成员的排序等。

晚上州语委梅何主任在家设宴为我们饯行。州党委政策研究室主任何春嵘陪同。

2010年8月14日

合稿、统稿。

2010 年 8 月 15 日

返京。上午 11 时离芒市，晚 7 时到达北京。

2010 年 8 月 16 日至 9 月 15 日

进一步修改书稿。

15 日发稿至商务印书馆。

四　照片

一、戴庆厦在向遮旦村民何勒都测试青年人的载瓦语能力

二、余成林在向浪峨支系人测试语言能力

三、何勒腊在向拱母寨村
　　民测试母语能力

四、朱艳华在向村民组主
　　任杨木兰调查白岩组的
　　语言使用情况

五、范丽君在向载瓦支系
　　少年何木努测试母语能
　　力:"这个词会说吗?"

六、王跟国在向三台山村民赵早先（载瓦支系）测试载瓦语和景颇语能力

七、李春风在测试邦外村委会主任尚麻翁的载瓦语能力

八、陆黛丽在拱母村测试载瓦支系少年何木变的母语能力

九、黄平在勐广汉寨调查
汉族兼用景颇族语言的
能力

十、"我们都是族际家庭
的儿童，都是多语人"

十一、保岩华在三台山乡
拱岭小组测试村民的语
言能力

十二、课题组成员在中缅边界盈江县卡场镇草坝村盆都寨调查时与村民景颇人、傈僳人合影

参 考 文 献

1. 戴庆厦 2005《浪速语研究》,民族出版社。

2. 戴庆厦、蒋颖、孔志恩 2007《波拉语研究》,民族出版社。

3. 戴庆厦、李洁 2007《勒期语研究》,中央民族大学出版社。

4. 戴庆厦、徐悉艰 1992《景颇语语法》,中央民族学院出版社。

5. 戴庆厦主编 2007《基诺族语言使用现状及其演变》,商务印书馆。

6. 戴庆厦主编 2008《阿昌族语言使用现状及其演变》,商务印书馆。

7. 戴庆厦主编 2008《云南蒙古族喀卓人语言使用现状及其演变》,商务印书馆。

8. 戴庆厦主编 2010《片马茶山人及其语言》,商务印书馆。

9. 戴庆厦主编 2010《耿马景颇族语言使用现状及其演变》,商务印书馆。

10. 龚佩华、陈克进、戴庆厦 2006《景颇族》,民族出版社。

11. 郭老景 1999《景颇族风俗文化》,德宏民族出版社。

12. 何春嵘《德宏景颇族经济社会发展研究对策》昆明"景颇族地区科学发展研讨会"交流材料,2008 年 12 月 13 日。

13. 景颇族简史编写组 1983《景颇族简史》,云南人民出版社。

14. 景颇族简史编写组、景颇族简史修订组 2008《景颇族简史》,民族出版社。

15. 祈德川 2001《景颇族支系语言文字》,德宏民族出版社。

16. 徐悉艰、肖家成、岳相昆、戴庆厦 1983《景汉词典》,云南民族出版社。

17. 岳相昆、戴庆厦、肖家成、徐悉艰 1981《汉景词典》,云南民族出版社。

18. 云南省潞西县志编纂委员会编 1993《潞西县志》,云南教育出版社。

19. 云南省民族事务委员会 1999《景颇族文化大观》,云南民族出版社。

后 记

我从事景颇族语言的教学、研究已 50 多年了。主要是做语音、语法、词汇等方面的语言结构研究,对语言使用和语言功能方面除了发表了一篇景颇族支系语言使用的论文外,没有做什么别的研究。所以,一直想再做一些景颇族语言生活的调查研究。一年一年过去了,今年暑假终于成行了。我们设立了"景颇族语言使用现状及其演变"的 985 课题,意在调查、描述、分析景颇族当前语言使用情况,包括母语和通用语汉语的使用情况。我一共带了 8 个博士生下去,是这几年语言田野调查人数最多的一次。

我年轻时曾几次到景颇族村寨和景颇族同胞一起生活过。比较长的时间有两次:第一次是 1953 年为了学习景颇语,我和另外 12 名大学同窗挚友在瑞丽县猛秀乡、陇川县景康乡生活了近一年,初步学会了景颇语。1967 年,为了教学的需要,我带了 5 名学习景颇语的大学生到盈江县铜壁关乡的大寨、小寨的景颇族村寨实习,在那里又生活了半年,使我进一步提高了景颇语的水平。后来,我又多次到景颇族地区调查景颇族使用的支系语言——浪峨语、勒期语、波拉语等。虽然有了半个多世纪的经历,但面对如此博大精深的景颇语和景颇文化,我一直觉得自己所知甚少,需要不断再学习。

我国的景颇族虽然人口少,但使用的语言多样、复杂。随着景颇族地区社会经济、文化教育的日新月异的进步,以及居住的变迁,景颇族的语言生活有了新的变化。研究景颇族的社会生活,不仅具有理论价值,而且还有重要的应用价值,能为如何解决景颇族的语言使用和文化教育的发展问题提供理论支持。

7 月 17 日,我们从北京飞抵德宏傣族景颇族自治州首府芒市。在芒市做了一些调查后,我们就直接下到景颇族村寨。这个时期,正值雨季,加上各地正在扩修公路,最伤脑筋的是道路难行。比如,在通往五岔路拱母寨的乡间小道上,越野车在泥泞的崎岖道上不断颠簸跳动、曲折滑行,我们一路担心汽车会陷入泥泞而止步不前。但是,听着车内播放的雄壮、深沉的景颇族歌曲,看着课题组成员喜悦、兴奋的笑容,我的心情平静了下来。越野车终于带着全身的泥泞把我们带进了我们所向往的景颇山寨。一进山寨,乡亲们用水酒隆重欢迎我们这些远方客人。

啊!景颇山竟发生了如此巨大的变化!昔日的茅草房已被一栋栋水泥房所代替;摩托车已成为大众的交通工具;昔日挎着长刀、肩佩挎包的景颇人如今身上又增添了手机。看着一对对夫妇骑上摩托车下地,望着一片片的甘蔗地、茶地和核桃地,我们不禁为之感叹。景颇山会越来越美丽!

　　但是我们也看到，景颇山的发展呈不平衡性。有的很富，有的很穷。穷的有的还不能解决温饱问题，还住在简陋的茅草房里。一些青少年由于家庭经济困难而辍学。景颇族的教育，目前还呈落后状态，人才培养大大落后于经济的发展，我们很为之担忧。

　　乡亲们的尽心支持，使得我们的调查工作进展顺利，并取得了意想不到的成效。语言生活中的许多新现象，让我们迷恋，好多地方我们都想去看一看，摸一摸。在整个过程中，乡亲们"有问必答，有求必应"。只要我们提出要调查谁，村官们马上就用手机把谁叫来。我们所做的是穷尽式调查，耗时长，但乡亲们都自始至终陪伴着我们。

　　我们所要调查的乡、村，县、乡领导都派专人配合我们。他们不仅要操心我们的工作，还要安排我们的生活，生怕我们吃不惯，睡不好。我们的工作是很艰苦的，一个月没有一天休息，除了吃饭、睡觉就是工作，而且每晚都要工作到半夜一两点，但大家都不叫苦。在这寂静、明媚的景颇山，空气清新，饭菜可口，好像个个都长胖了，都晒黑了。

　　德宏州的一些领导和专家，对我们的工作给予了大力帮助和支持，我们在这里表示谢意。他们是：德宏州常委宣传部长李向前、德宏州政策研究室主任何春嵘、三台山乡党委书记线加强、州语委主任跑承梅何腊、芒市县委常委兼宣传部长陶明等。

　　帮助我们工作的有无数村寨的乡亲们，乡、村干部们，我们只能在"鸣谢"页中列出一部分，永远记住他们的帮助。我校德昂族学生保岩华（德宏州畹町人），对当地情况比较熟悉，他趁暑假放假期间帮助我们做了一段田野调查工作，我们也在此表示感谢。

　　我们要把这本经过努力写成的书献给景颇族同胞。愿他们的生活蒸蒸日上，都过上安宁、幸福的日子！

戴　庆　厦
2010 年 8 月 5 日于芒市

鸣 谢

（以姓氏拼音为序）

鲍则况	董勒定	朵示拥汤	番跃平	郭兆顺	何　波	何勒弄	何咪娃
何弄兰	韩启祥	金海松	卡牙干	孔勒当	穆勒弄	木然南	勒排早扎
李东生	李林山	李荣宽	刘朝荣	沙红英	沙　灵	沙玉连	尚麻翁
唐宗福	杨红宏	杨木兰	杨顺昌	赵　春	赵弄刀		